LES NAUFRAGÉS

TERRE HUMAINE

COLLECTION D'ÉTUDES ET DE TÉMOIGNAGES FONDÉE ET DIRIGÉE PAR JEAN MALAURIE

LES NAUFRAGÉS

Avec les clochards de Paris

par
Patrick Declerck

Avec 18 illustrations hors texte
50 illustrations in-texte
3 index

Et une lettre de Jean Malaurie à l'auteur
suivie de la réponse

PLON

© Plon, 2001
ISBN édition : 978-2-259-18387-1
ISSN : 0492-7915

A Marie-Béatrice, sans qui...
A Morgane, pour qui...

L'asticot est une puissance en ce monde.

Jean-Henri FABRE,
Souvenirs entomologiques, VIII, 14.

INTRODUCTION
UNE ÉCRITURE DU NÉANT ?

*Pour voir une chose entièrement, l'homme doit avoir deux
yeux, un d'amour et un de haine.*

F. Nietzsche, *Humain, trop humain.*

J'ai passé un peu plus de quinze ans à m'intéresser aux clochards
de Paris. D'abord, de 1982 à 1985, en tant qu'ethnographe, assistant de recherche à la Maison des sciences de l'homme. Ensuite,
de 1986 à 1987, comme psychanalyste à la Mission France de
Médecins du Monde, où, sous les auspices de Bernard Kouchner
alors président de l'association, j'ai créé, en avril 1986, la première
consultation d'écoute spécifiquement réservée à cette population
en France. Enfin, de 1988 à 1997, en tant que consultant au Centre
d'accueil et de soins hospitaliers de Nanterre, institution spécialisée
dans l'accompagnement de ces populations. Durant ces années, j'ai
réalisé entre 1 500 et 2 000 entretiens et j'ai assisté à plus de 5 000
consultations de médecine données à Nanterre par le Dr Patrick
Henry qui y avait fondé, en 1984, la première consultation médicale en France, réservée aux sans abri[1]. De 1993 à 1995, j'ai fait
partie de l'équipe de Xavier Emmanuelli, successeur de Patrick
Henry, et nommé, par la suite, secrétaire d'État à l'Action humanitaire, en 1995.

J'ai suivi les clochards dans la rue, dans les centres d'hébergement, à l'hôpital. Je les ai côtoyés ivres, vociférants ou comateux
d'alcool, hagards de rage et d'impuissance. Je les ai vus obscènes,

---

1. Cette initiative lui valut, en avril 1996, d'être fait chevalier de la Légion
d'honneur.

incontinents, effondrés, braguette ouverte... J'ai souvent dû combattre les nausées que leur odeur provoquait. J'ai aidé à les soigner. Je pense en avoir soulagé plusieurs. Je sais n'en avoir guéri aucun.

Je les appelle « clochards » parce qu'il faut bien leur donner un nom. Celui-là n'est en rien meilleur que les autres, sinon qu'il renvoie à des images partagées, en France, par tout le monde. Il fait référence au passé et à la longue durée de sa répétition. Mais s'il en est besoin d'autres, SDF, sans abri, routards ou grands exclus feront tout aussi bien l'affaire. Il est à ce propos des querelles d'écoles. D'aucuns voudraient instaurer de subtiles distinguos, hiérarchiser, ranger, botaniser. Combattre enfin à l'aide de spécieuses catégories, la sourde et angoissante anomie de ce milieu. On aimerait pouvoir donner corps à l'informe, appréhender l'évanescent. Qu'il suffise de savoir que le clochard, c'est toujours l'autre et jamais soi. De même que l'on ne peut percevoir sa propre odeur, ce sont les autres qui sentent.

Les clochards jouent à cache-cache. Toujours, ils se dérobent. Toujours, ils sont ailleurs ou à côté. Et toujours, il nous faut, pour avoir une chance de pouvoir les comprendre, leur pardonner ces transgressions. Hélas, nous n'y parvenons jamais tout à fait...

La plupart du temps, je les hais. Ils puent. Ils puent la crasse, les pieds, le tabac et le mauvais alcool. Ils puent la haine, les rancœurs et l'envie. Ils se volent entre eux. Terrorisent les plus faibles et les infirmes. Guettent, comme des rats, le sommeil des autres pour leur dérober des misères : bouteilles à moitié vides, sacs immondes follement bourrés de chiffons souillés et de journaux déchirés. Ils se tuent aussi. Violemment parfois, dans l'explosion d'une conscience alcoolisée ou alors bien délibérément, après avoir longtemps, très longtemps, distillé de souterrains et puérils ressentiments. Ils violent leurs femmes ou les prostituent pour de la petite monnaie, des comprimés, des cigarettes ou de l'alcool. Elles ne protestent pas, sorcières ricanantes aux bouches édentées. On ne peut pas ne pas les haïr.

Un ami avec qui je travaillais à Nanterre disait que nous étions là en enfer. Qu'il ne nous était donné que de voir la créature dénaturée, l'homme déchu... Il était chrétien et affirmait qu'il fallait croire en l'homme, malgré tout, à travers tout.

Je ne saurais, pour ma part, être chrétien ou croyant d'aucune sorte. Asthénie sans doute. Aboulie certainement. Et puis la nature de l'homme m'inquiète trop. Celle de Dieu encore plus... Là est pourtant la grande question : est-il, en définitive, plus vulgaire de croire ou de ne pas croire ? En l'homme ? En Dieu ? En rien ? La peste ou le choléra ?...

Il n'y a pas — rien n'est simple — que la haine. Rares, précieux, il est d'autres moments. Non pas d'amour non, mais de décence. Les Anglais disent *decency*. Un mot qui, en français, est sans équivalent exact. La *decency*, c'est à la fois la modestie et l'aimable respect des convenances. Une sorte de courtoisie à bonne distance et à bas bruit. Une reconnaissance légère, fugace et réciproque, qui tranche des baisers étouffants, comme de l'encombrante et intrusive fraternité des 14 Juillet en sueur.

Des moments décents donc. Comme à l'hôpital, lorsque ce vieil et gros Allemand au teint violet, barbu et chevelu comme le Père Noël, qui tremble à tomber de sa chaise et que l'on a déjà emmitouflé d'une couverture thermique, me dit, en me voyant entrer dans la salle de soins :

« Ponchour, Meuzieur, khomment hallez-fous ?

Il est à 34 °C », glisse l'infirmière. Début d'hypothermie. La police l'a récupéré à temps...

— *Vierunddreißig ? Das ist nicht so gut.*

— Non, Meuzieur... *Nicht so gut.* »

Et on se sourit un peu tristement. Cette fois-ci il s'en tirera. La prochaine fois... Il le sait. Il sait que je le sais. Nous lisons un bref instant, dans le regard de l'autre, la pensée de notre mort. La sienne. La mienne. Le monde est froid pour tous les vivants.

Décent, comme lorsqu'une vieille démente, qu'un hôpital psychiatrique nous renvoie pour la deuxième fois en trois jours sous prétexte que son cas ne présente aucun caractère d'urgence (ils ont raison, quand on est dément c'est pour longtemps), joue avec sa poupée. Vieille petite fille de soixante-douze ans, elle veut bien me la laisser admirer un moment. Je m'extasie : « Ah, mais oui. Elle a une bien belle robe. Et de beaux cheveux... »

Décent, comme lorsqu'une infirmière, agenouillée, ne peut retenir un mouvement de recul devant l'odeur de la plaie de jambe gangrenée, qu'elle découvre sous un vieux pansement crasseux, et que le patient, un affreux, caïd tatoué et couturé de partout, s'en tortille de honte et d'embarras. « Je suis désolé, madame, désolé...

Pardonnez-moi. » Tout étron et malappris qu'il se sent d'avoir offensé. Délicat, même du fond de son ruisseau.

Décent, comme lorsque je suis surpris de trouver dans la salle des lits d'infirmerie un exemplaire d'une vieille édition de *Kaddish* d'Allen Ginsberg. Il appartient à un Américain d'une trentaine d'années qui a été ramassé dans la rue, presque mort. Il lui restait trois grammes d'hémoglobine (par décilitre de sang). En principe, en dessous de huit grammes, c'est déjà très grave. En somme, il était presque exsangue. Étiologie de cette anémie extrême : faiblesse, dénutrition, abandon de soi au cours pesant et lent des choses...

Couché tout raide, comme un gisant de pierre, la couverture bien mise, exactement sous le menton, il ne tourne pas la tête, ne fait aucun mouvement. Simplement, il suit des yeux. Il porte un grand bonnet de laine rouge tout droit sur la tête. Il est ridicule et touchant. Et pâle comme Ophélie. Nous avons parlé un peu. Ginsberg et Kerouac et Lawrence Ferlinghetti et Gregory Corso... Il connaissait. Il est reparti poursuivre son voyage sans but. Grand schizophrène. Je ne l'ai jamais revu.

*

Ce livre, j'ai mis bien trop longtemps à l'écrire. J'ai beaucoup erré. D'abord j'ai songé à faire académique, ethnographique. Oh, il y avait des choses à dire. Durkheim, Mauss et les autres sont largement passés à côté de ces populations et des questions qu'elles soulèvent. Comme s'il s'était agi là de phénomènes indignes d'investigation scientifique. Indignes ou impropres, car enfin comment faire de la science avec rien ou presque ? Et qu'en est-il du statut épistémologique d'une ethnographie du désordre, du chaos, du néant ? D'autant plus que les clochards, justement, ne constituent pas une société clairement et distinctement identifiable comme telle. Si société il y a, elle n'existe que par défaut, composée d'instables et ponctuels agrégats d'individus plus ou moins isolés dans le silence ou la vocifération de leurs délires éthyliques...

J'aurais pu cependant essayer d'aborder les choses objectivement. J'aurais pu m'attacher à décrire par le menu détail les différentes pratiques de la mendicité, les échanges micro-économiques, la géographie des déplacements. J'aurais pu soigneusement dresser des listes d'objets personnels...

C'était là, au début, ce que j'envisageais de faire. Face à l'anomie ambiante, je n'y suis pas parvenu. Plus tard, je ne l'ai plus voulu. Je ne le veux plus. Plus maintenant. Pas maintenant. Un peu brûlé, j'en ai peur, au contact de trop de souffrance, d'horreur et de non-sens. Contaminé.

Ce récit est celui du cheminement de la conscience, de ma conscience, à travers ce qui, peu à peu, s'est révélé être une manière de voyage initiatique. *Erlebniss* de ce voyage étrange et trop souvent ambigu. D'un naufragé l'autre, cette histoire ne pouvait éviter de devenir aussi la mienne. Celle, non seulement de l'ombre du voyageur, mais aussi de sa chair. Il serait ô combien plus doux, comme Descartes, de pouvoir avancer masqué...

C'est qu'au soleil noir de la mort, la science objectivante apparaît comme une chose bien petite et quelque peu dérisoire. « Un divertissement », disait Pascal. Dans ce cas-là, une façon surtout de se pencher, myope, au pied des arbres pour ne pas percevoir la menace qui sourd de la forêt profonde. La rumeur des forces obscures et des monstres de la nuit. Et c'est en cela justement qu'ils se révèlent fascinants et précieux ces clochards, zèbres inouïs, effarants professeurs du négatif. C'est en cela qu'ils ont, par-delà leurs silences, des choses à nous apprendre. C'est pour cela que je suis resté si longtemps à les regarder, à les humer, à les écouter. C'est pour cela qu'il est des soirs, maintenant que je les ai quittés, où ils me manquent un peu.

Ils ont, en effet, cette hautaine noblesse de ne plus faire de phrases. De ne plus croire — tout dans leurs comportements le montre — au progrès, aux lendemains chantants des efforts collectifs, à l'avenir de l'homme. De ne plus croire en rien d'autre, au fond, qu'au néant et à la mort. C'est là toute la religion qu'ils ont et ils n'en veulent pas d'autres. Sombre grandeur. Nous ne sommes pas si nombreux, nous les hommes, à pouvoir vivre sans espoir.

Ils vivent mal, ô combien. Ils traversent la vie en titubant, en claudiquant, à cloche-pied, à genoux, en rampant. Mais ils la traversent tout de même. Se suicidant très rarement, ils préfèrent rester là, pour rien, jour après jour, année après année, à contempler, hébétés et hilares, la postérité des asticots. Vaisseaux fantômes et mystérieux. Personne à la barre. Grands voyageurs du vide, ils errent loin des pesantes réalités du monde. Funambules pitoyables. Mais glorieux, parce que sans retour.

Alors comment faire un livre avec rien ? Deux fois rien. Tout juste une poignée de pauvres types ahuris d'alcool et de drame. Pour la plupart, imbéciles confits qui se font dessus. Et même pas du dur. Rien de consistant. De l'eau. Des bulles. Une misère. Même déféquer ne leur est plus concluant. Alors, trois cents pages ? Quatre cents ? Dix ? Qui peut faire ? Comment tenir ?...

D'un livre, il ne demeure jamais, finalement, qu'une impression. Une ambiance. Un petit air, quelques notes, qui trottent en tête un moment ou quelque temps...

J'ai fait comme j'ai pu. Par-dessus tout, je me suis méfié de la tentation de la fausse cohérence. Du piège du linéaire. De la grande illusion de l'objet solide et assignable. Sur ce monde et ces hommes en miettes, je n'ai voulu faire qu'un livre éclaté. Des portraits. Des bruits. Morceaux d'histoires. Histoires à eux. Histoires à moi. Collages et bouts de visage. Un œil. Une teinte. Deux mots. Une godasse... Pot-pourri d'images jetées en désordre sur la table. Arrangez-les comme vous voulez, cela m'est égal. Mettez-y, comme vous pourrez, le sens que vous voudrez. Le passé, mon avenir ou le vôtre... Cela ne me regarde pas. Cela ne me regarde plus.

J'ai voulu, pour ces hommes sans paroles, sans histoires et sans traces, ériger une sorte de monument. Un mémorial qui leur ressemble un peu. Tronqué donc. Un rien de travers. Et d'un goût douteux parfois, nécessairement. Quelques pierres, sans plus. Presque ruines. Cairns...

*

Au seuil d'un ouvrage publié par ses soins, il serait inconvenant de dire tout ce que je dois, dans cette aventure d'écriture, dans ces années de compagnonnage intellectuel, dans cette tranche de vie, à Jean Malaurie. Mais nous le savons bien, lui et moi, dans l'amitié qui nous lie. Et cela nous suffit. Néanmoins, je tiens à le remercier vivement de toute l'amicale attention qu'il n'a cessé de me porter tout au long de la rédaction et de la publication de ce livre écrit pour la collection Terre Humaine et qui a eu l'honneur d'être acceptée pour thèse de doctorat.

Il est deux autres personnes que je voudrais particulièrement remercier ici.

Le premier est le regretté Georges Devereux, qui, en 1982 et 1983, alors qu'il était déjà très malade, prit le temps de s'intéresser au jeune chercheur que j'étais. C'est lui qui m'initia aux fondements de l'ethnologie psychanalytique.

Le second, déjà cité, est le Dr Patrick Henry, grand médecin et véritable pionnier de la médecine de l'exclusion. Les années passées à consulter à ses côtés furent une des expériences les plus marquantes de mon existence.

Que les mots de ces hommes fracassés que sont les clochards trouvent asile dans Terre Humaine est un immense honneur pour eux. Pourtant, à y repenser, il n'y a là rien de bien étonnant. Il est, en effet, une secrète identité nichée au cœur des livres de cette collection : un doute devant les grandioses visions que les intellectuels bâtissent au mépris de la banale et profonde réalité des travaux et des jours ; une conscience aiguë de la fragilité de ce qui fait l'humanité de l'homme ; une angoisse horrifiée devant la destruction aveugle de la nature sans laquelle nous ne sommes rien ; un scepticisme général vis-à-vis des progrès de notre civilisation triomphante... En outre, on y préfère bizarrement les vaincus aux vainqueurs, les pauvres aux riches, et les ratés glorieux aux battants normopathes. Bref, il fleure bon, dans Terre Humaine, un joli parfum d'anarchie.

*

On trouvera ci-après, deux parties et un épilogue. La première — Routes — tente de raconter le monde des clochards. La seconde — Cartes — s'essaie, à l'aide des concepts de l'ethnologie, de la psychiatrie et de la psychanalyse, à le penser. Le lecteur que la théorie et l'inévitable recours à un vocabulaire *a minima* technique impatienteraient pourra en faire l'économie, sans rien perdre du récit[1].

*

1. Le matériel clinique utilisé l'a été de manière à protéger l'anonymat des personnes.

Dans *Le Roi Lear*, de Shakespeare, un personnage, Edgar, fils du comte de Gloucester, pour échapper à un complot ourdi contre lui, doit se cacher. Pour ce faire, il prend :

« Le plus vil et le plus pauvre aspect
Que la misère, dégradant l'homme, ait inventé
Pour l'approcher de la bête »...

Des mendiants de Bedlam lui fournissent l'exemple, il devient :
« Le pauvre Tom, qui se nourrit de grenouille nageuse, de crapaud, de têtard, de lézard de mur et de lézard d'eau, qui dans la furie de son cœur, quand le félon démon fait rage, mange de la bouse de vache en guise de salade ; il avale le rat mort et le chien crevé, il boit la verte mantille des mares stagnantes ; il est fouetté de paroisse en paroisse, il est mis aux ceps, il est mis en prison...
« Le pauvre Tom a froid [1]. *»*
Puissent ces pages contribuer à le réchauffer.

1. William Shakespeare, *Œuvres complètes*, trad. Armand Robin, Club Français du Livre, Paris, 1959.

Première partie

ROUTES

Je continue... parce que je suis heureux en mer, et peut-être aussi pour sauver mon âme.

Bernard MOITESSIER.

MISERERE

Clochards, exclus, nouveaux pauvres, marginaux, mendiants...
Qui sont-ils, ces êtres étranges aux visages ravagés ? Ces exilés
qui nous côtoient, qui dérangent notre regard et suscitent nos fantasmes. Des fainéants ? Des réfractaires ? Ou des philosophes ?
Révoltés, anarchistes, intellectuels parfois, faux mendiants souvent ?... Les mythes ont la vie dure. On parle de choix, on cherche
du côté de la volonté. On se construit toute une métaphysique du
dynamisme et du découragement. Si bien qu'on en vient doucement — et c'était le but — à banaliser l'horreur, à annuler
l'angoisse.

Parasites, ivres et repus, jouissant de louches béatitudes, on les
suppose alors peuplant un imaginaire pays de cocagne. Malentendu
légendaire, qu'ils entretiennent souvent eux-mêmes, à grand renfort
de bouteilles exhibées. En sursis de la vie et de ses désordres, ils
sommeilleraient heureux, à l'abri du temps. La réalité est autre.
Plantons d'abord le décor.

Combien sont-ils ? S'il est impossible d'avancer un chiffre précis[1], il est raisonnable d'estimer, essentiellement à partir des
fichiers des diverses consultations médicales qui s'adressent exclusivement à eux, qu'ils sont, à Paris, entre 10 000 et 15 000 à vivre
dans la rue de façon habituelle et installée.

Autour de ce noyau dur gravite une population instable et plus
hétéroclite, composée de jeunes en dérive, de toxicomanes, de
prostitués occasionnels des deux sexes, de sortants de prisons ou
d'hôpitaux psychiatriques. Bref, des êtres en crise et en rupture de
liens sociaux, économiques et culturels, qui côtoient les extrêmes

---

1. Pour une discussion plus approfondie des aspects statistiques, voir
Annexe II : « Statistiques : population et pauvreté. »

de la désocialisation, sans cependant s'y abandonner encore tout à fait.

Certains, après des parcours plus ou moins longs, rejoignent définitivement les rangs des clochards. D'autres, étonnamment, sont capables de trouver les ressources (aides sociales, mobilisations institutionnelles diverses) pour se maintenir au long cours dans ces états fragiles, tout en évitant une irréversible évolution vers le pire. Il s'agit là de personnes vivant une sorte d'instabilité permanente et donc paradoxale puisque, en fin de compte, durable... Ces compagnons de route de la clochardisation, souvent abrités dans les foyers et centres d'hébergement, sont probablement environ deux fois plus nombreux que les clochards eux-mêmes, soit entre 20 000 et 30 000. En cette année 2001, il y aurait donc ainsi à Paris entre 30 000 et 45 000 personnes qui relèveraient peu ou prou des problématiques de la désocialisation.

L'estimation de ce chiffre pour la France entière est encore plus sujette à caution, car il n'existe pas d'organisme qui centralise la multitude des observations réalisées. Néanmoins, il est raisonnable de penser qu'il faille le multiplier par deux ou trois. Ce qui permet d'avancer qu'il y a, en France, entre 20 000 et 45 000 clochards chronicisés et que leurs compagnons de route sont entre 40 000 et 90 000. Ainsi, 60 000 à 135 000 personnes relèveraient peu ou prou des phénomènes de clochardisation. La majorité des experts considère que le chiffre réel se situe autour de 100 000.

Décrire leur monde est à la fois facile et presque impossible. Facile parce qu'il est tellement pauvre que la chose est vite faite. Presque impossible parce qu'il est tellement déliquescent que vouloir en appréhender clairement les contours est une chimère.

Les dispositifs institutionnels viennent cependant au secours de l'évanescent. Sans encombrer le lecteur de détails inutiles, il convient pour assurer l'intelligibilité des chapitres à venir d'en donner un rapide aperçu.

Il y a le Centre d'accueil et de soins hospitaliers de Nanterre [1] (ex-Maison de Nanterre), situé à une dizaine de kilomètres au nord-ouest de Paris, qui existe depuis 1887. A l'origine c'était une prison pour pauvres, s'inscrivant dans le mouvement des *Work Houses*

---

1. Pour une présentation plus détaillée de la Maison de Nanterre et de son devenir, voir Annexe I : « Le Centre d'accueil et de soins hospitaliers de Nanterre. »

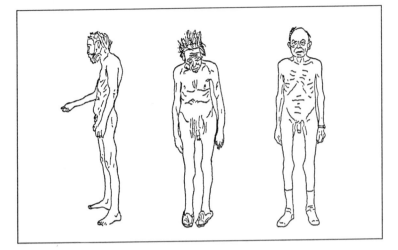

Patients de la consultation médicale à Nanterre
(dessins de l'auteur, 1991).

anglaises du XIXᵉ siècle. Y étaient incarcérés ceux qui, jugés coupables du délit de vagabondage et de mendicité, devaient y purger une peine de quarante-cinq jours de travaux forcés. Séjour qui, se voulant moralement revigorant, était récompensé d'un louis d'or à la sortie.

Néanmoins, à une pure logique pénale, se mêlait déjà une volonté de réforme de l'habitus. Volonté de punir, d'enfermer et de contenir, d'une part, tentative de réforme et de « traitement » du sujet, d'autre part. Nous ne sommes pas sortis de cette contradiction dont l'origine tient à une double perception du phénomène : comme transgression et comme maladie [1].

Un siècle a passé. La prison n'est plus. Sa gestion par la Préfecture de Police a pris fin en 1989. La Maison de Nanterre est alors devenue Centre d'accueil et de soins hospitaliers (CASH) de Nanterre [2], avec le statut d'établissement public de la Ville de Paris.

1. Sur cette problématique, on lira évidemment l'œuvre de Michel Foucault, et particulièrement, *Histoire de la folie à l'âge classique*, Paris, Gallimard, 1972, et *Surveiller et punir*, Paris, Gallimard, 1975.

2. Sans tomber dans la facilité réflexe et puérile des calembours lacanoïdes, notons au passage la lourde charge symbolique de cet acronyme. CASH comme cache ? Ou comme payer cash ? L'inconscient est une chose bien plaisante pour qui sait entendre sa petite musique...

Malgré tout, le préfet de Police reste président du conseil d'administration. Il ne faut pas que les bonnes habitudes se perdent tout à fait...

Aujourd'hui, en 2001, le CASH de Nanterre comprend un centre d'accueil qui héberge environ 400 personnes, une maison de retraite (500 lits), un centre d'hébergement et de réinsertion sociale (CHRS, 100 lits), le Centre d'hébergement et d'assistance aux personnes sans abri (CHAPSA, 250 lits) renforcé par l'antenne médicale (qui regroupe une consultation médicale ambulatoire et sociale ainsi que 50 lits d'infirmerie), et l'hôpital Max-Fourestier (290 lits), fruit de nombreux aménagements qui, au fil du temps, ont transformé l'infirmerie de la prison en hôpital général. Si tout le monde peut y être admis, une bonne partie des lits sont occupés par des sans abri adressés par les autres services du CASH.

Enfin, dernier maillon de la chaîne, un cimetière pare aux autres éventualités...

Les clochards qui fréquentent Nanterre y sont amenés par la Brigade d'assistance aux personnes sans abri (BAPSA). Ce service de la Préfecture de Police, créé en 1955, a pour mission de ramasser les SDF dans les rues de Paris et de les amener à Nanterre. Avant la réforme du Code pénal de 1992, le vagabondage étant considéré comme un délit (article 269), le ramassage était donc, jusqu'à cette date, coercitif et sa légitimité juridique assurée. Depuis lors, on ne parle plus de « ramassage », mais de « recueil social » qui, en principe, ne transporte plus que des volontaires[1]. La RATP offre un service analogue.

Le système fonctionne de la façon suivante : une personne est ramassée à Paris (dans la rue par la BAPSA, dans le métro par le Recueil social de la RATP) par les équipes de ces services, surnommées les « bleus » à cause de la couleur de la combinaison qu'elles ont portée pendant des années. Elle est amenée en bus au Centre d'hébergement et d'assistance aux personnes sans abri (CHAPSA) du CASH de Nanterre, pour y passer la nuit, ou une partie de la

1. Pour une discussion des modalités et des ambiguïtés de ces pratiques, voir les chapitres « Nuits difficiles » et « De la charité hystérique à la fonction asilaire ». On remarquera, par ailleurs, que, dans ce monde des clochards, les noms changent souvent : Maison ou CASH de Nanterre, ramassage ou recueil social, clochards, SDF, sans abri... Faute de pouvoir changer la chose, on peut toujours varier les mots qui la désignent...

Coursier — J'ai pas l'impression d'être chez moi ici —
Avant usine —
Comment j'y suis arrivé — Nanterre 1 mois —
Intenable, agitation : l'intérieur —
Cassure quelque part — Perdu de moi-même —
Retrouvé dehors après laissé tomber mon travail —
Tentative avortée de démarrer son propre bric : broc, angoisse —
"Qqc chose qui m'empêche d'aller de l'avant" —
Je bougeais beaucoup étant jeune - Moins maintenant —
Liens, mais pas marié - Contacts avec ma famille (très flou) —
Economisé - Impression d'être loin, être à l'écart —
Être séparé - Coupé du monde - Cassure —
Maux de tête anciens et ça se rapproche —
Tout ce que j'ai ça me fait pas mal, mais difficile à supporter —
En décalage par rapport aux gens - Les gens ont évolué et moi
pas —

Notes cursives de l'auteur prises au cours d'un entretien avec un homme de 31 ans, vu à la consultation du CHAPSA par le Dr Patrick Henry et adressé par ce dernier pour une évaluation diagnostique.
Coursier — J'ai pas l'impression d'être chez moi ici — Avant usine — Comment j'y suis arrivé — Nanterre un mois — Intenable, agitation à l'intérieur — Cassure quelque part — Perdu de moi-même — Retrouvé dehors après laissé tomber mon travail — Tentative avortée de démarrer son propre bric-à-brac, angoisse — Quelque chose qui m'empêche d'aller de l'avant — Je bougeais beaucoup étant jeune. Moins maintenant — Liens, mais pas marié — Contacts avec ma famille (très flou) — Economisé — Impression d'être loin, être à l'écart — Etre séparé — Coupé du monde — Cassure — Maux de tête anciens et ça se rapproche — Tout ce que j'ai ça me fait pas mal, mais difficile à supporter — En décalage par rapport aux gens — Les gens ont évolué et moi pas —

journée. Elle pourra se laver, se nourrir et se faire soigner à la consultation. Si son état physique le justifie, elle pourra occuper un lit d'infirmerie, plusieurs jours ou quelques semaines. Si besoin est, elle pourra être hospitalisée sur place.

Elle peut aussi demander à être admise au centre d'accueil. Si son comportement ne paraît pas, *a priori*, incompatible avec le respect du règlement (alcoolisme ou toxicomanie incontrôlables, violences, troubles psychiatriques graves et manifestes), et s'il y a de la place — ce qui ne va pas de soi, car les demandes sont nombreuses — elle sera acceptée. Intégrée, il lui faudra alors travailler à un poste lié au fonctionnement logistique de l'institution (brancardier, cuisinier, jardinier...) pour un salaire moyen — en 2001 — de 800 francs par mois (400 francs le premier mois, 800 francs après cette période d'essai). Des petites primes peuvent éventuellement venir s'ajouter au salaire de base. En principe, il n'y a aucune limite réglementaire au temps de séjour au centre d'accueil.

Indépendamment de ce dispositif Nanterre/Ramassage qui s'adresse aux plus chronicisés des sans abri, Médecins du Monde (depuis 1986) et le Samu social (depuis 1994) offrent à Paris, comme dans le reste de la France, consultations médicales et soins infirmiers, et, pour ce qui est du Samu social, un service de transport médicalisé, un réseau de centres d'hébergement et la possibilité de bénéficier de soins en lits d'infirmerie.

Par ailleurs, diverses organisations caritatives (Emmaüs, Armée du Salut, Secours catholique, etc.) offrent des services variés et nombreux, allant de la distribution de soupe jusqu'à diverses formes d'hébergement à durée variable, en passant par des services sociaux et des vestiaires. Beaucoup de ces dispositifs ont un caractère saisonnier et ne fonctionnent que de novembre à mars. Les énumérer tous serait fastidieux, les décrire dans le détail encore plus [1].

Les ramassages, les heures de distribution de nourriture, les rendez-vous répétés avec des travailleurs sociaux et soignants divers, pour tenter d'obtenir ici, une paire de lunettes, là, un autre pantalon, plus loin, une nuit d'hébergement, ponctuent, en un carrousel épuisant, une vie qui, par ailleurs, se décline tout en carence.

---

1. Cela a, par ailleurs, été fort bien fait dans un livre d'Hubert Prolongeau : *Sans Domicile Fixe*, Paris, Hachette, 1993.

La vie dans la rue ? On mendie. On boit. On s'engueule. On se bat. On se calme. On reboit. On dort. On recommence. Par-dessus tout, on s'ennuie. La toile de fond est l'alcool. Les clochards, dans leur immense majorité, sont gravement alcooliques. Cet alcoolisme est bien antérieur à leur clochardisation et en est l'une des causes majeures. A l'aide de mesures pratiquées à l'éthylomètre, il a été estimé que la population qui fréquentait la consultation de Nanterre buvait en moyenne, *par jour*, l'équivalent de quatre à cinq litres de vin. A cela viennent s'ajouter les médicaments psychotropes divers, dont les clochards font aussi une grande consommation. Leur état de conscience est, par conséquent, habituellement fortement altéré.

Ils sont le plus souvent ivres et hagards. L'alcool, la malnutrition et la fatigue les condamnent à vivre un état chronique de faiblesse et d'épuisement. Car avec l'alcool, la fatigue est la deuxième grande constante de cette vie. On dort mal dans la rue. On est souvent réveillé par la police, par les « bleus », par les cauchemars, par le froid, par la pluie, par la peur, surtout, de dormir exposé à toute agression... Après quelques jours, tout se brouille : jours, nuits, heures, dates. La confusion s'installe, qui sert aussi à protéger le sujet d'une lucidité qui ne saurait être que terrifiante.

On mendie quelques heures par jour. On peut choisir la passivité et offrir, immobile, son triste spectacle aux yeux des passants. Mais les crampes et le froid guettent. Il faut tenir. Ce n'est pas facile. On peut aussi tenter d'être plus actif, plus mobile. Il s'agit alors d'arrêter les passants, de les interpeller dans la rue, ou de passer dans les rames du métro. Je l'ai fait moi-même, ethnographie oblige, cela demande un grand courage physique et moral.

Quelle que soit la technique adoptée, il faut affronter les insultes et les moues méprisantes. Devant les regards qui se détournent, il faut, pour continuer d'exister, lutter contre le sentiment insidieux d'être devenu invisible, comme le sont les fantômes...

Il est rare de pouvoir supporter de mendier plus de deux ou trois heures par jour. Si le montant des bénéfices avoués, dans ce monde où le fantasme est roi, varie énormément au hasard des discours, les sommes véritablement récoltées se situent aux alentours de trente à cinquante francs par jour. Cet argent sert parfois à acheter un complément de nourriture à celle obtenue gratuitement lors des distributions. Il permet surtout de s'approvisionner en alcool.

Arrêté d'interdiction de mendicité du 26 février 1866, commune de Colombes, département de la Seine. © **Préfecture de Nanterre.** Transcription partielle :

Le maire de la commune de Colombes Seine, Vu l'article [...]
Vu le livre IV du code pénal article 471.
Considérant que le premier devoir de l'autorité municipale est d'assurer par l'action d'une police vigilante, le repos et la sécurité des citoyens.
Considérant que l'ignorance où se trouvent souvent les citoyens des principaux règlements en vigueur entraîne des contraventions dont il importe de prévenir le retour en faisant connaître ou en rappelant les dispositions de police qui obligent chacun des habitants dans l'intérêt de tous,

ARRÊTE

Mendicité — Article 1er : La mendicité est interdite dans la commune. Il sera pris en toutes circonstances à l'égard des habitants pauvres, sans travail ou invalides, des mesures convenables pour leur procurer des secours.

Sûreté publique — Article 2e : Il est défendu de faire ou de laisser sans nécessité sur la voie publique aucun dépôt de matériaux. Les dits matériaux et objets quelconques, laissés par nécessité sur la voie publique, pendant la [...]

D'une manière générale, les clochards cessent de mendier lorsqu'ils ont assez d'argent pour acheter la quantité d'alcool dont ils ont besoin pour passer la journée[1]. Pour autant, il ne s'agit surtout pas de conclure que cette mendicité est une sorte de luxe que s'autoriserait le sujet. Perversion et escroquerie à la pitié qu'il faudrait alors décourager en ne donnant rien. Ce serait une grave erreur (en plus d'être une petite méchanceté moralisante) que d'ignorer ou de sous-estimer la souffrance du sujet alcoolique (et/ou toxicomane) englué dans sa dépendance et angoissé devant sa faible autonomie par rapport au produit dont l'imprégnation ne peut baisser en deçà d'un certain seuil, sous peine de subir les affres d'une crise de sevrage (c'est-à-dire de manque). On verra plus loin que cette autonomie ne dépasse pas quelques heures.

La mendicité constitue, au contraire, un véritable travail dans la mesure où ses bénéfices assurent la survie physiologique et psychique du sujet. Une personne alcoolodépendante a, par définition, un besoin vital d'alcool. La crise de sevrage qui la guette peut mettre sa vie en danger. Médicalement, le syndrome de sevrage est considéré comme une urgence[2].

Ce vin, cet alcool, on le boira en groupe, ou avec le copain avec qui on forme une sorte de couple, ou encore, et plus généralement, seul. De toute manière, si les amitiés et les groupes protègent — relativement — des dangers de l'agression et de la peur de la nuit, il s'agit là d'aménagements de courte durée. On est ivre. On se dispute pour un mot. On se bat. On se vole. Que faire, sinon boire encore pour ne plus penser, pour ne plus voir, pour ne plus ressentir ? Qui peut imaginer la nudité profonde, la fragilité qui glacent un être qui doit se dévêtir pour déféquer en public, entre deux

1. Répétons ici que ces observations concernent les clochards, qui sont les plus désocialisés parmi les exclus. Il serait odieux d'insinuer que le produit de toute mendicité sert en priorité à acheter de l'alcool ou des drogues. Par ailleurs, la question de l'alcoolisme et des polytoxicomanies de la population sera abordée plus loin. Voir le chapitre « Une folle ataraxie ».

2. D'un point de vue symptomatologique, le syndrome de sevrage alcoolique se manifeste d'abord par un malaise général (tremblements, sudation, vertiges, irritabilité, troubles de la concentration) pour évoluer plus ou moins rapidement vers une crise convulsive de type épileptique, puis vers un délirium avec délire hallucinatoire et atteinte de l'état général (hyperthermie, déshydratation, hypertension, tachycardie) qui peut conduire à la mort par coma hyperthermique et collapsus cardiovasculaire.

voitures ou dans un tunnel du métro ? « Mourir. Dormir. Dormir, rêver peut-être », disait Hamlet.

Tout, dans cette vie à la rue, est immensément difficile. Tout, toujours, est à recommencer. A-t-on réussi à trouver à manger aujourd'hui, qu'il faudra recommencer demain la même quête, les mêmes trajets, subir les mêmes bousculades autour des camions de soupe, souffrir les mêmes rebuffades.

Il est impossible d'amasser des objets. Ce que l'on a, il faut le porter. C'est lourd. Et puis, qui dit possession, dit vol. On dort, même dans les foyers, avec ses chaussures nouées autour du cou...

Le lit trouvé à grand-peine hier est celui d'un autre le lendemain. L'hébergement, pour l'essentiel, fonctionne ainsi. Une ou deux nuits, une quinzaine dans le meilleur des cas (mais qu'est-ce que deux semaines dans une vie ?), après il faut chercher ailleurs ou revenir quémander au même endroit. Sans garantie. Au contraire, revenir trop souvent au même lieu est interdit. Le soir, il faut repartir de zéro. Cette mouvance est nécessaire et les choses sont voulues ainsi : « C'est pour leur bien. » Pas d'assistanat : il faut favoriser l'autonomie du sujet. Toujours est-il que l'espace et le temps sont en miettes et qu'il est presque impossible de se poser.

Lorsque j'ai commencé l'enquête ethnographique en 1982, je m'étais inquiété des difficultés que je rencontrerais à « pénétrer » le milieu, à m'y faire accepter, à en surmonter les barrières. A tort. Un vieux pull, quelques mots échangés assis sur un banc du métro, et c'était chose faite. Accepté. Vieux de la vieille. Copain comme cochon. Parfaitement indifférencié. Et pourquoi pas ? Ce monde est celui du néant et le néant n'a pas de porte. Il n'en a pas besoin. Il ne craint rien, ni personne. Il n'a rien à perdre. Alors qui étais-je ? Ethnologue ? Menteur ? Psychanalyste ? Voyeur ? Voyou ? Tout le monde s'en foutait. A chacun sa vérité...

Ainsi, le discours n'est plus dans ce monde, au mieux, que le support du fantasme. Il n'engage à rien et n'est pas soumis à l'épreuve du réel. Logorrhée, mutisme ou vocifération, il est tout entier au service de la mise en scène du sujet. Mise en scène dans son rapport à soi, bien avant qu'à l'autre. La première fonction du discours est d'abord de disculper le sujet à ses propres yeux. Ses échecs, ses dysfonctionnements, sa vie lamentable, tout cela doit être mis à distance, expliqué, rationalisé par une étiologie qui ne l'implique en rien.

Son discours doit, avant tout, apporter la preuve irréfutable de sa normalité : « Ce n'est pas moi. Ce sont les femmes qui nous abandonnent, les patrons qui nous mettent à la porte, les étrangers qui viennent prendre le travail des Français... C'est la crise. Ce sont mes parents. C'est l'âge. Les accidents. L'alcool qui est plus fort que moi... Mais ce n'est pas moi, surtout pas moi. Je n'ai rien à voir là-dedans... »

Mendiants et estropiés
Pieter Bruegel (?) Jérôme Bosch (?)
vers 1550-55 (?), Albertina, Vienne.

De ces discours manifestes recueillis dans la rue et les foyers d'hébergement, voici quelques exemples. Ce sont eux que l'on entend d'abord, avant d'en percevoir les insuffisances. Volontairement présentés ici de manière impersonnelle, comme détachés des sujets qui les énoncent, pour qu'on puisse mieux en mesurer l'équivalence structurelle, découpés et rangés sous des rubriques thématiques, ils se renvoient les uns aux autres en de douloureux parallélismes. Avant d'en analyser, plus loin, le sens : prélude choral...

1. Victimes

* J'en ai bavé. J'étais en Haute-Savoie. J'avais tout ce qu'il fallait. Rapport à une bonne femme. J'ai pas peur de le dire. J'ai tout perdu. Puis c'est tout. Y a que ça à dire. (Paul, 41 ans, dans la rue.)

* Moi j'avais... J'ai vécu 19 ans avec quelqu'un... Avenue de Verdun à Ivry. J'ai tout perdu. Un jeudi matin, il y a deux ans, il est parti. Il m'a dit au revoir. Il m'a dit : « A ce soir. » Il n'est jamais revenu. (Denise, la quarantaine, vit avec Paul dans la rue.)

* Ben... J'étais pompiste. Maintenant je suis toujours pompiste. Mais j'ai changé de qualité. Maintenant je pompe du vin. Eh, oui ! Avant je pompais de l'essence, maintenant je pompe du vin. J'ai perdu ma place. Parce que je devais rejoindre mes frères en Australie. Je suis arrivé à Paris. Et l'ambassade, parce que je suis infirme de mon bras gauche, ils m'ont refusé le visa. J'avais le billet d'avion. J'avais tout ce qui fallait, quoi... L'argent. Tout. (Marcel, la cinquantaine, dans la rue.)

* Comment je suis venu dans la rue ? Pour moi ça a d'abord commencé très mal dans ma vie. Mais enfin, disons que c'est un peu l'histoire de mes parents. Puis un peu l'histoire de moi. Disons, le plus simple, pour être vrai : c'est une déception sentimentale. J'avais une fille. C'est tombé à zéro. Puis j'avais un patron qui était pas très compréhensif. Et puis je me suis retrouvé sans boulot. (Yves, la trentaine, dans la rue.)

* Moi, mes parents ont eu des problèmes de loyer. Y a un inspecteur qui est venu chez moi. Et puis on a été obligés de déménager au mois de novembre. Alors mes parents ont plus voulu de nous. De mon frère et moi. Et, bon, j'ai deux sœurs mariées. J'ai ma petite sœur qui est partie avec un garçon. Alors là, je me suis retrouvé, mais vraiment à la rue. Je ne pouvais plus me laver. Je ne pouvais pas manger tous les jours. Donc, je me suis débrouillé à travailler dans la ferraille. Je ramassais de la ferraille et puis je la vendais. Après mon beau-frère m'a pris pendant un mois dans sa caravane. Après je suis parti quinze mois à l'armée. J'ai fait deux mois de Liban, qui m'ont complètement traumatisé. Bon, maintenant j'essaie de me débrouiller. Mon père m'a repris, pendant que j'étais à l'armée. Pendant six mois... Pendant un peu moins de six mois. Puis j'ai eu une petite querelle avec lui. Bon, je lui ai pété l'œil, sans le faire exprès. Et puis, là, il m'a viré. (Renaud, 22 ans, dans la rue.)

* Avant j'étais dans un monastère. Et puis, comme vraiment je ne suis pas encore assez mûr... J'ai pris la route et puis j'étais à droite, à gauche. J'étais avant aux Emmaüs à Clermont-Ferrand, à Bordeaux. Je suis parti parce qu'il y avait un mec qui m'a dit : tu pars. Alors je suis parti avec lui quoi... (Pierre, 36 ans, Foyer d'hébergement d'urgence Emmaüs.)

* J'avais un boulot : forgeron. J'ai fait plusieurs boulots dans ma vie. Moi, j'en ai marre. Chacun choisit sa vie, hein ? T'es d'accord avec moi ? Chacun fait ce qui veut. Moi, ça me plaît ma vie. La preuve : si ça me plairait pas, je le ferais pas, hein... Changer ? Non pas du tout. Ça m'intéresse pas. J'ai choisi ma vie, maintenant, elle est choisie, elle est choisie, hein. Je reviendrai pas sur ma décision. (Xavier, 38 ans, Nanterre. Décédé depuis des suites de son alcoolisme.)

2. Travail

* A 41 ans, tu sais, le boulot, c'est fini. Ils en veulent plus. Ouais, je sais, je suis sorti de taule y a cinq ans, mais j'ai tout perdu, tout perdu... (Paul.)

* Mais si, je cherche du boulot, mais y en a pas ici. De toute manière, si on se présente assez crado, on nous refuse quoi. C'est ça le problème. (Jean, 22 ans, dans la rue, sortant de prison.)

— Ce que tu dis c'est vrai. Parce que rien qu'à dire que t'es SDF, ils te prennent pas. (Marcel.)

— Ouais, rien qu'à dire SDF, ils vous prennent pas. Si vous avez pas de logement, y a rien du tout, même si vous avez une profession, ils vous prennent pas. (Jean.)

Ils rient...

* Pour être franc, j'ai passé des périodes où je cherchais du travail, mais actuellement je me suis habitué à cette vie. (Yves.)

* Bon, j'ai fait des recherches de travail et de foyer. Mais quand j'avais le travail, j'avais pas de foyer et quand j'avais le foyer, j'avais pas le travail. Et puis, bon, là je suis toujours à la recherche de petits emplois. M'enfin, j'ai beaucoup de problèmes pour trouver un boulot. Bon, j'aurais pu trouver un boulot de serveur, dans une ANPE à Paris spécialisée dans ça. Ils me font : il vous faut un certificat. J'ai été voir mon ancien employeur qui m'a fait un certificat complètement bidon, en me disant que j'étais payé au SMIC, alors que j'étais payé 500 000 balles. En plus que j'étais commis-serveur, en plus que j'étais serveur. Alors, moi, je veux bien travailler au noir, ça je m'en fous, mais au moins qu'ils soient honnêtes. C'est pour ça que j'ai beaucoup de problèmes pour trouver un boulot. Bon, il faut dire que je cherche pas tellement... (Renaud.)

* Je suis ici, suite à, enfin, j'ai été mis à la porte d'un foyer de postcure parce que j'étais... Enfin, ils travaillaient dans les serres. Et puis le travail qu'ils faisaient c'était pas très... Pas très bien. Ramasser des endives pleines de terre, de terre mouillée, moi, ça ne m'intéressait pas. Travailler dans les serres, ça m'intéresse pas quoi... Mais je ne dis pas non de travailler... Moi je veux travailler, mais travailler dans des conditions qui sont bien, pas travailler comme on dirait heu... Pour parler vulgairement, travailler dans la merde quoi. Puis travailler pour dix balles par jour, ça aide pas un homme. J'arrive pas à trouver du travail. J'arrive pas à trouver quelque chose... quelque chose qui aille bien avec moi, quoi. N'im-

porte quoi. Je prendrais n'importe quoi. Mais s'il y avait du travail dans la restauration, la plonge, l'aide de cuisine, ben, ça me dérangerait pas. Ça me dérangerait pas. Enfin, mais là en ce moment, je cherche du boulot, quoi. Même du boulot bénévole, moi, ça me dérangerait pas. Je m'en fous. La vie en ce moment, elle sert à quoi ? Le matin tu te lèves, enfin pour ceux qui bossent, hein, le matin tu te lèves, tu déjeunes, tu vas bosser. Tu rentres le midi. Tu retournes bosser. Tu rentres le soir. Tu vas te coucher. C'est ça : c'est métro, boulot, dodo. Moi, des trucs comme ça, moi, ça m'intéresserait. (Jacques, 27 ans, Foyer d'hébergement d'urgence Emmaüs.)

3. Mères

* J'ai perdu ma mère, j'avais dix-sept mois. Et allez ! De la grippe. De la grippe espagnole, qu'ils appelaient ça à ce moment-là. Je l'ai pas connue. Et puis mon père... un autre mariage... d'autres mouflets et tout le bazar. J'étais le souffre-douleur, moi. Hé ! Le pèse-douleur. Allez vas-y ! (Gaspard, 70 ans, Foyer d'hébergement d'urgence.)

* J'aurais eu mes parents, vous voyez, je serais pas à ce point ici. Je serais pas là. Moi j'ai vu mes parents dans un accident de voiture. Avec le volant, mon père, il est resté là. Oui Et ma mère a été coincée contre les tôles et je l'ai vue découpée au chalumeau, ma mère. Et c'est vrai en plus. Ça fait un choc, c'est pas possible. Quand je pense à ça, des fois je m'énerve. (Pierre.)

* Ah, ma mère ! Bon, mes parents vivaient ensemble jusqu'à ce que je me trouve ici. Puis, bon, puis comme mon père il s'est trouvé une copine, ma mère a préféré s'en aller... A préféré partir parce que, bon, elle a trouvé dégueulasse que, au bout de trente ans de mariage, que mon père il la fasse cocue. Et puis c'est un peu pour ça que j'ai pété l'œil de mon père, parce que j'étais un peu jaloux de ma mère. Parce que, bon, il lui a fait, pas du mal parce qu'il la tapait pas, mais, bon, il lui a fait du mal, du mal au cœur. Et c'est pas un truc que j'ai apprécié du tout. Non, ma mère, elle vient de temps en temps. Je vois ma mère. Je vois ma mère,

heu... de temps en temps. Ça me fait beaucoup plaisir de la voir. Bon, c'est un peu dommage, c'est qu'ils vivent plus ensemble. Mais de toute manière, c'est la vie. C'est la vie, on n'y peut rien. C'est ça. (Renaud.)

* A l'heure actuelle, ma mère, elle me dit, là, j'ai téléphoné hier, elle me dit qu'elle a presque plus de rapports avec ses enfants. Moi, je suis resté en contact. C'est malgré tout ma mère. C'est vrai qu'on a eu une enfance difficile. C'est vrai. Mais enfin, s'il faut lui reprocher, vingt ans après, l'enfance difficile... (Gérard, 42 ans, Nanterre.)

4. Solitude

* Je ne demande rien à personne... Y a que mes enfants qui viennent me voir tous les jours. Ils viennent me voir. Ça me fait déjà beaucoup de bien, ça me soulage. Mais je ne demande rien à personne. Dans ma famille, je ne demande rien à personne. J'ai quand même du... hein, du savoir-vivre. Non. Vis-à-vis de ma famille, je peux pas m'abaisser, puis c'est tout. Je peux pas. (Paul.)

* Moi, j'ai pas de famille, j'ai rien du tout. J'étais à l'Assistance publique, jusqu'à vingt et un ans. Après j'ai fait vingt-six mois de clinique à Limoges. Et puis je connaissais pas que c'était que ça. Et puis maintenant, je suis tombée là-dedans. Puis voilà. Puis j'ai personne. J'ai pas de famille. J'ai rien du tout. (Denise.)

* Moi ? Ah ! Ma famille, depuis que j'ai fait de la prison, on m'a rejeté. Toute ma famille m'a rejeté. Toute ma famille m'a rejeté. Toute ! Mon frangin, il travaille à Paris. Il m'aide même pas. Et en fin de compte, j'ai même pas envie qu'il m'aide. (Jean.)

* Mes parents, je les ai eus jusqu'à l'âge de seize ans. A seize ans, ces saloperies-là, ils m'ont laissé tomber. Alors j'ai été mis, pas dans une maison de retraite si tu veux, mais dans une pension. (Gaspard.)

36

* Oui, bon, vous savez... La famille, hein... On est majeur, hein... Débrouille-toi, hein... *Il rit.* On est mieux... On est mieux servi par soi-même. Comprenez ? Voilà. C'est mieux. La tranquillité... On fait ce qu'on veut... Il faut pas être toujours derrière, heu... derrière les jupons de maman, comme on dit. C'est vrai, hein ? (Michel, 55 ans, Foyer d'hébergement d'urgence Emmaüs.)

* J'ai été émancipé par mes parents à l'âge de vingt et un ans, parce qu'avant, c'était pas dix-huit ans, l'émancipation, c'était vingt et un ans. Alors là... Toc, terminé ! De toute manière après ça, j'étais lancé dans la boisson. (Xavier.)

* J'étais à l'orphelinat à Albi, dans le temps. Si, mon père, ma mère... Mais ce sont des gens qui ont divorcé, puis tous les deux m'ont renié. Bon, ben, ça a été déjà un premier plan. J'en fais pas une excuse, hein, mais, bon, ben, après j'ai été séparé de tout lien avec ma famille. Ça m'a quand même altéré. Et puis j'ai souhaité apprendre un bon métier, puis j'ai pas réussi, quoi. (Yves.)

* J'ai ma famille, mais elle m'aide pas du tout. Rien. Rien. Rien. Là en étant hospitalisé... J'ai été hospitalisé de octobre à décembre. J'étais à Mantes-la-Jolie. Je sais pas si tu connais. C'est à côté de Paris. J'ai été hospitalisé là-bas. J'ai téléphoné à mon père. J'ai été voir mon père pour qu'il vienne me voir à l'hôpital. Eh bien, en deux mois que j'étais là-bas, je l'ai pas vu. Le toubib pourtant... Le médecin est allé le voir à la mairie, pour qu'il vienne me voir. Rien que ça. Il a rien voulu savoir. Enfin, je sais pas... Je m'en fous. C'est mon père, c'est mon père, puis c'est tout. Moi, je trouve dégueulasse de sa part ce qu'il a fait. Puis ma famille, c'est pareil : mes frères et sœurs... Je pensais qu'ils... Normalement, c'est là qu'ils auraient dû m'aider. Me donner un petit coup de main, me dire : bon, ben voilà, tu commences à t'en sortir, on va t'aider moralement. Non. J'ai vu personne, personne, personne. Enfin, ça aussi, c'est des trucs... On commence à travailler dans la tête, et puis ça n'en finit plus. (Jacques.)

5. La zone

* Je me suis fait embarquer par les bleus, pour la première fois... C'est pas le vendredi qui est passé là, c'est le vendredi d'avant... Ils m'ont dit : tu viens à Nanterre, c'est pour une vérification de papiers. Tu viens, puis c'est tout. Ils m'ont gardée la nuit là-bas. J'avais rien à voir du tout avec ça. Ils m'ont embarquée la nuit là-bas, puis c'est tout. Allez, hop ! Et lui, qu'est-ce qu'il fait ? [*Elle désigne son compagnon.*] Il tue pas. Il boit pas. Alors qu'est-ce qu'il fait ? Il fait la manche parce qu'il a besoin d'argent. Il demande pas. Il tend la main et c'est tout. Qu'est-ce qu'il fait de mal ? Qu'est-ce qu'il y a de mal là-dedans ? Rien du tout. Mais rapport aux bleus... « Oui... Faut pas faire ça. Vous faites de la mendicité », voilà ce qu'ils disent les bleus. « Allez, hop, dans le car avec nous. Vous nous suivez, puis c'est tout. » Moi, je fais pas la manche, je fais des crises d'épilepsie. Je suis en invalidité, alors... (Denise, bien connue à Nanterre.)

* Je fais la manche. Dans le métro. A l'église. Tout partout. Là, en ce moment, je suis au Parc des Princes. Dans le parking. Là, il pleut pas. C'est comme ici. C'est couvert quoi. Y a deux mois, je dormais à la piscine de Rambuteau. On dort pas toujours au même endroit. Et on ne fréquente pas toujours les mêmes gens. Faut changer de clientèle un peu. Qu'on vienne pas les harceler. C'est normal. Parce que c'est pas une obligation de donner un petit dû à un malheureux. S'ils donnent, c'est parce qu'ils veulent bien. C'est parce qu'ils peuvent, mais s'ils peuvent pas, faut pas les harceler. (Marcel.)

* Ben là, on me prête une cave. Je dors là. Je suis peinard. La cave est propre. C'est propre. J'ai mon petit matelas. J'ai mes couvertures. (Renaud.)

* Pour vous dire. On a pas mal de copains. On a même des gardes du corps. C'est-à-dire, on a un babouin et un chien. Alors quand on fait la manche, on est trois. En principe, il y a le babouin. Il y a le chien. Y a ses parents, enfin leurs patrons. Évidemment, c'est des copains à moi. On fait la manche évidemment, chacun de

son côté. Le soir on se réunit à Odéon. Et puis, toc, toc, toc, on compte combien on a fait, et puis on achète des litres. (Xavier.)

6. Alcools et délires

* Le contrat était fini quoi. Donc je suis parti, j'ai commencé à zoner un peu partout. J'ai essayé de retrouver du travail moi-même. Par mes propres moyens, puis par des agences d'intérim et l'ANPE. Rien n'y fait. Alors j'ai commencé à boire un verre, deux verres, trois verres. Puis après ça a été la bouteille. Puis après ça a été deux bouteilles. Puis après, j'ai pas pu, j'ai plus su m'en passer. Alors j'ai fait une première cure, pour pouvoir m'en sortir. Ma cure, je l'ai faite au Mont-Blanc. J'avais... Comment ça s'appelle ? J'avais une psychologue. Enfin, j'ai fait une psychothérapie avec elle. Je suis sorti du Mont-Blanc. J'étais... Je pétais la flamme. J'étais bien. Remonté à plomb (*sic*). Je suis redescendu à Besançon, espérant retravailler. Rien n'y fait. Puis y avait les copains, aussi. Viens boire un coup. Viens boire un coup. Viens boire un coup. Enfin, ça a recommencé de plus belle. Puis après, j'ai fait la connaissance d'une amie, avec qui j'ai vécu en concubinage pendant trois ans. Puis, au bout de trois ans, elle m'a laissé tomber. Alors là, ça a été vraiment le gouffre, là. Ils me disaient d'arrêter de boire. Je m'en foutais carrément. Parce que je voyais... Je voyais que ma vie elle était foutue. Je voulais en finir, quoi. Alors, je picolais, je picolais, je picolais. Les derniers temps, j'arrivais même pas à voir le jour. J'arrivais même pas à voir le jour. Enfin... (Jacques.)

* Parce que maintenant, je fais la manche. J'ai pas peur de le dire, moi, je fais la manche. Je fais que de la manche. Enfin, la manche, tu sais ce que c'est que la manche. Je fais de la manche, mais si j'ai pas ma dose, faut que j'aille en chercher. Pas la drogue, tu vois, mais si j'ai pas mon coup de pinard. Je ferais n'importe quoi, pour chercher à boire. Ma fille Michelle, elle est tombée dans mes bras. Elle est tombée dans mes bras, ma fille. Elle, elle vole pour se piquer. Elle m'a dit : « Papa, tu bois, moi je me pique. » J'ai dit : « C'est une raison ? Parce que moi je bois, que toi tu te

piques ? » Je peux pas. J'essaie d'arrêter de boire, tu vois... Je peux pas. Si j'ai pas à boire, j'sais pas... (Paul.)

* Au moins que j'aie quelque chose pendant huit heures, pendant les huit heures de la journée. Que je pense pas. Franchement. Que dans ma tête, le petit cinéma se mette pas en route. Le petit cinéma d'être dehors, à rien savoir faire. J'ai les idées qui reviennent et puis, c'est les idées, c'est les angoisses. Et puis, j'y peux rien, c'est plus fort que moi. (Jacques.)

* Moi, vendredi, je suis pas là. Vendredi soir, samedi, dimanche. Je suis en prière, voilà. Adoration. 24 heures sur 24. Mais souvent je vois, au point de vue spirituel que... que j'ai un démon. Un démon qui est contre moi. Il me fait stopper. Quand je lui demande une aide, le démon vient qu'il me... qu'il m'agrippe et qu'il me dit : « Va-t'en, va-t'en. » Alors, c'est un peu dur. Et, je n'arrive pas à le repousser, c'est ça le plus dur. Et force (sic), et puis tout seul, quand je pense pas, je dis rien, le démon s'en va. Et puis je dis : reprends-moi. (Pierre.)

* Là, cette année, j'ai au moins perdu cinquante copains. Une cinquantaine de copains, j'ai perdu. Soit par des crises, ou... Tiens, ce matin, Éric, à Nanterre, a attrapé une crise... Une crise de manque. Crise de manque... (Marcel.)

*

* De toute façon, c'est pas une honte d'être clodo, hein. C'est le plus vieux... C'est le plus vieux métier du monde... Avec les filles de joie. C'est la vérité. Les filles de joie que vous avez à Pigalle ou à Amsterdam... Eh ! Jésus, qu'est-ce que c'était ? Un clodo, hein, c'est tout. (Marcel.)

NUITS DIFFICILES

Centre d'hébergement d'urgence. Paris, janvier 1985

Vague de froid. La température, une nuit, descend jusqu'à moins 15. Dans la rue, des morts gelés. Plusieurs en quelques jours. Les médias ont alerté l'opinion. Les pouvoirs publics se sont mobilisés. Le ministre des Transports Paul Quilès a fait ouvrir d'urgence, par la SNCF et la RATP, des abris de nuit. En quelques jours, stations et entrepôts désaffectés sont aménagés sommairement par l'armée.

Je passe la nuit dans l'un d'eux : quai de la Gare, à Bercy. Le long des rails. Il s'agit d'un ancien entrepôt frigorifique de la SNCF. Deux énormes salles contiguës. De lourdes portes de bois, épaisses d'une trentaine de centimètres, qui se ferment avec un bruit sourd de cachot. Emmaüs gère l'hébergement. Le centre ouvre, c'est la première nuit.

L'armée quitte les lieux. Un colonel du génie, en tenue de campagne, fait un dernier tour d'inspection accompagné de quelques subalternes. Les soldats ont déblayé, installé le long des murs des toilettes chimiques et des poêles au mazout, apporté des matelas, des couvertures. Me prenant pour un responsable de l'accueil, le colonel me demande de l'accompagner. Il fait quelques recommandations de sécurité : « Les jerricans avec la ligne rouge, c'est du mazout. Avec la ligne bleue, c'est de l'eau. Pas confondre. »

On attend environ deux cents personnes. Il n'y a aucun point d'eau... « Voilà, pour nous, l'opération est terminée. On vous laisse. Bon courage ! » Regard inquiet vers les quelque soixante hébergés qui commencent déjà à empester l'atmosphère... Quelques-uns viennent le remercier, « vous et vos hommes ». Et pour vraiment rendre hommage, pathétiquement, ils se redressent dans leurs costumes

41

d'épouvantails, se mettent au garde-à-vous et saluent. Les militaires sont un peu gênés. Moi aussi. L'instant est apparemment solennel. Ils me saluent. Pour ne pas être en reste, j'esquisse, de la main, un geste vaguement martial.

Depuis 19 heures, des hommes arrivent par groupes de deux ou trois, transis de froid. Ils se pressent d'abord autour d'une table où on leur sert une soupe et du pain, puis ils vont s'asseoir dans les coins, le long des murs, par terre, et mangent, souvent en silence. De temps en temps, ils lèvent les yeux et regardent autour d'eux, observant les responsables. Mais c'est à la dérobée, en évitant le contact. Regards furtifs. Mélanges de crainte et d'hypocrisie. Regards d'opprimés... Regards d'habitués aussi... Habitués des petits enjeux du semi-enfermement... Les meilleurs lits sont près du chauffage. Loin des chiottes. A l'écart des passages...

Dehors, une cour d'usine. Plus loin, des rails... Des mouvements de trains dans la nuit... Des types traînent près de l'entrée. Fument. Pissent contre le mur. Vident rapidement leurs bouteilles. L'alcool est interdit à l'intérieur ; il faudra tenir le coup jusqu'au matin.

Quelques-uns discutent. Toujours des mêmes choses, infiniment. A vomir d'ennui... « Ces charognes de bougnouls qui prennent tous les boulots... Quand j'ai fait l'Algérie... J'ai un boulot en vue... Le patron a dit que, peut-être, dans quinze jours... Un stage par le bureau d'aide sociale. Peut-être... Moi, si j'avais encore le droit de voter, je voterais pour M. Le Pen... » On parle aussi des femmes. « Elle m'a trompé. Salope ! Je me suis mis à boire. C'est normal... Regardez où j'en suis... Les bonnes femmes... » Encore... Toujours... Vieille affaire. A la figure auréolée de la mère-sainte s'oppose celle, abhorrée mais séduisante, de la putain-vampire.

Un hébergé s'approche de moi. La trentaine, petit, chétif, les cheveux en bataille, un regard illuminé. « C'est chouette, hein, ce qu'ils font ici ? Je ferais bien ça, moi, travailler pour les autres. C'est un idéal quoi, une vocation. Ah, c'est chouette. » Puis il raconte son histoire, dans le désordre. D'autres écoutent en douce. Il vient de la Somme. Maintenant, au moins, il connaît Paris. Quatre mois qu'il est dans la rue. Il est arrivé il y a deux ou trois ans. « Alors, j'ai presque tué un flic. Dans une bagarre. J'étais beurré. Il est pas mort. Alors, évidemment, ils m'ont mis à Fresnes... Mais je vais me refaire. J'aurai peut-être un travail le mois prochain. Je voulais travailler à Nanterre, mais ils veulent plus de moi depuis mon accident. » Il relève ses manches : ses avant-bras sont hachurés de longues coupures recousues. Les fils y sont encore. « J'ai voulu m'ouvrir les bras, j'étais énervé... »

Quelque part, dans cette nuit confuse, une apparition... Un garçon et une fille. Dans les seize ans. De jolies têtes. Des amoureux. Son père à elle faisait des difficultés, des violences... Alors, ils sont partis. Et les voilà maintenant tout tremblants, agrippés à leur bol de soupe. Étonnés d'effroi. Oisillons. Elle lui lance des regards tragiques. Lui fait le fort. Le type à qui on ne la fait pas. Il sue la peur. La plus terrible, celle des enfants. Des vierges. Des propres... Coup dur, ils ne peuvent pas dormir ensemble. Le règlement intérieur est formel sur la question de la séparation des sexes. Non sans raisons... Déchirement... Hésitations... Ils voient bien que ce n'est pas pour eux, cette foire douteuse. Des types matent déjà la fille, en se poussant du coude : chair fraîche... Mais il est déjà bien tard dans cette nuit froide. L'alternative est fuyante. Ils en discutent, comme font les enfants, en se chuchotant des trucs à l'oreille. Ils se tiennent pour ainsi dire sur la pointe des pieds. Pour s'élever, pour tenter d'échapper un peu tout de même à la bassesse. A la souillure. Pour éviter les éclaboussures.

Le rêve tourne court. Rance déjà. Tout petit envol qui finit, feuille morte, dans une flaque de boue. Le temps de détourner les yeux, ils se sont évanouis dans la nuit. Trop tard, je m'étais décidé... J'avais sur moi un peu d'argent, alors je m'étais dit qu'après tout un hôtel... Une nuit au moins... Tout à coup ce geste semblait important. Trop tard. Ils étaient partis. Je suis sorti, un peu ridicule, mes billets à la main... J'ai cherché. En vain, ils étaient perdus, repris, mangés par le brouillard et la nuit...

A 22 heures, les deux salles sont pleines : cent cinquante hommes. Quelques femmes, à part, dans un coin. Deux couvertures par personne, un matelas à même le sol. Beaucoup ont un sac avec eux. Tout ce qu'ils possèdent. Vêtements sales. Chiffons. Lambeaux de papiers. Transistors cassés. Parodies d'objets... Trésors déchus pour hommes brisés... Certains, après quelques hésitations, posent les sacs à côté de leur matelas pour dormir la main dessus. Les habitués les entourent de vêtements, en font des oreillers. Dans la rue, les types dorment souvent la tête sur la bouteille. C'est là vraiment le seul moyen d'éviter les vols.

Ils s'endorment très vite, épuisés. S'élève alors, dans le calme qui s'installe, un concert organique : ronflements, flatulences, renvois, raclements de gorge, quintes de toux interminables. Pauvres bruits d'une humanité délabrée.

La puanteur est lourde, enveloppante comme de la poix. Odeur âcre, écœurante, insidieuse qui prend à la gorge et imprègne les vêtements. Odeurs de pieds, d'aisselles, d'entrejambe... Tout cela raffiné cent fois. Odeur collante, résistante. Compagne de plusieurs jours, malgré les douches et les changements de vêtements. Souvenirs tenaces. Mémoire de l'après-coup, blottie au fond des narines...

Un vieillard décharné, tuberculeux, va tousser toute la nuit. Ses quintes sont terribles. En titubant comme un vieux clown, il va cracher dans un coin. De temps en temps, il étouffe. Il s'assied alors dans son lit, la bouche ouverte, haletant, en roulant de gros yeux. Il va certainement mourir bientôt.

Le responsable du centre est un ami. Effet pervers de l'horreur, le fou rire nous prend. Nous pouffons comme deux imbéciles. Je pense à Céline. Le début du *Voyage*. La Flandre en 14 : « Il se tenait la culotte à deux mains à cracher... Maman, maman ! qu'il pleurnichait tout en crevant et pissant son sang aussi... Finis ça ! que je lui dis... Maman, elle t'emmerde [1] ! »...

Nanterre, hiver 1985 [2]

Dans ma chambre à la Cité universitaire, je prépare mes affaires. Je vais me faire ramasser incognito avec les clochards par la police et emmener à Nanterre, pour y passer la nuit. C'est là le seul moyen de savoir ce qui s'y passe vraiment.

Pour tout dire, j'ai la trouille. Ce n'est pas exactement la peur. Je ne cours d'ailleurs qu'un danger tout à fait minime. Non, ce n'est pas la peur. C'est plus banal. Plus infantile, aussi. C'est la trouille. Mais la trouille de quoi ?

Je m'assieds un moment sur mon lit pour y réfléchir. Le soir tombe. Entre chien et loup, la lampe donne une lumière sale. Je suis seul. En caleçon long. Le silence pèse sur moi, comme une vague de douleur. Mon regard s'arrête sur les vêtements que je vais mettre. On

1. L.F. Céline, *Voyage au bout de la nuit*, Paris, Gallimard, 1952. p. 60.
2. La description qui suit concentre dans le récit d'une seule nuit des observations réalisées lors d'une dizaine de ramassages incognito.

s'habille pour ces choses-là... Je sais qu'une fois arrivé, il va falloir mettre un uniforme. J'aurai peut-être froid. D'où le caleçon que j'espère pouvoir garder sur moi. Un caleçon historique...

A la libération de Bruxelles en 1944, mon père, adolescent, s'était joint au pillage des entrepôts de la ville. Une grande kermesse. Hystérie pour tous : femmes dépoitraillées, violences en tous genres... Le bon peuple en liesse était tombé sur les réserves d'alcool de la Wehrmacht. *Ach !* Courvoisier... Il y en avait des montagnes. Quelques Allemands, courageux, mauvais perdants ou dionysiaques furieux, tiraient encore çà et là. Au jugé. De loin, dans le tas. Aussi, ça gueulait un peu partout, parmi les caisses éventrées. Des tessons. Quelques tripes aussi... Collabos, miliciens, assoiffés et démocrates... Il y avait de tout. Même des morts. Une bien belle fête.

Mon père, écœuré, égaré, nauséeux de peur et d'effroi, trouva au hasard de quelques wagons un peu à l'écart une ou deux tonnes de caleçons longs. Waterloo, morne plaine... Il en rapporta une douzaine. Cet exploit fut l'unique fait de guerre dont peut s'enorgueillir ma famille. Au moins, cette fois-là, on n'a tué personne... Tout de même, mon caleçon est un caleçon d'aventure.

A part le caleçon, je choisis des vêtements abîmés. Après, dépendant de leur degré de contamination, je verrai si je les jette ou non. Mon souci principal : les parasites. « Si on a pas de bébêtes en entrant à Nanterre, on en a en ressortant » est un adage de la rue. Je le pense volontiers exact. Aussi, je m'attache deux colliers antipuces pour chien. Le premier autour du bras, le second autour d'une cheville. Les puces m'inquiètent. Si j'en rapporte dans ma chambre à la Cité, ma vie deviendra un enfer. Je me suis procuré des poudres insecticides et antigales.

Je prépare un sac poubelle pour mon retour. Une fois passé la porte, j'y mettrai mes vêtements en les aspergeant d'insecticide, avant de refermer le tout. Ensuite, je pulvériserai de la poudre sur mon corps et me badigeonnerai de produit antigale. Il me suffira d'attendre, tout nu et debout, une vingtaine de minutes pour laisser agir. Une douche et le lendemain, le même traitement... Cela devrait régler la question des parasites. Restera l'inhalation de quelques millions de bacilles de Koch... Qu'y faire ?

La trouille, au fond, est là. C'est la contamination. Réelle et symbolique. Comment décrire, au-delà du folklore entomologique, ce vertige du plongeon ? Cette angoisse d'Alice devant le miroir.

Le Chevalier, la Mort et le Diable
Albrecht Dürer (1513).

Aller là où il ne faut pas. Aller trop loin ? Revenir bien sûr, mais comment ? Revenir, mais plus tout à fait le même au fond de soi. Marqué — mais jusqu'où ? — d'un étrange et irréversible ailleurs. Souillé enfin. Souillé, surtout.

Voilà à quoi je pense, assis sur mon lit. Un peu déprimé, dans mon caleçon glorieux. J'ai acheté une bouteille de vin. Une horrible, avec des étoiles en relief autour du goulot. Sitôt dehors, j'en renverserai la moitié sur moi. L'odeur, la maladresse, la tache attesteront de mon identité.

Je m'habille lentement. Mes gestes sont un peu fébriles. J'ai froid. Je n'ai rien mangé de la journée afin d'éviter de devoir aller déféquer dans des conditions, que j'imagine, dantesques.

Je suis prêt. J'ajuste un vieux bonnet devant ma glace. Je me regarde en soupirant. Je pense à Livingstone, au capitaine Scott, à Joshua Slocum, à James Bond... J'appelle un moment le grandiose au secours du déplorable.

Je ricane, Cyrano : « Allons ! C'est encore plus beau lorsque c'est inutile. » Et je sors. En passant devant la loge du gardien, je dépose, dans mon casier, une enveloppe. A l'intérieur, la clé de ma chambre. Je peux être fouillé et il ne faut pas que quelque chose puisse indiquer un domicile. De même, je n'ai aucun papier sur moi. Des amis, cependant, savent que je suis à Nanterre cette nuit, au cas où...

De source sûre, je sais qu'il est déjà arrivé, au moins deux fois, que l'on retrouve au matin des hébergés décédés de manière suspecte. Étouffement accidentel ? Peut-être. Il y a l'ivresse comateuse. Mais aussi des hommes saouls. Les injures. Un oreiller... Tout est possible.

J'attends le passage du bus de ramassage à la tour Saint-Jacques. A cette époque, le vagabondage était encore un délit et le ramassage coercitif. Néanmoins, 40 % environ des personnes ramassées l'étaient volontairement et guettaient le passage du bus à certains arrêts systématiques.

Il fait un peu froid et, avec d'autres qui attendent aussi, je m'assieds sur une grande grille d'aération du métro d'où s'échappe un air tiède. Mon voisin engage la conversation.

« T'es nouveau ?

— J'arrive du Nord. Pas de boulot.

— Du boulot, y en a plus nulle part... »

Il m'examine attentivement. Je fais de même. Nous évaluons notre dangerosité réciproque. Toxicomane ? Alcoolique ? Dingue ? Pédé ? Pas pédé ? Les questions, les angoisses, les fantasmes sont les mêmes, pour lui, comme pour moi.

Il a une quarantaine d'années. Petit, maigre et voûté. Des dents lui manquent. Il n'est pas très sale, mais il a des croûtes sur les paupières et dans les cils.

« Quel âge t'as ? me demande-t-il

— Trente-deux ans.

— Putain ! Ce que la vie t'a abîmé... »

Le bus arrive. Mes compagnons s'ébrouent, rassemblent leurs paquets, se lèvent péniblement. Les gestes un peu maladroits, ralentis, ont quelque chose de la confusion du bétail qu'on mène à l'abattoir. Nous sommes une petite quinzaine.

La porte avant s'ouvre, deux policiers en combinaison bleu-gris descendent et surveillent notre montée dans le véhicule.

Dans le bus, il y a un poste avant où se tiennent le chauffeur et les quatre ou cinq policiers de la tournée. Cet espace est séparé de l'arrière par une porte qui ne s'ouvre que de l'intérieur. Au-delà, le vivier où s'entassent les ramassés, assis sur des banquettes en bois ou en métal, ou debout s'il ne reste plus de places. Il est fréquent que le bus soit aussi plein qu'un bus normal aux heures de pointe.

On passe obligatoirement par le poste avant, à la file, devant le brigadier. Chef d'équipe qui relève les noms, dates et lieux de naissance. Comme un bon tiers d'entre nous ne possède aucun document officiel, ces déclarations n'ont qu'une valeur toute relative. Je m'attendais à être fouillé, parce que justement parmi les sans-papiers, mais pas du tout... Il suffit simplement de dire les avoir perdus et de décliner son identité. La vraie ou une autre...

Je m'interroge un moment sur ce paradoxe : les consignes officielles qui prônent un véritable contrôle policier de cette population et la légèreté avec laquelle les identifications sont réalisées... En réalité, je comprends que ces policiers n'ont aucune envie de fouiller des gens aussi répugnants que nous. C'est là une vieille — et bonne — affaire du monde carcéral et concentrationnaire.

Je fais comme les autres et passe à l'arrière sans difficulté. Je sens le vin horriblement, pourtant je me rends compte que cette précaution était inutile. Le seul fait d'être dans ce groupe est une garantie d'identité générique et confère à l'individu une sorte d'invisibilité.

Le Matin, 19 janvier 1908.

Je m'installe sur la banquette la plus proche de la porte latérale arrière. De l'air filtre par les interstices et j'ai l'espoir que cela atténuera l'odeur que mes compagnons dégagent. C'est là commettre une erreur tactique. Nous sommes au début de la tournée et n'arriverons à Nanterre que dans quatre heures. Je réalise ma bêtise un peu plus tard quand une grosse femme manœuvre pour se rapprocher de la porte, s'installe sur la marche inférieure et debout, écartant les jambes, urine précautionneusement dans un gobelet en plastique. Elle le remplit à plusieurs reprises, tentant à chaque fois, en se penchant avec peine, d'en verser le contenu à l'extérieur, par la fente, sous la porte qui ferme mal. La manœuvre est inefficace... Les hommes se gênent moins et pissent franchement en arrosant le bas de la porte... Je suis assis à côté des chiottes ! Soupir... De l'urine éclabousse le bas de mon pantalon. Changer de place est hors de question, le bus est plein. Le vieil homme, à côté de moi, ronfle. Sa tête, renversée en arrière, roule sur mon épaule. Deux types ont la diarrhée à mes pieds. La puanteur est effroyable. Chaque respiration est une angoisse. Je m'enfonce au plus profond de mon être, comme pour abandonner mon corps à lui-même. Ma pensée cherche frénétiquement une échappatoire, et je me récite mentalement tous les poèmes que je connais. Ne pas sombrer. Se raccrocher à des bribes identitaires. Être, tout de même. Exister en secret et malgré tout. Vieux trucs de naufragé. Se raidir. S'extraire. S'abstraire.

Quatre caïds tatoués, menaçants, s'approprient quatre places assises en éjectant les vieux et les faibles qui les occupaient. Comprenant le danger, ces derniers n'insistent pas et se lèvent à la première semonce. « Dégagez !... »

On s'installe. On rote. On ricane. On est les rois. Et les rois sont ivres. Les yeux rouges et le regard méchant, ils cherchent un mauvais coup, une victime. Rentre un homme d'une cinquantaine d'années. Grassouillet. Un pull trop petit ne parvient pas à cacher son nombril. On dirait Winnie l'ourson. C'est un handicapé mental qui traîne un petit chariot à roulettes. De ces petits chariots pliables avec lesquels les vieilles dames font leurs courses. Le sien est vide. Ce non-sens amuse beaucoup les quatre durs et lorsque Winnie, reflué vers l'arrière du bus, passe à leur portée, ils se saisissent du chariot. Winnie, affolé, pousse des cris de bête. Il tend les bras. Les autres se passent le chariot au-dessus de leurs têtes. Winnie fait « Heuuuu ! Heuuuuuuu ! », tout exorbité d'effort et de douleur. Tout le monde rigole. Je ferme les yeux. Me vient la Genèse : « Faisons l'homme à notre image... » Dieu, me dis-je, doit avoir une bien sale gueule.

La mienne d'ailleurs ne vaut pas mieux. Je n'interviens pas. Le chariot est mis en pièces. Et les pièces, jetées çà et là, dans le bus. Winnie, en pleurs, renifle bruyamment, essaie de les récupérer, courant à quatre pattes entre les jambes des uns et des autres. Belle occasion de coups de pied. Au passage, un opportuniste en profitera même pour sortir son sexe et l'offrir à Winnie en lui agrippant la tête par les cheveux. A mi-chemin entre espoir et plaisanterie... On ne sait jamais. Winnie, tout à son chariot en pièces, s'apercevra à peine de l'incident.

Lors d'une autre tournée, j'assisterai au coït, par terre, dans l'allée centrale du bus, entre les sièges, d'un homme d'une trentaine d'années avec une vieille, complètement ivre. Ainsi l'étalon baisa la sorcière. Hilarité de l'impétrant, encouragements du public. Commentaires. Fiesta. Le tout, sous l'œil égrillard des policiers qui, tout fonctionnaires assermentés qu'ils sont, n'en restent pas moins capables d'apprécier les fines plaisanteries. Clins d'yeux de connaisseurs. D'hommes à hommes...

Nous arrivons à Nanterre. Le bus rentre dans la cour réservée à l'accueil des sans abri. Il fait noir déjà et la scène est sinistre. Des surveillants en blouse blanche nous attendent. D'autres, en uniforme brun, sont les auxiliaires, hébergés affectés aux tâches subalternes : distribution de nourriture, de vêtements...

Le bus s'arrête et les portes s'ouvrent. Froid et délivrance. Les passagers rassemblent fébrilement leurs affaires, se lèvent avec effort, vacillent... Des bouteilles vides roulent entre les sièges. Les surveillants gueulent et dirigent notre colonne titubante vers les quelques marches qu'il faut gravir. « Allez ! Plus vite ! » Classique. Le « *Schnell ! Schnell !* » fait toujours recette chez tous les gardes-chiourme du monde. « C'est par là ! Par là, j'te dis ! T'es sourd ou quoi ? »

Le jet d'eau est déjà prêt pour nettoyer le bus. On peut aussi s'en servir sur les récalcitrants. Les auxiliaires en bottes attendent en piétinant d'impatience. Il ne fait pas chaud. On échange des plaisanteries.

« Encore toi ! Toujours les mêmes ! T'as un abonnement ?

— Comme tu vois, on est tellement bien ici... »

Des cris aussi. Inintelligibles, tronqués. Ultimes protestations...

« Pédés ! » lâche au passage un nouvel arrivé manifestement ivre. Une adresse, moitié pour résumer l'ambiance générale, moitié à l'égard des surveillants... L'un d'eux, avec l'aide d'un collègue, entraîne aussitôt l'ivrogne dans un coin. Une gifle d'un revers de la main le fait tomber à terre. Facile ! Il est âgé et tout maigre. Deux ou trois coups de pied au ventre et quelques coups d'antenne en plastique de talkie-walkie achèvent de restituer aux blouses blanches leur intégrité hétérosexuelle. Tout cela est rapide, efficace, appliqué et sans colère excessive. Une mesure pour ainsi dire « administrative »... Personne ne s'en émeut, une grande habitude sûrement.

La victime est soulevée par le col, remise sur pied et poussée vers les marches. L'homme y arrive en trébuchant. La tête baissée, il se tient le ventre. Ses traits sont déformés par la souffrance. Il y a dans son allure quelque chose de désolé. Une résignation plus douloureuse encore que les coups.

Je monte les marches avec les autres. Bousculades. Chutes. Jurons. Insultes. Rires. C'est un défilé de clowns. Presque tous sont ivres. Nous entrons dans une grande salle. Des auxiliaires, postés derrière un grand comptoir en bois, nous distribuent des bouts de ficelle et des morceaux de carton. On doit se déshabiller et faire un paquet de nos vêtements. Les cartons sont troués pour que la ficelle puisse passer. Un auxiliaire inscrit mon nom, quand je lui donne mes vêtements. Je reste en caleçon. Dans une boîte en plastique, je dépose mes objets personnels et mon argent. Je n'ai qu'un peu de monnaie. J'ai caché ma montre dans mon caleçon. La boîte ne ferme pas, et beaucoup de rumeurs circulent sur des vols d'argent et de papiers d'identité. Par les surveillants ? Par les auxiliaires ? Les deux probablement.

Si je reconnais volontiers le travail exemplaire et le profond dévouement de certains surveillants et de quelques auxiliaires [1], reste la troupe des nombreux indifférents, brutaux et grossiers, auxquels viennent s'ajouter une poignée de sadiques crapules.

La salle pue. La pourriture des pieds et celle, déjà, des corps. Les

---

1. Je tiens en particulier à rendre hommage ici, à M. Gianini, responsable des surveillants du Centre d'hébergement et d'assistance aux personnes sans abri (CHAPSA) durant de longues années. Le souci véritable qu'il avait des personnes hébergées était de grande qualité. Son éthique personnelle était indiscutable et reconnue de tous.

paquets de vêtements tombent les uns après les autres. Les manteaux, les vestes, les pulls... Ah, ça fait maigrir. Sous les habits : des squelettes, des ventres distendus, des jambes allumettes. Des corps d'alcooliques, tout blancs, sauf le visage, le cou, les mains, et les pieds qui, eux, sont rouge-brun. « Bronzage crado, bronzage clodo », lance quelqu'un. Ricanements...

Les douches sont attenantes à la salle de déshabillage. Il n'y a pas de portes. Tout communique. Vapeurs d'eau, sueur, chaleur. Une nappe de brume tiède, collante, nauséabonde nous enveloppe doucement. Soupe gazeuse. Macération.

La douche, il faut y aller. Obligation absolue, mais statistiquement illusoire. Des douches, il n'y en a pas assez. Pas assez de temps non plus. Ni d'eau... Des filets seulement. De l'eau bien modeste, bien timide, bien discrète. De l'eau homéopathique. Deux ou trois petits morceaux de savon. Tiens, les savons aussi sont cachectiques ! Cachectiques et poilus...

Aux douches, ne se risquent vraiment que quelques fanatiques de l'hygiène corporelle. Et d'autres qui, on ne sait trop pourquoi, y sont forcés par les surveillants ou les auxiliaires. Sans oublier les tentatives, parfois musclées, de dessoûlement... Les victimes, alors, s'appuient contre les murs, tout nus, hébétés, lentement inondés. Les cheveux comme des algues, sous l'eau qui coule chichement. Un peu noyés déjà. D'autres s'affaissent lentement, écrasés d'hygiène, accroupis, contemplatifs et tristes sous la pluie.

Il arrive aussi que des clochards, particulièrement encroûtés de crasse, soient lavés par les auxiliaires. Aspergés de savon liquide, on les frotte au balai-brosse. Sur une peau squameuse, trouée de morsures de poux souvent ulcérées, l'opération n'est pas sans douleur...

Les ivrognes, les chiots et les nourrissons ont en commun de souffrir d'une susceptibilité sphinctérienne particulière à l'eau... Des îlots de merde semi-liquide dérivent lentement çà et là.

Tout cela dure trop longtemps. Cela dure toujours trop longtemps. L'encadrement recommence à gueuler. « On va pas y passer la nuit... Bordel ! Merde ! » Fortes pensées... C'est que certains en sont encore à leur petit paquet de vêtements. S'appliquent. Les ficelles sont trop courtes. Faut réfléchir et faire précis. Faut pas que ça se défasse. On se concentre bien fort. C'est presque palpable, ces efforts. On se tait, tout à sa tâche. Les traits crispés par le sérieux de l'affaire.

Enfin, ça se termine. Chacun va au comptoir échanger son paquet contre un uniforme. Soulagement. Les conversations reprennent. On se moque un peu de ceux qui sont en retard ou qui n'y arrivent pas. Trop bourrés. Trop tarés. Trop cons ! Voilà ce qu'on leur dit à ces maladroits. On peut se le permettre, on a fini, nous...

Enfin, nous voilà tous en uniforme. Une veste et un pantalon en grosse toile de coton. D'un joli brun caca... Les uniformes évidemment distribués au jugé ne correspondent pas à nos tailles. Il manque des boutons. L'ensemble rajoute encore au grotesque ambiant. Il y a quelques gros, pas nombreux, mais affreusement boudinés. Il y a des petits, égarés dans des océans de tissu. Il y a des grands, aux pantalons à mi-mollet qui, en plus, ne tiennent qu'avec la main.

Moi, mon pantalon est pratiquement carré. A la fois trop large et trop court. Ma veste, en revanche, est franchement lilliputienne. Les muscles de mes bras tendent les manches trop courtes de dix centimètres, à la limite de la rupture. J'ai le choix entre fermer les boutons et respirer...

Nos vêtements empaquetés vivront une nuit agitée. Plongés dans d'énormes cuves, ils vont être étuvés. Il n'est pas un pou, une puce, un morpion, une larve ou un bacille qui y résiste. Ils crèvent tous, jusqu'au dernier. Malheureusement cette hécatombe est d'une efficacité toute théorique. Les vêtements étuvés étant, hélas, stockés avec les vêtements en attente de l'être. Les piles bien serrées les unes à côté des autres... Or, le propre de la vermine est d'être par vocation intrinsèquement baladeuse.

Il est près de 23 heures. Je marche derrière les habitués qui se dirigent au réfectoire où nous attendent un café et un morceau de pain. La pièce fait partie du bâtiment dit des « 45 ». Édifice le plus ancien de la Maison de Nanterre, qui date de la fin du siècle dernier, lorsque les mendiants, rendus coupables du délit de vagabondage, étaient condamnés à 45 jours en cellule et au travail forcé [1]. Ce bâtiment, laissé en état, est typique d'une prison du XIXe siècle. Cellules, chemins de garde, portes, verrous, tout y est...

Le réfectoire est au rez-de-chaussée. Il faut imaginer une pièce mal éclairée, les murs peints jusqu'à hauteur d'homme en brun foncé. Les tables grossières sont recouvertes de Formica en partie arraché. Les bols sont ébréchés, les cuillères gondolées. Évidemment, il n'y a pas de couteaux. Trop dangereux. Vieille tradition carcérale, là encore.

1. Voir Annexe I : « Le Centre d'accueil et de soins hospitaliers de Nanterre ».

Autour de nous, les lourdes portes de métal ou de chêne des cellules, les verrous gros comme le pouce sont des injures permanentes. Des rappels aussi. Hommes en uniforme, figures de bagnards. Hommes graves, à présent, tout à la précieuse nourriture. Hommes aux visages terribles qui boivent leur café bruyamment... C'est un morceau du XIXe siècle qui survit là. Une sorte de XIXe siècle excrémentiel.

Dès qu'ils ont fini, les hommes se lèvent, un à un, et se dirigent vers le dortoir. Les surveillants sont maintenant presque absents. Et pour cause, il ne viendrait à personne l'idée de traîner. Il importe, en effet, de pouvoir choisir son lit et ses voisins de nuit...

On accède au dortoir par la cour. Une cour de prison, sans un seul brin d'herbe... Seulement de hauts murs de pierre noire. Et toujours ces portes de cachot, presque hallucinantes de passé et de violence muette... *Les Misérables*...

Le dortoir. Pour les hommes, il y en a deux. Immenses salles d'environ cent cinquante lits chacune. Lits superposés, afin de doubler la capacité d'hébergement mais lits à hauts risques... C'est que le clochard alcoolique présente, d'une manière générale, une tendance regrettable à une mauvaise étanchéité corporelle. Tous les sphincters sont concernés. Les extrémités du tractus, comme on dit. Urine, vomi, fèces coulent sur celui qui dort en bas. Cris, injures, bagarres. *Singing in the rain*...

Il faut décider : dormir au-dessus ou au-dessous. Un choix délicat, car si la position supérieure protège des intempéries, elle présente, cependant, elle aussi, des inconvénients. La chute, par exemple, tant le sommeil est agité. Et pour peu qu'on soit en état de le faire, il faudra, en principe, descendre la nuit pour pisser, vomir ou chier. Dans le noir, avec le risque de se faire casser la gueule si l'on marche sur un dormeur. Sans oublier la possibilité d'une agression, gratuite, financière ou sexuelle. Au-dessus, on est tout de même moins accessible. Au-dessous, il est plus aisé de s'échapper... Rien n'est simple.

Par ailleurs, il y a les bons et les mauvais coins, près des fenêtres, à côté des radiateurs, assez éloignés des toilettes à cause de l'odeur, mais pas trop, à cause du trajet... Les costauds refoulent les autres. Menaces ou voies de fait. On essaie de s'entourer de copains sûrs.

J'examine avec attention mon locataire du dessus afin d'évaluer son étanchéité probable, ma place n'est pas très loin de la porte donnant sur la cour. En cas de fuite...

Le matelas est recouvert d'une housse imperméable de plastique blanc. Il est taché de quelques traînées louches et brunâtres. Du sang ? De la merde ? Traînées sèches, heureusement. L'oreiller, sans taie, est innommable. Je ne m'y risque pas et le fourre sous le lit. La couverture, brune comme l'uniforme, porte elle aussi des traces séchées, grisâtres et organiques. D'un coup d'œil, j'y découvre des parasites dont le gris blafard tranche d'avec le brun foncé. J'ai froid. Tant pis, je supporterai la couverture. Il n'y a pas de draps.

Ça grogne, ça ronfle, ça pète. Un surveillant vient éteindre. La porte se ferme. Nous sommes entre nous. Les fenêtres n'ont pas de rideaux. La lune finissante éclaire d'une faible lumière. J'écarquille les yeux, pour les habituer à cette demi-obscurité. Je veux voir venir... J'écoute, sur le qui-vive, le bruit de ces corps qui se relâchent.

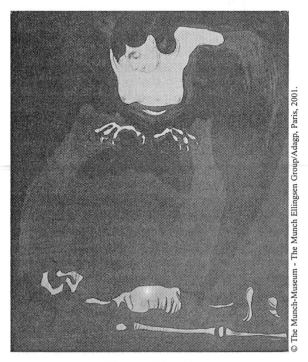

Vampire (Harpie)
Edvard Munch.

Dans cette cacophonie, un son régulier attire mon attention. Une femme, contre services rendus certainement, a pu s'introduire dans le dortoir. Elle passera de lit en lit, une partie de la nuit. Prostitution ? Charité ? Des « Hin, hin, hin » d'ânesse avinée ponctuent les rencontres, et rythmeront la nuit comme une sorte de prière murmurée à quelque douteux vestige de la vie. Contre toute attente, je m'y bercerai jusqu'à m'endormir. Étrangement apaisé, réconcilié, presque.

Je me réveille en sursaut. Un type est penché sur moi, le visage à vingt centimètres du mien. La main en train de farfouiller rageusement dans sa braguette. Il halète. Mon poing dans la gueule l'envoie se branler ailleurs. Il n'en a même pas lâché son sexe. Acrobate virtuose.

Me voilà tout à fait réveillé, bourré d'adrénaline, avec la furieuse envie de taper sur tout ce qui bouge dans le dortoir. Lentement, je calme ma respiration. L'ânesse s'est tue. Il est quatre heures. Des types marmonnent dans leur sommeil. Ronflements, râles et puanteur. Je vais pisser. Les toilettes sont dans la cour. Turques, évidemment. Leur état est indescriptible. Un vieillard, accroupi, se vide bruyamment. Il me regarde et hoche gravement la tête, comme font les médecins quand il n'y a plus d'espoir.

Un humoriste forcené, le doigt trempé d'excrément, a écrit, sur le mur, « merde à celui qui le lira ». Quand le médium est le message...

J'ai fini dans ma couverture dégueulasse, les yeux ouverts, à écouter la nuit. A un moment, une pensée curieuse m'est venue : « Rien ne sert de pourrir, il faut mourir à temps : Proverbe asticot ! » Sur le coup, je l'ai trouvé plaisant. Je ne devais pas être dans mon état normal.

A six heures : lumières, réveil. Café et morceau de pain. Comme hier soir, avec tout de même une variante rigolote. En buvant le café, on joue à la « bloblote ». C'est à celui, à cause du manque d'alcool, qui tremblera le plus. Certains, même en tenant leur bol à deux mains, en renversent partout, dans l'hilarité générale. Je n'ai vu des tremblements comparables qu'en Afrique, chez les paludiques en crise.

Puis, on nous redonne nos vêtements civils. Tout chiffonnés et rétrécis, suite à leur passage à l'étuve. Catastrophes. Outrages. Des types gueulent qu'ils ne peuvent plus rentrer dans leur pantalon. Que leur manteau est foutu. Bref, on échange un costume de clown pour un autre. Les surveillants se foutent de nous. « Beaux comme des sous neufs, les mecs... » Quelques-uns, effondrés devant leurs vêtements ruinés, pleurent en silence. Les miens, comme prévu, sont couverts de parasites. Paradoxalement, l'apparition de cette vie entêtée et grouillante me réjouit.

Les surveillants ont appelé ceux qui veulent aller consulter le médecin ou une infirmière. Pour les autres, direction la grande cour pour attendre le bus qui nous ramène sur Paris, après avoir déposé les nouveaux arrivants ramassés pendant la nuit.

Dans la cour, on a retrouvé les femmes. Elles sont rarement plus d'une quinzaine chaque nuit. Elles aussi ont leurs surveillantes. Elles aussi connaissent les mêmes humiliations, les mêmes violences. Le tout se complique de commerces sexuels douteux avec les auxiliaires. Viol ? Prostitution ? Difficile de se prononcer. D'une manière générale, la dégradation physique et la saleté de ces femmes les mettent plutôt à l'abri des attentions des surveillants... Cela dit, il y a aussi l'amour, car tout ce petit monde, hommes et femmes, nonobstant les viols collectifs, palpite de cœurs de midinettes.

Ah, l'amour. On y croit. Toujours. L'amour est le dernier des espoirs. On le cherche. On le guette. On le trouve. On s'emballe. On s'envole. Pour quelques minutes, quelques heures, ou quelques jours. Rarement plus. Après, on s'engueule. On se tape dessus. On pleure. On souffre. On picole. Et on recommence. Barcarolle...

Le bus est là, qui a dégorgé son lot de clowns titubants. Comme la veille. Beaucoup de bousculade pour y monter... Il n'y a pas assez de places pour tout le monde, or personne ne veut rester une minute de plus à Nanterre. Il devient urgent de trouver du vin. La bloblote, au début, c'est drôle, mais ensuite, ça évolue en crise d'épilepsie, beaucoup moins amusante. On se pisse dessus, mais aussi et surtout, si on la fait trop tôt, la crise, la consigne est de ne plus vous laisser partir. Hôpital. Urgences. 24 heures d'observation, etc. Adieu pinard... Aussi faut-il, le plus rapidement possible, monter dans ce foutu bus. Une fois dedans, on est tranquille. Même si on tombe, le chauffeur ne fait pas demi-tour pour une petite crise. On n'en finirait pas, sinon...

Ainsi, de nouveau, c'est la ruée. Il y a quelques coups. Tout le monde gueule, les surveillants, les flics et nous. Finalement, on part, sous les insultes de ceux qui n'ont pas pu monter et qui devront attendre le prochain bus. On est serré comme des sardines. Ça pue de nouveau horriblement. Un homme tombe à côté de moi. Crise d'épilepsie liée au manque d'alcool. Je tente de le protéger un peu des pieds des autres qui s'en foutent bien. Je le mets sur le côté pour qu'il n'étouffe pas, la langue retournée, ou dans son propre vomi. Je le tiens pendant le désordre sismique qui l'agite. Qu'il ne se blesse pas. Il urine et vomit. Je suis un peu éclaboussé. Finalement, il se calme, et je l'aide à se relever. Je lui demande si ça va. Il me regarde, le menton et la bouche couverts de vomi et de sécrétions nasales. Étonné, il hausse les épaules : « Ben ouais, et toi ? »

Le bus ne va pas jusqu'à Paris même. Pour des raisons d'une symbolique très exactement moyenâgeuse, il nous laisse aux « portes de la ville », à un point judicieusement choisi, équidistant de deux stations de métro, afin que nous nous répartissions un peu. Les uns par ici, les autres par là. En files hagardes et claudicantes qui sont celles des armées défaites. Hirsutes et incertaines dans l'aube blafarde d'une banlieue pisseuse.

*

Je me sentis obligé, cet hiver 1985, de faire part de ces observations nocturnes aux autorités. La Maison de Nanterre était encore, à cette époque, une extension de la Préfecture de Police de Paris. Je pris donc rendez-vous avec le chef de cabinet du préfet de Police qui voulut bien me recevoir. C'était un grand jeune homme. Bien élevé, sûrement. Ça se voyait. Intelligent aussi, sans doute, jusqu'à un certain point.

Je me retrouvai dans son bureau, quai des Orfèvres. Bien chauffé. Meubles anciens, gravures, tentures... Chic, mais pas ostentatoire. Une pendule Empire, au tic-tac important, égrenait le temps.

Je tentai de lui raconter mes petites histoires, de le convaincre, je ne sais. Enfin, de l'intéresser un peu. Dès les premières phrases, j'ai bien senti que ça ne marchait pas très fort. C'était un sceptique, ce garçon. Esprit fort et cartésien. Alors évidemment moi, avec mes anecdotes, tout de suite, j'ai fait farfelu. Vulgaire dans ce décor, et déplacé. Je compris qu'il me rangeait mentalement dans la catégorie des figures de cirque. Funambule pétomane. Montreur

59

de femmes à barbe et monstres en tout genre. Bref, il ne me croyait pas.

Oh, à Nanterre, il y avait bien quelques désordres, bien sûr. Un ou deux dérapages, de temps en temps. Mais à ce point-là. Allons, allons. Nous sommes en France, quoi ! Au xxe siècle ! Évidemment, mes clodos et moi, on était bien baroques et combien improbables

Dans le silence incrédule, mes pauvres mots s'abattaient en désordre sur la moquette épaisse, comme autant d'oiseaux blessés. Descendus en plein vol par le tic-tac implacable de la pendule.

Le chagrinait particulièrement, cet homme, que les pratiques, d'après mes dires inconvenants, ne semblaient pas se conformer tout à fait au règlement. Surtout (enfant !) en ce qui concernait la chose sexuelle. Toujours elle...

« Mais enfin, objecta-t-il, une femme dans le dortoir des hommes, c'est impossible. Ils sont dans des dortoirs séparés.

— Et pourtant, elle tourne », murmurai-je, embarrassé...

J'ignore ce qu'il advint de cette conversation. Une note de service mesurée et circonspecte, probablement. C'est qu'il faut bien se couvrir, si l'on ne veut pas prendre froid... Dans la réalité, pourtant, je n'observai aucun changement.

Simplement, irritant refrain, qu'« on » ne vienne pas dire qu'« on » ne savait pas. « On » savait très bien.

En 2001, que reste-t-il de tout cela ?

Si le fond est demeuré identique, certaines modalités ont changé, certains éléments du cadre ont évolué.

Le ramassage. La réforme du Code pénal de 1992 a aboli le délit de vagabondage, privant du même coup le ramassage et le transport coercitifs des sans abri à Nanterre, de toute légitimité juridique. Depuis cette réforme, le ramassage n'est possible, en principe, que sur la base du strict volontariat. Il s'agit de proposer aux sans abri de monter dans les bus pour aller dormir à Nanterre, afin, en particulier, de pouvoir y bénéficier de soins médicaux. Ils ont, en théorie, toute liberté de refuser.

En pratique, les choses ne sont pas si simples. Pour commencer, l'état d'ébriété avancé de la grande majorité des sans abri rend l'exercice de cette liberté quelque peu théorique. Fréquemment, certains sont trouvés inconscients ou presque. Faut-il alors, malgré les risques d'hypothermie, respecter leurs éventuelles vociférations ? La frontière avec la non-assistance à personne en danger peut, parfois, être ténue. Par ailleurs, dans leur confusion, beaucoup de sans abri ignorent leurs droits, notamment celui de refuser d'être ramassés.

En outre, le dispositif de ramassage de la RATP souffre d'une ambiguïté structurelle dans la mesure où il est réglementairement interdit à quiconque de stationner dans l'enceinte du métro. Aussi, la mission des équipes du Recueil social de la Régie est-elle double. Il s'agit, à la fois, d'évacuer les sans abri de l'enceinte du métro (éventuellement de manière coercitive) et de proposer, par ailleurs, un libre service de transport à Nanterre dans des autobus. Cette problématique liée à la double nature, répressive et humanitaire, de la mission des agents se traduit symboliquement par le fait que le Recueil social dépend du département « Sécurité » de la RATP... Cela dit, on conçoit bien que ce règlement joue un rôle important dans la lutte contre une dérive toujours possible : celle d'abandonner le métro aux marginaux de tous ordres.

Si l'utilisation, encore limitée, de camionnettes pouvant transporter une douzaine de personnes au maximum réduit la durée des trajets et par conséquent les débordements, les anciens bus circulent encore. Seule la peinture de leur carrosserie a été changée.

Quant au comportement du personnel affecté au ramassage, s'il existe clairement une volonté institutionnelle (tant de la part de la police que de celle de la RATP) de faire évoluer les mentalités du répressif vers l'humanitaire, et s'il est indéniable que le travail de beaucoup d'agents est de haute qualité, il est, hélas, tout aussi indéniable que la violence persiste. Des petits sadiques, plaies de tout système d'encadrement, continuent à brutaliser une population physiquement affaiblie et peu encline à porter plainte. Ces individus bénéficient souvent d'une molle complaisance de la part de leurs supérieurs hiérarchiques directs qui, devant les difficultés — syndicales entre autres — ne cherchent pas trop à savoir ce qu'il en retourne précisément, pour éviter les conflits avec le personnel.

Maintenir des services de qualité auprès d'une population aussi difficile que celle des clochards nécessite impérativement une grande vigilance institutionnelle et hiérarchique vis-à-vis du comportement des hommes et des femmes de terrain. Et si l'on peut considérer, globalement, que les conditions du ramassage se sont grandement améliorées en quelques années, elles demeurent cependant très imparfaites[1].

Par ailleurs, le progrès réalisé en 1992 avec l'abolition du délit de vagabondage a été, en grande partie, annulé par la prolifération, ces dernières années, d'arrêtés municipaux interdisant la mendicité dans les centres des villes. Ces procédures permettent la mise en place de pratiques de déportation quasi sauvages. Bricolages locaux, discrets, complaisants et incontrôlés, dont on peut craindre le pire.

Nanterre. L'architecture a beaucoup changé. En 1996, le conseil d'administration du CASH a décidé (pour un coût de 67 millions de francs) la mise en place d'un programme de rénovation des bâtiments réservés à l'accueil des sans abri. Le bâtiment des 45 a été entièrement refait et accueille, à présent, la consultation médicale et un centre d'hébergement et de réinsertion sociale d'une centaine de places. Le CHAPSA (Centre d'hébergement et d'assistance aux personnes sans abri, soit l'hébergement de nuit) a été rasé et entièrement reconstruit. Les nouveaux locaux ont été inaugurés en juin 2000. La capacité d'accueil est de 250 lits, augmentée de 50 lits d'infirmerie. Les grands dortoirs n'existent plus et ont fait place à des chambres de quatre à six personnes, équipées de douches et de sanitaires.

Les hébergés ne sont plus obligés de prendre une douche et ne doivent plus revêtir un uniforme. La suppression de ces contraintes est autant d'occasions de frictions de moins et contribue à atténuer le sentiment de coercition. En revanche, les lits superposés n'ont pas tous été supprimés.

D'un point de vue sécuritaire, la décision d'aménagement de petites chambres collectives, par la multiplication et l'éclatement des lieux à surveiller, est catastrophique. Elle permet toutes les rationalisations visant à légitimer l'incurie des personnels

---

1. J'aborderai plus loin la question de la création du Samu social. Voir le chapitre : « De la charité hystérique à la fonction asilaire ».

d'encadrement. Qui plus est, une conception erronée de la « dignité » des personnes accueillies a conduit les concepteurs du projet de réaménagement à opter pour que les portes des chambres puissent se fermer de l'intérieur, ce qui augmente énormément le sentiment d'insécurité des hébergés. De fait, la dangerosité réelle d'un tel dispositif est bien plus importante que celle de grands dortoirs, aussi inconfortables soient-ils. Une fois de plus, les meilleures intentions ne parviennent pas à pallier l'incapacité générale à penser les véritables besoins de ces populations [1].

1985-2001, le temps a passé. J'ai travaillé à Nanterre jusqu'en 1997. J'étais, depuis, retourné quelquefois la nuit pour garder, au cours de l'écriture de ce livre, le sens de l'évolution des choses. Une nuit de juillet 1998, par exemple, je me suis introduit, avec le Dr Pierre Pouwels, ancien responsable des Missions France de Médecins du Monde, à l'hébergement d'urgence. Nous avions tous les deux revêtu une blouse blanche. Le désintérêt du personnel de surveillance nous permit de visiter les lieux en toute liberté. Le CHAPSA était en pleine transformation. Des algécos accueillaient le trop-plein des dortoirs. Les lieux étaient bondés et l'ambiance, chargée de violence latente. Nous avons remarqué deux populations distinctes. Une, largement minoritaire, était celle des clochards classiques. L'autre (environ 70 % des présents) était composée de jeunes, apparemment en bonne santé, et nullement clochardisés. Pauvres et migrants d'origines géographiques diverses, ils parasitaient le lieu et les services qu'il offrait. En ce sens, ils le détournaient de sa vocation première, qui est d'offrir un dernier recours aux plus démunis. Ils avaient, d'ailleurs, colonisé les dortoirs en expulsant les clochards traditionnels qui, allongés çà et là dans les cours intérieures ou les recoins de portes, tentaient de dormir comme ils le pouvaient...

Ce problème du détournement de l'hébergement d'urgence (quoique non spécifique à Nanterre), par des populations autres que celle des clochards, est devenu chronique et s'est encore aggravé depuis l'ouverture des nouveaux locaux en juin 2000. Le confort

---

1. L'analyse de l'inadéquation structurelle entre les dispositifs institutionnels et les besoins réels des personnes gravement désocialisées sera présentée plus loin. Voir le chapitre « De la charité hystérique à la fonction asilaire ».

offert attire cette population de jeunes étrangers, souvent migrants des pays de l'Est. Ces hommes, bien que pauvres, ne sont pas des clochards. S'ils restent, jusqu'à présent, assez mal connus, les observateurs s'accordent à dire qu'il s'agit souvent de délinquants à la dangerosité inquiétante. Sept meurtres commis, entre mai et septembre 2000, dans Paris et ses environs, leur sont imputables. Six des sept victimes étaient elles-mêmes SDF.

L'administration de Nanterre a fait plusieurs tentatives pour réaffirmer son autorité. Avec un succès mitigé. Au cours du printemps 2000, des CRS ont été présents sur les lieux plusieurs nuits de suite. Il s'est ensuivi quelques bagarres générales au cours desquelles des policiers (et des hébergés) ont été blessés.

Je devais en avoir le cœur net. Le 14 septembre 2000, j'ai endossé, pour la dernière fois, un déguisement de clochard et suis allé attendre le bus de ramassage de la police (Brigade d'assistance aux personnes sans abri), porte de la Villette, d'où il débute son itinéraire vers Nanterre.

J'étais vêtu d'un vieux pantalon avec une ficelle en guise de ceinture, de deux tee-shirts tachés, d'un blouson de cuir déchiré, et de chaussures éclatées. Un chapeau maculé de peinture et une écharpe aidaient à masquer un visage qui aurait pu être reconnu.

A la porte de la Villette, j'ai testé ma nouvelle identité en me postant à une proximité inacceptable du CRS qui gardait l'entrée d'une caserne. Il a commencé par m'interpeller brutalement, puis observant de plus près ma silhouette faussement voûtée et vacillante, m'a gentiment indiqué l'endroit où je pouvais attendre le bus. Je faisais donc illusion.

Le bus est arrivé peu après. Je monte et, pour tout papier, présente à l'officier de police un carton sur lequel une main tremblante avait écrit : « Lev Bronstein, Brussels, 18/11/53, Belgique ». Il m'amuse — gaminerie — de voir ainsi le nom de Trotski fidèlement recopié sur la liste des passagers par l'impavide et appliqué représentant de l'ordre. Quant à l'origine belge, elle me permettait de couper court à tout questionnement éventuel, en me réfugiant dans un flamand aussi folklorique qu'inintelligible.

Le bus, nous étions deux à l'attendre. L'autre voyageur était un jeune Ukrainien d'environ 25 ans. Propre, bien habillé, portant un sac de voyage neuf, il engage rapidement la conversation en anglais. J'apprends que Nanterre ne saurait en rien être comparé aux prisons ukrainiennes qu'il a connues. Il m'exhorte à « ne pas rester comme ça » et à trouver du travail qui, d'après ses dires, ne manque pas pour quelqu'un d'un peu débrouillard. Je comprends vite qu'il me sonde pour que je participe à un « bizness » qui restera indéfini, mais qui sent la délinquance à plein nez. Petit trafic de drogue probablement. D'ailleurs je m'aperçois que son comportement est agité et que percent, par moments, sous son apparente bonhomie, les éclairs fugaces d'une violence à peine contenue. Après quelques minutes, il sortira de son sac un flacon au contenu indéterminé dont il prendra régulièrement de profondes inhalations... En feignant de sommeiller, je me dégage d'une conversation dont je pressens qu'elle pourrait m'entraîner trop loin.

Le bus ne prendra, sur le trajet de Nanterre, qu'une poignée d'autres passagers, tous étrangers, originaires des pays de l'Est ou du Maghreb. Je comprends mal cette fréquentation anormalement faible jusqu'à ce que le bus s'arrête place de Belgique à La Garenne-Colombes, à deux ou trois kilomètres de Nanterre. Le terre-plein est noir de monde. Le bus est pris d'assaut dans une rumeur d'impatience. Je compte plus d'une centaine d'hommes qui, faute de place, ne pourront tous monter. Ils se pressent à la porte avant et, un à un, défilent lentement devant le policier qui inscrit leur identité (réelle ou aussi farfelue que la mienne). L'affaire prend presque une heure et demie. Les uns et les autres s'énervent par à-coups. Des cris, des menaces fusent par instants, mais il n'y a pas de véritables bousculades. Il se met à faire très chaud dans le bus mal aéré. La sueur nous coule sur le visage et nous avons soif. Des types protestent, exigent qu'on démarre, gueulent, mais sans plus.

Je me rends compte qu'il s'agit là d'une population habituée aux logiques du carcéral et de ses modes particuliers de gestion du danger. En fait, tout le monde a peur et tout le monde sait qu'une bagarre qui éclaterait dans un lieu aussi bondé et clos serait extrêmement dangereuse. Pour clarifier les choses, certains ont, comme par hasard, sorti l'un ou l'autre couteau qu'ils changent de poche, ou avec lesquels ils se curent négligemment les ongles...

La moyenne d'âge ne dépasse pas 30 ou 35 ans. Ces hommes sont, pour la plupart, jeunes, forts, propres, et apparemment en bonne santé (quoique l'on puisse s'interroger sur les ravages sournois de la tuberculose, de l'alcoolisme, des toxicomanies et de la séropositivité).

Un seul passager est un authentique clochard d'une soixantaine d'années. Maghrébin, très sale et sentant fort mauvais, il est refoulé, par les autres, vers moi, l'autre « clochard » manifeste. Manœuvre réalisée sans brutalité, mais avec une fermeté sans appel. Le pauvre homme est terrorisé et, la main sur le cœur, se perd en courbettes apaisantes qu'il adresse tous azimuts, dans un mépris général. Assis l'un en face de l'autre, nous sommes lui et moi, et de loin, les plus mal habillés...

A côté de nous, se sont installés deux Ukrainiens d'une quarantaine d'années, connaissances du jeune homme monté avec moi à la Villette. En dépit du bruit ambiant, ils tentent de maintenir, en criant, une conversation à trois.

Finalement, dans un hurlement général de soulagement, le bus démarre. La pression des hommes debout et agglutinés dans l'allée centrale nous ballotte les uns contre les autres. Après quelques instants, l'Ukrainien assis à côté de moi se met à se tordre de douleur en se tenant la cuisse. Il dit quelques mots à son compagnon, qui, sans s'émouvoir, retourne le revers de sa veste pour y décrocher une grande épingle à nourrice qu'il lui tend. Mon voisin l'ouvre et la tord pour en faire une aiguille de six à sept centimètres de long. Haletant, il glisse alors la main entre sa cuisse et la mienne et s'enfonce plusieurs fois l'aiguille à fond dans la cuisse en se raidissant de douleur et de soulagement fou. Tout cela sous l'œil indifférent de son compagnon, qui, manifestement, est habitué au spectacle.

Mon voisin se poignarde la cuisse et la fouille de son aiguille jusqu'à ce que nous arrivions à Nanterre. Cinq à six longues minutes. Avec les coups qu'il s'assène, son pantalon se mouille de sang, et sa main armée de l'aiguille ensanglantée, agitée de mouvements désordonnés, passe et repasse en frôlant mon ventre et ma jambe. En songeant au sida et aux hépatites, je suis inondé de peur. Tenter de lui ôter son aiguille conduirait certainement à ce que je sois piqué, et, assis, coincé contre la vitre, je ne peux pas fuir. Je me lève lentement pour me coller à la paroi du bus et gagner ainsi quelques centimètres de distance.

A l'arrivée à Nanterre, il remet l'aiguille à son ami qui, tranquillement, la replie et la raccroche au revers de sa veste. Mes jambes tremblent et ont du mal à me porter. Tout le monde descend. Une longue queue se forme devant l'entrée du bâtiment. Un agent de sécurité, accompagné d'un pittbull, nous surveille. L'insécurité est telle que les autorités du CASH de Nanterre ont sous-traité une partie du travail de surveillance à des sociétés privées...

J'hésite un moment devant la perspective de passer la nuit en compagnie de ces hommes, dans une chambrée fermée et sans surveillance, puis profitant de la cohue et de la nuit tombée, je me faufile vers la sortie.

J'ai eu très peur face à un danger potentiellement mortel et imparable. J'ai atteint la limite entre la volonté de savoir et la conduite de risque. Le développement des maladies virales incurables porte les enjeux de ce type d'enquête bien au-delà de ceux de la simple violence. Ces risques sont, pour moi, inacceptables. Lev Bronstein, prudemment, est rentré chez lui.

On n'a pas fini d'avoir peur à Nanterre.

« Papiers d'identité » utilisés par l'auteur
pour son dernier voyage à Nanterre.

HÉRACLITE DEVENU FOU

Héraclite dit quelque part que tout passe et que rien ne demeure ; et, comparant les existants au flux d'un fleuve, il dit que l'on ne saurait entrer deux fois dans le même fleuve.

PLATON, *Cratyle.*

Une scène à Nanterre, sorte de parabole, reste pour moi emblématique du monde des clochards et de ses ambiguïtés.

Un jour, j'étais allé draguer aux douches. Cette plaisante expression désignait une tâche que nous nous répartissions mollement à la consultation, au gré de notre bon vouloir du moment. Il s'agissait de profiter du déshabillage collectif lors de la douche obligatoire pour repérer les malades qui ne viendraient pas spontanément consulter. Il y en a comme ça qui, derrière la trompeuse épaisseur de leurs nombreuses couches de vêtements, abritent, avec une intime et presque tendre pudeur, de graves cachexies, des ulcères, ou pis. Au hasard des douches, il nous est souvent arrivé de découvrir ainsi jusqu'à des fractures apparentes et quelques gangrènes. Pauvres secrets que nous nous efforcions de ramener alors doucement vers la lumière. Bien soigneux surtout de n'en rien perdre et de ne pas effaroucher. C'est souvent bien timide, un mourant...

Ce jour-là, stakhanoviste égaré d'un instant, je m'étais senti d'attaque à « faire une arrivée ». Assister à la descente du bus, le greffe, la douche... Cependant, j'arrivais trop tard et j'avais tout raté. Ils étaient déjà au réfectoire. Il y a cependant toujours des retardataires. Traînards ou revendicatifs, trop ivres ou trop faibles...

Il ne restait plus personne aux douches, et j'allais partir lorsque j'aperçus, affalée dans un coin, une forme humaine, sorte de Job.

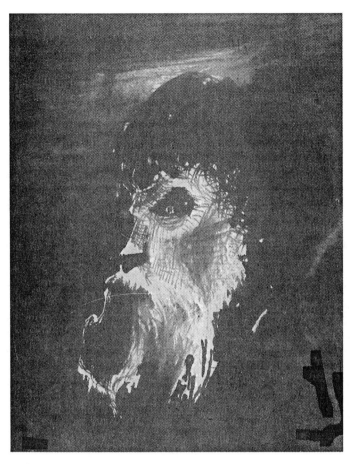

Gilliat
Victor Hugo (Période de l'exil).

C'était un vieillard, assis, les jambes étendues et écartées. Nu. Le pantalon tire-bouchonné sur les chevilles. Aux pieds, des chaussettes confites de crasse. Il avait la tête penchée, absorbé comme un enfant qui joue. Un mince filet d'eau tiède lui dégoulinait sur la fontanelle. Ça lui faisait comme un voile de cheveux blancs. Moitié mariée. Moitié saule pleureur. Il avait fait sous lui. Incontinent et oublieux du monde. Saint Dément.

Sous ses cheveux en pluie, il fixait quelque chose. Ivre de

concentration, il en gémissait doucement et, presbyte, tenait sous son nez, bien serrée dans sa main gauche, une poignée de ses excréments qu'il tentait de laver à l'aide d'une parcelle de savon qu'il avait trouvée par terre, traînant dans la mousse grisâtre et grasse, dans les poils et les crachats des tuberculeux. Il s'appliquait, méthodique et follement sérieux, saisi d'une improbable et tardive volonté de pureté. Héroïque aussi, un peu...

Le monde est ce qu'il est : irrémédiablement tragique. Projets grandioses, résultats Laurel et Hardy. Bref, ça ne marchait pas bien fort... C'est que l'eau dissout et son bel ouvrage s'en allait en rigole. Le long du bras d'abord. Puis, au coude, en gouttes. En caillots. Un amas, puis deux, puis trois se détachaient. Ça foutait le camp de partout. A la crépine. Puis la Seine, Rouen, et la grande indifférence, enfin, de la mer... Océanique débandade. Il luttait le vieux. Ennemi du désordre qu'il était pour l'heure. Et de tout laisser-aller ! Il haletait de rage, d'effort et de dépit. Il en reprenait. En reperdait. Recommençait. Se démenait. Sans une parole. Tout enrobé d'un lourd silence... Celui des soirs de Waterloo et de toutes les batailles perdues.

POURQUOI JE SUIS SI BON MÉDECIN...

Des bateaux qui passent dans la nuit,
et se parlent en passant,
Rien qu'un signal montré
et une voix distante dans le noir...

H. W. LONGFELLOW.

Dire la consultation n'est pas chose aisée... Il est des moments où les faits, comme écrasés sous le poids du dérisoire et de l'absurde, implosent et n'offrent plus alors à la pensée qu'un paysage de ruines tourmentées. Panoramas glacés, balayés par les vents, impropres à la vie, toxiques. S'y maintenir est difficile et délétère. La vie n'y continue qu'en sous-sol. Rétrécie, prudente, méfiante, économe, avare de ses forces, soucieuse de son énergie. Un programme pour animal à sang froid. Un terrain pour reptile...

De ces contrées lointaines, le voyageur, amer, épuisé, vieilli, tout pollué encore d'infectes odeurs et d'écœurantes visions, revient mutique et lointain. Raconter est vulgaire. Se lamenter puéril.

La consultation... Tout y est désordre et confusion. Le médical vient s'y briser aux pieds de la folie. Car cette affaire est bien affaire de folie. Il y a la pauvreté. Au-delà, il y a la misère. Au-delà de la misère, il y a la clochardisation qui est comme la folie de la misère. Une fièvre. Un appétit devenu monstrueux. Une ivresse du néant. Une jouissance du pire.

*

Fondée en 1984 par un jeune médecin, ex-interne de l'hôpital de Nanterre, le Dr Patrick Henry, la consultation est la première en France à être exclusivement consacrée aux sans abri. Henry a soigné la population hospitalisée dans les services. Il la connaît bien. Il veut profiter du ramassage, à l'époque obligatoire et coercitif, et du passage statistiquement obligé de la population à Nanterre, pour offrir une consultation et des soins qui soient au plus près, géographiquement et symboliquement, des sans abri hébergés pour la nuit. Avant-poste de l'hôpital, la consultation se veut au contact quotidien et exclusif des clochards. Il s'agit pour Henry de s'imposer comme interlocuteur médical privilégié. Il sait fort bien que dans le désordre de leurs perceptions, il n'a de chance de réussir qu'en parvenant à être identifié et reconnu comme *leur* médecin. La permanence et la régularité d'une présence personnelle forte sont des impératifs, des conditions de possibilité. Il faut tenir et être là. Les patients qui passent, qui s'en vont et reviennent des semaines ou des mois plus tard, doivent pouvoir le retrouver. Immuable. A son poste. Objet solide de transferts puissants. Tout se joue dans la relation d'un homme avec des malades qui n'ignorent, en définitive, rien du dégoût qu'ils inspirent. De 1984 à 1992, Patrick Henry a donné plus de 51 000 consultations auprès d'environ dix mille patients. De 1988 à 1992, environ cinquante malades étaient examinés par jour. Il travaillait seul, avec deux infirmières et une aide-soignante.

Après son départ en 1992, la consultation fut assurée pendant un intérim de quelques mois par plusieurs médecins travaillant à temps partiel, qui, à eux tous, ne voyaient plus que vingt à trente patients par jour. Certains mesuraient toute l'importance et la spécificité de cette consultation et s'y engageaient pleinement. D'autres, nommés là au hasard des affectations, venaient en retard ou, quelquefois, pas du tout. A attendre des heures, les patients s'impatientaient, renonçaient... Seules les infirmières assurèrent une véritable permanence durant cette phase de transition. Plusieurs mois s'écoulèrent avant que la consultation puisse retrouver un fonctionnement normal.

Ce désordre n'est pas simplement anecdotique. Il est typique de l'environnement institutionnel de cette population. Les systèmes y deviennent aussi entropiques que les malades. Rien ne dure. Tout dépend de l'enthousiasme, du dévouement de quelques-uns. États psychiques eux-mêmes labiles et constamment érodés au contact du milieu. Les soignants ne supportent les malades, au mieux, que quelques années. Après s'installent progressivement la fatigue, le dégoût, la dépression. La culpabilité aussi, de n'avoir pas fait assez, d'avoir en somme échoué. La contamination, à terme, est toujours gagnante. Certains d'emblée se fourvoient. Sans se l'avouer, ils ne supportent pas les clochards, leur crasse, leur anomie. Ils se forcent alors, en souffrent et s'enferrent dans de lancinantes interrogations. Beaucoup de jeunes viennent y briser leur idéal. C'est qu'entre les représentations de l'homme et sa réalité, il y a l'odeur...

L'odeur... J'ai consulté avec Patrick Henry pendant quatre ans, de 1988 à 1992. Nous avions pensé qu'il serait intéressant de doubler la consultation de médecine d'un regard psychanalytique. C'était pour moi l'occasion d'être témoin et d'apprendre. C'est de l'odeur dont je me souviendrai le plus longtemps. L'écœurante exhalaison de pieds qui n'ont pas été déchaussés depuis des semaines ou des mois, qui ont macéré, ulcéreux et purulents. Puanteur tiède et enveloppante comme une brume. On parle de « pieds de tranchée », terme technique hérité de la médecine militaire de 14-18... Souvent il était nécessaire de sortir un instant respirer l'air frais. Les nausées étaient surtout fréquentes le matin, à jeun. La digestion, curieusement, semble insensibiliser partiellement.

La consultation. On allait y travailler de préférence en chaussures montantes. A cause des puces. A cause des milliers de poux qui dégoulinent en cascade, à terre, lorsqu'on rase la tête d'un patient et qu'on détruit les nids.

A l'époque, deux petites pièces : une salle de soins et le bureau du médecin. Deux lavabos, dont un minuscule servant uniquement à se laver les mains. Une salle d'attente conçue pour une dizaine de personnes. Une trentaine de malades s'y bousculaient généralement. A qui le tour ? Les bagarres étaient fréquentes. Plus tard, de 1992 à 1995, pendant les travaux de réfection et d'agrandissement des locaux, des algécos abriteront deux assistantes sociales et le bureau du médecin consultant. On ne jugera cependant pas nécessaire d'y installer l'eau...

Les pansements, médicaments, salaires n'étaient pas directement et spécifiquement financés par les pouvoirs publics. La consultation vivait en parasite, des miettes du budget de l'hôpital. Désinvolture. Le médecin des pauvres est un pauvre médecin. Petits lieux. Petits moyens. Les bacs de bains de pieds étaient désinfectés en y faisant brûler de l'alcool méthylique. Il en flambait toujours un ou deux, devant les salles de soins, à l'extérieur, à même le sol, entre les bancs, les algécos et des malades qui attendaient on ne sait trop quoi. Tiers-monde...

*

Un coup de téléphone dans le bureau où je m'étais retranché. Retranché d'une guerre de désordres, de bruits, d'odeurs. Pour lire un livre. N'importe quel livre. Plus je consulte, plus j'aime les livres. Ça sent bon, un livre. C'est propre, c'est assignable. Ça vous délivre un moment de l'écœurement des choses et de vous-même. Bienheureuse passivité. Se laisser aller aux images d'un autre... Cet autre, le devenir un instant, par la noce douce et silencieuse de la lecture. Un livre. Un monde. Une redoute. Radeau dans le flux chaotique des choses.

Je lisais, donc. Oublieux, tiède et content comme un chat. Un œil sur la montre, anticipant, gourmand, le déjeuner de salle de garde. Une fête. Un amélioré... Mais c'était une infirmière qui appelait de la salle de soins. Une bizarrerie. Un Monsieur des lits d'infirmerie... On dit comme ça : un « Monsieur ». « Patient », entre nous, fait un peu pompeux et relève légèrement d'une préciosité médicale. « Patient » est plutôt réservé au discours scientifique. « Monsieur » s'emploie couramment entre soignants. Formel, sans être guindé, le terme confère au malade dignité et valeur, tout en lui retirant, cependant, et du même coup, une identité particulière, celle d'un sujet unique, pour y substituer, insidieusement, un visage de carton, une appellation générique : « Monsieur ».

Un Monsieur donc, hospitalisé dans les salles communes des lits d'infirmerie, avait, semblait-il, tenté d'étrangler son voisin pendant la nuit. Ce dernier s'était péniblement dégagé. Un comité de salut public d'autres Messieurs s'était rapidement constitué et avait expulsé le malfaisant dans la nuit. Ce dernier errait ainsi — nous étions un froid octobre — depuis une dizaine d'heures dans le parking, en pantalon de ville et en veste de pyjama. On venait simultanément de les découvrir, l'incident et lui... Les médecins n'étant pas présents, l'infirmière me demandait de donner un premier avis sur son état. Crise de folie ? Dangerosité ? Transfert en psychiatrie ?

On serait peut-être en droit de sourciller devant la légèreté de cette affaire. Une rixe peut-elle, de la sorte, éclater et passer inaperçue ? Un malade expulsé des lits par consensus populaire ? Être exposé pendant une nuit et une bonne partie de la matinée aux dangers des intempéries ? Que font, la nuit, en somme, les surveillants ? La réponse est simple : la nuit, les surveillants font un somme... C'est de notoriété publique. Des lits de camp sont aménagés dans les sous-sols à cet effet. Les cars de police, de la RATP, ou du Samu social qui amènent des patients la nuit, doivent réveiller les surveillants afin qu'ils ouvrent les portes. Un aide-soignant de nuit zélé, qui entretenait la folle prétention de faire son travail, a ainsi été muté avec blâme, à la suite de la montée en épingle d'un incident bénin. Il avait osé insister auprès de l'interne de garde pour qu'il accepte d'hospitaliser un malade dont l'état, à tort il est vrai, l'inquiétait. Cet aide-soignant avait alors été progressivement mis à l'écart par les surveillants qui lui refusaient l'accès à leur local. Il s'était lui aussi retrouvé, en son temps, déviant, errant solitaire et triste dans la mauve absurdité de la nuit... On pourrait objecter que les surveillants de nuit sont, comme leur nom l'indique, payés pour travailler, précisément de nuit. C'est là raisonnement sordide... J'ai connu, en l'espace de dix-huit ans, quatre directeurs de Nanterre. Aucun n'a jamais, même vaguement, tenté de bouleverser quelque peu cet ordre tranquille. Il ne fait pas de doute, pourtant, que certains en avaient le désir. En avaient-ils véritablement le pouvoir ?

Ce patient, ce « Monsieur », ce fou dangereux, je le vois finalement. J'ai revêtu ma blouse blanche. Celle des grands moments. Celle de l'autorité. Il est là, le forcené. Il attend bien gentiment, assis sur une chaise, à côté de la porte de la salle de soins, pour ne pas déranger. Ce maniaque, ce fol, a des manières d'enfant et le regard mouillé. Pauvre loup mité, meurtri par tant et tant de chaperons rouges...

« Alors ? Ça ne va pas ? lui dis-je, cinglant d'originalité.

— Ben, pas fort, répond-il avec un brave sourire.

— Qu'est-ce qui vous est arrivé ?

— Une Volvo », dit-il en montrant d'une main lasse son temporal gauche enfoncé, évidence d'une ancienne trépanation. L'arcade sourcilière a manifestement été reconstruite. Accident. D'où la Volvo... Tout est intelligible, seul pouvoir lire est la question...

On m'apporte son dossier. Il a 45 ans. Il en paraît 70. Je parcours d'un coup d'œil la fiche de consultation. Feuilles de carton rouge

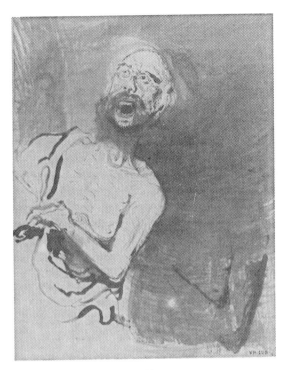

Le Fou
Victor Hugo (1866).

où figurent nom, date de naissance et brefs comptes rendus — une ou deux lignes — des consultations passées.

Toute une histoire dans ces mots limités, tronqués comme autant de télégrammes : « Alcoolisé. Alcoolisé +++. Crise comitiale (épilepsie). EEG (électroencéphalogramme). Crises comitiales, encore. Alcoolisé. Urgences. Crises comitiales atypiques. Urgences... » Divers comptes rendus d'examens et d'hospitalisations à Nanterre et ailleurs...

Tout cela en papotant benoîtement, pour me laisser le temps d'apprécier, de goûter, de me faire une idée... Il est là, devant moi. un peu gauche, comme distrait. « Crises comitiales atypiques », mentionne la fiche.

J'interroge les infirmières. Les témoignages affluent. Le Monsieur est connu. On se souvient. Il prend corps. On raconte l'histoire d'une de ses « crises » passées durant laquelle il a soigneusement, posément, démoli un fauteuil, à mains nues. Obnubilé. Appliqué. Tout à sa tâche. Seul ce fauteuil alors, et l'impérieuse nécessité de sa destruction, existaient pour lui. Crise comitiale atypique. C'est dans cet état qu'il a dû se mettre à serrer le cou de son voisin. Sans haine. Sans colère. Méthodique et absorbé. Du neurologique uniquement. Le cheval dans la locomotive...

Je l'observe. Il déchire lentement son pantalon. Un trésor, ce pantalon... Il a passé sa nuit de pénitence à ramasser des graviers. Des kilos de graviers. Ses poches en regorgent. Ils débordent, coulent en cascade. Fruits secs. Faux liquide. Ils ont dû lui sembler importants ces graviers, dans sa confusion et sa fatigue. Parce que ça épuise une crise comitiale. On en sort désorienté. Et il transparaît maintenant qu'il est coutumier du fait. Et notoirement. Tout le monde, ou presque, sait qu'il fait plusieurs crises par jour. Et ce, sans qu'on s'en émeuve véritablement. Sans traitement. Pour ainsi dire, sans suivi... C'est qu'il y a tellement de choses à faire, tellement de monde, tellement de dysfonctionnements. On sait sans savoir. On sait par moments. On sait dans l'urgence. On agit dans le moment. Puis on oublie. On passe à autre chose. Ce ne sont pas les Messieurs qui manquent. Ni les Dames. On ne peut pas suivre une affaire, un patient dans la durée. Trop long, trop compliqué, trop lointain. On ne traite les choses et les gens que simultanément. Par coupe. Notre regard, un moment, les fait sortir de l'ombre, de la masse. Mais ce regard est stroboscopique. Aussi n'existent-ils que dans l'instant. Un instant fugace, haché. Un peu hystérique...

Je feuillette le dossier. Les graviers l'absorbent entièrement. Petit Poucet. Les perd. Les retrouve. Ils roulent, déboulent, s'éparpillent gaiement. Sous les chaises, le bureau... Il court après. Rassemble, appliqué et sévère. Berger du multiple. Instituteur soucieux de cette dissipation. Ces graviers, il en fait des petits tas. Veut les organiser. Des tas bien séparés. Sur une chaise en plastique. Hybris. Tragique inévitable. Ça ne marche pas. Ça ne peut pas marcher. Ça échappe. Ça refuse. Se moque. Se rit de lui. Il fronce un peu le sourcil, se concentre. Battu et admirable. Tout tombe. Il met le pied dedans. Anarchie. Attrape la poubelle d'une main. Fébrile à présent. On le sent un peu triste, résigné. Mais les choses vont trop loin, il faut s'en séparer. Adieu chers cailloux. A la poubelle, un à un, deux à deux, pas plus. Consciencieux.

Je passe un coup de téléphone à la consultation de psychiatrie, au cas où il serait suivi. Un faux mouvement du Monsieur et la poubelle se renverse et se vide. Il ramasse à pleines mains vieux pansements et graviers. Je lui donne une brosse et une pelle. J'attends le psychiatre. Lui joue avec la poubelle. Fait des pâtés. Un gosse à la plage.

Le dossier est très complet. Rapports. Deux scanners. Consultations diverses et variées. Avis multiples. Chirurgiens. Psychiatres. Neurologues. Épilepsie bien précisément localisée. Malheureusement, la politique de la consultation est de ne pas traiter l'épilepsie. Il y a de bonnes raisons à cela. Les médicaments antiépileptiques sont de puissants psychotropes, d'un maniement délicat. La posologie doit en être strictement observée. Et leurs effets sont potentialisés par la prise d'alcool. Traiter en ambulatoire l'épilepsie de cette population équivaudrait à lui délivrer des médicaments dangereux, sans que l'on puisse exercer un contrôle quelconque sur la prise. Ce serait aussi exposer les patients à se faire agresser (c'est déjà le cas) par des toxicomanes à la recherche de psychotropes. Ce serait approvisionner un marché existant. Un comprimé de Rohypnol se vend 10 francs dans la rue. Des garçons et des filles se prostituent pour des cachets divers... En délivrer par dose journalière est impossible. Le traitement étant au long cours et la présence du patient par définition aléatoire, le choix avait été fait de ne pas traiter l'épilepsie [1].

Arrivent un médecin généraliste de la consultation et un psychiatre, je leur résume les choses. Monsieur, notre ami, trifouille toujours dans la poubelle. On l'observe du coin de l'œil, tout en parlant de son cas. Lui aussi nous observe, l'air de rien. Dans un coin de la pièce, un homme reçoit des soins d'une infirmière. Il fait semblant de ne pas écouter. Le secret médical cède au manque de place...

Si on ne traite pas l'épilepsie en ambulatoire, plusieurs crises par jour justifient, en revanche, amplement l'hospitalisation. En service général ? Non, le patient peut présenter un danger. En psychiatrie, donc. Et, raisonnablement, à vie... Mais alors, où ? En vérité, nulle part. C'est impossible. La psychiatrie, en France, a été

---

1. Aujourd'hui, c'est la décision inverse qui a été prise. Avec d'autres avantages et d'autres inconvénients.

définie comme discipline médicale active. Comme l'obstétrique. On comprend que les lits existants soient surchargés et octroyés avec la plus extrême parcimonie. *A fortiori* lorsque le patient présente un pronostic désespéré, sur fond de prise en charge totale et de clochardisation...

Adieu scanners, expertises, explorations, avis, consultations spécialisées. Adieu papiers. Malade raté !

Il ne nous reste que le bricolage. On téléphone dans un service où il a déjà été. Refus. Discussion. Une deuxième psychiatre arrive. Elle connaît l'assistant du service en question et lui fait le coup du copinage. Douce pression. Petit chantage. Appel discret à l'éthique. Pas trop. Attention ! Trop serait blessant. Et dangereux : « Je n'ai, madame, de leçons d'éthique à recevoir de personne. Au revoir, madame. » Ça arrive et c'est à éviter. Se faire surtout bien poli...

Ce coup-ci, ça marche. Mmmmmoui. Il est d'accord l'assistant. Hospitalisé, mais pas pour longtemps. Quelques jours en attendant. Une semaine ou deux. Pas plus. Pas au-delà. Rien au-delà. Qu'on ne lui fasse pas dire ce qu'il n'a pas dit. En attendant. Tout juste ! Certes, on pourrait s'interroger. Se demander : « En attendant quoi ? » Mais ce serait là porter le débat sur un terrain quasi métaphysique et parfaitement déplaisant. Prudents, nous n'insisterons pas.

Oui, il veut bien l'admettre encore aujourd'hui, mais avant 19 heures, après il part et alors rien ne sera plus sûr. L'infirmière surveillante de garde peut très bien nous le renvoyer, notre Monsieur. Ça arrive toutes les semaines... Il faut battre l'assistant tant qu'il est chaud. Il faut faire vite. On a promis un tracé EEG tout frais. Ça ne sert à rien, mais c'est pour le dossier, pour bien asseoir l'évidence de la crise, la nature de l'urgence. Oui. Oui. Bien sûr ! Et comment ! Merci. Merci. Merci. Et la perspective incertaine d'un déjeuner lointain est évoquée...

Voilà, c'est fait. Nous nous inclinons devant les dons diplomatiques de notre amie. Compliments...

Quelques coups de fil pour arranger l'EEG aux urgences et demander l'ambulance. C'est fini. On peut aller déjeuner. Enfin. Il est 14 heures. Pour l'amélioré de salle de garde — crémant et steak au poivre — c'est fichu. Ce sera deux œufs au plat. Grandeur du sacrifice. Brave petit Schweitzer, va !

On se disperse. On le laisse, le Monsieur, assis bien tranquille sur sa chaise. Une infirmière lui a depuis longtemps retiré la poubelle. Et l'a aidé à ranger ses petits cailloux, une fois pour toutes. Il nous regarde, essaie de comprendre. On lui tape gentiment sur l'épaule. « C'est fini », on lui dit. « C'est arrangé », on lui crie dans l'oreille comme s'il était sourd. « Vous allez partir. On va s'occuper de vous. »

Je réaliserai après que lui ne déjeunera pas. Il a raté les heures d'ouverture du réfectoire. Personne ne s'en est soucié. Mais quoi ? On ne peut pas tout avoir, après tout.

Je range le dossier. Une phrase retient mon attention. C'est l'audacieuse conclusion d'un examen psychiatrique : « Le déficit intellectuel du patient pourra peut-être se révéler être un obstacle à son éventuelle réinsertion. » Certes...

Deux œufs au plat et plusieurs parties de billard en salle de garde plus tard, je repasse par la salle d'attente de la consultation. Il est 16 h 30. Le Monsieur est toujours là, debout dans la cour. Avec son pantalon de coton et sa veste de pyjama. Il attend depuis tout à l'heure les brancardiers qui l'emmèneront aux urgences. Il n'a pas été exactement oublié. Non. Simplement la crise est passée. Il a repris sa place approximative au sein du brouillard feutré des choses. Il est redevenu indistinct, lointain. Masse. Objet. Son pull est perdu. Il a, par mégarde, été jeté à la poubelle, dans la foulée...

Je l'ai revu une dizaine de jours plus tard. Il avait été ramassé dans la rue et descendait en chancelant du bus. Il venait d'avoir une nouvelle crise. Oui, son hospitalisation s'était bien passée. Tout le monde avait été très gentil.

*

Les souvenirs se bousculent. Les fantômes, insistants, frappent à la porte. Les morts et les vivants. Les morts vivants. Tous ceux que j'ai connus, croisés. Le temps d'un mot, d'un pansement, d'un comprimé que l'on donne parce qu'il faut bien donner quelque chose. Cohorte de l'ombre, épouvantails, ils sont là, pressants comme une envie de vomir. Écrire vite. S'en débarrasser. Se soulager. En finir enfin. Décharger le poids des visions, le goût du fiel. Poser comme un fardeau la lassitude du soir. En finir...

Un jour parmi d'autres, avec Henry, nous avons reçu un de ces presque fantômes. Oh, pas longtemps ! C'était une hypothermie de fin d'été.

Il faut dire que, dans l'ensemble, les secours — hébergement, ravitaillement — fonctionnent de novembre à mars. C'est affaire de climat. De climat et d'identification, car c'est seulement lorsqu'on ressent soi-même la morsure du froid que l'on commence à se soucier des autres. D'autant plus que les médias, en début d'hiver, avec Noël à l'horizon, s'emparent généralement des premières hypothermies pour s'agiter un peu. Toujours nouveaux, ces morts. On ne se lasse pas de les redécouvrir tous les ans. Ce sont pourtant les mêmes exactement que ceux de l'année dernière, et ceux... de l'année prochaine. Attendrissante naïveté. Ah ! l'enthousiasme des braves gens. Et leur cris scandalisés. Tout le monde vocifère de compassion. Les politiques trémoussent de l'humanitaire. Outrés. Surpris. Scandalisés... C'est un air de saison.

On rameute alors des bataillons de dames patronnesses. De tout poil. La catholique bien sûr, mais on trouve aussi la protestante, la socialiste, la communiste, même la fasciste... Elles font, tant qu'il dure, un travail précieux.

On fait chauffer les soupes. On distribue à tour de bras, pâtés, macaronis, sandwichs garnis. Soupe et resoupe. La civilisation du poireau-patate, c'est grand. C'est beau. Mais surtout de novembre à mars. Après on ferme. On a donné. Il n'y a plus de sous. Foutez le camp, hirondelles ! Parasites ! Cigales !

C'est alors que dans la rue ils dépérissent. Sournoisement. Insidieusement. Ils ne sentent même rien venir et pourtant c'est bien là : dénutrition, faiblesse, cachexie.

Oh ! si on le veut vraiment, on peut toujours survivre et bien manger en toute saison. La recette est simple : il faut bouffer dans les poubelles des restaurants. Comme les chiens. Il y en a qui peuvent, un temps... Quelquefois. Quelques jours. Au-delà... L'abjection use très vite. Le dégoût épuise et la fatigue s'abat alors comme du plomb. On renonce.

C'est ainsi qu'ils s'amenuisent tout l'été. Et meurent aux premiers froids. Il ne faut plus grand-chose. Septembre parfois suffit. Cela dit, en septembre, ça n'intéresse personne. C'est encore pour nous, les bien nourris, les bien chauffés, la belle saison, l'été indien...

Le caractère saisonnier de l'aide tue tous les ans. Chaque automne, une dizaine de cadavres bien discrets sont ainsi imputables au désintérêt des beaux jours. Ce n'est pourtant pas là secret d'État.

Cela dure depuis des années, depuis toujours. On pourrait imaginer que la nécessité de manger tous les jours, quelle que soit la température extérieure, se conçoive aisément. De même le caractère récurrent, et somme toute prévisible, des baisses de température hivernale n'a pas pu échapper aux grands esprits qui nous gouvernent. Eh bien, non ! On l'a dit pourtant. Maintes fois. Et bien expliqué. Et écrit. Poliment. Bien comme il faut. Au bien-aimé ministre de la Santé. Au sympathique préfet de Police. Au chaleureux maire de Paris. A l'immense président de la République. Mais rien ne change. Chaque année, ça recommence. La même chanson. Petite ritournelle de l'Avent. *Stille Nacht... Dumme Nacht...*

Enfin, celui-là, les pompiers l'avaient trouvé dans le métro, recroquevillé dans un coin. Hébété. Pas encore tout à fait mort, mais déjà un peu raide. Porté sur une couverture tenue par les quatre coins, ils l'ont déposé sur le sol de la salle de soins.

La cinquantaine hirsute et squelettique, il gisait sur le dos, les bras tendus, roulant des yeux, ouvrant et fermant la bouche sans bruit, faisant, étonné, de petites bulles de salive. Comme un poisson qui n'irait pas bien. Un peu de vie palpitait encore et, doucement, s'écoulait à nos pieds. Même les pompiers en transpiraient, tout inondés de navrance.

Il ondulait de poux. Poux de tête, poux de corps vivaient en longues traînées grises dans les plis de ses vêtements.

Trop raide. Trop faible. Le déshabiller normalement aurait été folie. L'effort l'aurait tué. Les infirmières ont découpé ses hardes aux ciseaux, comme des pansements. Enfin, tout nu, il nous est apparu, momie fragile et bouffée aux mites. Une lésion parcheminée marquait son épaule gauche. Cela signifie que la peau, à cet endroit, s'était changée en parchemin. Texture. Résistance. Tout y était. C'était là une sorte de petite aberration médicale : les lésions parcheminées relevant en principe de la médecine légale, elles sont déjà de l'autre rive. Celle du cadavre et des soucis de datation. Archéologie.

Température anale : 28,5 °C. Il a vécu encore près de trois heures. Conscient tout juste, mais bien ralenti. Il est mort sur son lit d'hôpital. Dans des draps bien propres et tout blancs. Un peu ange déjà. Jusqu'au bout, il a tenu serrée dans la sienne la main de l'infirmière. Tout à la fin, dans un petit sourire, il a murmuré : « C'est difficile »... On n'a jamais su son nom.

Je me souviens d'un mauvais rêve, au début. Un peu de boue dans des draps mouillés de sueur. Une histoire de boyaux, de tunnels. J'avance seul. Ça descend. Ça rétrécit. Il y a des fourches, des hésitations. Il y fait étouffant et moite. Et bas. Je dois me baisser, puis ramper. Les murs et les plafonds sont de faïence lisse et grise. Un carrefour, des couloirs y aboutissent, en repartent, identiques. Une foule affreuse arrive et me presse. Grouillante. Nains, bossus, estropiés, lépreux aux mains entourées de bandelettes crasseuses, ils puent et se rapprochent. Leurs visages sont affreux. Leurs bouches, des enfers édentés. Leur souffle brûlant, méphitique. Ils tendent les mains pour me toucher, me palper. Pour m'emmener comme la mort. J'étouffe et me débats. Ils sont trop nombreux. Ils me submergent. Lentement, je m'effondre et me noie sous leurs pieds...

© Adagp, Paris, 2001.

Démons me turlupinant
James Ensor (1888).

Dans la lumière du matin, c'est un jeune Polonais que je verrai dans la salle de soins. Une infirmière lui baigne les pieds. Il a une douzaine de plaies sur les chevilles et les mollets. Des petits trous purulents d'un centimètre de diamètre. Elle les gratte au bistouri. Ses cheveux, ses vêtements sont propres. Rien n'indique cet abandon de soi qui accompagne les macérations, les ulcères. Je l'interroge, il ne parle que quelques mots de français. Il n'a ni allemand ni anglais. Je lui montre ses plaies d'un air étonné.

Je lui dis : « Pas ulcères. » Les ulcères, forcément, il connaît. Deux autres malades se font soigner à côté de nous. Ils en ont, eux, des ulcères, des vrais, qui les rongent du pied au genou.

« Non, pas ulcères. Gratter. Gratter. Je toujours nerveux ».

Et de montrer un trou infecté qu'il s'est creusé dans le gras du pouce. On pourrait y rentrer une bille. Et puis un autre, sur l'arcade sourcilière qui était caché par ses cheveux. Infecté lui aussi.

« Dangereux. Mauvais. Infection. Perdre l'œil. Borgne », lui dis-je en mettant une main devant mon œil. Il sourit, hoche la tête, montre qu'il a compris. Puis un léger haussement d'épaules : « Moi nerveux. Toujours gratter. »

Tout est dit. D'infection en infection, tout cela va finir par se chroniciser. Les plaies céderont la place à de vrais ulcères. L'œil est surinfecté. Sans traitement, il n'est pas impossible qu'il faille finir par l'énucléer. Nous avons déjà eu des cas semblables. Il va s'affaiblir, se dégrader. Devenir pouilleux. Tuberculeux. Cachectique. L'alcool et les médicaments détruiront ses systèmes nerveux et digestif. Sa mort est inscrite. Il la connaît. Termite, il la travaille lentement. Posément. Inlassablement. La nourrit tous les jours de sa chair qu'il arrache en lambeaux. De son sang, de sa lymphe qui suinte. Du pus qui coule dans son œil et emplit son horizon.

Puis, c'est un tout jeune homme que l'on me demande de voir. Il a rencontré, dans la rue, un médecin de l'hôpital. Ils ont parlé. Alors il est venu voir à tout hasard, des fois qu'on pourrait faire quelque chose pour lui... Il a 19 ans. Blond et maigre, il a l'espoir qu'un duvet adolescent fasse illusion de barbe. Son chien est avec lui. Un animal à la généalogie incertaine mais certainement compliquée. Cosmopolite... Sympathique ce chien. Caresses... Il est mieux nourri que son maître. Il s'appelle « le chien ». Ça ne prête pas à confusion.

Ils viennent des Ardennes. Charleville. Le pays de Rimbaud, me dis-je dans un sourire. Pédant, mais on se raccroche à ce que l'on peut. Le clin d'œil intérieur, l'aparté secret sont des bouées de sauvetage de la raison...

Le gamin ne sait pas bien pourquoi ils sont partis, le chien et lui. Le chien non plus n'en sait rien. Enfin, les parents... La ferme... Pas de travail... Cela semblait la chose à faire. Partir. Partir. Voir le Midi... C'est cela : ils cherchent le Midi. La Côte d'Azur.

Je lui demande où est la Côte d'Azur.

« Où c'est ? Ben... Plus bas que Paris. Faut descendre. C'est à vingt, cinquante kilomètres... »

Il n'a jamais vu de carte. Ne sait pas les lire. Ne sait pas lire du tout d'ailleurs. Enfin pas bien. Ou alors pas vite. L'école... Il ne sait pas ce qu'est un kilomètre. C'est un mot. Comme parsec ou micron. Juste un mot. Même pas une idée. Une ébauche... Tout comme la Côte d'Azur. Ici... Ailleurs... Jérusalem céleste ! Fumées... Je leur fais donner un bon de repas. Un chacun. Au moins ça. Et je les laisse à leur rêve comme on lâche la main d'un noyé.

*

Un soir, je traînais seul à la consultation. Une infirmière m'annonce une patiente très énervée. C'est une jeune femme d'une trentaine d'années. Obèse et laide, le visage gonflé de graisse, la peau suintante, elle m'observe avide, imbécile et bovine.

« Est-ce que le test, il est bon pour la pension ?

— ?

— Le test pour savoir si que je suis enceinte. C'est bon ? »

J'appelle l'infirmière, prends son dossier. Elle a fait dans l'après-midi un test d'urine. Il est positif. Elle est très probablement enceinte. On le lui a déjà dit tout à l'heure, mais elle revient pour être bien sûre. « Des fois qu'y aurait erreur. » Pas d'erreur. Elle rit. Il lui manque les incisives supérieures. « La pension alors, je vais toucher quand ? »

Elle sort d'hôpital psychiatrique. J'appelle dans son ancien service, le psychiatre qui s'en est occupé. Il soupire :

« Alors elle y est tout de même arrivée. C'est une grande hystérique presque idiote. Elle ne pense qu'aux allocations familiales. Une idée fixe. Elle prend ça pour une sorte de pension d'invalidité.

Elle croit qu'elle va être riche. Elle se tapait tout le monde ici. On la retrouvait jusque dans les chambres chevauchant les grabataires, les catatoniques. Finalement on lui a posé un stérilet. Mais une fois qu'ils sortent, on ne peut plus rien empêcher... »

Elle sourit toujours, en se parlant à elle-même. Elle est riche. Elle a gagné le gros lot. Elle ne devra plus travailler. Oui, elle est allée à sa sortie d'hôpital à une consultation bénévole. Un médecin très gentil lui a retiré son stérilet. Un enthousiaste ? Un catholique ? Un imbécile ? De toute manière, si elle l'a exigé, il n'avait pas le choix.

L'inconscience hilare de cette femme-vache m'insupporte. Il me vient un moment la tentation des coups de pied au ventre. Je suis dépassé. Je me raccroche aux formes : « Vous verrez cela demain avec le médecin. »

D'enfants, elles rêvent toutes plus ou moins. Un objet, une chose, extension d'elle-même, issue d'elle-même. Un être tout à soi. Un autre soi-même qui tout réparera. Projet mi-oblatif, mi-narcissique. Impossible fusion. Impossible complétude. Les vieilles, ménopausées, se rabattent, dans les foyers, sur des poupées dont elles garnissent leurs lits. Les jeunes, fécondes encore, rêvent de familles nombreuses. Pauvres mais heureuses !...

Dans la pratique, heureusement, le problème se pose rarement. L'aménorrhée secondaire est, dans le milieu, très fréquente. L'étiologie en est simple : malnutrition, neuroleptiques et désespoir. Pour le reste l'eugénisme, sans dire son nom, se pratique. Ou plutôt, il se bricole. Au coup par coup. Au hasard des intervenants. Et dans la mauvaise foi. A la faveur d'un moment de transfert, d'une journée bien lunée, on pousse ici des contraceptifs, là un stérilet, voire un avortement... Douces pressions... Artisanat... Pratiques plus ou moins éthiques, plus ou moins honteuses, plus ou moins avouées. Aller plus loin, vouloir dire les choses, les analyser, mesurer les répétitions transgénérationnelles, soulever clairement la question des dommages néonatals de l'alcoolo-tabagisme, mesurer les coûts humains, sociaux, économiques, tirer des conclusions : tout le monde en a peur. Moi aussi. Personne n'ose. Moi non plus. Prudence ! Les spectres de l'eugénisme — et quels spectres — ne sont pas loin. Flaubert mettait en garde contre « la rage de conclure ». Braconnons...

*

Une soirée avec Henry. Nous évoquons quelques souvenirs. Anciens combattants... Drôleries... Il lui arrivait pour rompre la monotonie de l'horreur de mettre un nez de clown pour recevoir les malades qui ne se permettaient d'ailleurs que très rarement d'y faire allusion. Écrasés. Soumis d'avance. Quelques-uns se risquaient néanmoins parfois à sourire d'un air entendu. Henry possédait aussi un masque de singe. Il le mettait parfois et passait la tête dans la salle d'attente. Le matin, avec une clientèle tiraillée par les prodromes du prédélirium, ce n'était pas sans produire un certain effet sur les nouveaux. Effroi. Hurlements. Surprise. « C'que vous êtes con, docteur ! »

Gamineries, certes, mais gamineries utiles. Mise en scène, par-delà les rôles, de la grande complicité des vivants contre la mort. Une relative dérision permettait la prise de distance des malades avec leurs souffrances. L'humour est encore une manière d'ultime triomphe du moi. Freud, à ce propos, racontait l'histoire suivante : Un homme est condamné à mort et doit être exécuté à l'aube, un lundi matin. Au jour et à l'heure dits, on vient le chercher dans sa cellule. « La semaine commence bien », dit-il à ses bourreaux...

Une autre fois, nous voyons arriver un homme qui a été agressé et battu. Son visage n'est plus qu'une plaie, ses yeux, deux fentes sombres dans une flaque de viande et de sang. Sa bouche éclatée ne retient plus un filet continuel de bave rouge. Les dents sont cassées. Il faut l'envoyer immédiatement aux urgences. On appelle un brancard. Lorsque le blessé y monte, Henry, comme incidemment, lui dit : « Ah, Monsieur ! Surtout aux urgences, n'oubliez pas de retirer votre masque. Vous leur feriez trop peur... » Le Monsieur est parti aux urgences, laissant dans les longs couloirs une trace de sang et de fou rire.

La défense désespérée contre l'horreur produit parfois des choses bien plus étranges encore. Ainsi, une histoire célèbre dans les annales de la Maison de Nanterre relate ce jour, au début des années cinquante, où l'on découvrit à l'aube que quelqu'un, pendant la nuit, avait pendu aux arbres de la cour intérieure les cadavres de la morgue. Un chirurgien était l'auteur de ce haut fait. On en riait encore cinquante ans plus tard...

*

C'était il y a quelques années, peu de temps avant Noël, je consultais à Médecins du Monde. J'étais seul et la nuit déjà, comme une lente marée, avait englouti les recoins du cabinet. Je songeais à fermer, lorsqu'un Monsieur se présente. Il s'assied en s'excusant. Non, il n'a pas trop chaud. Il préfère garder ses deux manteaux. Il hésite. Il rougit. Ne sait trop par où commencer. Est bien embarrassé. C'est difficile. Bien difficile. Ça oui ! Enfin bon, il vient de la campagne. De l'Est. Il a soixante-deux ans. Soixante-deux ans et de grosses mains rouges dont il ne sait que faire. Elles l'agacent, ces mains. Inquiètes, elles courent des poches à son front, pressent le rebord de la chaise, longent la couture du manteau, tentent maladroitement enfin de se rejoindre comme deux crabes qui apprendraient à danser. Pour tout dire, il a « des mauvaises pensées ». Peut-être les femmes s'en aperçoivent-elles ? Peut-être peuvent-elles deviner ? Il a le sentiment d'être transparent « comme du verre » face à leurs regards. Ouvert tout entier. Nu au plus profond. Elles devinent, il le sent bien, ses pensées qui le dépassent, qui s'élancent comme folles à la face des femmes. Obscénités criées dans sa tête. Muettes vociférations du désir... Alors ça le gêne. Il doit fuir. Se cacher. Mais comment éviter toutes les femmes ? Toutes ces femmes et leurs yeux qui savent...

Tout cela, avec un calme ennuyé de gros gamin bien élevé. Sobre embarras de bon garçon. Et bon garçon il l'est. Il a vécu toute sa vie chez ses parents, des agriculteurs. C'était au bout du monde. Il n'est jamais allé bien loin de chez lui. C'est même la première fois qu'il vient à Paris. Ses parents sont morts il n'y a pas très longtemps. Assez vite l'un après l'autre. Ils étaient vieux. Il est resté à la ferme quelque temps. Des jours ? Des semaines ? Les choses deviennent floues... Puis les héritiers sont venus. Frères ? Sœurs ? Cousins ? « Vous savez comment ça va »... Chassé ? Poussé dehors ? Enfin il est parti. Dans le train pour Paris. Avec deux valises et ses deux accordéons. « Je ne vous ai pas dit. Je joue de l'accordéon depuis que j'ai six ans. J'ai gagné des concours. On venait à la ferme pour m'écouter. Deux beaux accordéons »... Il ne les a plus. D'ailleurs il n'a plus rien. Arrivé à la gare, valises et accordéons, il ne pouvait pas trimbaler tout ça. Mais il n'avait pas d'argent pour la consigne. Alors, il a tout caché sous des banquettes, à la gare... « Le lendemain y avait plus rien. Mes accordéons »... Sa voix est douce, tranquille, sans colère. Son regard se perd dans la pénombre de la pièce. Comme étonné. Myope...

« Je n'ai jamais comment dire... été avec une femme. C'était difficile, vous comprenez, avec mes parents... » Il se tait. Rougit un peu...

Moi, je rougis beaucoup en n'ayant rien d'autre à lui proposer que de voir l'assistante sociale le lendemain matin.

Le monde n'était rien devant sa pureté et sa folie. Il était d'ailleurs. J'étais d'ici. Nous nous sommes, un instant, croisés par ce soir d'hiver, comme des bateaux dans la nuit...

*

Combien y en a-t-il eu de ces formes lointaines, évanouies aussitôt qu'aperçues ?... Il me revient une femme d'une cinquantaine d'années qui s'était présentée à la consultation. Elle voulait des médicaments. « Mal au ventre »... Elle traîne un peu. Hésite. On la sent embarrassée. N'osant pas dire. Finalement elle nous parle d'un bouton qui la gêne. Elle désigne sa poitrine d'un geste vague. On découvrira un cancer du sein au stade terminal, jamais montré, jamais traité. Il avait rongé la face interne du sein gauche, tiré les chairs comme un grappin et creusé un trou large comme trois doigts et profond d'un pouce. Ce trou était un peu devenu le centre de gravité de son corps. Il l'avait comme tout entière lentement attirée à lui. Elle ne pouvait plus se tenir que courbée, de travers,

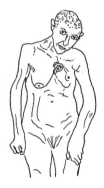

Dessin de l'auteur
réalisé à partir de
la photo de la patiente.

comme penchée et soucieuse, nourrice de cette tache de mort. Avec son accord, Henry a pris une photo. Document clinique. La photo est floue. Henry tremblait, troublé comme on l'est devant une chose sacrée. La dame est morte à l'hôpital le lendemain.

Une autre fois, nous avons reçu un homme d'une trentaine d'années d'origine maghrébine. Il venait pour une gale. Le traitement est simple. Le patient doit se déshabiller entièrement. Il est badigeonné d'un produit de la tête aux pieds. On recommence 24 ou 48 heures après, et le malade est guéri. Jusqu'à la prochaine fois... Notre homme se déshabille lentement, maladroitement. Il est très sale. En retirant une chaussette, un doigt de pied tout noir, pourri, tombe, laissant apparaître une phalange nue. Il refusa tout soin, toute hospitalisation. Seul un pansement sommaire fut accepté de mauvaise grâce. Il ne présentait pas de symptômes psychiatriques aigus, qui nous auraient permis de l'hospitaliser contre son gré. Nous ne pouvions ni le retenir, ni l'obliger à rien. Il est reparti tranquille, indifférent et mystérieux. Comme tant d'autres... Liberté chérie !

Il y eut aussi ce jeune homme d'environ vingt-cinq ans qui nous avait montré, au hasard d'une visite, une blessure de hanche gangrenée. Seule une intervention chirurgicale immédiate avait une chance de lui sauver la vie. Mais, devant notre empressement, il a remis son pantalon, refusant tout soin.

C'était là nous faire ce que nous appelions « le coup de la strip-teaseuse » : le patient exhibe une pathologie grave, généralement externe, pour voir la tête que font les soignants, pour les exciter, les voir s'affoler, se presser, s'agiter. Puis il se refuse, se rhabille. Et s'en va, méprisant, laissant les soignants face à leur impuissance, leur humiliation et leur angoisse. Comme la strip-teaseuse : regarder, mais pas toucher...

Nous avions eu plusieurs incidents similaires dans les jours précédant sa venue. Excédés, nous avons décidé de lui rendre les choses difficiles. Nous voulions le soigner à tout prix. Illusion, mais nous étions fatigués.

Je l'ai prié de me suivre dans une pièce fermée. Il a refusé de s'asseoir. Je me suis alors assis devant lui et durant une heure et quart, je lui ai parlé de sa mort imminente. Je lui ai décrit la progression des symptômes. De sa souffrance. Du délire fébrile. De la puanteur croissante de sa pourriture... J'étais tour à tour détaché et proche, froid et compatissant, précis et grossier. Étrange corps à corps. Bras de fer vaguement pervers. En un sens, j'avais gagné d'avance, moi qui étais bien vivant et bien portant. Mais, aussi bien, j'avais perdu d'avance car lui, le presque mort, n'avait plus rien à perdre. Il marchait dans la pièce, tantôt nerveux, tantôt ailleurs. Parfois ému. Souvent ricanant. Maniaque. Jouissant de la folle immortalité du mégalomane. Il tenait sa vie et sa mort dans sa main. Il était tout-puissant. Devant ce Dieu, je n'étais rien. Il jouait tout, décidait de tout. Moi, je blablatais à ses pieds, fonctionnaire, préposé au guichet de la santé pépère. Ridicule valet de la normalité, mon urgence n'était pas la sienne. Son temps n'était pas le mien. Il était d'une autre essence, d'une autre hauteur.

C'est comme ça quand ils sont jeunes. La jeunesse est immortelle. Elle ignore le temps. Aussi la mort n'a pas de poids. Elle n'est que bande dessinée. Rigolade. C'est une mort de carton. Une affaire héroïque de violence, de révolte et de sang. Une explosion. Un orgasme. Une giclure. La mort fait bander. Elle est affaire de couilles. Histoire d'homme. Crever jeune, c'est dire merde au monde. Et le foutre bien profond. La jeunesse, à la face du temps, pisse de l'infini...

Ça se prolongeait dans la nuit tombée. Il faisait froid, les fenêtres de la pièce s'étaient couvertes de

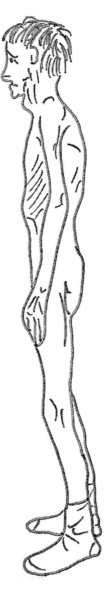

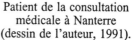

Patient de la consultation médicale à Nanterre (dessin de l'auteur, 1991).

91

buée. L'extérieur ne nous était plus qu'ombres et lumières diffuses, mouillées dans la vapeur d'eau. Les fenêtres pleuraient et nous luttions encore. Au-delà de tout espoir, dans l'écœurement de la fatigue et de la défaite. Ivres un peu de cette valse au bord du gouffre. Mais toutes les musiques finissent par s'arrêter. Alors, un peu vertigineux, nauséeux, lentement nous avons repris nos places. Et nous nous sommes regardés en silence. Alors, je me suis levé, j'ai ouvert la porte, et il est parti comme s'envole un oiseau. Je n'ai pas suivi du regard sa silhouette claudiquant sous les lampadaires. Je ne l'ai pas revu.

*

Un médecin m'a demandé de l'aider à peser une malade. Les autres étaient déjà partis déjeuner. Cette femme, la cinquantaine, est soignée chez nous depuis huit ans. Ses pieds gelés et gangrenés ont dû être amputés aux deux tiers, il y a plusieurs années. Elle ne peut plus se tenir debout. Lorsque je rentre dans le cabinet de consultation, elle est allongée sur la table d'examen. Elle ne porte qu'une culotte. Ses seins vidés, usés, se sont répandus de chaque côté de sa poitrine. Ses cheveux, infestés de poux, ont dû être rasés. Ses jambes maigres se terminent par des moignons recouverts de chaussettes et protégés par deux sacs poubelle découpés, tenus par des élastiques. Sa chair est blanche et translucide comme celle d'un cadavre. J'ai la vision fugace de ces animaux noyés et glabres que l'on voit parfois dans les ports, bercés par le ressac et entourés d'immondices. Elle a un geste de pudeur en me voyant et, un peu fébrilement, remet son T-shirt. Je me détourne un moment vers la porte, faussement préoccupé par la serrure, pour lui laisser le temps de se couvrir, puis je la soulève comme une enfant. Nous tentons, elle et moi, d'annuler cette proximité, en détournant nos regards. Délicatement posée sur la balance, elle est maintenue par le médecin et moi. Nous ne pouvons plus la soutenir, pour ne pas fausser la mesure, alors nous l'entourons de nos bras, tandis qu'elle vacille en équilibre instable. Mon bras entoure sa taille, ma main est posée sur son ventre. Son T-shirt trop grand, qui lui tombe presque comme une robe, est crasseux et marqué par de grande auréoles. Il est mouillé. Transpiration ? Urine ? Elle est tuberculeuse et sent la fièvre et la maladie. Elle pèse 46 kilos.

Il lui est difficile d'accepter les hospitalisations que nous lui proposons. Son mari s'y oppose généralement. Il la prostitue pour de l'alcool, des cigarettes ou de la petite monnaie. Il a besoin d'elle comme elle a besoin de lui. « Mon mari, dit-elle, mon mari est un excellent homme. Un grand homme. »

*

J'ai croisé aujourd'hui, dans la longue galerie du centre d'accueil, Monsieur Madoun. Nous avons échangés quelques mots. Il était souriant et avait rendez-vous en psychiatrie. Il est hébergé à Nanterre depuis sept ans. Il semblerait qu'il s'y soit stabilisé. C'est moi qui l'ai reçu pour la première fois. Mes notes de l'époque disent :

Vu à la demande des surveillants. Age : 38 ans, né en Algérie. Légèrement désorienté. Confus quant au temps et à l'espace. Syndrome dépressif. Anxieux. Délirant. Il se plaint de « fadeur », de perte de goût et d'odorat, mais aussi « du goût de vivre ».

« J'ai senti la mort me pénétrer par le nez. J'étais assis et la mort m'a pénétré par le nez. Je ne pouvais plus bouger. Je respirais la mort qui rentrait en moi. J'ai échappé à la mort plusieurs fois. »

Dit avoir perdu vingt kilos, très rapidement. Est effectivement très maigre. A déjà fait plusieurs longs séjours en centre d'accueil. Difficultés relatives à la gestion et au partage de son argent personnel.

« Je donne tout. Alors je perds. »

Adressé au service de médecine, Dr G.

Puis une note rajoutée plus tard précise : « *Tuberculose.* »

Aujourd'hui je lui trouve bonne mine. La tuberculose, en tout cas, a été stoppée. Il continue a être suivi en psychiatrie. Sans l'institution asilaire, il s'effondrerait immédiatement.

L'immense majorité des personnes hébergées au centre d'accueil de Nanterre ne peut survivre qu'à l'abri d'une institution comme celle-ci. Ils ne sont plus de nulle part. Tombent à travers les failles des logiques sociales et institutionnelles classiques. Pas tout à fait assez malades ou fous pour relever de l'hospitalisation, ils le sont cependant trop pour pouvoir survivre à l'extérieur. Mal protégés socialement, ils échouent là. Ils y vivotent, en caressant l'impossible rêve de « s'en sortir », de renouer un jour avec une normalité qu'ils n'ont jamais connue.

Traverser les galeries de l'hôpital est comme un voyage à travers le temps. On y croise des visages comme on feuillette les pages d'un livre. Dans cette galerie, il y a quelques années, des internes, une nuit de fête en salle de garde, ont roulé à une dizaine dans une mini-Morris. Ils étaient ivres et ont renversé un hébergé. Ils ne se sont pas arrêtés. L'homme a eu la cheville brisée. Il s'est traîné jusqu'aux urgences, à l'autre bout de l'hôpital, où il a raconté qu'il avait été renversé par une voiture dans la galerie. Il a été puni pour être manifestement en état d'ivresse...

La galerie et son laveur de vitres. Je le vois depuis des années. On se salue. Je ne sais rien de lui. Il fait son travail : laver les vitres des deux longues galeries. Cela fait, j'ai calculé, plus d'un millier de petits carreaux. Quand il a fini les derniers, les premiers sont déjà sales. Comme Sisyphe, il n'arrête jamais, obsessionnel, appliqué et silencieux. Il est chétif et se tient de travers, le haut du corps penché sur le côté. Il avance en déplaçant son échelle, l'air affairé et inquiet, comme si sa tâche monotone menaçait de quelque façon de lui échapper, comme si, dans cette affaire, tout était toujours à repenser, à débattre. Un signe de tête, sans plus, et le voilà, comme le lapin dans *Alice au pays des merveilles*, de nouveau absorbé, appelé plus loin, par d'autres fenêtres qui s'encrassent inéluctablement.

Et voilà Monsieur Masson, qui m'attend, comme tous les jours, dans l'ombre d'un coin. Un corps bizarre, caoutchouteux. Des jambes évasives qui se creusent vers l'intérieur, comme si elles menaçaient de s'effondrer. Bedonnant, la tête penchée sur le côté, il attend le passant. Ce morceau de galerie, c'est sa vie. Il y serre des mains. Pas n'importe lesquelles, il a ses têtes. J'en suis. Alors lorsqu'il me voit venir, il se hâte de se mettre en position exactement sur la trajectoire de mon passage. Il n'oserait espérer que je fasse un pas vers lui. Il me serre la main et la garde en m'accompagnant de quelques pas. Il bafouille Monsieur Masson. On le comprend mal. « Voui... Voui... Tu as le bonjour de X. Tu sais X ? Il s'est marié, voui, vouiii... Marié... Comme la princesse Mélanie avec le duc du Wurtemberg. Ils se sont mariés. Voui, vouiiii... A la cathédrale, vouiii... » Le mariage, surtout royal, est, avec la poignée de main, la seule passion qui agite véritablement Monsieur

Masson. Il palpite à la lecture de *Point de vue-Images du monde*, *Voici* et autres *Gala*. Il se shoote à l'eau de rose. Il a soixante-huit ans et trente-cinq ans de Maison. Gentiment psychotique chronique. Où irait-il ? Que pourrait-on faire de plus pour lui ? Rien. Il est stabilisé, c'est déjà remarquable. Il faut le laisser là, dans sa tranquillité et sa rêverie. Inoffensif et charmant.

Il avait un ami, ancien violoniste victime de la syphilis. Rongé par le tréponème pâle. Gâteux de paralysie générale. Un petit gros sympathique et jovial. Il avançait, l'air faussement piteux, tendant ses poignets comme s'il voulait qu'on lui passe les menottes. Puis il éclatait de rire. C'était sa seule plaisanterie. Toujours la même. Si on répondait en faisant semblant de l'abattre d'un coup de revolver fait du pouce et de l'index, comme le font les enfants, il riait encore plus. Une impossible affaire de naissance dans une ex-colonie française, d'émigrations multiples et de révolutions lointaines avait fini par le rendre tout à fait apatride. Les assistantes sociales ne sont jamais parvenues à démêler son appartenance nationale. Il vivait à la Maison de Nanterre, sans papiers, sans nationalité, sans aucune espèce d'existence légale. Il est mort maintenant.

*

Je retrouve de vieilles notes prises au temps de la consultation avec Henry. Un défilé de patients.

Monsieur Beckerel. Un seul nom, mais deux histoires. Deux dossiers. Deux vies. On a mis quelques mois à s'en apercevoir. Né alternativement en 1937 ou en 1950. A assassiné sa femme « au fusil, pendant qu'elle était aux fraises » ou alors, s'est rendu responsable de son décès au cours d'une intervention chirurgicale : « Elle était hospitalisée dans le Nord. J'avais apporté un litre de bière. Elle marchait à la bière, moi au vin... Bref, on boit un coup. Elle n'y avait pas droit... Tant pis. Il y a l'infirmière qui vient. Voit les bouteilles. J'espère que vous n'avez rien bu au moins... On vous emmène pour l'opération... J'ai rien osé dire. Je savais même pas qu'on allait l'opérer. Elle est restée sur le billard. Vous pensez ! Un litre de bière. Ah, c'est sûr, c'est un peu de ma faute... »

Alcoolique ? « Oh, depuis que je marche, pratiquement. Je finissais les verres. Aussi loin que je me souvienne... »

Alcoolique ? « Quelques années... C'est récent. Je buvais avant, mais normalement. Un coup de temps en temps. Mais depuis un an ou deux... Vers 1975, là j'ai augmenté, je peux dire. Trois à quatre litres par jour... Difficile à dire, on achète trois bouteilles pour la nuit. Des bouteilles de secours, pour la bloblote. On se réveille et toc ! on boit un coup. Pour ainsi dire, en dormant. On se réveille le matin, les bouteilles sont vides... Qui les a bues ? Au fond on ne sait pas ».

Décompensation ascitique et œdème de la verge
chez un homme atteint de cirrhose du foie (dessin de l'auteur, 1992).

Monsieur Beckerel a sur les avant-bras une centaine de petits cratères blancs de 6 ou 7 millimètres de diamètre. Ce sont deux grands tatouages de femmes qu'il efface à coups de brûlures de cigarettes. « C'est quand je suis bourré que je me fais ça. Je sais même pas pourquoi. C'est marrant... »

Intermède comique dans la routine de l'après-midi, un homme fait irruption dans le bureau. Furieux. Hirsute. En haillons...

« Un scandale ! Ramassé par erreur ! Non, mais ! De qui, grands dieux, se moque-t-on ? Moi ! Moi ! MOI ! Propriétaire de 56 %

des actions de Peugeot... De Gaz de France... Parfaitement !.. A moi... Tout à moi ! Affreuse méprise... J'ai été, tenez, élevé avec le prince de Monaco. Je l'appelais "mon petit prince". Comme des frères qu'on était. C'est après... L'enlèvement... Je ne peux pas vous raconter. L'Aga Khan est au courant... Ma mère, comprenez, n'est pas ma mère... Pas un mot, docteur !.. Prudence ! Jalousies, comprenez-vous... Si vous saviez... Les souffrances... Les injustices !... Un avocat ! D'urgence ! Immense fortune ! Revoir mon petit prince... Il le faut ! Téléphonez, docteur. Téléphonez ! »

On l'a reconnu. C'est Monsieur Perrier qui délire. Ça lui arrive de temps en temps. Sainte-Anne arrangera ça pour un temps... Il rêve, Monsieur Perrier. Il est attendrissant. Je l'accompagne aux urgences. Nous allons attendre l'ambulance ensemble. On parle un peu.

« Je verrai un avocat, dites ? Là où je vais, il y aura des avocats ?...

— Mais oui, monsieur Perrier. Vous verrez. Tout se passera bien... »

Il n'en croit pas un mot. Il sait bien. Au fond, il sait très bien. On fait un peu semblant. Ça aide à vivre. A mourir surtout... Sainte-Anne, d'ailleurs, il connaît. Ce qu'il cherche, Monsieur Perrier, c'est qu'on le respecte un peu... Qu'on rêve un moment tous les deux. Pas longtemps. Le temps d'une galerie. En attendant l'ambulance... Il a les yeux bleus, Monsieur Perrier. Très pâles. Diaphanes presque. Écarquillés. A la dérive dans un visage bouleversé. L'ambulance arrive. Le carrosse est avancé. *Exit* le petit prince...

On m'appelle dans un service de médecine. Un cas bizarre... Un Camerounais d'une trentaine d'années a été hospitalisé durant le week-end. Il saignait des oreilles. On s'aperçoit maintenant, quatre jours plus tard, qu'il est fou. Il s'est bouché les orifices corporels avec des boulettes de mie de pain. Certaines ont pourri, provoquant des infections. Il est docile, se laisse examiner, mais il faut le déplacer comme un objet. Il reste des heures debout, immobile dans un coin de sa chambre. Il n'a pas prononcé une seule parole depuis son arrivée et ne répond pas aux questions qu'on lui pose.

Il se trouve que j'ai séjourné quelque temps au Cameroun. A tout hasard, l'interne me demande de le rencontrer. On nous laisse un bureau et le malade est là devant moi, inerte. Il ne réagit pas à mon offre de s'asseoir. Je pose quelques questions auxquelles il ne répond pas. Après l'avoir observé un moment, je lui raconte mon séjour au Cameroun. Au mot Cameroun, il détourne la tête et fixe, par la fenêtre, la cime des arbres du jardin.

« Je sais que vous me comprenez, lui dis-je, et je pense que vous êtes Bamiléké. Je crois que vous me comprenez très bien, mais que vous ne pouvez pas me répondre. Peut-être parce que vous pensez que ce serait dangereux pour vous de parler. Peut-être à cause des esprits... Alors on va faire autre chose. Puisque vous pensez qu'il vaut mieux que vous ne parliez pas, vous allez me répondre en bougeant un doigt de la main. Si vous voulez dire oui, ou si vous êtes d'accord, vous bougez un doigt. Si vous voulez dire non, ou si vous n'êtes pas d'accord, vous ne bougez pas. On peut faire ça ? »

Tremblant, son index s'est levé légèrement. Nous avons pu, par ce moyen, communiquer un peu. Il lui fallait boucher son corps, pour que les esprits mauvais ne puissent pas le pénétrer.

Nous l'avons gardé à l'hôpital le temps de traiter ses infections, puis, après deux ou trois semaines, toujours mutique, il a été transféré dans un hôpital psychiatrique. Les services de l'ambassade du Cameroun ont refusé de collaborer avec nous pour tenter de contacter sa famille au pays. Ils voulaient certainement éviter les frais d'un rapatriement sanitaire que nous étions en droit d'exiger.

J'ai eu l'occasion d'examiner son passeport. Il avait coincé des épines de rose sous les agrafes de la photo. Les pointes étaient enfoncées dans son visage...

Il y eut aussi cette jeune femme repérée à sa descente du car. Immédiatement, elle nous inquiète. Elle semble désorientée. Ailleurs. Un peu trébuchante, se heurtant aux autres, crépusculaire... Nous l'interrogeons. Elle sort d'hôpital psychiatrique : « Pour alcool », dit-elle. L'éthylomètre dans lequel elle souffle montre qu'elle est à jeun. Son état confusionnel est préoccupant. Elle pense que ses parents sont peut-être cachés à l'hôpital. Elle voudrait aller les chercher. Ou alors peut-être est-ce ici que son père est mort. Elle n'est pas sûre. Elle n'est sûre de rien. Mais qu'on ne s'inquiète pas pour elle. Non, non. « Tout va bien. De gentils messieurs rencontrés dans le car l'ont déjà invitée à aller à l'hôtel le lendemain... » Le viol collectif n'est pas loin... Nous l'envoyons à Sainte-Anne.

Deux jours plus tard, nous recevons un lettre. Bien polie, la lettre. Civilisée. « Cher confrère... Blablabla... Mme Machin, alcoolique chronique... Personnalité psychopathique... Bien connue de nos services... Rompant de façon récurrente les contrats thérapeutiques... Blablabla... Nous vous serions gré de faciliter notre tâche (laquelle ?) en évitant de nous la renvoyer. » Bref, ils l'avaient relâchée dans la nature. Ah, ce sont les gentils messieurs du car qui ont dû être contents...

La journée est finie. On tourne un long métrage à l'hôpital. Une fiction. Des clochards sont filmés à l'arrivée des cars de nuit. Des acteurs doivent se mêler à eux. Henry est conseiller technique. Nous passons la nuit à la consultation. Déjà bien avancée, la nuit... Sur le tournage, des types tournent en rond... Du matériel pléthorique... Une agitation inintelligible et curieusement lente. L'acteur principal, jeune homme relativement connu, est ivre mort et drogué. Conscience professionnelle ? Il dort sur la table de consultation. La directrice de l'hôpital vient s'enquérir de son état. Émoustillée de tant d'honneur. La gloire... Les vedettes... Toute frétillante à l'approche du génie, elle se penche sur l'artiste gisant. Celui-ci prend peur. Il la saisit au cou et entreprend de l'étrangler. Henry et moi, nous nous sentons un peu tenus d'intervenir. Noblesse oblige, nous nous jetons hardiment dans la bataille. S'ensuit quelque chose qui tient à la fois d'un menuet paléolithique et d'une mêlée de rugby. La directrice est délivrée à grand-peine — et un peu à regret — de l'étreinte homicide de l'égaré. Mais les choses ne s'arrêtent pas là, l'artiste a développé une fascination pour les boutons de sa robe... Il les veut tous et tout de suite... Se met à gémir. A pleurnicher. Pauvre petit ! Histoire de rire un peu, je ne résiste pas à la tentation de suggérer à l'assistant du metteur en scène qu'il faudrait peut-être envisager de transférer sa vedette à Sainte-Anne... Horreur. Consternation. Il s'étouffe, l'assistant. Les mots lui manquent. Quelle honte !.. Comment pouvons-nous... Philistins ! Un tel crime ! Injure inouïe !.. Nous ne nous rendons pas compte... La fragilité. Le tempérament artistique. L'immense sensibilité de l'artiste émoussée à jamais... Les gargouillis de l'hypersensible, occupé à se vomir dessus, viennent interrompre ce plaisant échange de vues... Le metteur en scène, affolé, s'est enfui. Nous ne le reverrons plus cette nuit-là.

Ces divertissements terminés, je me promène un peu. Et tombe par hasard sur une vieille patiente, clocharde hébergée. Errant, toute seule, dans les couloirs déserts... Elle est en colère contre moi... C'est qu'elle se dégradait. Était mêlée à des histoires de violences avec les autres femmes de son dortoir, de sombres affaires de poupées volées. Injures. Coups. J'ai dû intervenir, aller dans le dortoir, faire un peu peur à ces pauvres vieilles. Malheureux

[notes manuscrites]

Notes cursives de l'auteur prises au cours d'un entretien avec une jeune femme vue à la consultation du CHAPSA par le Dr Patrick Henry et adressée par ce dernier pour une évaluation diagnostique.

20 ans — Toxico — Décrocher — Héroïne/Codéine-Toxico depuis 5 ans — A la rue depuis 3/4 mois — Chez mon mari — Brûlure à la main souvenir de mon mari — Met des boucles d'oreilles. Vit à la rue — Perdu 25 kilos en 3 mois — Mariée depuis 2 ans — Anorexie depuis 3/4 mois — Repos/Dépression — Toute seule — Prostitution — Mari violent — Pension alcoolique — Polynévrite, névrite optique
Neuroleptiques : agressive, dépressive,
Epileptique.

100

épouvantails, dont j'avais l'âge d'être le fils. J'ai pris ma grosse voix. J'ai fait les vilains yeux. C'est très mal de voler des poupées ! Ah, mais !

Je lui ai aussi pris rendez-vous en psychiatrie. Elle croit, maintenant, que je veux la faire enfermer. La faire passer pour folle. Conspiration... Et puisqu'elle est folle, elle va faire la folle. On va voir ce qu'on va voir ! Et la voilà qui se met à gambader... Dans les couloirs... Dans le jardin... Se dandine. Saute à cloche-pied. Fait des révérences. Montre sa culotte... Vieille petite fille folle. Qui me tire la langue. Qui se moque de moi. Qui m'appelle « Môôôô-sieur » en hurlant d'une voix éraillée... Elle m'amuse un moment. Puis elle m'agace. Je me mets à crier, moi aussi. Surprise, elle se calme d'un coup et va dormir.

Il est bientôt quatre heures. Tout est calme après son départ. Je me promène dans le jardin. Des milliers d'oiseaux s'y rassemblent toutes les nuits pour dormir dans les rares arbres encore debout dans cette banlieue de béton. Le ciel est dégagé. Je pense au vieux Kant : « Le ciel étoilé au-dessus de moi et la loi morale en moi... » Puis c'est un mot de Nietzsche qui me vient : « Je ne saurais croire qu'en un Dieu qui sache danser... » Foutre ! me dis-je. Il faudrait que ce soit quelque chose de vraiment rapide. Épileptique. Un genre chorée. Un truc de Saint-Guy... Et encore...

*

En 1995, la consultation a été transférée dans de nouveaux locaux. On visite. C'est beau. C'est neuf. C'est lumineux. C'est moderne.

Les murs sont, pour l'essentiel, tapissés d'un revêtement blanc, vraisemblablement lavable dans des conditions normales, mais qui, là, deviendra inévitablement rapidement crasseux. Il ne résistera pas non plus aux cutters...

Les salles de soins n'ont pas été équipées d'alarmes pour prévenir les surveillants en cas de danger. Les infirmières sont régulièrement menacées d'être piquées par des toxicomanes, généralement séropositifs... Les points d'eau sont insuffisants, le nombre de prises électriques aussi. Les patients, hommes et femmes, se partagent un seul w.-c. sans lavabo.

Une quinzaine de fauteuils avaient été commandés pour la salle d'attente. Nous en recevrons huit. Les autres ont été détournés par les services qui ont réceptionné le matériel. Chacun son confort...

Dans les étages, reconstruit, l'ancien foyer de réinsertion. Une cinquantaine de résidents, et une belle salle qui n'abrite que deux machines à laver et un séchoir pour tout ce monde. Le bureau prévu pour le psychologue a été attribué en dernière minute à une lingère, responsable syndicale... L'unique psychologue de ce foyer à volonté thérapeutique n'a lui, du coup, plus de bureau. Microsociologie. Lutte des classes... La salle de télévision, en revanche, est d'une grande beauté. *Panem et circenses*. Le football y gagne ce que la thérapeutique y perd...

Détails ? Anecdotes ? Certainement. Infimes péripéties ? Sans doute. Mais symptomatiques. Les décisions d'aménagement ont été prises par les administratifs et les architectes, sans consulter le personnel spécialisé. On sait — il existe des cahiers des charges — construire un bloc opératoire, un service de réanimation. On ne sait pas construire un centre de consultation pour clochards. Quant au savoir existant, il est méprisé. Cela dépasse l'habituelle mégalomanie des administratifs qui, toujours, ignorent leur ignorance. C'est ici le reflet de l'ensemble des réponses de la société à ces hommes apparemment insaisissables. L'inadéquation y est comme indépassable, fondatrice. Ce qui se fait est, comme toujours, un peu à côté. L'effort un peu vain, mal appliqué. L'argent mal dépensé. Hiatus. Le réel, plutôt que d'être lieu d'accumulation du savoir, reste celui du déploiement du fantasme de tout un chacun[1].

Les exemples ne manquent pas. Plusieurs concours d'architecture récompensant les meilleurs projets pour l'aménagement de la rue aux SDF furent organisés ces dernières années. Des bornes d'alarme ou des sanisettes améliorées permettant de prendre une douche, d'y trouver rasoirs, savons, préservatifs ont été imaginées. Cela fonctionnait par cartes magnétiques. Tout y était. Tout, sauf le masochisme. Sauf la pathologie. Bref, tout, sauf les usagers eux-mêmes...

En janvier 1995, le journal *La Rue*, vendu et réalisé, en partie, par des SDF, a réalisé un sondage auprès de la population à la rue. Dans leur immense majorité, les clochards ont dit souhaiter en

---

1. Ces questions sont approfondies plus loin. Voir le chapitre « De la charité hystérique à la fonction asilaire ».

priorité, avoir un travail et un logement. Ce non-événement a été repris par les médias. Mais que pouvaient-ils dire d'autre ?

Pendant que j'écris ces lignes, je reçois un document d'un organisme qui s'appelle la Fondation pour le Progrès de l'Homme *(sic)*. Il y est question de l'organisation d'un énième colloque sur l'exclusion. Il y est posé une interrogation, toujours la même : « Il faut en savoir plus sur leurs parcours. »

Pour quoi faire ? Il s'agit là d'une interrogation faussement scientifique. Car les réponses sont déjà disponibles. Elles ne seront jamais, en raison des difficultés liées à la collecte des informations (amnésie, confusion, dissimulation, éparpillement des données administratives, barrières éthiques), beaucoup plus précises qu'elles ne le sont aujourd'hui. Un savoir fiable existe mais il ne satisfait pas, car l'interrogation ne porte pas en dernière analyse sur la population elle-même, mais sur l'angoisse que nous éprouvons au contact de sa différence. C'est elle que nous ne parvenons pas à métaboliser. C'est elle que nous interrogeons toujours dans l'espoir futile de la réduire, de la voir s'évanouir. Aussi n'apprenons-nous rien. Comme Pénélope, nous tissons, de colloques en symposiums, des morceaux de tapisserie qu'aussitôt nous défaisons. Il nous est impensable qu'évoluent, à côté de nous, des êtres qui relèvent d'autres logiques, d'autres désirs, d'autres représentations. Comment peut-on être clochard ? Comment peut-on être à ce point autre ? Comment enfin, peut-on ne pas être comme moi ?

Toute pensée repose, en son fondement, sur deux mouvements, celui de l'identification de l'égalité, du même, et celui de la perception de la différence, de l'inégal. Or, perversion de l'*ethos* démocratique, la différence nous est devenue impensable. L'autre n'est chanté que pour mieux montrer qu'en définitive, il n'est autre que nous-mêmes. Dire l'autre différent est immédiatement soupçonné de racisme, d'élitisme, d'une forme quelconque de mépris. Penser le différent est frappé d'un interdit profond. Et c'est alors le mécanisme même de toute pensée qui est touché, car la pensée du même n'est pas pensée. Elle n'en est que la caricature vide de sens. Indifférenciée. Sans sexe. Fusionnelle. Rêverie narcissique tout au plus. Onanisme de l'équation...

En visitant les locaux neufs, j'avais prédit en 1995, que leur blancheur aseptisée donnerait lieu à des actes de vandalisme. Ces prédictions se sont révélées être à la fois au-dessus et en dessous de la réalité. Dans l'ensemble, les malades, probablement honorés de bénéficier de locaux neufs et même luxueux, se sont montrés très respectueux des lieux. A la consultation, les actes de vandalisme furent pratiquement inexistants.

Il n'en fut pas de même au foyer où les hébergés sont admis pour six mois ou un an. La propreté, la nouveauté et la clarté dépouillée de l'architecture se sont révélées insoutenables pour beaucoup. Les actes de vandalisme furent nombreux et spectaculaires : locaux dévastés, murs barbouillés d'excréments. Plus pathétiquement, les hébergés, dans une sorte de refus passif et affolé, ont combattu l'asepsie ambiante en évitant massivement de se laver et de nettoyer leurs vêtements. Certains se sont mis à stocker des détritus dans leurs chambres qu'ils transformaient ainsi en poubelles géantes. L'hygiène générale s'est effondrée dès les premiers jours.

Tout s'est passé comme si, dans la durée, il fallait que la saleté, le désordre, les odeurs, bref l'analité, y trouvent leur compte. Le sentiment de leur identité était-il à ce prix ?

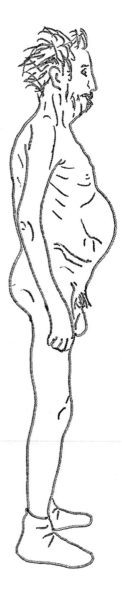

Patient de la consultation médicale à Nanterre (dessin de l'auteur, 1989).

UN DÎNER EN VILLE

Je suis un homme malade... Je suis un homme méchant. Je suis un homme déplaisant. Je crois que j'ai une maladie de foie. D'ailleurs, je ne comprends absolument rien à ma maladie et ne sais même pas au juste où j'ai mal.

DOSTOÏEVSKI, *Le Sous-Sol.*

J'étais, à une époque, un peu contaminé. La fréquentation de la déchéance agit comme un poison. Le réel commun s'était éloigné de moi comme se retire la marée. Je restais seul sur la plage déserte et ne le savais pas. Le quotidien me semblait petit et lointain, mesquin et dérisoire. Tout n'était que masque, façade, bavardage. Je ricanais. Petit prétentieux du négatif. Fier colporteur d'ombres...

Paradoxalement, j'étais pour la première (et unique) fois de ma vie devenu assez coquet. Soucieux de marquer une différence, je choisissais avec soin les vêtements que j'achetais. Je me voulais distant, lointain, sans amalgame possible. Bien au-dessus de la fange, pour pouvoir mieux en être le témoin.. Brummel de la fosse commune. Snob de l'immondice. Moi seul étais dépositaire du vrai, du profond savoir. J'avais vu. Je connaissais l'homme absolu, définitif. Celui de la mort et de la corruption. Ce royaume était mien. Le reste n'était que kermesses, fadaises et flonflons...

*

Un dîner en ville est presque toujours une erreur, une sorte de banqueroute. On y donne toujours trop. *Words. Words. Words.* Sourires frelatés, émotions factices, pénibles tourbillons. Écœurement garanti. Bref, on s'y souille de vagues indignités. Petites taches, gros rires, secrètes hémorragies, autant d'accrocs de soi à

105

contempler, perplexe et vaguement nauséeux, devant sa glace en se déshabillant, méditatif et froid, dans l'imbécile lumière d'une nuit mort-née.

A l'évanescence du but, s'ajoute la toxicité du tabac et des alcools qui bouleverse un peu plus, dans une fébrile agitation, la fragilité d'une ataraxie soigneusement entretenue. « Ces maux d'ailleurs, disait Spinoza, semblent provenir de ce que toute notre félicité et notre misère ne résident qu'en un seul point : à quelle sorte d'objet sommes-nous attachés par l'amour ? » Précisément...

*

Distraction ou lâcheté, je m'étais laissé aller, ce soir-là, à assister à une soirée organisée par de vieux amis avec qui mes rapports s'étaient progressivement distendus au cours du temps. Ils faisaient partie de ces anachroniques témoins d'un passé moribond, que l'on traîne derrière soi. Amis vestiges, on ne les fréquente plus guère que par une sorte de nostalgie aigre-douce. Piété un peu poussiéreuse. Alors on ne se voit plus que de loin en loin, un peu gênés, un peu gauches, en pensant, à part soi, que c'est la dernière fois...

« Tenue de soirée. » Ils aimaient, je ne m'en souvenais plus, les choses un peu guindées. Innocemment tartignoles. Du beau monde bien habillé, coupe de champagne à la main, se tenait roide et parlait chic. Bien propre enfin et sans odeur aucune. L'élite. Magie des « smokings ». Le Tout-Paris. Lumières de la ville. Les ravages de Proust et du Lido conjugués sont incalculables. Simplement j'avais mal aux pieds...

Comme un albatros décollant sur l'eau s'aide de ses pattes en frappant frénétiquement la surface, la conversation, après quelques essais désordonnés, soldés de plates retombées, avait, enfin, pris son envol aux alentours de l'inévitable foie gras. Flap ! Flap ! Elle s'était même donné, vers la fin du marcassin Grand Schprounz, des allures nobles, et volait haut, haut, tellement haut qu'on avait, du sol où je m'obstinais à bâiller, du mal à la distinguer.

Ce fut le moment où quelques brillants esprits eurent l'occasion de donner toute leur mesure.

Enfants terribles de la digestion et du pousse-café, les propos de table s'élèvent, s'élèvent, s'envolent, libres comme des montgolfières. Vu de haut, que le monde est beau. Hélas, les choses n'ont qu'un temps et l'entropie fait loi.

Écrasé sur la table au milieu d'un sorbet en mal de fluage, de bouchons tout nus et de cendres déjà froides, l'albatros de tout à l'heure agonisait piteusement.

Un audacieux hyperphagique confiait à qui voulait l'entendre qu'il caressait le projet d'écrire un roman. Un roman autour de l'idée... Ah, l'idée... C'est qu'il lui était apparu un jour soudainement, d'un coup dans toute sa clarté, que « baiser c'était comme manger ».

« Et réciproquement », rajouta-t-il.

Puis, méditatif après une gorgée d'alcool :

« Mais... Mais peut-on aller jusqu'à l'écrire ? »

Et ses voisins de hocher la tête, sidérés par tant de profondeur. Effectivement, cela demandait réflexion.

Des grandes choses, nous passions aux petites. Le philosophique se retirait pour faire place au grivois. Quelques obscénités de collégiens, énoncées à mi-voix avec des audaces de chanoine, fusaient çà et là.

C'est alors que la maîtresse de maison, probablement insensible à l'inépuisable potentiel comique de la physiologie de la reproduction et de l'excrétion, s'exclama en me désignant d'un doigt lourd et bagué : « Patrick Declerck passe sa vie dans le métro avec les clochards. »

J'aurais certes préféré entendre qualifiées autrement des années de recherche et de consultation. Mon amie, dont la voix et la carrure évoquaient irrésistiblement le bosco d'un terre-neuvas, était ce soir-là coquettement vêtue d'une robe de velours violet cintrée d'une large bande rouge, moitié Tartarin, moitié Brunehilde. Un peu cardinal aussi, mais de fort tonnage. Son apparence, son ton, sa personnalité, tout en elle enfin, commandaient le respect.

Sa remarque mit immédiatement fin au brouhaha, comme si elle avait appuyé sur un interrupteur. Une vingtaine de visages crispés d'une indéfinissable réprobation se tournèrent vers moi. Comme s'ils avaient été victimes d'une sorte de mauvaise plaisanterie, d'un je-ne-sais-quoi de duplicité. Je sentais qu'il m'était fait reproche de ne pas avoir été tout à fait franc. Sournois presque. Je clignais des yeux timidement, tel un raton laveur surpris dans les phares d'une voiture. Embarrassé, je ne pus que sourire faiblement...

« Heu... Pas par goût, dis-je, niais. Pas par goût. »

Ils n'en croyaient rien, c'était visible. On me soupçonnait de quelque inclination bizarre, peut-être même perverse. Oh, c'était léger, discret bien sûr, mais enfin je sentais que j'étais devenu quelque peu paria. Réagissant, j'ai parlé et bien parlé de l'intérêt, pour tout dire scientifique, de la chose pathologique, des interrogations de la Faculté, des dangers de la tuberculose, des défis de l'épidémiologie psychiatrique, des mystères encore inexplorés de la nosographie de l'étrange. Aurais-je même imprudemment été jusqu'à glisser le mot d'inconscient ? Possible, j'osais beaucoup. La chaleur m'incommodait, et il était bien tard...

Les autres, ça les énervait mes histoires. Tout cela, ils s'en moquaient bien. C'est de la viande qu'il leur fallait. Des histoires de chasse et de bien louches. Des purulentes.

J'ai raconté alors pêle-mêle quelques ulcères. De ceux couverts de tellement d'asticots que leur masse, comme un liquide, dégouline de dessous les pansements et vous débonde sur les pieds. Manière de calmer les appétits, de donner à apprécier. Il importait de ne pas décevoir car enfin, l'homme repu, envinassé est tout de même assez dangereux, qui pour un oui ou pour un non peut aussi bien virer sans prodromes, tout à coup larmoyant, humaniste, charitable. Vouloir se soulager enfin dans des effluves de pitié, se noyer, petit Macbeth, dans le lait de la tendresse humaine, chialer même sur la souffrance des bêtes...

Mais attention ! Méfiance. Le gaillard est instable, erratique. Privez-le de ses émois, refusez-lui ses larmes, retirez-lui l'agneau pascal et vous verrez... Tout de suite méchant, hargneux. Il commence bougon, et finit violent, agité, rabique. C'est qu'il en veut de la tripe. Et bien fumante et tout de suite. Ça peut mener loin.

Ne pas décevoir, tout est là. Au strip-tease général, il ne faut pas être le dernier à se déculotter. C'est mal vu et ça fait bégueule. Il faut être aimable. Alors, forcément, pour ne pas vexer, j'y suis allé moi aussi de ma compassion, car enfin pour les bonnes gens, le fin du fin, c'est encore l'extase partagée de la communion. Corpus Christi, nom de Dieu ! Et que tout le monde en soit ! Il est un communisme de l'apitoiement aux vertus apaisantes. Comme le tilleul postprandial exactement.

Je les observais comme ça, de derrière un sourire douloureux de boy-scout œcuménique. Je faisais mon numéro. Pas fous les fauves.

Certains se demandaient si c'était du lard ou du cochon. Ils sentaient bien ma réserve et soupçonnaient un je-ne-sais-quoi d'escroquerie, de pied de nez. Oh, je ne dis pas, il devait bien y avoir l'une ou l'autre hystérique, amatrice probablement de corridas, qui rêvait l'œil humide et vague aux dangers qu'intrépide, j'avais dû encourir au cours de ces interlopes fréquentations.

Ah, le danger ! Ce précieux ersatz des sens, ce grand fouetteur des libidos assoupies. Pensez ! Le peuple de l'ombre et de la nuit... Violences... Ivresses... Couteaux... Sexe peut-être ? Qui sait ? Et les rats dans les tunnels du métro. Oui, madame, sur les fils électriques, ils courent. Parfaitement ! Comme je vous le dis. Et à hauteur de visage. Dans le noir, oui. Ah, mais j'étais tout seul. Seul rigoureusement. Il suffit de frapper les fils avec un bâton. Les prévenir que j'arrivais. Ils fuyaient alors en débandade. Oh ! Oh ! Micro-exploits de contrebande. Elles s'en contentaient...

C'étaient les autres qui m'inquiétaient : les hypertendus pivoine, les accros de l'alambic, les compulsifs suçoteurs de cigares, les apoplectiques de l'armagnac... Ceux-là, je le sentais, n'avaient pas leur compte.

Trois têtes
Pieter Bruegel (?) vers 1560 (?).

L'un d'eux, antiquaire marron, avait ponctué le repas d'allusions d'une finesse pachydermique à la prochaine ouverture de son nouveau magasin. Il faut bien vivre. Ce proxénète du passé me regardait depuis un petit moment. D'instinct, je l'agaçais, c'est sûr. Tout à coup, il n'y tint plus, son œil s'alluma d'une petite lueur vaguement ignoble.

« La question, lança-t-il, l'air pénétré et profond d'un prudhomme de banlieue, toute la question, la seule question est la suivante : ces clochards, en fin de compte, les aimez-vous ? »

Ah l'amour ! Toujours l'amour ! De « Mademoiselle, voulez-vous ? » aux délires franciscains... C'est qu'ils y tiennent, les bonnes gens. Il n'y a que ça qui les tranquillise. Le reste, la bonne distance, la rationalité, la beauté pure des faits, tout cela leur laisse soupçonner d'autres horizons qui toujours leur échappent. Alors, forcément, ça les énerve...

Fort opportunément, c'est ce moment précis que choisit la chienne de la maison, une sympathique et allemande bergère momentanément en chaleur, pour faire irruption dans la salle à manger. Nerveuse, frémissante, elle avançait en se frottant le derrière sur le tapis en gémissant. Pauvre bête encombrée d'un malaise qui la dépassait.

Scène bien innocente au fond, mais dont la cinglante obscénité fit un instant diversion. Brunehilde, propriétaire de la chienne comme du tapis, se leva en poussant une espèce de rugissement léonin des plus réussis. Il s'ensuivit un bref et inégal combat de la culture contre la nature. La chienne, étonnée, se retrouva propulsée au jardin. Martyre sidérée de claques. Malaise dans la civilisation... Brave bête, va !

Après une telle exhibition, la nécessité impérieuse d'un refoulement collectif engendra comme une explosion de banalités. Tout le monde simultanément se mit à parler très fort, d'absolument n'importe quoi. A ma gauche, c'était l'astrologie, qui d'un coup, fascinait. Plus loin, une hypocondriaque, débordée par ses associations, se noyait dans une histoire obscure où il était question de médecine chinoise et de migraines périodiques. En face, on s'interpellait à propos du dernier escroc ministériel. Mon antiquaire s'était, lui, découvert un intérêt soudain pour une croûte au mur, du genre nature morte : fromage et cerises dans la lumière du soir...

Je me renversai sur ma chaise et étendis les jambes, soulagé de retourner à l'ombre tiède du silence. « Pourriez-vous, murmurais-je à ma voisine, me passer ce cognac ? Il a l'air excellent. »

Ainsi s'écoulent l'imbécile morosité des jours et l'épuisant commerce du monde.

INSOMNIE

Mon père était algérien, ma mère française. Nous étions très pauvres. On vivait dans des hôtels minables. En banlieue ou à Paris, dans le 18ᵉ, le 20ᵉ... On ne restait jamais bien longtemps. Mon père était maçon. Il gagnait mal sa vie. Nous étions tellement pauvres que ma mère n'avait pas de quoi me nourrir convenablement. M'habiller....

Un jour, elle se promenait avec sa sœur du côté de la rue Mouffetard. Elle me tenait dans les bras. Elles devaient discuter de ce qu'il fallait faire de moi, comme quoi elles n'avaient plus d'argent, tout ça... Toujours est-il qu'une dame a dit : « Excusez-moi. J'ai entendu votre conversation. Moi, je n'ai plus d'enfant, si vous voulez je vous achète votre bébé. » Peut-être qu'elle avait pris ma mère et ma tante pour des bohémiennes.

Ma mère a dit : « Ah, mais non. Vendre mon bébé. Jamais ! »

Mais la dame a insisté. Elle avait l'air gentille et distinguée. C'était déjà une vieille dame. Des gens très bien. Son mari était professeur à l'université. Elle a expliqué que son fils était mort dans un accident de montagne. Il avait vingt ans. Alors la vieille dame n'avait plus rien à faire qu'à être seule avec son chagrin. Elle s'occuperait de moi. M'acheter bien sûr ce n'était pas possible, mais si ma mère acceptait qu'elle s'occupe de moi, elle lui donnerait de l'argent. D'ailleurs ma mère pourrait toujours me reprendre quand elle le voudrait. Et je pourrais voir mes parents n'importe quand. Alors la dame a sorti des billets et les a mis dans la main de ma mère. Et ma mère et ma tante, elles restaient là. Elles ne savaient pas quoi faire.

Finalement, elles se sont mises d'accord. Ma mère acceptait de me louer à la dame qui paierait tous les mois pour que j'habite chez elle. J'y suis resté jusqu'à vingt-trois ans.

Miseria
Victor Hugo (Période de l'exil).

La dame était très bonne avec moi. J'étais comme son fils. Son mari, lui, était vieux et ne s'occupait presque pas de moi. Il est mort assez rapidement et je l'ai très peu connu.

Elle m'a envoyé dans des bonnes écoles. Elle m'aidait à faire mes devoirs... Parfois, je lui volais un peu d'argent. Je pense que c'était finalement plus elle ma vraie mère. Je dormais dans la chambre de son fils. La chambre était restée telle qu'il l'avait laissée. Il y avait ses vêtements, toutes ses affaires. Et tout devait demeurer intact. Je ne pouvais toucher à rien. Ne rien déplacer. Je vivais à sa place.

De temps en temps, j'allais voir mon père et ma mère dans les chambres d'hôtel qu'ils occupaient. A ces occasions, mon père faisait souvent des colères terribles. Je ne sais pas pourquoi. Peut-être parce que je vivais dans les beaux quartiers.

« Saligaud ! il disait. Petite crapule ! Tu te touches. Tu te touches. » Alors il m'attachait aux barreaux du lit, les bras en croix. Puis il baissait mon pantalon et mon slip, et avec une paire de ciseaux il faisait semblant de me couper les testicules. Je sens encore le froid des ciseaux et comment il roulait mes petites boules dans sa main. Je hurlais. « Laisse-le, disait ma mère. Mais laisse-le... »

Quand la dame est morte, je suis resté dans l'appartement, mais après quelques semaines, les héritiers m'ont fait expulser. C'était un peu normal. Après tout, je n'étais pas de leur famille. Je n'avais rien à voir avec eux.

A cette époque, je travaillais dans l'informatique. J'ai même fait un stage aux États-Unis.

Enfin, je ne savais pas où aller. Je voyais toujours ma mère de temps en temps. Avec mon père, ils avaient tout de même fini par pouvoir s'acheter une petite maison. Et ils avaient eu mon frère et ma sœur.

Ma mère me disait toujours : « Toi, t'es plus d'ici. Je m'en fais pas pour toi. Jamais je me ferai du souci pour toi. Tu te débrouille-ras toujours. » Encore maintenant, elle me le dit. Et elle se marre. C'est une blague pour elle.

Depuis longtemps, je suis bisexuel. D'ailleurs, je parle de moi parfois au masculin, parfois au féminin. Même dans la même phrase, ça m'arrive. Comme si je ne savais pas ce que j'étais. Homme ou femme ?

J'ai vécu longtemps avec un travesti brésilien qui se prostituait au bois de Boulogne. Elle était très, très belle. C'était un grand amour. Une fois, on est allés voir ma mère. Mon amie s'était habillée en femme. En femme tout à fait comme il faut.

« Tiens, j'ai dit à ma mère. Je te présente ma femme. » Et ma mère a fait : « Bonjour, madame. » Tout comme il faut. Mais elle rigolait. Je crois qu'elle savait bien que c'était un homme.

Un jour j'ai accepté qu'elle me... Comment dire ?.. Qu'elle me sodomise. On vivait ensemble, comme mari et femme. On partageait tout. On était heureux.

« Laisse-toi faire, elle m'a dit. Tu verras, c'est doux. » Moi, je ne voulais pas, puis finalement j'ai accepté. C'était lui faire un cadeau. Un cadeau d'amour. La sodomie, ce n'est pas ce qu'on croit. C'était tendre. Après j'ai perdu mon travail. Ça n'allait plus. Il a fallu déménager. On s'est séparés.

Je dois vous dire, d'ailleurs vous l'avez certainement déjà deviné, que j'ai couché avec ma sœur. Commis l'inceste, quoi. C'était il y a trois semaines. Elle a trente-cinq ans. Je voyais bien qu'elle en avait envie depuis longtemps. Attention ! Je suis homosexuel et j'aime beaucoup mon frère, mais il ne s'est jamais rien passé entre nous...

*

Je ne l'ai vu qu'une fois, à Médecins du Monde, en juin 1987. Il m'a raconté tout cela sans me connaître, sans rien attendre. Comme on grave ses initiales dans l'écorce d'un arbre. Pour qu'il reste tout de même, quelque part, une petite chose de soi.

Juin 1987. Pour moi, c'était le début de l'été. Pour lui, errant novice, mais bien sale déjà, sentant fort, chaussures trouées... Pour lui, c'était l'hiver qui commençait. J'appris plus tard que ce fut son dernier. Affection pulmonaire...

Je l'avais oublié, ce pitre tragique. Et voilà, cette nuit d'insomnie, qu'il me revient. Alors je me lève et vite, entre rêve et malaise, j'écris dans le silence de la maison endormie. Le chien, étonné, me flaire les jambes de son nez froid, mais quoi... les spectres n'attendent pas. Et, comme les songes, se dissipent aux aurores.

NON, JE NE SUIS PAS FÂCHÉ...

J'ai rencontré Michel, gare du Nord, lors de la première enquête ethnographique que j'ai menée dans la rue. Il avait, à l'époque, trente-huit ans. Michel était un homme de taille moyenne, mince et voûté, aux cheveux blonds et rares. Le regard de ses yeux clairs, presque gris, semblait porter le poids d'une immense fatigue. Lors de nos rencontres — une dizaine — il fumait constamment et sentait souvent le vin. Je ne l'ai cependant jamais vu ivre.

Nos entretiens se sont tenus dans un climat de grande courtoisie. Il s'appliquait à éviter toute grossièreté et à s'exprimer le mieux possible.

Assez vite, il m'a demandé de lui prêter de l'argent (700 francs) et de l'héberger. Il a semblé accepter mon refus de bonne grâce. J'ai pensé que ces demandes traduisaient une difficulté à percevoir les limites du possible et de l'impossible, à distinguer entre l'acceptable et ce qui ne l'est pas. De fait, ses tendances à brouiller les frontières du réel, à dépasser les bornes, de même que son parasitisme benoît, sorte de molle délinquance, ont joué un grand rôle dans sa désocialisation progressive. Le texte qui va suivre en témoigne.

L'analyse des problèmes posés par ces récits autobiographiques, leurs enjeux pour le sujet, leurs interprétations possibles et les pathologies qu'ils révèlent font l'objet d'une discussion ultérieure [1]. Néanmoins, la vie de Michel telle qu'il la raconte induit une sorte de malaise : celui d'assister, impuissant, à la noyade d'un homme qui ne maîtrise en rien son destin. Destin dont il ne soupçonne pas un instant qu'il puisse en être le père et l'artisan. Ces mots qu'il empile, comme autant de remparts contre le sens, ces mots ne sont

---

1. Voir plus loin le chapitre : « Une folle ataraxie ».

que trompe-l'œil. Mirages qui s'évanouissent à notre approche, leur poids n'est qu'apparence.

Du sujet, qu'en est-il ? Presque rien. A peine le réceptacle passif d'événements extérieurs. Faussement submergé par le fatum, le désir propre disparaît au regard. Il n'en pointe plus qu'une pâle caricature. Seule compte la protestation de l'aspiration à la normalité. Être un bon mari, un bon père, un bon fils. Travailler...

Mais alors, ces accidents répétés ? Ces maladies ? Ces échecs de tous ordres ? Ces ruptures ? Michel ne nous en dit rien. Ils lui sont étrangers. Ils n'ont rien à voir avec lui. Muets, ils sont au-delà de tout pensable. Tranquilles et lourds comme des pierres. Fatras, sans plus, de la vie. Banales mésaventures de la roue du malheur et de la fortune. Qu'importent, alors, les flous spatio-temporels, les nonsens, les conduites aberrantes, les contradictions multiples (entre autres, il parle de sanatorium, mais niera ailleurs et, comme en passant, avoir jamais été tuberculeux)...

Malgré tout, Michel espère encore « s'en sortir ». Il croit ne traverser qu'une mauvaise passe et s'imagine encore capitaine à la barre, tenant bon le cap. Marie-Céleste...

*

Je ne suis pas fâché avec mes parents, ni avec ma sœur qui est là-bas. Non, je ne suis pas fâché, mais comme dit ma mère : « Bon, eh bien, maintenant, il n'y a que toi qui viens toujours me demander, me demander. Tu as tes frères. L'aîné, il a des enfants. Il nous a donné un coup de main. Il s'est marié, mais avant de se marier, sa femme et lui ont travaillé. » L'aînée des frangines est partie il y a longtemps à Paris. A seize ans. Elle, elle ne s'est jamais occupée de nous. Alors il n'y a que l'aîné des frangins, le premier, et après les autres... Moi, j'étais le bâton. Le tuteur, paraît-il que mon père avait toujours dit : « Ça le dernier, c'est le tuteur. » Alors, moi, le dernier, j'y allais... Le dernier, le plus gâté... C'est pas que j'ai tout quitté, non, mais mes frangins me donnaient trop. Mais j'étais toujours un caractère à part, spécial quoi.

J'ai grandi. J'ai été à l'école. Je n'en faisais qu'à ma tête, c'est sûr et certain. J'ai fait mes communions, comme tout le monde dans la famille. Ma mère... Moi, j'ai pas connu mon père. Enfin, je l'ai connu, mais que jusqu'à trois ans.

J'allais en classe et tout ça. Après le catéchisme... Passons. Après, j'ai commencé à travailler. J'ai quitté d'ailleurs l'école très tôt. A l'âge de dix ans, onze ans, un gros propriétaire de ferme venait me chercher à l'école, pour venir conduire les chevaux après les tracteurs. Il venait me chercher en classe : « Allez partez. Il y a Monsieur le patron qui vient vous chercher. » J'étais content. Aller dans les champs. Laisser le cartable. C'était une vie... J'avais mon petit pourboire. C'était 100 francs, 200 francs. Je parle en anciens francs de dans le temps. Ou alors on me faisait perdre une journée de scolarité pour aller à la chasse, pour traquer le gibier dans les bois et dans les plaines.

Il est typique de voir apparaître dans ces récits les dysfonctionnements précoces. Michel n'en faisait « qu'à sa tête ». Il a montré très tôt son incapacité à gérer les obligations du fonctionnement social. Enfant, il vivait déjà une sorte d'exil au milieu des autres. Il a un « caractère spécial, à part »... C'est ainsi, en tout cas, que sa pensée d'adulte reconstruit l'histoire dans l'après-coup.

Typiques aussi, les confusions permanentes, que l'on retrouvera plus loin dans le récit, autour des sommes d'argent citées, à tel point que ces dernières semblent le plus souvent n'avoir d'autres fonctions que de servir de support au fantasme.

De même, l'évocation, souvent explicitement nostalgique, d'un état antérieur de communion avec la nature. Ainsi, il allait « dans les champs, à la chasse, traquer le gibier dans les bois et dans les plaines »... Harmonie primitive qui s'oppose à l'écrasante horreur du monde social, de la culture, de l'économique, de l'administratif et du travail.

Et puis après, j'ai commencé à travailler vraiment. J'ai fait des stages en agriculture. Et j'étais payé tellement cher à ce moment-là, que je me faisais environ 16 000 francs plus les stages une fois par semaine. J'allais en apprentissage et ma mère touchait les allocations. Ça faisait à peu près dans les 3 000 francs qu'elle touchait tous les mois.

A la fin de mon stage, à seize ans, j'ai commencé à être payé normalement, alors j'ai changé de ferme. Je suis allé dans une autre ferme, plus importante. Là, j'étais payé à des tarifs... J'étais payé normalement et nourri. Après ils nourrissaient plus, mais c'était toujours pareil...

A seize, dix-sept ans, je suis rentré dans une grande ferme comme chauffeur de tracteurs. Là je commençais déjà à me faire une meilleure paye. D'ailleurs je suis resté cinq ans dans cette ferme. Disons pendant trois mois... J'ai eu un accident. Pendant trois mois, j'ai eu un accident : la main écrasée. Et je suis parti à l'armée quelque temps après. Je suis parti avant l'âge. A dix-huit ans passés, j'étais parti. J'ai été faire mes trois jours à Cambrai. Puis j'ai été appelé sous les drapeaux à Compiègne. Et là, j'ai fait tout mon service. Mes seize mois d'armée. C'était impeccable. D'ailleurs, ils voulaient que je rempile. Je me rappelle toujours, il y a un lieutenant qui disait : « Vous verrez, Michel, vous avez la tête dure à l'armée... » Parce que moi, j'étais toujours très dur. « Vous avez la tête dure à l'armée, vous verrez que dans le civil, vous ne serez pas si heureux. » Il m'avait demandé de rempiler. Alors ça m'intéresse pas, parce que j'étais caporal-chef. « Mais vous monterez en grade... — Ça ne m'intéresse pas. » A l'armée, qu'est-ce qu'on fait ?

Alors, de cela, je suis parti. J'étais libéré. J'ai fini par quinze jours de permission, et le quinzième jour ce serait fini, je serais hors de l'armée. Je suis rentré chez ma mère, faire les endives dans les champs. Des endives à la tâche. Et juste le quinzième jour, c'est tombé : j'ai eu un accident de la circulation. J'ai dit à ma mère : « Je vais faire les courses. » Juste le quinzième jour... Ç'aurait tombé le quatorzième jour, avant d'arriver le quatorzième jour, je serais reparti sur l'armée... Tandis que là, je ne faisais plus partie de l'armée. C'est arrivé juste le jour où j'étais libéré. Je travaillais à la tâche, j'étais pas déclaré. Alors le patron, il était gentil, tout de suite, il m'a déclaré. Faire semblant que j'étais à la journée...

Notons au passage les contradictions, les confusions, qui en annoncent beaucoup d'autres. Là, il reste « cinq ans, disons trois mois »... Ici, il part à l'armée « avant l'âge, à dix-huit ans passés »... « Pendant trois mois, il a eu un accident »...

Les accidents ! Deux déjà et il y en aura d'autres. Bien entendu, ils ont lieu en général aux pires moments et surgissent — inépuisables sources d'étonnement — au seuil d'un possible mieux-être alors toujours raté, toujours ajourné.

Je revenais de dix kilomètres, de faire les courses et j'allais rentrer chez moi. J'étais en mobylette. Je prends la première rue en face de mon voisin. Après ça fait une courbe. Ça fait un S, comme ça. Alors, je prends, et mon voisin il s'amène avec son tracteur. Sa machine s'est déportée au tournant, alors ça m'a fauché par derrière. Il m'a accroché le bras gauche. J'ai été balancé, la tête dans les orties. Je me suis ramassé et je me suis dit : « Bon, ça y est. J'ai le bras cassé. » J'avais le bras derrière le dos. Ils ont appelé les gendarmes et mon cousin. Faire le constat ? J'étais assis sur le talus. Le voisin, il voulait me donner un verre d'alcool pour me remettre parce que j'étais blanc. J'ai refusé : « Non, je ne veux pas de ça. » Alors mon cousin est arrivé avec sa voiture. Et ma mère, elle était dans les champs. Il a fallu aller la voir, ma mère, en passant. En me tenant le bras, bien sûr. On est parti chercher ma mère dans les champs. Ma mère qui avait... Les endives, on se met à genoux pour faire ça. Alors, la terre, elle est grasse. Ma mère avec ses bottes, c'était vraiment... Alors il nous conduit à l'hôpital. Mon cousin, il suit. Ma mère était toute sale, toute tremblante, en larmes aussi... Je me rappelle que le chirurgien a dit à une infirmière : « Mais qu'est-ce que c'est que ces gens-là ? » Sales comme ça. Ma mère n'avait pas eu le temps de nettoyer ses bottes et tout ça. L'infirmière, elle dit : « C'est un accident de la circulation et puis sa mère était dans les champs. »
Mon cousin est sorti parce qu'on a enlevé ma chemise. C'est là qu'on a vu que l'os, il traversait le bras. Tout était coincé et ressorti. Alors mon cousin, il est parti. Et c'est là que je suis resté, ils m'ont laissé après. J'avais deux côtes fêlées. Sur le coup, je ne le sentais pas. Après je suis tombé dans les pommes, je pouvais plus respirer. Alors ma mère est repartie. Eux, ils ont fait les papiers. Ils m'ont mis dans un lit, mais pas moyen de respirer. Ils m'ont bandé les côtes, tout ça. J'ai été faire des radios et puis je suis passé sur le billard.
Ça n'a pas été. J'avais la main complètement paralysée. D'ailleurs je suis resté pendant trois ans, enfin, deux ans, avec les doigts paralysés. Je ne pouvais même plus marcher. Alors, ils ont vu que ça n'allait pas au bout de quinze jours et c'est là qu'ils m'ont

rétréci les nerfs radiaux pour refaire marcher. Alors là, ils m'ont fait la broche et ils m'ont replâtré complètement. Je suis resté cinq, six mois comme ça, dans le plâtre. Mais après, la main, les doigts, c'était toujours pareil. Ça ne marchait pas encore. La rééducation, non plus, ça ne marchait pas. Alors, je suis parti huit jours de repos chez mes parents. Et après, ils ont recassé le bras. Puis, ils m'ont fait des trucs avec des aiguilles pour faire revivre. Pour faire marcher les doigts.

Et, petit à petit, ça a commencé. Les doigts. Celui-là, c'était tout juste. Le pire c'était le pouce. Le pouce n'arrivait pas. Et puis la main... La main a commencé à se reposer. Ça a duré trois ans et puis, après, petit à petit, j'arrivais quand même à faire bouger la main. Après cela, j'ai dit : « Maintenant, la culture, je peux plus rien faire. Je ne peux pas soulever des travaux durs dans les bras. Les sacs d'engrais, tout ça. » Alors, j'ai dit à ma mère : « J'ai mes permis de conduire de l'armée. — Ah non ! Pas ça encore », elle a dit, ma mère.

J'ai posé ma candidature pour faire l'échange avec des permis civils. Quand je suis allé à la préfecture, ils m'ont demandé les réflexes et puis allongé les bras et tout. J'avais toujours un bras plus court que l'autre, alors ils m'ont supprimé le permis pour le transport en commun. Ils voulaient même me rayer le permis poids lourd. Il y a un gars à la préfecture, un inspecteur, il m'a dit : « Monsieur, ne vous inquiétez pas, vous aurez votre poids lourd. » J'ai rien dit, j'avais les photos et tout, mais les transports en commun, c'était fini. Le principal, c'était de garder le permis poids lourd. Alors j'ai dit : « Maintenant, maman, j'ai mes permis. » Ma mère était venue avec moi justement, ce jour-là. « J'ai mes permis. Eh bien, en culture, j'ai maintenant envie de faire poids lourd. Je connais déjà Paris. » J'avais fait les transports en commun, à Paris, avec le car, à l'armée. « Je vais essayer de trouver du travail par là. »

Alors, on a écrit à ma sœur qui vivait en banlieue, à ce moment-là. Ma sœur, elle dit : « Bien sûr. Il y a de la place. » Il y avait mon beau-frère qui vivait encore. Il y avait mes nièces qui faisaient des études. J'ai trouvé une place là-bas. A l'administration de la ville de Cachan. J'étais bien. Je conduisais une petite 2 CV. Je ramassais des papiers, à droite, à gauche, sur les trottoirs, sur les pelouses. Je faisais l'entretien, les pneus. Tout ce que je trouvais.

J'avais ma tournée à faire, un jour d'un côté, un jour de l'autre. J'étais tranquille. Après, j'ai dit : « J'en ai marre de rester à ramasser. J'en ai marre de tourner en rond, qu'il y ait rien du tout. C'est propre. » Alors, ils m'ont mis sur un camion. J'étais chauffeur motorisé. Chauffeur motorisé... Je gagnais à peu près, à ce moment-là, 80... 95 000. Je parle de ça, c'était en 67-68.

Après j'ai eu un accident, le pied cassé. Et j'ai eu un abcès. Un genre d'hémorroïde. A force de rester assis, en conduisant la 2 CV. Rouler tout doucement. Arrêter, descendre, arrêter, descendre. Il faisait chaud. C'était une vieille 2 CV. Alors j'ai eu cet abcès. Je suis rentré à la clinique pour dix-huit jours. Ils ont percé. C'est douloureux. Je suis resté deux mois, sans pouvoir reprendre le travail. Après, quand je suis retourné, j'ai conduit un camion.

Comment comprendre cet épisode (par ailleurs récurrent chez lui comme chez tant d'autres), sinon comme une sorte de protestation du corps face aux obligations du travail [1] ?

Entre-temps, pour mon bras, puisque j'étais inscrit à la sécurité du travail, ils étaient partis pour juger si on me donnait une pension. Ils m'ont envoyé, par une dame, des lettres recommandées. Anonymes... Je veux dire anonymes. Moi, à ce moment-là, je ne touchais rien du tout. Je ne touchais pas un radis et ma mère, il fallait qu'elle me nourrisse. J'avais rien. Je ne touchais rien du tout.

J'avais même un papier des assurances. C'était un gars qui s'occupait de ça. Assez âgé. Il faisait partie de la chambre d'agriculture. Il était directeur, je ne sais plus quoi. Il avait la cravate. Il me dit comme ça : « Tu vas pas faire ça. Tu as les assurances. Tu vas toucher bientôt. Tiens, demain, tu vas toucher. Demain, tu passes, tu auras un mandat. » La première fois, c'était 250 000, la deuxième fois, c'était 300 000. J'ai dit : « Moi, ça ne me suffit pas ça. Moi, ça va pas ça. » J'ai dit : « Écoutez, monsieur, ça va pas encore ça. Simplement, depuis deux ans que j'ai touché. Non, ça va faire deux ans et demi que j'ai rien touché. » Il me dit : « Tu vas recevoir de l'argent. » J'ai fait une lettre moi-même, à l'assu-

---

1. Pour une discussion originale des rapports des malades alcooliques au travail, voir : J.-P. Descombey, *Alcoolique, mon frère, toi*, Toulouse, Privat, 1985.

rance. J'ai fait directement ça. Il me dit : « Ça va pas. » Je dis :
« Et alors ? C'est pas mon droit, non ? — Il faut pas faire ça »,
qu'il me dit, « il faut arrêter ça. » J'ai dit : « D'accord, j'arrête,
mais il me faut de l'argent ». Il m'a dit de refaire une lettre à
l'assurance, comme quoi j'arrêtais ma procédure. Voilà, c'était
fait. « 500 000, ça va la mère ? Ça va ? »

Ici encore, le trouble de la pensée que ce passage induit chez le
lecteur est tout à fait fréquent. On ne comprend rien. Égarée dans
un brouillard impénétrable, la vérité s'est perdue. La réalité se
dérobe sous nos pas. Plus rien d'assignable ne subsiste dans cette
bouillie psychique. Les repères se sont évanouis. Face aux arêtes
saillantes de la réalité objective, ces sujets, comme des poulpes,
fuient dans un nuage d'encre et nous laissent nauséeux dans un
vertige de non-sens.

Pour la médecine du travail, c'était parti par une sorte de temps.
Un temps total, à la définition. Au bout d'un an, ça va faire trois,
quatre ans après, je reçois une lettre de la Mutualité d'Amiens :
« Voilà la procédure. Nous ne pouvons vous remettre ce pli. Veuil-
lez passer chez nous, au bureau. » Je suis allé à Amiens, les voir.
Ils me donnent les détails : « Voilà, monsieur, si vous continuez...
Est-ce que vous continuez ? Est-ce que vous arrêtez ? Pour notre
avis personnel, il vaudrait mieux arrêter. » J'avais un avocat, mon
défenseur. Lui, il commençait à m'en croquer dessus, vu que ça
durait trop loin. Alors si je n'arrêtais pas, je toucherais rien pour
mon bras. Alors, je n'ai perçu que 1 700 000 francs. J'ai tout
arrêté. Le chèque, je l'ai touché à la banque.
Je suis reparti ce jour-là, chez ma sœur, à Cachan. J'ai repris
le travail. Après, je me suis acheté une voiture. J'ai envoyé de
l'argent à ma mère. J'en ai donné à ma sœur, qui m'en avait
avancé quand je n'avais pas d'argent. Et puis j'ai été au sanato-
rium. Et j'ai connu ma femme en voiture. J'ai d'abord connu
d'autres copains et tout ça, mais c'est pas avec eux que j'ai
dépensé tellement d'argent. Après j'ai trouvé ma bonne femme et
enfin... D'ailleurs c'était une Parisienne. Je l'ai connue comme ça,
et puis son père voulait la foutre dehors. C'est venu comme ça. On
s'est connus au parc. Et puis, ainsi de suite... « Je ne sais pas où
coucher... Ceci. Cela... » Elle avait quatre ans de plus jeune que

moi. *Moi, j'ai une chambre que je loue à ce moment-là. Je ne payais pas tellement cher. Je payais 100 francs pour un mois. La cuisine, je la faisais chez la propriétaire. Mais elle, elle ne pouvait pas me réclamer quelque chose, parce que c'était rien qu'une chambre comme ça, avec un lit, une armoire, et la cuisine, on la faisait chez elle. Alors, ma femme, elle est venue habiter avec moi. Et alors, j'ai dû la rhabiller des pieds à la tête. Elle n'avait plus rien et puis après, Madame, il lui fallait ceci. Il lui fallait cela. Tout. Mais, à force, ça commençait à diminuer. Je ne me faisais qu'une petite paye. Et puis elle, elle ne cherchait pas non plus, de son côté, à travailler. Après, elle me dit comme ça... Ça faisait déjà cinq ans. Bon, on parle mariage, comme ça. Je vais la présenter chez ma mère. Je la présente chez ma mère et puis après, on cause mariage et tout ça. Le mariage était fixé. La date. Ma belle-mère. Mon beau-père, lui, indifférent.*

Alors, c'est là que c'est parti comme ça. Et puis, bon, mariage, il faut acheter des robes de mariage. Elle a été voir à droite, à gauche. Pendant ce temps-là, elle était déjà enceinte, avant le mariage. Il a fallu acheter des robes de grossesse. Il fallait acheter ceci, cela. C'est toujours moi qui payais, parce que ce n'était ni la belle-mère, ni le beau-père qui payaient. Je n'allais pas demander à ma mère...

Mon beau-père avait pourtant une bonne paye. Il travaillait chez Renault, à Boulogne-Billancourt. Mais c'est un type assez tout pour lui personnellement. Et puis, de toute façon, avec la belle-mère, il ne s'entendait déjà plus. Il découchait lui aussi. Elle, elle avait déjà eu des enfants avec un autre bonhomme. Moi, au début, je savais pas, mais enfin, je l'ai su peut-être quinze jours après. Ils ne s'entendaient pas tellement, mais ils vivaient ensemble. Toujours pareil ! Elle, elle profitait toujours de son argent.

Bref. Donc, ma femme en est venue à habiter chez moi. Alors, le mariage est conclu. Il fallait acheter voile, robe et tout cela. Son père, comme dot, il ne lui a donné que 50 000 francs, pas plus. On a fait ça, les trucs, à la mairie de Cachan. Mais le mariage, la fête, on l'a faite dans la Somme. Le repas, et tout. Là-bas, on s'est dit que ça coûterait moins cher qu'ici. Et puis toute ma famille est dans la Somme. Tandis que ma femme, il n'y avait que sa mère et ses enfants et personne d'autre. Elle n'avait même pas de témoins, personne. Le beau-père, lui, n'est pas venu au mariage. C'est un de mes frangins qui a été son tuteur. Moi, j'en avais un qui a été un tuteur et un témoin.

Il a fallu payer le curé, l'église, puis après, le restaurant. Et le restaurant... Je commençais à ne plus avoir beaucoup d'argent. Alors, la mère, elle dit : « Oui, mais elle, ta belle-mère, elle ne peut pas donner un petit peu avec moi, pour recevoir. » J'ai dit : « J'en sais rien. Arrangez-vous ensemble. » Ma mère, elle lui a causé, mais : « Ah oui. Mais je n'ai que les allocations pour l'instant. » Alors ma mère, elle a tout payé les frais de restaurant. On n'a pas payé tellement cher. On était à peu près vingt-cinq ou vingt-huit, avec ma belle-mère et ses trois enfants. Alors ma mère a tout payé et sans résultat...

Après, on a repris le train pour Paris, parce qu'on était venu en taxi de la porte d'Orléans dans la Somme, chez mes parents. J'en ai eu pour 50 000 balles. On est revenu par le train et on a laissé les fleurs là-bas. J'ai loué une voiture après pour aller les rechercher, et les cadeaux de mariage et tout ça.

Mariage kafkaïen, écrasant, où tout, inexorablement, s'enchaîne et s'impose, balayant Michel hagard et épuisé. Il n'est plus que le jouet des débordants désirs des autres. Lui-même est sans consistance, sans résistance et sans barrières. Cette perméabilité structurelle du sujet rappelle nombre d'alcooliques qui disent boire parce qu'il leur est impossible de résister à la pression collective (culture de bistrot, etc.).

On est revenu habiter le petit appartement qu'on avait. Après ça, ça a plus été. Madame a dit comme ça : « Oh ! J'en ai marre de la vie de Paris. J'aimerais rester à la campagne, avoir des poules, ceci, cela. »

Ça c'était peut-être trois mois après le mariage. Alors j'ai loué un camion, on a déménagé et on est parti à la campagne, habiter chez ma mère, avec ma femme. Ma mère m'a dit : « Oui. Mais maintenant tu es bien arrivé, il ne faut pas rester comme ça, parce que moi : il faut qu'elle travaille. Elle ne peut pas rester comme ça. » J'ai dit : « Oui, mais elle est enceinte. Écoute, on verra bien. On va déménager. » J'ai trouvé un travail trois, quatre jours après à l'usine près de chez ma mère. Mais ça n'allait pas. Je travaillais la nuit. Et ma femme, elle attendait que je rentre. Quand je rentrais le matin, vers onze heures, onze heures et demie, je n'avais pas encore mangé. Après je devais me laver et puis j'allais me pieuter parce que j'en avais marre, j'avais travaillé la nuit. Elle, dans tout ça, elle n'était pas encore levée. Alors ma mère, ça l'énervait, ça l'énervait, ça l'énervait de la voir toujours au lit comme ça. Alors ma mère, une fois, elle s'est mise en colère. Elle me dit comme ça : « Il faut que tu trouves quelque chose. Fous-moi le camp. Je ne veux plus la voir ici. Elle fout rien. Elle veut rien faire. Cherchez un logement. »

J'ai vu une annonce : « Demande couple pour chauffeur de tracteur dans une ferme. » On pouvait habiter dans la ferme, il y avait un appartement. J'y vais. Je prends le tracteur et tout. J'y suis resté un an, un an et demi. Après, Madame ne voulait plus se plaire là-bas non plus. Il n'y avait pas de voiture et on était espacé complètement loin d'une grande ville à l'autre. Il y avait tout ce qu'il fallait. Il y avait une épicerie, mais enfin, elle ne se plaisait plus. Alors on a redéménagé.

Ici non plus, devant le bovarysme de sa femme indolente et éternellement insatisfaite, Michel n'oppose aucune résistance. Passif, il la suit de déménagements en errances. Devant ces outrances, qu'avancer d'autre sinon l'hypothèse psychanalytique qui murmure que son masochisme y trouve son compte ?

On est retourné à Cachan vivre dans le HLM du beau-père. Je faisais de la peinture chez le beau-père. Il m'a dit comme ça : « Bon, d'accord. Je veux bien vous héberger, mais tu vois, il y a ci et ça à faire. Il y a tout à refaire comme peinture. » C'était un quatre-pièces. Il m'a dit : « Moi, j'ai le pognon. Je paye. Vas-y pour le papier, les peintures. » Je suis allé acheter les rouleaux, choisir la peinture pour la chambre. Enfin, il m'a dit : « Je te donne 50 000 balles. Je vous nourris tous les deux... » Enfin, tous les trois, avec la fille, parce que la fille était née quand j'étais encore à la campagne et que je travaillais à la ferme. D'accord : nourris, logés, plus 50 000 balles. On est restés un mois. En principe j'aurais pu finir en quinze jours, mais il fallait que je travaille petit à petit, parce que, quand les enfants rentraient de l'école, il ne fallait pas qu'il y ait encore de la peinture fraîche. La belle-mère disait : « Non, non. Arrête, ils vont bientôt rentrer. » Le beau-père disait :

125

« Non, non. Tu as le temps. Tu as le temps. Laisse tomber. Tu finiras demain. » Les jours se sont rallongés, puisqu'on ne pouvait pas travailler normalement. J'ai fini tout en quinze jours de temps.

Après, je me suis dit : « Maintenant, il faudrait que tu cherches du travail. » J'ai cherché du travail. J'en ai trouvé dans plusieurs boîtes. J'en ai trouvé un. C'était pour conduire des grosses balles de papier. Des récupérations. Des grosses balles de 200, 300 kilos, ou des petites balles, ou n'importe quoi. Du vieux papier. C'est là que j'ai appris à conduire un semi-remorque. J'ai continué là une année, enfin, huit mois, je veux dire. Et toujours pas de logement. On a fait des démarches. Et un jour j'ai reçu une lettre avec comme quoi j'étais accordé un logement par la ville de Cachan. Mais il était à Garches, ce logement. Il fallait payer d'avance. Je devais déjà verser 300 000 et des poussières, d'avance. J'ai demandé à mon patron qu'il me fasse l'avance sur la paye. Alors on y est allé. J'avais laissé mes meubles à la campagne. Il a fallu que j'aille les rechercher dans la Somme. Alors, on était très bien et tout, mais il a fallu faire ouvrir la lumière et ma femme ne voulant jamais travailler... Elle avait la gosse, c'est un fait, mais moi, je ne pouvais pas continuellement... Alors on a continué comme ça et puis après, moi, ça faisait trop loin pour continuer à travailler à Cachan. Je me suis mis au chômage parce que c'était trop loin et que j'étais en maladie. Et puis après, le tôlier, il a dit : « Oui, c'est trop loin. » Ils ont repris un autre chauffeur. J'ai cherché un boulot chez un maçon. C'était un pied-noir, et je ne gagnais pas tellement : 195 000 par mois comme chauffeur d'un petit camion à essence et puis en même temps, prendre la pelle. Alors, j'ai travaillé là-dedans.

J'ai fait un peu de tout. Après, quand ça commençait à marcher, ma femme voulait une télé. Moi, j'aime pas prendre une télé. Puis, ce logement-là, je n'ai pas arrivé à le subventionner, payer le gaz et l'électricité. Et puis l'appartement, j'avais trois ou quatre mois de retard, alors j'ai déménagé, comme ça, à la sauvette. Le pied-noir, il m'a trouvé un autre appartement face à chez lui. Il a avancé l'argent pour que je puisse rentrer. Mais ça n'a jamais été parce que, Madame, il fallait toujours acheter, alors après, ça n'a plus été. Alors, j'ai quitté là-bas, j'ai eu un autre logement à prix modéré à Antony.

A Antony, c'est là que ça a commencé à devenir la poisse. Elle *toujours à rien faire... Elle pouvait avoir des places à Robinson pour faire des ménages dans un truc d'accouchements, une clinique. Elle devait s'y présenter, elle pouvait y aller. Elle a pas voulu y aller. Elle, Madame, quand je travaillais, il fallait qu'elle ait la paye. Moi, j'étais transport en camion. Je suis allé en Allemagne, il fallait qu'elle vienne avec moi, aller-retour. Le lendemain, il fallait que j'aille la chercher pour repartir dans l'autre sens. « Mais c'est interdit si tu es là. » Je me suis fait virer de plusieurs boîtes par rapport à ça. Pendant ce temps-là, la petite n'avait pas de soins.*

La gosse avait cinq centimètres de plus d'une jambe. Ça venait du bassin. Elle boitait. Madame ne voulait jamais s'en occuper. C'était toujours moi qu'il fallait que je m'en occupe. Même pour la déshabiller au dispensaire, c'était moi. Quand le docteur, il a vu ça : « Non, non. Cet enfant, elle ne rentre pas chez vous. Directement à l'hôpital. » Elle avait quatre ans, quatre ans et demi. Il était temps de la prendre. Surtout que c'était son premier vaccin qu'elle faisait faire. Ambulance ! Truc !.. Une chambre réservée pour. On va là-bas : pas de place. Elle revient au dispensaire avec l'ambulance : pas de place. Le lendemain matin, encore. Et c'est là qu'elle a été hospitalisée.

Après, Madame, elle commençait à en avoir assez. Elle commençait à dire : « Tiens, je vais chez ma mère. » Je dis : « Bon. Tu vas là-bas. Tu vas toute seule, parce que moi, à ce moment-là, je n'ai plus eu de travail du tout. Il a fallu que je recherche du travail. J'ai travaillé pendant un mois chez un bougnat, pour remplacer quelqu'un. J'ai fait charbon, tout ça, pendant un mois. Puis j'ai fait un autre remplacement dans une imprimerie, pendant un mois, comme chauffeur. Et puis, je me suis retrouvé avec plus rien. Retour chômage... Elle, quand elle a vu que la gamine était bien, elle était déjà partie là-bas, elle a commencé à quitter le logement. Elle disait : « Tiens, je vais dire bonjour à ma mère aujourd'hui. » Une fois, j'ai eu une conversation douteuse au téléphone. « Tiens, on vient te chercher pour du travail. — Oui. C'est un monsieur, un peu plus haut, au-dessus de chez nous. C'est pour lui faire ses ménages. » J'ai dit : « Bon. » Et alors, le soir : « Et alors ? Tu viens voir Martine, là-bas, à l'hôpital. — Non, j'irai plutôt demain avec maman. — Bon, comme tu veux. » Le lendemain, je vais au bureau de chômage, puis elle me dit : « Au fait, j'ai vu une annonce à la clinique. » Elle avait déjà la lettre et des bons pour manger, parce qu'elle n'avait pas d'argent et moi non plus. Ils lui donnaient des vêtements aussi. Le lendemain elle devait commencer à travailler : servir les plats, les malades, nettoyage, les salles, tout ça. En blouse blanche et tout, la coiffure et puis les chaussons. Tout était prêt. La veille, ils lui avaient donné les clés du vestiaire.

Moi, le lendemain, je suis parti travailler au chômage et elle, elle est partie travailler. Le soir, je rentre. La gosse était rentrée à la maison pour une quinzaine de jours, avant de se faire opérer. Justement elle avait la coqueluche. C'est ennuyeux, ça aussi. Je rentre, j'avais un chien, et je dis : « Petite Martine, tu restes là avec Sultan. Si je rentre dans quelques heures, n'aie pas peur, Sultan est là. »

Je suis allé voir la directrice de ma femme. « Madame, Francine, à quelle heure, elle finit son travail ? » Elle me dit : « Ah, c'est votre dame ! On a le temps d'attendre depuis ce matin. Elle a les clés du vestiaire et elle ne s'est même pas présentée. On a dû en demander une autre. Nous sommes ennuyés. »

J'avais pas besoin de chercher longtemps. Elle était repartie chez sa mère. Elle était partie se cacher. J'avais pas fait attention qu'elle avait pris tous ses sacs à main et tous ses papiers. Elle était chez sa mère et elle ne voulait plus rentrer à la maison. Elle pensait que sa fille était bien placée, qu'elle allait bientôt retourner là-bas, pour les opérations.

C'est là qu'elle a connu un gars. Elle le connaissait déjà avant qu'elle a foutu le camp. Elle est partie avec. Avant qu'elle se barre avec le mec, elle est encore restée, elle est partie juste après que ma fille a été bien opérée et qu'elle soit partie en maison de repos. Après, ma fille, elle est allée dans une maison en Charente-Maritime, donc c'était trop loin pour aller la voir. Alors, Madame, elle s'est dit : « Maintenant qu'elle est partie dans une maison de repos, je suis tranquille. » Elle s'est fait la jaquette. Elle est partie du côté de Metz. Moi, je savais pas au juste.

Elle n'a jamais été voir sa fille en maison de repos en Charente-Maritime. Enfin, elle est venue une fois. Moi, je lui ai tombé dessus. J'étais en mobylette avec un gars. Il a dit : « Oui, mais c'est sa mère. C'est à elle que lui revient la gosse. » C'est là qu'a commencé le divorce. Moi, j'ai dit : « Tu demandes le divorce ? Eh bien, prends le divorce. J'enverrai des lettres. Tu verras ça. »

Alors, moi, j'ai pris l'assistance d'un huissier et d'une avocate

aussi. On est passé à la conciliation. La conciliation, moi, j'ai dit :
« Il n'y a pas de problème de conciliation. » Elle a commencé à me
mettre des injures. Le juge, il commence à mettre la paix. Il dit :
« Ça va pas, madame. Calmez-vous ou je vous sors. » Moi, je restais
toujours calme. Alors, elle a dit que j'étais un ivrogne, que je frap-
pais sur elle, que je frappais sur la petite, qu'une fois j'avais voulu
la mettre par la fenêtre, ceci, cela. « Quand tu auras causé assez,
tu t'arrêteras. » De toute façon, j'avais des témoins. Des voisins.
Une vieille voisine qui amenait des bonbons à Martine. Elle voulait
que Francine aille faire le ménage, les carreaux chez elle. Elle n'a
jamais voulu. C'était moi qui allais lui faire à la petite dame. Elle
me donnait mon petit pourboire. Elle est venue témoigner comme
cela. Alors, ma femme, elle, elle est retournée avec son bonhomme.
Elle était venue en voiture. Je ne sais pas si c'était à lui ou à un
ami ou quoi. Enfin, l'affaire a tourné comme ça. On ne s'est pas
revus après. C'était directement par les avocats.

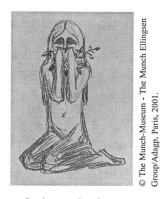

Oméga et des fleurs
Edvard Munch (1908-1909).

Après le divorce, il y avait toujours l'histoire de la gamine. C'est
pour ça que le divorce entre femmes (sic), s'il n'y a pas de gosses,
c'est simple. La gamine, une fois qu'elle a été guérie, moi, il fallait
que je la garde. Il a fallu la placer. Alors elle a été placée dans
ma famille. Je l'ai sortie de l'hôpital, et puis c'est l'aîné de mes
frangins qui l'a prise avec ma belle-sœur. Ils l'ont prise, elle a été
deux ans chez eux. Après, ma belle-sœur était diabétique. Elle n'a
plus pu la garder parce qu'elle était très nerveuse cette enfant. Et

puis les opérations qu'elle avait subies... Ma belle-sœur ne pouvait pas en venir à bout et puis le caractère qu'elle avait était assez dur. Alors moi, je l'ai reprise. Elle a fini la scolarité en hiver, chez moi, à la campagne, chez ma mère. Mais ma mère était trop âgée pour la garder. Elle ne pouvait plus subir des petits enfants. Elle n'avait plus la patience.

J'ai demandé à un de mes frangins qui n'était pas marié, puisque sa femme est décédée, de garder la gosse. Alors il s'est remis avec une autre dame qui avait trois enfants. Son mari était décédé dans un accident de la circulation. Pour ne pas perdre ses droits, elle s'est mise avec mon frangin, mais sans être mariée. Martine est allée chez eux. Ils l'ont gardée, mais après, ça n'allait pas encore. Question d'argent, il aurait fallu que je paie. Mais je n'avais pas la possibilité de payer comme ça.

J'étais retourné dans la Somme à ce moment-là. Je travaillais comme fossoyeur. Les fosses septiques en ciment. On perce les trous et on descend le caveau dedans la terre. Presque un an, j'ai travaillé là-dedans. J'ai racheté une voiture d'ailleurs à un fran-gin, une 4L. Et puis là, ça n'allait plus. La dame de mon frangin, elle voulait que je paie pour la gosse. Elle, elle touchait déjà les allocations. Alors, elle n'en avait pas encore assez. Un beau jour, qu'est-ce qu'elle a fait ? Elle a été placer ma fille dans les trucs... A l'assistance sociale. A la pupille. Elle était pour l'abandonner, la mettre à la pupille. Moi, je ne savais plus où était ma fille.

Insidieusement, de dérives en dérives et nonobstant les invraisemblances administratives, il nous conduit tranquillement à ce constat rien moins que terrifiant : il a égaré son enfant dans le grand désordre du monde, comme on perd un objet ou un chien qui s'est enfui.

Dans ce contexte, la pathologie est devenue une telle norme que benoîtement, ce fait nous apparaît comme un incident presque anodin, en tout cas inévitable et dont la responsabilité incombe à l'enchaînement des événements. Le lissage de l'épouvante par la banalité s'introduit dans la pensée par cette étiologie proposée. Comme si le monde était tout simplement ainsi fait...

J'ai fini par la retrouver, parce qu'une dame elle avait son fils à la campagne, près de chez nous. Un jour, elle dit comme ça, à ma mère, puis à moi : « Eh bien. Dites donc, je savais pas que ta fille Martine, elle était là-bas à Belleville, dans un hospice pour les enfants — Comment ? — Mais oui. Je l'ai vue. Elle m'a même reconnue. Elle m'a dit bonjour. » Elle me donne les coordonnées. Je téléphone là-bas. « Oui, ne quittez pas. » « Mais oui. C'est ma fille. J'ai même le livret de famille et tout. Martine, née le... » J'avais toutes ces notes. J'ai dit : « Écoutez, est-ce que je peux avoir un rendez-vous pour vous voir demain ? » Le lendemain, je prends la mobylette, tous les papiers, et en effet, ma fille était là-dedans. Après j'avais le droit de venir la voir comme je voulais et de la faire sortir. Après j'ai eu un peu plus d'autorité pour la faire sortir. On a même pris un taxi pour aller voir sa grand-mère, à vingt-cinq kilomètres aller et retour. Le retour, c'était des amis qui me raccompagnaient. Ça a duré un mois et demi, puis ils l'ont placée chez une dame très correcte. D'ailleurs, elle va faire sa communion, là, bientôt.

Enfin, tout ça m'a fini. Pendant ce temps-là, moi, j'ai tenu un boulot d'un côté et de l'autre. Enfin, ça m'a rongé un peu à droite et à gauche. Ça a fait dépenser aussi du pognon à la grand-mère. Quand je suis revenu de ça, il y avait plus de travail. J'ai fait des endives. Puis, après les endives, j'ai eu mon accident de genou en voiture, alors, il n'y avait plus de travail pour les endives. J'ai dit à ma mère : « Tant pis. » Et puis, ma sœur, elle me dit : « Si tu trouves pas de travail par là, viens nous voir. Je suis toute seule. Il y a toujours de la place pour toi. La maison est toujours ouverte. » Alors je suis retourné chez ma sœur, à Cachan.

C'était il y a neuf ans à peu près. Huit à neuf mois, je veux dire, que je suis resté chez elle. Pas chez elle tout à fait. Je suis resté sept mois chez elle. J'ai travaillé dans les espaces verts et tout ça. J'ai perdu mon travail à cause de lettres anonymes qu'on a envoyées sur moi. Et puis après, bon, j'ai été à l'hôtel parce que j'ai fait l'andouille. J'ai fait rentrer des gars chez elle. Des gars qui n'avaient pas d'appartement. J'ai dit : « Tiens. Venez passer le week-end, la frangine n'est pas là. » Elle était partie pour huit jours en vacances avec une autre fille. Moi, je gardais le chien. Je leur ai dit : « Écoutez, vous êtes bien, vous êtes chez vous. Vous avez pris la douche, vous êtes propres. Ça va. Il y a la télé. Il y a tout ce qu'il faut. » Moi, je suis parti faire un tour pour voir ma mère dans la Somme, et pour aller dire bonjour à ma fille. Eux sont restés avec le chien. Je leur ai dit : « Je vous laisse de l'argent pour manger. Débrouillez-vous pour le chien. Il faut lui acheter du lait. Mais le téléphone, il faut pas y toucher. Regardez la télé, si vous voulez, mais pas trop de bruit, parce que je ne suis pas chez moi. Si je ne rentre pas dimanche soir, pour lundi matin, il faut que vous soyez partis. »

Le lundi, j'étais pas rentré et cette andouille-là, il n'était pas encore parti. Il était en train de regarder la télé dans le canapé. Surprise ! Il est rentré en même temps que ma nièce. Ils ont pris l'ascenseur ensemble. Lui s'en va vers la porte, avec les clés. Au moment où il ouvre la porte, elle dit : « Qu'est-ce que vous faites là ? — Ben, je rentre chez moi. — Chez vous, ici, monsieur, c'est chez moi. — Excusez-moi, madame, je suis chez moi ici. » Ma nièce, elle a été chez la voisine : « Madame, décrochez votre téléphone. Appelez la gendarmerie, la police. » Elle lui a demandé ses papiers, son nom. Il n'a rien voulu dire. La nièce a dit : « Madame, appelez Police Secours. » Là, lui, il s'est fait la jaquette. Alors il s'est fait embarquer par les flics. Alors tout le monde a été content et moi je suis rentré le soir.

Passion (Jalousie)
Edvard Munch (1913-1914).

Je leur avais dit de remettre les clés directement à la gardienne. Pas de clés. Je frappe chez la voisine à côté. Elle veut pas m'ouvrir. Elle me dit comme ça : « Si vous voulez les clés, vous n'avez qu'à aller voir chez Paulette. Elle a les deux trousseaux. Vous n'avez qu'à lui demander. » Alors je vais chez ma nièce. Ma nièce a dit : « Non, non. » Et mon neveu m'a dit : « Qu'est-ce que tu veux ? » « Je voudrais les clés. Je ne sais pas où qu'elles sont. » Alors, ma nièce, elle m'a dit : « De toute façon, tu n'as plus à rentrer dans la maison. Tu as tes valises, tu fous le camp. Tu vas coucher où est-ce que tu veux. Tu vas à l'hôtel. » La frangine, elle est rentrée huit jours après. Et après je suis parti à l'hôtel.

Évidemment, cette histoire de copain hébergé se termine le plus mal possible. La fin est tellement « téléphonée » qu'elle en devient navrante. Comme dans un spectacle de Guignol, la marionnette est seule à ne pas voir le méchant qui se tient derrière elle. Alors que les enfants — tout comme les lecteurs et les auditeurs que nous sommes — le voient bien, eux, et crient pour tenter de prévenir. En pure perte... D'ailleurs il va récidiver dans un scénario en tous points semblable.

Ces phénomènes de surdétermination inconsciente des douloureuses péripéties de la vie de ces sujets, et l'inlassable répétition des scénarios autodestructeurs, ne sont pas sans effets sur le psychisme des soignants qui les suivent[1]. Le lecteur, parvenu à ce point du récit, en éprouve très probablement quelque chose lui aussi : de l'ennui bien sûr, mais aussi une sorte d'insidieuse lassitude, le poids d'une lancinante pesanteur, un vague écœurement. Devant une telle accumulation de circonstances enchaînées où le sujet — comme écrasé par ce qui se présente faussement sous le masque de la fatalité — n'est plus, notre pensée se paralyse peu à peu. Notre affectivité épuisée désinvestit doucement. Lecteurs, nous passons à autre chose. Soignants, nous n'écoutons plus. Et la haine du patient, sournoisement, monte en nous.

Je suis retourné après chez ma mère, pour avoir du pognon. Elle

---

1. Ces questions sont abordées plus profondément, par la suite. Voir les chapitres « Une folle ataraxie » et « De la charité hystérique à la fonction asilaire ».

m'a avancé 50 000 balles. J'ai loué ma chambre d'hôtel et j'ai continué à travailler.

Après, j'ai encore fait l'andouille, parce que j'ai hébergé un gars qui n'avait pas de logement non plus, un clochard aussi. Toujours à la rue. Je l'ai hébergé chez moi, derrière le dos de l'hôtelier. Ça a duré huit jours. Au bout de huit jours, l'hôtelier commençait à s'en douter. Il dit comme ça : « Monsieur, vous payez une fois, mais pas deux. Je veux personne qui rentre chez vous. Vous êtes dans votre chambre. Vous êtes seul. Je ne veux pas d'histoires sinon je vous jette à la porte. » C'était un hôtel à Cachan. Je lui dis rien. Je laisse passer une journée, deux jours. Puis, un soir, vers huit heures, huit heures et demie, on monte se coucher de bonne heure. « Et puis après, on va essayer de trouver quelque chose pour toi... » Mais qu'est-ce qu'il fait l'hôtelier ? J'entends frapper. Je pensais que c'était un petit vieux qui venait toujours me dire bonsoir. Mais à ce moment-là, j'avais déjà éteint tout. J'avais la lampe électrique et avec ma lampe, je vais ouvrir sans mettre la lumière. Et je vois mon grand Albert. Il ouvre la lumière et il voit le bonhomme dans le lit. Il dit : « Qu'est-ce que vous faites là ? » Il attrape le gars et il lui dit : « Monsieur, foutez-moi le camp dehors », et il l'a viré. Il pleuvait comme vache qui pisse. Il y avait un orage formidable. Je n'ai rien dit. Le tôlier, il a ramassé des assiettes qui étaient à lui. Quelquefois, je montais mon repas. Deux jours après je le redescendais ou bien le lendemain, ça dépendait. Il ramasse ces trucs-là et il prend la clé. « On se verra demain, monsieur. »

Le lendemain, il ouvre la porte : « Monsieur, c'est fini. Je vous l'avais dit une fois, deux fois. C'est terminé. Je veux que la chambre soit vide. » Alors, je suis parti, j'ai descendu. Mais je lui dis : « Je ne pourrai pas prendre mes affaires tout de suite. Je ne sais pas où les mettre. » Alors, j'ai été chez ma frangine encore, pour mettre mes affaires dans sa cave. Elle me dit : « D'accord. Je veux bien. Mets tes affaires là-dedans. » Et puis j'étais toute la journée à la rue. Toute la journée à la rue. C'était début janvier. Ça va faire quatre mois.

Alors bon, je suis parti et puis, je suis tombé sur des gars qui cherchaient une chambre d'hôtel, n'importe où, vers la porte d'Orléans. Ça valait moins cher. Je tombe sur deux gars, des gars de la Somme, enfin du côté de Lille par là. Ils me disent : « Tiens, tu n'es pas du ch'nord ? — Si. — Moi aussi. »

Après je tombe sur un gars de la ville de Cachan où j'avais déjà travaillé, un vieux. On cause. Le gars, il dit : « On n'a rien du tout. On n'a qu'une vieille piaule, une baraque. » Il m'a fait héberger dans une vieille baraque, une casbah, quoi. « Il y a un lit. Il y a deux couvertures. Tu dors dedans. Tu es toujours à l'abri, au lieu de rester dehors. » J'ai été voir et je suis resté là.

La fin du texte, récit des ultimes crises qui achèvent de le conduire à la rue, montre encore plus clairement sa confusion mentale. Tout maintenant se mélange : personnages, lieux, temps, chaînes causales. Et s'accélère dans une sorte de crescendo d'inintelligibilité. Bouquet final de la déliquescence. Et la rue enfin, où il finit apaisé en somme, après tout ce tumulte, comme un navire qui rentre au port après la tempête.

Après je commençais à en avoir marre. Je suis tombé sur ce gars-là qui s'est proposé pour me trouver un logement. Un appartement pour toujours vivre avec ces mecs-là. Pour une fois que j'étais chez ma mère, je lui dis : « Donne-moi la grande bassine que j'enterre mes vêtements, tout cela pour laver. Je peux plus durer là-dedans. » Avant j'étais tout seul, parce qu'après ces deux gars sont revenus chez moi, dans cette piaule. Alors là, il a ramené son matelas. Il avait des puces et moi, j'en ai attrapé plein. Sinon, au début, dans les premiers mois, je n'avais rien du tout. Alors ma mère a commencé.

Et puis après, le gars, il vient me voir. « Tu ne vas pas rester là-dedans ? » Je dis : « Ben, non. » Il loue une chambre, je savais même pas. Il dit : « J'ai loué une chambre. Tu viens manger chez moi. » Surtout que je n'avais plus un radis. J'avais dépensé déjà avec les deux gars. Il me dit : « Viens avec moi. Tu vas coucher et, après, on ira voir ta mère. On ira en voiture au lieu de prendre le train. » Moi je dis : « Non. Je prendrai le train. » Il me dit : « Non, non. On passera deux trois jours ensemble, ne t'inquiète pas. De toute façon, on mettra le prix de l'essence. Tu n'auras que l'essence à payer, c'est tout. » Oui, mais ça suffit comme ça. Et puis après, le mec, il a pris le billet sur moi et puis voilà. Et puis, j'attends toujours le pognon. Une fois, deux fois... Je cherche et puis la location de la voiture. C'est pour ça que je me retrouve ici, à la rue.

A ce gars-là, j'ai donné de l'argent et puis l'autre gars, lui, ne dit pas trop grand-chose. Mais l'autre gars, lui, il a récupéré ses chiens. Et l'autre, il lui a fait faire comme il dit. Devant menaces et devant sa femme qui va porter plainte sous menaces. Il a fait semblant de pleurer devant la dame pour avoir les chiens. Que sa mère était décédée. Il fallait de l'argent, tout de suite, pour aller là-bas. Et c'était mensonge. Du bidon ! Du bidon ! Il me faisait mentir. Mentir de tous les côtés. Même devant ses amis, n'importe où. Il me disait : « Tiens, il faudra dire ça. Tu dis ça. Tu dis ça. » Même devant son père et sa mère à lui, que je ne connaissais pas...

Et puis, il demandait des chèques à droite, à gauche. Ou bien il demandait de l'argent qu'il ne rendait pas. Les Arabes, il leur avait demandé une fois 35 000. Bon, c'est pareil, il ne les a jamais rendus. Il s'abusait de moi, avec toujours chez grand-mère, chez grand-mère... Alors, moi, ma mère, elle m'a dit : « Maintenant tu viens avec de l'argent, mais tu ne viens pas me réclamer de l'argent. Tu n'as pas d'argent. Tu ne m'en réclames pas, mais tu mangeras toujours. Mais ne viens jamais plus me demander de l'argent. »

Non, parce que j'ai une sœur qui est handicapée. C'est la tête. Elle avait fait une dépression nerveuse et tout ça, bon. Alors, c'est pas parce qu'elle touche une bonne pension, une retraite... Mais enfin bref, on ne peut pas toujours vivre dessus. Alors, j'ai un oncle, lui, il est en retraite. Il a une bonne petite retraite aussi, mais enfin, je ne peux pas toujours vivre dessus non plus. Il faut qu'il achète le bois, le charbon. C'est pas parce qu'il y a le jardin à la campagne. Ma mère, elle serait un peu moins...

Alors je suis fâché avec ma sœur de Cachan. De toute façon, elle a toujours été dure. Bon, les autres, je ne suis pas fâché avec eux, mais je ne peux pas leur réclamer de l'argent. Ils ont leurs enfants. Là, le premier des frangins, il a ses enfants. Puis il a une tumeur dans la tête, c'est pas une solution. Alors, maintenant, c'est fini. Comme ça, c'est fini.

Ces derniers mots étaient peut-être prophétiques. Cinq jours après ce dernier entretien avec Michel, j'ai croisé Gérard, gare du Nord. Michel et lui s'étaient rencontrés trois semaines auparavant et formaient une sorte de couple. Aménagement fréquent dans le monde de la rue. Alliance de protection mutuelle : mélange d'amitié, de compagnonnage et d'homosexualité agie ou latente...

Ce jour-là, Gérard était seul et un peu désemparé. Une nuit, « pas celle-ci, celle d'avant, ou peut-être bien encore avant », il ne se souvenait déjà plus très bien, ils dormaient ensemble, Michel et lui, dans un chantier, quand, au petit matin, Michel a commencé à vomir du sang « rouge ». Tuberculose ? Ulcère perforé ? Gérard est allé sonner à un immeuble voisin, pour qu'on appelle les pompiers. Michel a été transporté à l'hôpital, mais Gérard ne savait pas lequel. Dans ce monde éclaté, sans repères stables, cela signifiait qu'ils s'étaient perdus.

Je ne suis pas parvenu à retrouver la trace de Michel dans les hôpitaux parisiens. Il n'apparaîtra plus dans le fichier de Nanterre. Il est probablement mort.

DREAM TIME[1]

Tant sage qu'il voudra, mais enfin c'est un homme : qu'est-il plus caduc, plus misérable et plus de néant ?

M. DE MONTAIGNE, *De l'ivrognerie.*

Issu d'un milieu relativement aisé, j'entretenais naïvement, jusqu'à mon arrivée en France pour y préparer un doctorat de philosophie, l'illusion tranquille et vague que l'argent allait de soi. Non pas l'argent de la richesse, mais celui du minimum implicite : l'argent du logement décent d'abord, celui basique et banal de la nourriture et des vêtements ensuite, celui des livres et de la musique surtout. Bref, tout ce qu'on achète sans compter, comme on respire, comme on flâne, au gré de la passion de l'instant et des couleurs de l'âme. Désinvolte et candide, j'imaginais trouver à Paris une version quelconque de l'université nord-américaine où il m'avait jusque-là été relativement facile de vivre grâce à une réputation aisément acquise de sujet aimable et plaisamment doué : poste d'assistant, budgets de recherche, traductions...

Or, je ne retrouvais rien à Paris de ce que je connaissais. Le monde brutalement se fermait. Je n'étais plus qu'un anonyme parmi d'autres. Je n'étais, sauf à moi-même, plus personne. Après quelques semaines, je m'aperçus, étonné, que je n'avais plus ni argent ni idées claires sur la manière de m'en procurer. J'étais soudainement devenu pauvre. Je le suis resté deux ans et demi, de 1980 à 1982, vivant seul, loin des miens, à la Cité universitaire internationale. La pauvreté fut pour moi à la fois une surprise

1. Expression par laquelle les aborigènes australiens désignent le temps mythique des origines.

amère et, dans l'après-coup, l'affolante découverte du monde tel qu'il est, sans les boucliers de la classe sociale et de la famille. Le monde réduit, en quelque sorte, à sa brutale réalité et à sa plus simple expression.

J'ai voulu consacrer ici, au-delà du dérisoire et de l'anecdotique de cet épisode, quelques pages à ce qui se voudrait une tentative fragmentaire d'une phénoménologie de l'expérience du dénuement[1].

*

La pauvreté, immémoriale et timide petite sœur de la sagesse, la pauvreté choisie, celle du refus, du mépris glacé des infinies séductions du vulgaire, celle de l'austérité du vêtement et du pain, celle de l'eau pure, des grands silences et de la pensée pour elle-même, cette pauvreté-là est grande et belle et luxueuse. Compagne de saint Socrate, de saint Spinoza, du bienheureux Nietzsche et de tant d'autres, moins glorieux peut-être, mais non moins dignes, cette pauvreté-là est lumière. Mais celle du cassoulet en boîte et des chaussettes trouées, celle de la petite monnaie et des murs sales, celle, non pas de la solitude, mais de l'isolement parce que les autres coûtent cher, celle des nuits froides et des couvertures trop minces, cette pauvreté-là, cette vraie pauvreté du pauvre, cette pauvreté est rétrécissement. L'horizon du monde, de l'avenir, des désirs et du rêve n'est plus que celui, exigu, de la petite monnaie. Irrémédiablement. Inéluctablement. Bêtement.

L'argent progressivement devient tout, car il constitue l'immédiateté de la survie, la mesure exacte de la vie. Il est la vie même et le maître du temps. L'argent dans sa poche est le seul avenir dont on soit sûr. La seule lumière. La seule chaleur. Cela d'ailleurs s'accompagne d'une certaine exaltation : le tintement des pièces, les billets bruissants, la somme tant de fois recalculée au dos d'une enveloppe sont autant de munitions pour soutenir le siège de la vie.

---

1. Expérience qui, elle, n'a rien d'anecdotique lorsqu'on sait qu'au-delà de l'extrême pauvreté des clochards, plus d'un million de personnes perçoivent le RMI en France (1 137 000 bénéficiaires en juin 2000) et qu'un rapport du Centre régional des œuvres universitaires et scolaires (CROUS) de Créteil, de février 2000, estime qu'environ 100 000 étudiants vivent en dessous du seuil de pauvreté (*Le Monde*, 15 février 2000).

On a de quoi tenir. Jusqu'au mois prochain. Jusqu'à mardi en huit. Jusqu'à ce que Machin me rende ce qu'il me doit. Jusqu'à mon anniversaire... De quoi tenir... Pouvoir manger. Laver son linge. Payer surtout le loyer. Tenir. Tenir le temps de trouver à nouveau de l'argent pour pouvoir tenir encore. Et encore.

Il importe, d'abord, de ne pas trop penser. L'argent, c'est l'obsession. L'obsession par excellence, qui attend comme l'eau impatiente derrière les portes d'une écluse. Que l'on ferme les yeux, que le théâtre de la conscience se libère un instant et elle est là, qui s'engouffre, toujours nouvelle, toujours la même. Omniprésente. Avec ses chiffres et ses additions. Soustractions surtout. Arithmétique compulsive. Fièvre brûlante des heures creuses, angoissées, crépusculaires. Morsure des nuits où le sommeil ne vient pas. Clameur sourde. Lancinante douleur. 3 250 francs, moins le loyer, moins les courses, moins le dentiste, plus la monnaie dans mon pardessus... Et on se lève pour vérifier ses poches encore une fois. Si on en avait manqué une. On ne sait jamais... Et la joie aiguë, comme une revanche sur le sort, comme un pied de nez au destin, de retrouver, du bout des doigts, dans la nuit, un billet oublié, chiffonné, discret, comme un petit miracle sous la lune. Trouvaille rarissime, mais la fouille n'en est que plus obstinée. Point et contrepoint du fébrile et de l'exquis.

Ne pas trop penser. Ne pas s'emballer. Ne pas lever la tête car le vertige est là. Celui du non-sens et de l'écœurement. Comme le soupçon d'un frisson à l'épigastre. Comme un appel chuchoté au cœur des heures, au fond de soi. Ne l'écoute pas, cette sirène maudite. Ne t'arrête pas. Ne faiblis pas. Et surtout n'oublie jamais : ne dépense pas. Tu es pauvre. Pauvre. Ne relâche rien. Ne gaspille pas. Compte. Compte. Compte !

Il est pourtant d'inévitables moments de révolte. Révoltes ratées, masochiques. Pauvres révoltes. Révoltes de pauvres. Jacqueries... Je me souviens d'un jour où mes parents m'avaient envoyé un mandat postal de trois ou quatre mille francs, une somme qui me permettait d'envisager les semaines à venir avec tranquillité. Je sortais du bureau de poste, joyeux, le portefeuille gonflé de billets. J'étais lesté d'argent. Lourd et fier, car il en est de l'argent comme il en est du sexe : la taille et le poids importent. Et l'assurance. Et l'exhibition. Phallophorie... Sur le trottoir, c'était fréquent dans ce quartier, des hommes avaient fait d'une caisse de carton une table de jeu. Un maître de cérémonie déplaçait trois cartes à jouer retournées. L'une d'elles, l'as, avait été montrée aux joueurs puis mélangée aux deux autres. Il fallait la suivre. Lorsque les permutations s'arrêtaient, les joueurs devaient désigner l'as. La mise devait être de cent francs minimum. Si le joueur gagnait, il touchait le double de sa mise.

Ces jeux sont bien évidemment truqués. Un comparse mêlé aux joueurs gagne pour démontrer la facilité du jeu, puis détourne l'attention des parieurs, de sorte que le maître du jeu puisse déplacer les cartes au dernier moment. Le truc est vieux et éculé. Je le connaissais. Je savais. Et pourtant, ce jour-là, fasciné, par la perspective d'un gain facile et immédiat, je ne pus me détacher du spectacle. J'y pris part, comme malgré moi, comme dans un rêve... En quelques minutes, j'avais perdu huit cents francs. Je tressaillis alors et m'arrachai brutalement à ce piège et aux mains qui tentaient de me retenir. « Reste monsieur. Mon frère. Deux cents francs encore. Mon ami. On joue. Tu vas gagner. » Je partis en courant, la tête bourdonnante. Aveuglé de larmes de rage et de honte. La pauvreté rend bête. A cause du rêve, surtout. Et de l'espoir. Impératif, l'espoir. Il faut rêver absolument. De n'importe quoi. D'autre chose et d'autre part. Rêver à n'importe quel prix. Rêver, c'est voyager déjà... C'est partir un peu.

Parfois, c'est la rage de manger qui éclate tout à coup. Trop de conserves. Trop de pain. Trop d'impossibles et stériles excitations. Trop de ces restaurants que l'on ne peut s'offrir. Et toutes ces envies réprimées, ces élans étouffés. On lit les menus affichés. On s'en détourne. On fuit. On regarde en coin les attablés. Les bouffeurs et leurs femmes. On a faim. Pas la faim au sens strict, non. Pas celle, physiologique, terrible et lancinante, de l'homme qui meurt de faim, non. Mais faim de luxe. Faim de relâchement. De laisser-aller. Faim de parenthèses. Faim d'oubli et de paix. Faim de satiété. Grasse, bienheureuse et animale. La satiété du *Pays de cocagne* de Bruegel où les personnages, hors du temps et du désir, gisent gonflés, inconscients et béats, à jamais repus. Héros bienheureux du sein maternel. Chevaliers de la matrice.

Il est des orages soudains, des mutineries de la tripe, où seul bouffer importe. Bouffer sans compter. Bouffer jusqu'à la peau tendue et les boutons qui sautent. Bouffer glorieux. Et boire. Boire comme seul buvait le roi de Jordaens. Impérieux. Turgescent. Magnifique. Un sein dans la main, un verre dans l'autre. Du rire

© Musées royaux de Bruxelles.

Le Roi boit (détail)
Jacob Jordaens (1635-1640).

plein la gorge... On oublie tout alors. On secoue un instant son joug miteux. On pousse la porte. On entre. On respire le tabac, les odeurs et le chaud. On fait comme si. Mais a-t-on de quoi payer ? Sous la table, discrètement, on compte ses sous. On suppute l'état du compte. « Le chèque va-t-il passer ? On est jeudi. Ils n'ont pas d'entrées à moins de cinquante balles. Et les desserts. Je prends un dessert ou pas ? On est jeudi... Et puis merde ! Le temps qu'ils le déposent à la banque. Il sera débité la semaine prochaine. D'ici là... » On joue. On triche un peu.

Il m'est arrivé, au restaurant, de faire l'étonné devant l'addition. J'avais oublié mon portefeuille. Je reviendrai payer demain. Ou après-demain. On laisse une montre en gage... Parfois un manteau. Sa mallette. Le patron tique un peu. Hésite entre scandale et résignation. Pèse lard et cochon. Tant pis. Le fin du fin est encore d'avoir le culot de commander un pousse-café. Victoire et ricanements. A ta santé, vieux ! On cherche son propre regard dans la glace du mur d'en face. On se sourit un peu. Furtif et gaillard à la fois. On est tout seul. On est bien... Il fait chaud d'une douce chaleur. Grivèlerie ! Je sais, il le fallait cependant. Il le fallait absolument. Immédiatement. Dans la précipitation et le tremblement. Arracher quelque chose à l'indifférence du monde. Bouffer par effraction. Bouffer en bras d'honneur. Jusqu'au silence d'un sommeil profond comme la mort.

Le sommeil, vieil ami du malheur. Compagnon silencieux des infortunes amères et tendres. C'est l'un des trois abris où viennent mouiller les solitaires. Les deux autres sont l'onanisme et la marche à pied. Ces trois-là sont frères et compagnons. Ils ne connaissent pas de limites, au-delà de celles du désir lui-même. Toujours possibles. Libertés, ils ne sont que de nous. Ultimes possessions. Autarciques par essence, ils sont le dernier monde de ceux qui n'en ont plus d'autres.

Dormir. Dormir. Par chance rêver... Laisser le monde passer, s'user sans nous. L'entendre bruisser du fond de son lit. Des portes qui claquent. Des bruits d'eau. Des voix lointaines et déformées, comme autant de vagues qui se brisent sans nous atteindre. Laisser venir les rayons du soleil qui lentement balayent la chambre. Se lever, rien que pour pisser, et revenir aussitôt se lover dans des draps louches, rarement changés, qui sentent notre odeur. Après quelque temps, on la retrouve par plaisir. Comme le souvenir de l'utérus lointain, c'est un monde pour-soi. Et le bout de la verge, tiède d'urine, qui sèche contre la cuisse...

On se branle aussi. Entre rêve et veille, dans ce flou matinal de l'indifférencié. Là, au fond des plis, au chaud des draps. La main scande la fugue du fantasme, cette pensée aérienne, infinie du tout possible. Mirages douillets et bienheureux. Purs au fond, sans les ennuis du vrai ou la sueur de l'autre. L'onaniste est seul, mais roi. Les images virevoltent autour de lui comme une cour empressée. Comme à la pêche, il en ferre une. Il la grossit, la pénètre, l'investit. S'en remplit, jusqu'aux moindres détails. En devient tout à la fois le grain de la peau, le velouté du poil, la pointe crispée du sein. Pour jouir tendu et moite, au plus près de l'hallucination. Et haleter enfin, la tête renversée sur l'oreiller. Revenir, comme un nageur épuisé.

Premiers pas sur la berge. Mal de terre. Ouvrir les yeux. La peinture du plafond est écaillée. Parfois des morceaux tombent la nuit et réveillent en sursaut. Au-delà des couvertures, le monde est froid. Se lever. Tituber. Le sexe déjà se recroqueville. Le rêve est loin. Il ne reste des compagnes neuronales qu'une tache dans le lit. Trois fois rien. *Panta rei...*

J'ai froid. Je vais pisser. Dans l'évier comme d'habitude. Les toilettes sont dans le couloir. Il faudrait pour y aller que je m'habille. Je n'en ai pas le courage. Au début, je l'avais ce courage. Plus maintenant. Plus depuis longtemps. A cause de la nuit. Se lever, s'habiller, sortir endormi dans le couloir. Allumer des lumières. Ouvrir des portes. Pisser. Éteindre. Fermer. Revenir. Se déshabiller. Se recoucher et me voilà réveillé. Trop long. Trop lourd. Trop cher. Les bonnes manières ne durent qu'un temps. On glisse. « La retombée humaine », disait en souriant un vieux prêtre de mes amis, avec un mouvement de la main qui se retournait et s'effondrait comme une crêpe mollement foudroyée. La retombée humaine. C'est vite fait. On pisse la nuit dans l'évier, d'abord par exception. On se dit que c'est juste pour cette fois-ci. Que ça n'arrivera plus. Et on rince frénétiquement cet évier où l'on se brosse les dents, où l'on fait sa vaisselle. Alors, on frotte, on frotte. Et le matin dégoûté, on l'observe attentivement cet évier dénaturé. On le flaire. On l'ausculte. On se jure bien que ce sera la dernière fois. Mais, insidieusement, l'habitude s'installe. Et puis, on est seul. Alors pourquoi pas ? On nettoiera, c'est tout. Et puis ce n'est jamais que soi. De soi à soi, on s'arrange. Discrétion. Autarcie. Paix.

Le Pisseur
James Ensor (1887).

L'obsession de l'argent et le spectacle constant de la richesse étalée, tout poussait au vol. A l'idée du vol. A la rêverie du vol. A sa froide revanche...

Dans les bureaux de poste, je me prenais à loucher sur les vieux qui, de leurs mains difformes et maigres, comptaient leurs sous. Oh, cet argent ! Comme j'en profiterais mieux qu'eux. Vieillards étriqués aux besoins misérables...

Ces pensées s'imposent, on les combat, on les méprise. On les repousse en riant. Mais elles sont là. Compagnes faisandées et pernicieuses. Elles sont là et attendent une occasion. Un trébuchement. Comme pour pisser dans l'évier — on est puceau du crime comme du reste — le plus difficile doit être la première fois. La première petite vieille. Le grand-père prototype. Après, ça doit aller tout seul. Comme toutes les descentes...

On tente de s'imaginer la chose. De se la représenter. Au cas où on en viendrait là. S'il le fallait, pourrait-on ? Mais comment ? Bousculer le vieux. Lui arracher ses billets. Mais après ? Et s'il s'agrippe, le vieux ? Avec les doigts qu'ils ont, secs et durs comme du bois. Les mains des vieux, c'est quelque chose. On est un peu crabe à ces âges-là... Que faire alors ? Frapper ? Pas fort, mais comment doser ? Et puis s'enfuir. On entend déjà les cris des passants. Inefficaces et tardifs. Bruyants impuissants. Tout de même, il faut filer vite. Fuir. Courir ? Non, trop vite essoufflé. Le métro ? Il faut pouvoir en sortir. On s'imagine dans les couloirs, issues cernées. Fait comme un rat. Un vélo ! Un vélo c'est bien. Trottoir, trafic, tout est bon. Il faudrait un vélo. Arracher l'argent et sauter sur le vélo ! J'ai horreur du vélo...

On s'arrête au beau milieu de ce cinéma. De ces pensées pourries. De ces saletés fiévreuses et moites. On se regarde dans le reflet d'une vitrine. On se dit dans un sourire tremblant et incrédule : « Serais-je donc tombé si bas ? » Hélas...

Je connus aussi les petits boulots et leur cortège d'humiliations. Il me revient être tombé par hasard dans un journal sur une annonce qui demandait des figurants pour un film publicitaire. Le tournage durait deux jours et était payé deux mille francs. Cette magie de gagner mille francs par jour m'enchantait. Il fallait faire un bout d'essai. Je me présentai au studio. Deux douzaines d'hystériques de toutes sortes — mâles, femelles et incertains — s'y regardaient anxieusement dans des miroirs. On appela quelques-uns d'entre nous. Il s'agissait d'une publicité pour une marque de bière. Il fallait entrer dans ce qui serait un café et pousser un joyeux « Bonjour, m'sieurs-dames » dans diverses langues européennes. De plus, il fallait avoir le « type » du pays concerné.

Mais comment donc, il n'y avait qu'à demander. Pour deux mille balles, j'étais prêt à leur faire tout ce qu'ils voulaient. Absolument tout. C'était un plaisir. De l'austro-valaque enroué à l'extraterrestre en tutu.

En l'occurrence on me demanda de faire l'Anglais, l'Allemand, le Flamand et le Russe. Quadri-jovial. Il fallut faire plusieurs prises. Le tout en pure perte, je n'ai pas été retenu. J'avais fait le pitre, le quadri-pitre, pour rien.

Une autre fois je passai quelques jours à étiqueter des enveloppes dans une agence de communication. Il ne me reste que le souvenir de l'ennui, d'un bureau étouffant et d'un étudiant tchadien qui avait été embauché avec moi. Il n'avait plus d'argent du tout et n'avait pas mangé depuis presque une semaine. Son estomac faisait de drôles de bruits. Il logeait à la Cité, lui aussi. On est rentrés ensemble dans l'écœurement du soir, à marcher dans les rues vides. Il ne disait rien, mon compagnon. Il marchait vite, nerveusement. Les mains dans les poches. Le col de sa veste relevé pour garder encore une mince impression de chaleur. La chaleur c'est le dernier bien-être des riens du tout. Maigre comme il l'était, ses longues jambes comme des bâtons et ses épaules qu'il gardait haussées en permanence lui donnaient l'air d'un vieil et sombre échassier.

On s'est quittés en silence, quelque part dans le parc déjà recouvert de nuit. Cérémonieusement, nous nous sommes serré la main. On se serait bien revus, c'est sûr. Du côté de la compagnie on n'avait, ni lui ni moi, pas grand-chose à perdre, mais nous savions bien que les autres, même sans le vouloir, coûtent toujours cher.

C'est que ça bouffe, l'amitié. Ça a des exigences, tout comme les êtres. Il faut l'entretenir, la nourrir, l'arroser. Sinon elle se dessèche et crève, ratatinée comme une plante. Alors sans rien dire, mon presque ami et moi, d'instinct, nous avons opté pour la prudence et l'économie. On est restés tout bêtes, comme au bord l'un de l'autre. Sur le seuil. On ne pouvait pas se permettre de rentrer. Alors, on s'est éloignés dans la nuit.

Pendant quelques mois, j'ai travaillé dans un hôtel chic, près des Champs-Élysées. J'y étais à la fois portier, bagagiste, téléphoniste et serveur. Je devais tout faire... Tout, sauf l'enregistrement. Inscrire les nouveaux clients, leur faire remplir une fiche, puis leur remettre la clé de la chambre était une tâche — que dis-je une tâche, une fonction — dont j'étais, à en croire la patronne, tout à fait indigne. C'était impensable. Moi, si jeune, sans expérience, endosser de telles responsabilités. Allons ! Il n'en était pas question. Sans rien avoir demandé à personne, tout le monde me prêtait d'emblée ces mégalomanes prétentions. Et de m'expliquer sans fin pourquoi c'était tout à fait impossible. Tous d'accord sur ce point. Tous ! La tôlière, la réceptionniste et Monsieur Paul qui se faisait vieux et que je secondais. Le plus étrange est qu'après quelques jours, je me prenais effectivement et malgré moi à loucher sur la gloire des fiches et le pouvoir des clés. Le propre du désir humain, disait Hegel, est d'être médiatisé par d'autres désirs humains. En d'autres termes, les hommes ne désirent jamais, en fin de compte, que ce que désirent les autres hommes et ce, justement parce que ceux-ci le désirent. Tristesse...

Des trois, avec la propriétaire et la réceptionniste, c'était, et de très loin, Monsieur Paul qui était le plus gentil. Trente-cinq ans de maison, comme il aimait à le rappeler. Il était, Monsieur Paul, presque parfaitement sphérique. Gras, glabre et rose comme un chanoine. Ou un cochon. Il suait abondamment à toutes heures et par tous les temps. Et ahanait énormément de tout son être. Chaque escalier, chaque marche, le plus petit sac devenaient pour lui une expérience bien hasardeuse. Luttes désespérées dont, je le vis toujours et, contre toute attente, sortir vainqueur, mais chaque fois un peu plus étouffé, un peu plus pourpre, un peu plus inondé. Je crois bien qu'il était en train de mourir Monsieur Paul. A nos côtés, en silence et dans l'incurie générale. Au beau milieu de notre désinvolture.

Monsieur Paul avait un uniforme. Un vrai uniforme de portier avec de petites clés symboliques et croisées accrochées au revers de la veste. Ces clés, c'était son honneur. Son grade. Sa légion. Il en était immensément fier. Et il fallait le voir l'enlever, son uniforme, le lisser du plat de la main et le placer avec révérence sur son cintre, lorsque nous nous changions lui et moi dans le fond d'une cave grise de poussière où nous avions nos armoires. Des armoires métalliques comme il se doit et défoncées à souhait. Ah, l'envers du luxe ! Les cuisines, les chambres de bonnes, les vestiaires du petit personnel... Faut les voir les coulisses des palais. Quel opéra ! Quelle foutaise !

En tout cas, de voir Monsieur Paul tripoter son costume avec autant de respect et d'émoi, c'était à vous redonner de la religion. Et puis il avait le sens des valeurs et de la hiérarchie sociale. Quand il a su que j'étais étudiant — on se soufflait quelques confidences dans notre cave à rats — il eut comme un petit soupir triste. « Oh, alors vous ne resterez pas longtemps. Ce n'est pas pour vous, un travail comme ça. » On voyait qu'il était un peu déçu, parce que je n'étais pas encore le bon, l'attendu, le fils. Celui à qui il transmettrait tout son savoir et qui lui succéderait dans la Maison et dans l'ordre immuable des choses. Non, moi, je ne faisais que passer. J'étais marqué par les dieux, pour un autre et bien plus haut destin. J'allais finir inexorablement, un jour ou l'autre, client. Voilà, ce qu'il pensait Monsieur Paul. Mais malgré sa petite tristesse, je vis quand même qu'il était content pour moi, lui qui vivait tout seul et seulement pour servir. C'est peut-être ça un saint ? Qui sait ?

Enfin, moi qui n'étais rien du tout, je n'avais qu'un petit costume bien noir. Moitié maître d'hôtel, moitié croque-mort et qui me serrait bien trop les génitoires. Embaumeur priapique, voilà de quoi j'avais l'air. Avantageux en somme, de ce point de vue un peu particulier. On ne sait jamais. Ça pouvait toujours servir. Mais ça ne servit point... Il y eut bien de temps en temps quelques élégantes... Mais très lointaines et bien dédaigneuses. Et véloces. Et absorbées extrêmement. Les hôtels sont de ces lieux où souffle l'esprit. Celui du derrière en l'occurrence. On y coïte énormément. Pour de vrai ou supposément. Ce supposément suffit amplement à nourrir toutes les imaginations. On se raconte au matin, entre loufiats, les petits potins des alcôves. Autour du premier café, le portier de nuit y va de son rapport circonstancié. La 17 qui contient une bruyante et qu'on entendait vers trois heures, comme je vous parle, jusque dans le hall. Le Suédois de la 31 qui, ivre jusqu'au délire, gueulait tout nu à quatre pattes devant la 52, où une Américaine quinquagénaire et tétanisée se tenait mutique et cloîtrée. Le client du 24 qui, à soixante-dix ans passés, n'était pas rentré de la nuit, une fois de plus. A son âge... Et sa femme qui essayait de le joindre par téléphone tous les quarts d'heure, et qui voulait qu'on alerte les hôpitaux...

Tout cette ambiance irritante, ce prurit érotique, fait énormément rêver le petit personnel. Ça doit leur faire plaisir en un sens de croire que les riches baisent plus qu'eux. Ça leur fait comme un petit capital d'espoir malgré tout. Au cas où...

Je connus à l'hôtel la joie humiliante et trouble de servir. Ça m'est venu tout doucement. Comme une plaisanterie d'abord. Je servais « en salle » au petit déjeuner. Secrètement, je m'amusais à songer au garçon de café de Sartre. Celui qui joue à être ce qu'il croit être la caricature de ce qu'il devrait être et, par là même, le devient. On a des lettres ou on n'en a pas. Moi, des trois que je possède, comme lançait Cyrano, je dois dire que j'en profite. C'est toujours un mince refuge. Ça aide, lorsqu'on ferme les yeux, à se croire tout de même un peu ailleurs...

Ainsi je faisais le garçon, dans mon petit costume grotesque et indécent. D'abord ça m'amusait. Raide, attentif. Extrêmement attentif. Regarder partout, toujours. Et prévenir tout désir. Avant même la demande. Le fin du fin. Le beurre, hop ! Encore un peu de café ? Tout va bien ? Confiture ? Madame ? Monsieur ? Prévenant, sans intrusion. Aimable, sans familiarité. Discret, sans froideur.

Je m'aperçus vite que c'était là un jeu dangereux. D'abord on s'y fait, ensuite, on s'y plaît. Véhiculé par les plaisirs des autres. Leurs caprices. Leurs petites manies. Ah, mais c'est qu'on se laisse vite aller. A se couler dans l'autre. Son monde et ses petits besoins... Abnégation. Renoncement. Silence des ambitions propres. Masochisme benoît. Cesser — quelle extase ! — d'exister. De désirer. De vouloir. Suprême volupté. Schopenhauer ! Enfin !

Une préoccupation me taraudait : celle de ne dépenser que le minimum pour travailler. Transports, déjeuners, pressing pour ma chemise... Autant de dépenses inévitables. Travailler, aussi, coûte de l'argent. Cette réalité m'était insupportable. Argent deux fois gâché, qui devait se déduire de mon salaire. Je comprenais les combats syndicaux les plus absurdes. Les plus byzantins. La minute de travail négociée en moins. Le nettoyage des vêtements. Le prix du savon pour se laver de la saleté des travaux de l'usine. Cette monnaie est le prix du sang et de l'humiliation.

Tôt le matin, vers six, sept heures, je descendais les Champs. A ces heures matinales, on y trouve des pièces sur les trottoirs, oubliées des fêtes de la nuit, tombées de poches garnies, distraites et négligentes. Trop-plein du plaisir. Je marchais dans ces aubes, la tête penchée, scrutant les pierres. Deux ou trois francs. Revanche. C'était la vie un peu contre la mort...

En ce temps-là, une colère couvait en moi comme un feu sournois. Une violence toute prête, casquée de naissance comme Athéna, qui attendait l'incident, cherchait l'occasion. Une rage contre le monde. Une haine muette, formidable et sans objet...

Un jour, c'est une femme qui s'impatiente et frappe à la porte de la cabine téléphonique que j'occupe. Elle tape sur la vitre. Une fois. Deux fois... Je sors d'un bond, aveuglé de rage. Je la saisis par le cou et lève la main sur elle. Je me retiens, *in extremis*, d'achever mon geste. Elle s'éloigne horrifiée, chancelante. Moi je reprends ma conversation en riant d'un rire mauvais.

Une autre fois, une amie me cuisinait un repas. Il y avait, dans cette maison de la Cité universitaire, deux plaques chauffantes par étage. Cuisiner, en principe, était interdit dans les chambres à cause des risques d'incendie, cette plaie des habitations communes. Deux plaques chauffantes pour une cinquantaine de personnes, ce n'était pas beaucoup. Il fallait attendre son tour. Une dispute éclate entre mon amie et un résident qui avait mis sa casserole à la place de la sienne. Il s'énerve et l'insulte. Je sors de la chambre. Il commet l'erreur de me bousculer. C'était me faire là un immense plaisir. Je l'assommai avec délectation... Mais je dus vivre en voisin avec lui pendant deux ans encore. Il se vengea comme il put, en crachant systématiquement sur ma porte. Au début, je nettoyais. Puis j'ai laissé... Deux ans de bave et de morve s'accumulèrent sur le bois en de longues traînées pâles et brillantes comme celles des limaces. C'était lamentable jusqu'au comique.

Mélancolie (Soir sur le rivage)
Edvard Munch (1901).

Je pourrais continuer. A quoi bon... Les humiliations de la pauvreté, l'étroitesse de la vie, l'étouffement, vendre mes chers livres à des prix ridicules, tout cela me rendait méchant. Furieux. Et un peu fou...

C'est à la Maison des Pays-Bas que j'atteignis un genre de paroxysme de l'amenuisement. En rentrant après quelques jours d'absence, voilà que ma clé ne rentre plus dans la serrure de ma chambre. Me serais-je trompé ? De chambre ? D'étage ? J'hésite un instant. Mais non, je suis au bon endroit.

Je vais au secrétariat. L'économe, triomphale institutrice, m'annonce que mon expulsion a été décidée le matin même. Mes affaires ont été déménagées dans la cave. Ma chambre, munie d'une nouvelle serrure, est déjà louée à quelqu'un d'autre. Il est vrai que j'ai vingt-quatre heures de retard dans le paiement du loyer !

Me voilà tout à coup sans-abri. Voilà ma microscopique existence, mon fragile édifice balayés d'un revers de main bureaucratique. Je n'éprouve rien d'autre qu'une sorte de sensation de froid qui se répand en moi, comme une hémorragie. L'économe, elle, débite des choses un peu méchantes, bêtes et bien-pensantes. Ritournelles de circonstance. Responsabilité... Respect du règlement... Si tout le monde faisait pareil... Elle attend, elle espère des excuses, des demandes. Des suppliques peut-être ? Crève !

Je n'écoute plus les mots, mais j'entends la musique. Ma pensée est ailleurs. L'écœurement me saisit et j'ai les oreilles qui bourdonnent. Un sourire distant s'égare sur mes lèvres. Mon regard erre sur les murs du bureau. Affiches des Pays-Bas. Moulins. Tulipes. Sabots. Et propreté partout. Propreté fanatique. Militante. Luthérienne.

« Ça vous est égal ? » demande-t-elle, irritée sans doute par ma réserve polie. Ma légère absence.

J'ai de la main un petit geste fatigué. « *Sub specie aeternitatis* », dis-je en un haussement d'épaules. « Spinoza. Utrecht. Pas loin de chez vous pourtant... Lisez Spinoza. On ne comprend rien sans Spinoza... »

Préciosité, certes. Mais à la fin des fins, l'esthétisme méprisant offre encore la possibilité d'une sorte d'ultime élégance.

Spinoza ! Inquiétude et incompréhension se mélangent dans le regard de l'économe. Devant son trouble, je souris de plus en plus franchement. Un peu effrayée, elle appelle le concierge. Procession grave et feutrée, nous descendons tous les trois à la cave, comme pour nous recueillir sur ce que je possède. Feu mon bien qui y est entreposé.

Mes affaires sont là. Quelques vêtements, des livres. Intacts, mais étalés en vrac par terre, dans la pénombre de cette cave immense. Je m'accroupis sur les talons et contemple cet humble désastre. Objets abandonnés et vides, comme le sont ceux des morts. Je reste un temps devant cette désolation dont j'ai peine à croire que c'est la mienne. Personne ne parle. Quand je relève la tête, je suis tranquille. Apaisé. Heureux même. Léger. Immense découverte : au bout du désespoir, il n'y a rien. Définitivement rien. Merveilleusement rien. Et ce rien, ce rien est liberté. Principe de nirvana.

J'ai pris quelques livres. J'ai laissé le reste, comme autant de déchets. J'avais hâte de sortir tout à coup. Il me fallait respirer un autre air. Je suis parti sans un mot. Le silence est une arme blanche.

Dans cette période difficile, c'est marcher qui me sauva. Marcher des heures. Des jours. Des nuits. Marcher seul et vite. Dans la sueur et l'épuisement. Jusqu'au tremblement des muscles des cuisses. Marcher comme un fou. Comme une brute. Comme une bête. Baiser Paris. Avec les pieds, avec les jambes et tout le corps.

Ah, je m'y suis plongé tout entier dans cette saleté de ville. Les ruelles. Les coins les plus obscurs. Après trois ou quatre heures, on n'est plus tout à fait à pied, on est déjà presque à cheval. A cheval sur soi-même. A s'entraîner plus loin. Encore plus loin. Au galop. Malgré soi. Contre soi. Et vas-y ! Et vas-y ! Vieille carne ! La cravache est bien douce lorsqu'elle fait exister...

J'explorai ainsi toute une grammaire de l'être et de l'espace. Je découvris là l'antidote à l'étouffement. J'appris du bruit de mes pas sur les pavés le dialecte mineur de la liberté.

Et puis il y a les perspectives. Il est ainsi cette ligne droite bien satisfaisante qui va de l'Étoile au ventre du Louvre. La prendre, c'est déjà comme embrocher la ville.

Et la Seine. Et ses îles qui la fendent. Sous ses ponts humides, près de Notre-Dame, volent des chauves-souris ataxiques. « Aux ailes timides », disait Baudelaire. Attendrissantes, affairées, ironiques dans le bavardage du Quartier latin. J'allais les saluer.

Et le ciel... On le voit peu le ciel. Et mal. On s'aveugle du ciel avec nos sales reflets. La ville est une injure au ciel. La hauteur des immeubles en masque presque l'entièreté et tue l'horizon. La civilisation nous ampute du ciel. Et nie l'univers. Pourtant à longer la Seine, il y a vers le haut comme une échappée de l'espace. Un appel ascensionnel. On aperçoit Cassiopée. La Grande Ourse aussi, plus vaguement. La faible polaire, rarement. Le Nord se perd dans les reflets des panneaux publicitaires et les phares des voitures. Les planètes sont là, pourtant. Les plus visibles seulement. Vénus. Mars. Jupiter. Je rêvais de sextants et de lignes d'horizon. Ah, c'était le long des berges toute une petite navigation. Bien secrète et rien qu'à moi. Lire le ciel, c'est déjà n'être plus tout à fait perdu. C'est le commencement d'un ailleurs. Le clin d'œil d'un plus loin...

SOUS PRESSION

Paul M., 32 ans, vivait à Nanterre depuis dix mois lorsque je l'ai rencontré pour la première fois. Il était grand, mince et avait de longs cheveux. Il lui manquait plusieurs dents. Sa démarche était traînante, comme celle d'un vieillard, et il émanait de sa personne un indéfinissable sentiment de désespoir, de vague saleté et d'abandon de soi-même. Sa relative jeunesse, sa régularité au travail, son fonctionnement apparemment normal, son désir explicite de « s'en sortir », avaient incité les travailleurs sociaux à lui proposer de quitter le centre d'accueil pour rentrer au Centre d'hébergement et de réinsertion sociale (CHRS)[1].

Peu avant son entrée au CHRS, Paul s'est cassé la cheville lors d'une chute survenue alors qu'il avait pris un mélange d'alcool et de médicaments. Il me dira plus tard ne pas avoir « la motivation pour l'extérieur ». Son accident lui permit de rester au centre d'accueil. C'est alors que sont progressivement réapparus des comportements polytoxicomaniaques divers : longues phases d'al-

---

1. Pour saisir l'importance de la différence, il faut savoir que le centre d'accueil héberge — sous réserve de bonne conduite — pour une durée indéterminée des personnes qui travaillent, en tant que cuisiniers, brancardiers, jardiniers, etc., au sein même de l'établissement. Il est plus ou moins tacitement admis que tout ce que l'on exige de cette population hébergée est de ne dysfonctionner qu'à bas bruit. Personne ne s'attendant véritablement à autre chose qu'à une lente et benoîte chronicisation. Le CHRS, en revanche, se veut être le regroupement d'une élite. L'hébergé doit disposer d'un stage de formation ou d'un travail à l'extérieur de l'établissement, en se donnant comme objectif un départ à brève échéance de l'institution, lorsqu'une autonomie financière aura été retrouvée. Dans la pratique, le sujet, généralement incapable de supporter les exigences inhérentes à son nouvel état, est rapidement acculé à un échec public, souvent sanctionné alors de brimades diverses : expulsion du CHRS, retour au centre d'accueil, expulsion du CASH de Nanterre.

coolisation accompagnées de prises de médicaments anxiolytiques (Tranxène), somnifères (Rohypnol), ou à base de codéine (Néocodion, Bexol). Produits qu'il est facile de se procurer clandestinement auprès d'une population aussi fortement médicalisée que l'est celle de Nanterre.

Il est symptomatique que Paul, qui se compare dans le texte ci-dessous à « une Cocotte-minute » et qui explique être pris dans une logique cyclique d'augmentation de pressions internes suivies d'explosions, choisisse des produits qui induisent chez lui un état cotonneux où la tension sous-jacente est moins perceptible par la conscience.

J'ai suivi Paul en psychothérapie à raison de deux entretiens hebdomadaires pendant trois mois, jusqu'à ce qu'il parte en province dans un foyer de postcure pour toxicomanes.

Le document ci-après est composé d'extraits de cinq séances qui ont eu lieu au cours du deuxième mois de nos rencontres. Après les deux premières, intitulées « Super doué » et « Châteaux en Espagne », Paul a fait une tentative de suicide par phlébotomie. On en lira le récit plus loin.

Les extraits des trois autres séances tournent pour l'essentiel autour de cet acte et des interrogations qu'il suscite.

Si la chronologie précise des événements de la vie de Paul est difficile à établir, il est cependant hors de doute que celle-ci a été ponctuée de nombreuses tentatives de suicide, « crises de folie », errances, hospitalisations psychiatriques et accidents corporels divers. Paul est proche du versant psychiatrique de la population des clochards.

Cela signifie aussi qu'il est un vieil habitué des échanges, enjeux et formules toutes faites, du champ psychiatrique et de sa vulgate. Il sait ce qu'il faut dire. A cet égard, ses déclarations relatives à ses difficultés adolescentes, son besoin d'autopunition, son utilisation de la métaphore du suicide comme appel au secours sont — sans être nécessairement fausses — tout de même à prendre avec une certaine distance critique.

Une des difficultés liées à ces malades aux parcours psychiatriques existentiels (j'allais écrire « professionnels » tant on est proche là de véritables « carrières ») est qu'ils ne présentent plus à l'extérieur qu'une sorte de faux self, rompu au psittacisme psychiatrique. Tout se passe alors comme si le malade discourant en face de nous n'était plus qu'une sorte de ventriloque répétant un texte depuis longtemps désinvesti. « Je » est ailleurs...

Cet ouvrage n'est pas le lieu d'une discussion technique approfondie de cette histoire de cas, du point de vue psychopathologique, aussi les extraits choisis l'ont été de manière à se rapprocher le plus possible d'un récit quasi linéaire (accompagné de mes commentaires au lecteur).

Cependant, si les mots ont bien été prononcés par Paul, la mise en forme rédactionnelle dont ils ont fait l'objet présente le grave inconvénient de leur conférer une apparence de cohérence et d'élaboration de pensée, malheureusement très au-dessus de la réalité. Les mots ont bien été dits, mais disjoints, éclatés, comme autant de pièces d'un puzzle éparpillé dans le désordre d'une pensée hagarde, embrumée par les toxiques dont Paul faisait une consommation constante et massive. De même, il ne reste presque rien des confusions de temps, d'espace et de rôles qui caractérisaient le fonctionnement de Paul : rendez-vous manqués, erreurs sur les jours, les heures, les personnes, etc. Il me demanda ainsi, après une dizaine d'entretiens, si j'étais bien l'assistant social... Ces distorsions normalisantes sont l'incontournable prix à payer pour la lisibilité et l'intelligibilité du texte qui suit.

1. Super doué

J'ai fumé du hasch ce matin. J'ai pas envie de discuter. C'est rare que je parle. Si vous voulez, c'est pas moi qui parle, c'est mon ego. Ce que je me rends compte, c'est que quand je suis dans mon ego, j'en suis conscient, il est un peu plus ouvert que si je prenais rien. Là il se renferme tout seul, il m'empêche de... C'est drôle que ça fasse ça, des effets comme ça.

Il y avait un psychiatre... Il me disait toujours : « Ça peut remonter dans votre enfance et tout ça. » Mais je lui ai dit : « Moi j'ai jamais été malheureux, ou alors c'est un manque d'amour, c'est possible. » Quoique, je suis le dernier-né, donc j'ai toujours été un peu chouchouté par rapport à mes frangins et mes frangines.

Ou alors c'est plutôt quelque chose dans l'adolescence. Parce qu'en étant enfant, il y a rien qui me pousse à croire que j'ai été malheureux. Non, il doit y avoir eu dans la période de l'adoles-

cence... Il a dû se passer quelque chose. Faudra que j'aie des contacts avec mes parents pour retrouver le truc qui colle pas. Moi tout seul...

En étant enfant, je me rappelle de ne pas avoir été brutalisé ni... manque d'affection. Au contraire. Donc, ça vient pas de mon enfance, je crois plutôt à mon adolescence. Je suis parti de chez mes parents à l'âge de 22 ans. Voyez certains parents qui gardent leur môme jusqu'à 25-26 ans. Moi je suis parti assez de bonne heure. Il y en a qui sont partis plus de bonne heure de chez eux. Ils se sont trouvés tout seuls par la rue, mais tout seuls, sans avoir besoin de l'aide de leurs parents...

Il y a peut-être un petit complexe d'infériorité par rapport à mes autres camarades, ou un truc comme ça. Ça peut jouer aussi, ça. J'sais pas. Je dis « infériorité », j'aurais pu dire autre chose. Si vous voulez, je suis un sentimental. Je suis pas le genre de mec à sortir avec une fille quinze jours. La balancer, puis en retrouver une autre. Non, il faut vraiment qu'il y ait un truc qui se passe, sans quoi je crois c'est pas la peine... C'est des atomes crochus. Faut un courant qui passe, autrement ça ne marche pas.

Ce besoin de sentiment, c'est toujours en relation avec la timidité, c'est sûr. Ça peut même la renforcer et ça ne peut que la renforcer, je crois, ça ne peut pas la faire régresser...

C'est-à-dire que chaque fois que je suis sorti avec une gonzesse et que je me suis toujours accroché, pensant qu'il y avait quelque chose, un point commun entre moi et elle, et en fin de compte, je m'aperçois qu'au bout d'un certain temps ça colle plus. Je pense devoir aller voir ailleurs. Ça dure peut-être un an, deux ans, mais il y a toujours un moment où il y un truc qui cloche. Et je m'en aperçois qu'après. En fin de compte, je ne connais pas la personne qui est en face de moi, je crois la connaître, puis en fin de compte je m'aperçois que non, c'est pas possible. Ce qu'il faut avoir, c'est une confiance mutuelle, si on a n'a pas une confiance mutuelle, c'est pas la peine d'essayer.

C'est la déception. Pas sur le plan physique, mais psychologiquement, c'est sûr qu'il y a une déception. Il y a des trucs qui ne concordent plus. Que moi je lui ai caché des trucs au départ, qu'elle m'ait caché des trucs au départ. Et puis après on se fait des petites concessions et c'est là qu'aboutit le... Ou on reste ensemble, ou on se sépare. C'est quand on se dit la vérité en face *que tout s'éclate. Ou alors ça ne marche pas du tout. Puis, c'est toujours pareil, on a tous un petit jardin secret.*

C'est pas facile de partager son petit jardin secret. Faut vraiment que la personne en face elle comprenne. C'est vraiment quelque chose qui est propre à nous-mêmes. La personne qui est en face, à la rigueur elle comprend, mais elle pourra jamais comprendre comme nous, on le ressent nous.

J'ai pas envie de dessiner, en ce moment, c'est drôle. Et pourtant j'adore ça, dessiner. Je suis vachement bon. Je suis trop absorbé par mon boulot, et puis quand j'ai fini de bosser, j'ai envie de me retrouver un peu au calme, et de rien faire, de rien faire, de me relaxer, de pas penser. Et pour me relaxer, j'emploie le haschisch ou pour vraiment être bien dans ma peau, après le boulot...

Quoique ce matin, c'est exceptionnel. Parce que le premier jour où j'ai repris la comptabilité à la lingerie[1], quand je suis sorti à quatre heures, le soir, j'ai ressenti comme une sorte de malaise. Avoir perdu l'habitude de compter, de regarder des chiffres et tout ça, c'est une fatigue psychique. Quand je suis sorti dans le couloir, j'ai eu une sorte de vertige mais maintenant ça va, mais ce que je ressens, c'est pas une fatigue physique, c'est une fatigue psychologique, mentale. Et c'est ça qui me pousse en fin de compte à vouloir me relaxer, parce que les chiffres, les chiffres, toute la journée...

Je crois que le travail bureaucratique, c'est pas excellent non plus, on est trop stressé, à force. Et je comprends pourquoi les gens, ils prennent des tranquillisants. Enfermés toute la journée dans un bureau, après il faut qu'ils prennent les transports en commun... C'est atroce. Ils rentrent chez eux, il faut s'occuper des mômes, de la bouffe, et tout. Mais c'est vraiment trop... C'est plus une vie, ça. On devient machine, une machine. Pendant les vacances, c'est pareil, les mômes qui braillent et tout ce qui s'ensuit. Ce n'est même plus des vacances. Je crois qu'en France, on n'a pas assez de temps de loisir...

Normalement, le matin, je ne fume jamais. Pourtant, c'est meilleur parce qu'on est à jeun et tout. Mais en général je ne fume pas le matin, surtout que j'allais travailler en plus. Je ne mélange pas le travail et la défonce. Ça colle pas ensemble. J'ai déjà fait l'expé-

1. Son travail au sein de l'institution.

rience... C'est vraiment exceptionnel, ce matin. Une fois j'ai fait l'expérience. Je bossais dans le privé, j'étais magasinier. J'avais fumé comme ça. Et au boulot, ça n'allait pas du tout — vraiment pas, pas envie de travailler. Pourtant, quand je prends un boulot, je mets la gomme. Je crois que je m'extériorise dans le boulot à défaut du sport.

Je ne peux m'extérioriser que dans le boulot. Je ferais un sport, c'est sûr que... Je choisirais plutôt le sport que le boulot. Ou faire moitié-moitié. Parce que je crois... C'est-à-dire, des fois, je me prends souvent pour une Cocotte-minute. Vous voyez comment c'est fait une Cocotte-minute ? Vous savez, le couvercle hermétique, il y a une petite valve pour échapper un peu la vapeur. Moi, si vous voulez, je suis un peu comme ça, c'est que j'encaisse, je tourne un peu le bouton... Un peu la vapeur, mais ça suffit pas. Alors un jour, c'est le couvercle qui saute en l'air, et alors après, une fois que je suis vidé, je referme le couvercle, je referme la valve et on recommence. Et comme ça, ainsi de suite. Tant que j'aurai pas trouvé un moyen pour m'extérioriser tout doucement, je crois que ça reviendra toujours au même : le coup de la bombe. Il y a peut-être ça aussi qui me pousse jusqu'à boire, à fumer ou à prendre des trucs comme ça, pour justement ne pas exploser. Mais il m'en faut quand même pour que j'explose.

J'aime pas tout ce qui est violent. Comme la violence qui se passe ici. Je dis pas la violence physique qui se passe ici, je dis la violence des personnes qui disent des méchancetés, des trucs comme ça. J'ai horreur. C'est plus humiliant d'envoyer un pic à quelqu'un en parlant que de lui donner un coup de poing dans la gueule. Puis je sais pas, il y a peut-être un problème de société. La société, c'est nous qui la faisons, c'est les vases communicants... Puis il y a un truc que j'ai pas compris non plus, c'est pourquoi ma femme, elle a cassé comme ça.

J'ai vécu quatre ans avec, en concubinage. Moi j'avais décidé, à cause de mes parents, et de sa mère à elle, d'être en règle, de se marier. Je me suis marié au mois d'octobre 84 et... Non, c'était le 15 septembre 84 et le 14 octobre, ça cassait net. Elle a pris toutes mes affaires, elle a tout foutu dans le couloir, carrément. Elle a même dit : « C'est pas la peine de revenir. » Et là, j'ai vraiment, absolument rien compris. Et je me suis retrouvé comme ça tout seul, comme un con, avec mes affaires, sans savoir où aller, *rien du tout, à la rue. J'étais à la rue. A la rue et au chômage, puisque j'avais perdu mon boulot et tout. Mais c'est vraiment une expérience... C'est dur à assumer, ça.*

Ce qui n'a pas collé, c'est que sa mère, elle vivait avec nous dans l'appartement, quoi. Bon, et puis moi, je lui avais dit : « C'est bon qu'elle va se tenir correctement, et tout, qu'elle va pas nous faire de réflexions. » Voilà comment au début ça allait, mais après elle a commencé à faire des réflexions. Elle était style un peu vieux jeu... Je lui ai dit : « Non, c'est pas possible, c'est pas possible de vivre comme un ménage à trois, ça s'est jamais vu, ça. » Alors ça se trouve qu'elle était peut-être influencée par sa mère, j'en sais rien, quoique j'en suis à peu près sûr. D'après ce qu'elle m'a dit, sa frangine, paraît que c'est la mère qui a poussé pour que je me retrouve dehors, quoi. Mais je crois qu'elle serait pas venue vivre avec nous, c'est sûr que, bon, ça aurait marché comme sur des roulettes. Mais je crois que la mère, elle a foutu les pieds dans le plat. Ça n'a pas collé. Il y a un truc qui a disjoncté quoi.

J'essaie de comprendre et puis en fin de compte, je bute contre un mur. Le plus simple pour moi, ça serait d'aller la voir et lui demander des explications. Mais j'ai pas envie de la revoir, je sais pas si je serais violent ou pas violent. Je peux pas deviner à l'avance. Quoique je n'aime pas la violence, puis je suis même sûr et certain que je lui ferais rien du tout. Puis des fois, bon, ça m'arrive, c'est quand j'ai un moment de cafard, sans quoi je m'efforce à pas y penser. Je dis, bon, on est séparés, on est séparés, en fin de compte, peut-être que ça vaut mieux comme ca.

Ça fait trois ans que je l'ai pas vue. D'après les informations, je sais qu'elle avait demandé le divorce, puisque j'avais eu une convocation du Palais de Justice pour la conciliation. Et je ne me suis pas présenté, donc ça a dû se faire automatiquement. Quoique, quand j'ai été demander mon extrait de naissance – c'est marqué dessus, c'est marqué quand on est marié et divorcé – et là il y avait rien marqué. Donc je ne sais pas si le divorce a été prononcé ou pas. Et puis de toute façon, je ne sais plus si elle habite toujours où j'étais avant, et son numéro de téléphone, je ne m'en souviens pas, alors... Et puis si c'est pour me déplacer pour rien du tout, je préfère pas y aller...

J'ai eu un éducateur. J'y allais deux ou trois fois par semaine. Il me faisait répéter chaque fois les mêmes choses. Moi, je lui disais à chaque fois : « *Voilà je me trouve dans une barque, j'ai une seule rame et je rame toujours d'un côté. C'est-à-dire que je tourne en rond sans pouvoir trouver la bonne direction.* » *A toujours répéter les mêmes trucs, ça commençait vraiment à... C'était comme si j'étais pris dans un tourbillon, ça n'en finissait pas de parler toujours des mêmes choses, de rabâcher toujours la même chose sans trouver la petite faille, la petite entrée qu'il faut pour pouvoir réussir à sortir. Et ça j'arrivais pas à trouver, et c'est pour ça que j'ai laissé tomber, parce que c'était trop long et ça marchait pas. On n'arrivait pas à trouver le truc qui n'allait pas. Je lui ai raconté ma vie depuis que j'étais bébé, et on n'a jamais trouvé. Ce qui serait bon, ce qui serait réellement positif, ce serait de faire cela par hypnotisme, parce que, par hypnotisme, le cerveau est dégagé de toute volonté, donc il est en mesure de répondre à certaines questions qui sont enfouies au plus profond de nous-mêmes.*

Y a que l'hypnose qui pourra régler le problème. Quoique en ayant un patient super doué, quand même...

L'hypnose, c'est comme une sorte de relaxation. C'est une relaxation du cerveau. J'ai déjà fait des séances de relaxation et j'ai déjà fait envoyer un voyage astral. Ça m'a fait peur. Ça m'a fait vraiment peur.

Le voyage astral, c'est quand j'ai senti mon esprit au-dessus de mon corps physique et partir. Là, j'ai eu de l'appréhension. Je me demandais ce qui m'arrivait. Ça fait une drôle d'impression. Sentir son corps par terre et son... au-dessus et partir dans une direction style genre cosmos, c'est assez fou. Et ça j'ai réussi à le faire une fois, parce que je suis tombé sur la première fille avec qui je suis sorti. Sa mère elle faisait du yoga, elle allait souvent aux Indes. Et en France, elle était professeur. Et un jour, comme ça, elle m'a proposé de faire une séance de relaxation et puis à force de faire des séances de relaxation, je suis parti. Je suis vraiment parti. Et ça m'a fait peur. Et j'ai réussi deux fois. Elle m'a dit que c'était très, très dur à faire un voyage astral. Il faut vraiment être décontracté, même dans la tête, c'est pas facile. C'est pas évident du tout. Puis, elle avait une attitude un peu mystique. Chez elle, pour ainsi dire, il y avait pas de meubles, il y avait beaucoup de coussins, des trucs... Il y avait une atmosphère, de l'encens. C'était vraiment reposant de rentrer chez elle. Et une fois, elle m'a fait un massage dans une position complètement tordue et tout. Elle m'a

CONSULTATION PSYCHANALYTIQUE
P.DECLERCK

NOM : ███████   PRENOM : ███████

Né le : ███████ à : ███████

1ère Visite le : ███████   N° : _16_

DATE	Observations : C∤APSA
███	*à la rue depuis l'âge de 16 ans. DDASS –*
	Abandon –
	Délire d'influence, créer des perturbations
	atmosphériques par la pensée → comme pendant les
	guerres. Certaines personnes l'influencent mentalement
	pour l'empêcher de travailler.
	Hosp. H.P. 2 ans après vol de voiture.
	Se sent parfois sec et attaqué par les influences.
	Ne souhaite qu'une aide matérielle.
	███████████████████

Notes cursives de l'auteur prises au cours d'un entretien à visée diagnostique avec un homme de 24 ans adressé, parce qu'il présentait
des troubles du comportement, par le Dr Patrick Henry. Le patient
refusera une proposition d'orientation en psychiatrie.
A la rue depuis l'âge de 16 ans. DDASS
Abandon – Délire d'influence, créer des perturbations atmosphériques par
la pensée → comme pendant les guerres. Certaines personnes l'influencent
mentalement pour l'empêcher de travailler.
Hosp. H.P. [hospitalisation en hôpital psychiatrique] 2 ans après vol de
voiture. Se sent parfois sec et attaqué par des influences.
Ne souhaite qu'une aide matérielle.

détendu tous les muscles et même, malgré la position où j'étais dans une position inconfortable, quitte à attraper un tour de reins, moi je voulais bien rester par terre et y rester, tellement elle m'avait bien décontracté.

Elle était toujours calme, toujours, toujours. Tout ce qu'elle faisait, c'était vraiment la sérénité chez elle. Ça faisait comme si on rentrait dans un temple, dans une église.

Puis la relaxation c'est pas évident de la faire ici non plus, parce qu'il faut quand même un climat de calme autour de soi. On ne peut pas faire de la relaxation à Nanterre. Moi, je vois dans la chambre, des mecs qui passent, et tout ça. Alors de la relaxation là-dedans... Non, il faut au moins trouver un endroit calme. Pas nécessairement où il n'y a pas de bruit, car de la relaxation on peut quand même la faire avec du bruit. Une fois, j'ai fait de la relaxation avec deux réveils de chaque côté de mes oreilles et j'entendais que le tic-tac, et à force de tic-tac, je l'ai plus entendu du tout, du tout. J'étais vraiment... Et puis quand on se réveille on est tellement décontracté qu'on a une sensation de froid, parce que les muscles ont été complètement inertes. On ressent une sensation de froid. Faut mettre un pull ou s'envelopper dans une couverture tellement qu'on était... Plus de son. Plus d'image.

Après l'entrée en matière classique du toxicomane qui annonce d'emblée être sous influence des produits pour, du coup, invalider le discours qui va suivre (car après tout qui parle alors ?), la séance s'organise autour de deux fils rouges essentiels à la problématique de Paul : la question de l'ouverture/fermeture du sujet et celle de sa violence contenue ou explosive.

C'est d'abord la déception inéluctable, l'impossibilité de sortir de soi-même pour fusionner avec l'autre qui est mise en scène. Tant par les thérapeutes que par les filles, Paul est « déçu » et finalement renvoyé à la solitude de son « jardin secret ». Comment s'extérioriser ?

En fait, la chose est impossible autrement que par une explosion. Et c'est la métaphore identificatoire à la Cocotte-minute qui surgit. Une Cocotte-minute à la valve cassée et qui ne peut se décharger qu'en explosant. Paul est une bombe en puissance.

Pourtant, il n'aime pas la violence et cette association le conduit à évoquer sa femme qui « a cassé ». Cassure qui reste pour Paul, et ce malgré l'évocation de la belle-mère, essentiellement mystérieuse. On peut pourtant penser que la violence n'est probablement pas étrangère à cette rupture.

Vient maintenant, avec la problématique homosexuelle (« la petite faille, la petite entrée » dans laquelle le thérapeute pourrait s'engouffrer), le fantasme de l'hypnose comme violence faite au sujet passif pour lui permettre (ou le forcer) à parler malgré lui. Cela s'accompagne de l'idée d'être « super doué » et de la fugue mégalomane du voyage astral. Ouverture cosmique qui, pour finir, dévoile sa nature paradoxale : « Plus de son. Plus d'image. » Cul-de-sac...

2. Châteaux en Espagne

J'ai fumé ce matin. Je ne suis pas dans mon état normal. C'est juste pour me mettre en train. Il y en a d'autres que moi qui fument ici. C'est pareil que de picoler. Eux aussi ont des problèmes. Ils ont mon âge. Ils ont trente ans. C'est des mecs, ils ont goûté déjà avant. On doit être sept, huit. On est entre nous. Un monde à part. On ne se mélange pas. De toute façon, on ne peut pas se mélanger.

C'est pas pareil que l'alcool. C'est totalement différent. Y en a qui ont l'alcool agressif. D'autres pas agressif. On est dans notre petit milieu. On a chacun son truc. L'alcool c'est pas pareil. Chacun son truc, quoi.

L'alcoolique boit du vin, parce qu'il a trouvé cette déviation pour pas trop penser. Nous, on a trouvé une autre déviation, pour pas trop penser en soi-même. Tous les sens sont en éveil... Bon c'est sûr qu'on pense, mais... Je vais arriver par perdre le fil de ce que je dis...

L'alcool, c'est pas pareil. C'est pas pareil, l'alcool. On reste entre nous parce qu'on se sent bien entre nous. L'alcoolique, c'est pas pareil. Je pense pas qu'un alcoolique s'entende bien avec nous. L'alcoolique, s'il a l'alcool méchant, il va pas s'entendre avec nous. Nous, comme on n'est pas méchants, on n'est pas agressifs. Et je crois qu'on ne peut pas être agressifs.

Là, je parle pas beaucoup parce que je suis dans un petit monde. Mais si j'étais hostile, c'est sûr que j'arrêterais pas de parler.

Je n'arrête pas de fumer. Quand il n'y en aura plus, eh bien ce

sera terminé. De toute façon, je vous ai prévenu. C'était la der-
nière. Après j'arrête.

Je me rappelais même plus que c'était aujourd'hui. Ça n'a rien
à voir avec l'entretien. Non, non. J'y pensais même pas. Je pensais
que c'était la semaine prochaine. Et puis, en fin de compte, je me
suis demandé si c'était pas aujourd'hui. Non, ça n'a rien à voir.
Ça serait pas... Ça serait pas correct.

J'suis pas dans mon état normal. En plus, j'ai pas tellement
envie de parler...

Je n'ai pas récupéré mon droit de sortir le soir. Il faut que j'aille
voir Mme Lucien, la surveillante. Je sais pas ce qu'elle a décidé.
Je verrai bien. Si elle me raconte les mêmes conneries qu'elle m'a
racontées l'autre fois, moi je veux bien. De toute façon, ils sont
tous au courant de ma situation, alors ? Ils savent que je bois.
Parce que même, ils avaient ramené un rapport chez Mme le
Directeur. Il paraît qu'il fallait pas m'empêcher de dessiner, ceci,
cela... Mais le dessin, niet. *Je suis vraiment bloqué. J'ai essayé*
de dessiner hier soir, pas possible. J'arrivais pas à dessiner. Pas
possible. J'arrive pas à me concentrer sur quelque chose...

À Sainte-Anne, j'ai été faire un stage. C'était en plein hiver, il
y avait de la glace. Je m'étais soi-disant assommé. Des personnes
ont appelé Police-Secours et je suis arrivé à l'Hôtel-Dieu. J'étais
bien, puis d'un seul coup, j'ai tout cassé. Alors les flics sont venus,
m'ont mis les menottes. Puis après, j'ai été faire un stage à Sainte-
Anne. Là, c'était dingue.... Une fois, je suis resté dix jours en isole-
ment. Ça va bien faire six ou sept ans. Pas le droit de sortir de la
cellule. Rien du tout. Un matelas par terre et un lavabo, point
final. Dix jours là-dedans... pffff... Je l'avais fait, cela, parce que
je voulais m'arrêter de prendre du Néocodion. En ressortant, la
première pharmacie que j'ai vue... Hop... Ça n'avait servi à rien.

Après j'en ai fait une autre à l'hôpital de Saint-Denis mais là
c'était bien : j'étais dans une chambre, j'avais la télé, j'avais tout,
tout, tout. Et puis les éducateurs m'avaient dit : « Bon, on viendra
te voir tous les jours. » Et là ça tombait un week-end, je ne les ai
pas vus de tout le week-end et je ne les ai pas vus le lundi. Je me
suis dit : « C'est pas possible, je peux pas rester comme ça. » Et
en plus de ma fenêtre, je voyais la pharmacie, plus loin. C'était
tentant. Je me suis habillé, je suis descendu, j'ai été à la pharma-

cie. Eux, ils étaient cachés pour voir comment je me sentais et tout. Ils m'observaient de loin, quoi.

Ils m'ont laissé aller à la pharmacie. Après je suis remonté dans la chambre. Ils y étaient tous les trois aussi. L'autre, il m'a dit : « Bon, Paul, tu prends tes affaires. » C'était complètement foiré. Là, je m'en voulais après. Bon évidemment. En plus, quand je suis remonté dans la chambre, j'y avais même pas touché. Je leur disais : « Tenez, les v'là. Gardez tout. Prenez. » L'échec, bing !

Et j'ai arrêté complètement il y a deux ans, parce que je me suis retrouvé dans la rue. Je me suis retrouvé dehors, et j'ai réfléchi qu'il valait mieux me ranger que prendre ces conneries. C'est comme ça que je me suis déshabitué et je l'ai remplacé par l'alcool.

L'alcool, ça m'a permis de me décrocher de ce machin et maintenant, je n'en prends plus. Bon à part le Bexol de l'autre fois, mais le Bexol, j'ai arrêté aussi. Puis là, je me mets à refumer parce que je sais pas... Ça ne doit pas aller.

Pourtant quand je suis parti en Espagne, c'était tous les soirs, tous les soirs. Parce que même en faisant que la manche, on arrivait à manger et à boire, le reste était pour acheter, bon, du hasch. Et tous les soirs on y arrivait, on aurait pu même aller au resto puis coucher à l'hôtel. Par contre, il y a des jours où j'en ai vraiment chié, des jours où on ne bouffait pas. Une fois je me rappelle, on avait de l'argent, on arrête dans un village et bon, impossible d'avoir à manger, rien, pas de squat pour dormir et tout, là. Pas de café. Là c'était dur, surtout on s'était tapé au moins quarante bornes. Dire qu'il y avait bien une épicerie, mais ils ne voulaient pas nous servir. Les étrangers, ils en voulaient pas dans le village. La boulangerie, elle faisait juste du pain pour le village, mais pour les personnes extérieures, pas possible.

Mais je ne regrette pas les expériences que j'ai faites, ça apprend beaucoup de choses. Parce que je ne pensais pas vraiment partir dans un pays étranger sans connaître la langue, rien du tout. Je suis parti comme ça, sur un coup de tête. Ça m'a appris à connaître des gens. Ce qui a aussi, c'est pas une vie non plus. Moi, j'ai rencontré un Français qui faisait la route là-bas, ça faisait quatre ans qu'il était en Espagne, ça va un moment, mais après on attrape la nostalgie du pays. Moi, c'est pour ça que je suis revenu en France, parce que j'étais un peu nostalgique. C'est pour ça que je suis remonté avec un Français. Eh oui, je suis resté six mois avec lui, on s'entendait bien sur tous les points. Il y avait une confiance mutuelle parce que c'est pas évident qu'on fraie avec quelqu'un sur la route comme ça, qu'on ne connaît ni d'Eve ni d'Adam. Ça va peut-être aller un jour, deux jours, une semaine, mais après... Là, je suis resté six mois avec lui.

Il y a des souvenirs d'Espagne. Des souvenirs d'Espagne, beaucoup, beaucoup, beaucoup. Moi je regrette un peu d'être remonté en France. Oui, mais c'est toujours pareil, ça dure qu'un moment. De toute façon je serais revenu en France, c'est sûr. Quoique, quand je suis parti sur un coup de tête, et je comptais rester en Espagne deux, trois mois et revenir en France, mais en fin de compte je me suis aperçu que... Pourtant j'aime ça, c'est se sentir libre, il n'y a personne derrière pour... On fait ce qu'on veut quoi, en fin de compte. Si on a envie de marcher vingt kilomètres, on fait vingt kilomètres. Si on a envie de marcher cinquante kilomètres, on marche cinquante kilomètres. Il n'y a personne pour nous pousser, pour nous obliger à faire.

A l'extérieur, on a quand même une certaine liberté. Ici, on ne l'a pas la liberté. Ici, on est tenu de faire un petit boulot pour pouvoir rester là. A l'extérieur non, on n'est pas tenu de donner un boulot. C'est enfermé ici. Pour sortir, faut une carte. Pour rentrer, on se fait fouiller, c'est pas normal. Qu'on serait dans la société, moi je ne vois pas quelqu'un pour sortir du bureau, puis passer avec des cartes pour sortir. Ça n'existerait pas ça. Si on veut s'en aller un jour, il faut demander une permission. Il y a Mme Lucien qui me refuse mes deux heures de sortie pour aller au restaurant. C'est pas la liberté ça.

La liberté que j'ai eue en Espagne et la liberté par rapport à Paris, c'est totalement différent. C'est totalement différent. A Paris, je reste sédentaire. Le même trafic, que la liberté que j'ai eue, c'était la liberté d'aller un peu n'importe où. J'aurais fermé les yeux, J'aurais fait ça. Je serais parti par là. Ne cherchez pas... Que là, à Paris, on est quand même tenu.

Une fois, on s'est battus avec les flics, on s'est retrouvés en prison en Espagne. On a été obligé d'appeler le consulat français pour qu'il nous fasse libérer. Une fois qu'on est sortis, on a demandé à voir le consul de France pour lui demander de l'aide. Il n'a pas accepté. Ah, on serait arrivés avec costume, cravate, avec la carte de crédit, mais là, le sac à dos, le chien...

Une fois de plus, il a fumé avant le rendez-vous. Cela est rationalisé : « Pour me mettre en train... » Il n'a pas envie de parler et aborde la question de l'agressivité par le biais du déni de la sienne. Ce sont les alcooliques qui sont agressifs, pas les gens comme lui, qui fument du haschich. Cela dit, on lui refuse le droit de sortir et dans le passé, ce qu'il décrit comme une crise clastique l'a conduit à « faire un stage » à l'hôpital psychiatrique de Sainte-Anne.

Il parle aussi d'un échec de cure de désintoxication. Ce serait par ailleurs l'alcool qui l'aurait aidé à se distancier des autres produits (comme si l'alcoolisme n'était pas une toxicomanie). Évidemment, cela est contradictoire avec le début de l'entretien...

Il conclut par la comparaison entre la liberté qui était la sienne en Espagne et les contraintes insupportables de la vie à Nanterre. La différence n'est qu'apparente, sa liberté espagnole l'ayant conduit en prison... Cul-de-sac encore une fois.

3. L'explosion

Dans l'intervalle du week-end, entre les deux rendez-vous, Paul a fait une tentative de suicide par phlébotomie. Je suis allé le voir alors qu'il était hospitalisé. Il m'a dit que le dimanche, il se sentait bien, après avoir bu et fumé avec des amis. Puis pendant le dîner, il s'était senti tomber comme dans un « gouffre », s'était levé de table, s'était précipité dans sa chambre, et avait, avec une lame de rasoir, tenté de s'ouvrir les veines des poignets. Il ne pouvait rien dire du sens de cet acte. Et se sentait « tout con ».

Le récit qu'il me fit de cette tentative d'autolyse et de sa généalogie est étonnant d'impulsivité et d'absence de mentalisation, à l'instar de bien des comportements habituels à cette population.

Je le reverrai quelques jours plus tard, pour l'entretien qui suit.

Il s'est passé que la Cocotte-minute, elle a explosé. J'ai une envie. Vous pouvez pas savoir, j'ai une envie de me défoncer, mais à un tel point que c'est la descente, elle a été trop raide...

En plus je viens de me réveiller, je ne suis pas bien, pas bien, pas bien, pas bien...

Hier, j'ai été hier aux urgences pour qu'ils me fassent une piqûre de Tranxène. Vers 19 heures. Et avant j'avais demandé deux

Tranxène 50, pour décompenser un peu. Ça ne m'a strictement rien fait. Rien. Rien...

Et puis j'ai trop fumé. J'ai trop emmagasiné d'énergie, vu que je me sentais bien, c'est normal. J'ai emmagasiné cette énergie qui se trouvait autour de moi et c'est ce qui a... Ça a sauté !..

Vous savez ce que je vais faire, un appel au secours ! Parce que Nanterre, je commence à en avoir franchement marre. Il y a des jours... Ça fait un mois, où je supporte mais il y a des jours où j'arrive plus à supporter, à supporter, supporter...

Ma destinée
Victor Hugo (1867).

J'ai l'impression que ça ne veut pas se décanter. Ça reste en moi, et ça restera en moi. En discutant c'est sûr, ça me fait du bien de discuter, mais je m'aperçois en fin de compte que ça ne va pas du tout. Et je commence à devenir agressif, c'est pas bien du tout non plus. La descente elle s'est pas faite comme ça... Doucement. Elle s'est faite comme ça, la descente. [De la main, il mime une chute brutale.]

Ça a peut-être pris 24 heures. Mais en ce moment je me sens vraiment mal dans ma peau, vraiment, vraiment, vraiment...

C'est un ras-le-bol de Nanterre que je ressens. Mais, par contre, si jamais je me fais virer d'ici... Si je jette à l'extérieur, c'est sûr que je vais faire une connerie, alors là...

Parce que la Cocotte-minute, même si elle a explosé, j'ai toujours un petit reste dedans. Et ça, ça ne me plaît pas du tout. Ou la cocotte, elle explose et toute l'énergie qui est à l'intérieur, elle s'en va, ou elle explose et il restera quand même un peu de... Le chirurgien m'a filé vingt jours d'arrêt à cause de mes entailles aux poignets. Et je crois que je vais pas pouvoir tenir vingt jours sans rien foutre. Quand ça ira mieux moralement, je vais reprendre le boulot plus vite, sans quoi rester vingt jours sans rien faire... Je vais gamberger ceci, cela et là... Ce que j'ai fait là, ça remonte.

Ce qu'il faudra faire, c'est quelque chose de concret, mais quelque chose de concret. Mais pas m'envoyer là-bas, à Sainte-Anne. J'ai déjà donné là-bas. Si c'est pour me retrouver avec des flippés, merci...

Ou alors ils veulent m'envoyer en postcure. Mais je crois que les postcures, c'est pour les grands toxicomanes. Moi, je vais être refusé d'office. Moi, je suis d'accord pour essayer. Je suis vraiment d'accord pour essayer parce que, dès jeudi, je veux changer d'air. Je veux voir d'autres têtes qui ont eu les mêmes problèmes que moi. Eux, ils vont savoir m'aider. Ici ils savent pas m'aider. Ici ils m'enterrent, et ce qu'ils pensent eux, c'est que je vais me retrouver dehors et démerdez-vous. Vous êtes dans votre merde, démerdez-vous. Et ça, c'est pas bon du tout.

Partir en postcure, et puis ne plus refoutre les pieds ici. C'est-à-dire repartir là-bas, chercher du boulot là-bas, et ne plus jamais remettre les pieds à Nanterre. Fini. Nanterre, j'en ai... Parce que je sais ce qu'on va me faire quand on va m'emmener à Sainte-Anne. Sainte-Anne, Villejuif et tous les hôpitaux psychiatriques que j'ai faits... Ça ne m'a jamais rien fait, parce que dès que je sortais, le premier truc où j'allais, c'est à la pharmacie, puis oublier le séjour que j'avais passé à l'hôpital Machin là... Alors si c'est ça le but de l'opération, moi je ne suis pas d'accord. Faut que au bout il y ait quelque chose de concret, si au bout de quatre, cinq mois, on vous fait sortir parce qu'il y a des gens qui vous semblent bien et tout. Si c'est pour en arriver là, non... Et puis je ne suis pas fatigué physiquement, je suis fatigué psychologiquement. J'ai le caractère suicidaire...

La semaine dernière, ce qui s'est passé, c'est que j'ai emmagasiné, mais j'ai pas pu voir la Cocotte-minute. Ce qui s'est passé dimanche, je l'ai ouverte tout seul la Cocotte-minute. J'étais sûr que ça allait exploser de toute façon un jour ou l'autre. Ça allait exploser. Bon, ben, je l'ai fait, je l'ai fait de moi-même. C'est pas quelqu'un qui a dévissé le bouchon, non. C'est moi qui l'ai fait moi-même. Parce que moi, je me sentais vraiment pas bien, et il fallait absolument que ça parte. Et je crois que même tout n'est pas parti. Il me reste encore un petit truc que je ne peux pas justement... Vu que la pression, elle n'est pas assez forte.

Enfin, je vais voir la psychiatre, et je sais ce que je vais lui demander. Je vais demander qu'elle me file un traitement et le traitement, je sais ce que je vais en faire... Parce que comme j'ai toujours le caractère suicidaire en ce moment, je suis sûr qu'elle va me filer des pilules... Et en plus je n'ai même plus de volonté, en plus.

Avec ce traitement, je pourrais en prendre plus qu'il faut et puis recommencer le même truc que ça sera encore un appel au secours.

Mais je veux la voir vite, parce que si elle n'a plus de temps jusqu'à vendredi, je ne vous promets rien du tout. Je ne vous promets strictement rien du tout. En plus ils se sont plantés sur l'heure du rendez-vous. Je devais la voir aujourd'hui, ils ont annulé. On fait pas des trucs comme ça. En plus je suis vraiment mal en point. Faut pas qu'ils me disent des trucs comme ça. Vous savez j'ai le moral qui est complètement redescendu en ce moment. Moi, si je n'ai pas l'aide de quelqu'un pour pouvoir me remonter, je vais descendre, descendre, descendre, descendre, jusqu'à temps que je touche le fond. Et là, après, ils vont téléphoner à Sainte-Anne chez les... Si c'est pour faire ça, moi je ne suis pas d'accord.

Au-delà de la banalité de présenter (dans l'après-coup) sa tentative de suicide comme un « appel au secours », un peu parce qu'il faut bien, en somme, pouvoir en dire quelque chose, c'est de nouveau la question de la décharge de « l'énergie », de l'agressivité et de la violence qu'il s'agit.

On notera, au passage, la problématique anale [1] affleurant au dis-

---

1. Cette question sera développée plus loin. Voir le chapitre « Une folle ataraxie ».

cours sur la Cocotte-minute. Celle-ci a explosé certes, mais pas complètement. Il « en » reste qui colle au fond. Et il « en » restera toujours...

Devant cette nouvelle impossibilité, surgit la tentative habituelle et défensive de tenter de court-circuiter la difficulté psychique, en la transcendant par du « concret ». « Concret » au contenu d'ailleurs parfaitement indéfini...

C'est à ce moment que bien des prises en charge de ces malades tournent court par des passages à l'acte collusifs entre patients et thérapeutes. Il est, en effet, assez tentant pour ces derniers de chercher à se décharger de leurs angoisses face à ces patients apparemment impossibles, par des actes qui n'auront de thérapeutiques que le masque. On adresse alors le malade ailleurs, on conclut à l'opportunité soudaine d'une cure de désintoxication ou d'une hospitalisation. En fait, on s'en débarrasse.

L'entretien se clôt sur une demande extrêmement ambivalente de consultation psychiatrique en vue de se faire prescrire un traitement qui pourrait servir à une autre tentative de suicide. Circularité.

4. Comme un môme

Je suis fatigué en plus et puis j'ai des trous de mémoire et c'est...

A propos de ce matin, je ne me rappelais même plus que j'avais rendez-vous avec vous. Ça date d'hier, j'aurais dû m'en souvenir...

J'ai vu la psychiatre. Ah, ça s'est mal passé, mal passé... Elle me posait des questions et moi je lui répondais : « Mais vous avez le dossier sur votre bureau, pourquoi voulez-vous... En plus, vous l'avez lu le dossier, vous savez ce qu'il y a. » Et elle me posait des questions. Et je lui ai dit : « Mais prenez le dossier, lisez-le et après vous me posez des questions. » Non, non, elle voulait que je lui raconte ceci, cela...

Moi j'en ai marre de raconter ceci, cela. La conclusion, c'est que je me suis levé et que je suis parti...

Si j'appelle au secours, c'est parce que ça ne marche pas à Nanterre. Si je fais un appel au secours à Nanterre, c'est qu'il y a quelque chose qui ne tourne plus à Nanterre. C'est pas point de vue travail. J'aime bien le travail que je fais à la comptabilité. C'est le reste que ça colle plus. Là je viens de monter à la lingerie parce que j'avais des affaires à laver et tout ça. Celle qui s'occupe du travail que je faisais avant, en trois jours, elle s'est complètement plantée. Or, je suis en train de me demander si je ne vais pas recommencer demain pour rattraper toutes les conneries. Vous vous rendez compte, si je prends vingt-deux jours d'arrêt, comment ça va être le souk là-haut...

Moi ce que j'ai envie de faire c'est de téléphoner à ma frangine et puis demander qu'elle m'héberge pour une semaine, que je refasse ses papiers peints et sa peinture. Du moment que je change d'air. A voir toujours les mêmes murs, les mêmes visages... Puis en plus c'est ma famille, donc... Ma mère, je l'ai vue au mois de... Je crois que je l'ai vue pour les vacances de Pâques, ou avant, peut-être à la Noël. Et mon père, ça fait au moins deux ans et demi que je ne l'ai pas vu. Mes frangins, n'en parlons plus, je ne les vois plus du tout. Mais bon, ma frangine, il faut que j'attende, parce que je crois qu'elle est partie un mois, non une semaine, et je sais pas quand est-ce qu'elle va revenir.

Ce qu'il faudrait, c'est que je téléphone à ma mère, pour lui demander si elle est toujours là-bas, ou si elle est rentrée... Je suis comme un môme qui a perdu sa maman, qui arrive pas à la retrouver et qui commence à pleurer, pleurer, pleurer, parce qu'il a peur de ne plus la retrouver. Et puis il y a le problème de la Cocotte-minute, c'est sûr que le couvercle a déjà sauté, mais il reste encore un peu de vapeur qui reste, tout n'est pas parti. Puis en ce moment, je suis vraiment fatigué, je ne suis pas fatigué physiquement, je suis fatigué dans ma tête. Normalement, je ne devrais même pas avoir recours ni au Tranxène, ni à quoi que ce soit. Parce que jusqu'à présent, je me suis toujours démerdé par moi-même sans avoir l'aide de médicaments. Mais si jamais j'en prends pas, je vais avoir le caractère agressif.

C'est une colère que j'arrive à contrôler à cause du Tranxène, mais je crois que si je prendrais pas de Tranxène, je serais encore plus agressif. Ça serait pas tellement par le physique, ça serait par la parole. Je dirais des trucs méchants...

Pourtant je ne suis plus en âge d'aller pleurer comme un enfant qui a perdu sa mère. Si à trente-deux ans je ne peux plus assumer ce que je fais... Avant, ça ne me le faisait pas. Je ne pleurais jamais, mais dans la période actuelle, j'ai l'impression que je sais pas...

Parce que, à l'aube de notre existence, on n'a pas besoin de pleurer. Puis d'un seul coup ça ressort, et je crois que c'est là que ça fait vachement mal, enfin. Oui, il y a que tout le monde a une faiblesse, que ce soit sur n'importe quelle chose, tout le monde a une faiblesse. Parce qu'il peut y avoir des personnes qui bon... Dans leur boulot, ça se passe impeccable, mais dès qu'ils rentrent chez eux, ça y est, c'est fini. La volonté, elle s'envole...

Il manque un morceau du puzzle. En fin de compte, je crois que si je me suis fait ça, c'est que je voulais me punir de quelque chose. C'est une punition que je me suis infligé moi, ça regarde pas les autres personnes, ça regarde moi. J'ai entendu certaines réflexions, d'après les gens que je côtoie ici. « Pourquoi tu as fait ça ? Pourtant c'est pas trop mal ici. » Mais ils ne connaissent pas mon problème, donc ils me disent ça. Bon ben, si vous voulez c'est comme un conseil, mais je n'ai pas à retenir ça. Ils ne me connaissent pas...

Le psychiatre qui me suivait avant, il me disait toujours : « Vous avez un caractère suicidaire. » Je crois que ça n'a pas changé.

L'ambivalence initiale exprimée vis-à-vis de la psychiatre s'est soldée par un rendez-vous raté. Il s'est levé et il est parti.

Malgré l'image stéréotypée de l'enfant qui pleure parce qu'il a perdu sa mère, cet entretien est probablement le plus authentique de la série en ce qu'il y transparaît la détresse de Paul. Pleurs, épuisement et colère se mélangent sur fond de projet de se tourner de nouveau vers sa famille en téléphonant à sa sœur, à sa mère... La réalité de ses relations avec sa famille en trahit tout de suite le caractère, hélas, fantasmatique. Il ne sait pas exactement comment contacter sa sœur. Il ne se souvient plus quand il a vu sa mère pour la dernière fois : « À Noël ou à Pâques... »

Il pourrait dire « des trucs méchants ». « Ils ne me connaissent pas », la solitude demeure. Il a toujours un « caractère suicidaire ». Rien ne change. Cul-de-sac encore...

5. La folie qui vient toute seule

Mon ego, ma vraie personnalité, elle est plus forte que moi. Elle est plus forte que ma personnalité que j'ai en ce moment. C'est comme le jeu de la souris et du chat.

175

Là, ce qui m'est arrivé à la main [la tentative de phlébotomie], *c'est que j'ai trop bu. Et comme j'ai perdu l'habitude de boire, mon organisme n'a pas voulu le supporter, quoi. J'ai voulu prouver à mon copain que je pouvais toujours encaisser alors que mon organisme ne pouvait pas encaisser. Et c'est ce qui m'a donné cette mélancolie que j'avais en moi et qui m'a poussé à faire ça. J'aurais fumé, ça aurait été totalement différent. Je me serais couché, je me serais endormi comme un bébé. Là, non, il a fallu que l'alcool active.*

On dit toujours que l'alcool donne des forces. C'est vrai. Il y a trois niveaux dans l'alcool. Il y a l'alcool où on est euphorique, après il y a l'alcool où on est agressif. Une fois qu'on a dépassé le stade agressif, on se couche et on dort. Mais il y a la tristesse aussi...

C'est comme une fois, je ne sais pas ce qui m'a pris ce jour-là, parce que je suis tombé mort ivre à l'Hôtel-Dieu et d'un seul coup, je sais pas ce qui m'a pris, j'ai commencé à tout casser, une crise de folie enfin. Alors qu'il n'y avait rien pour provoquer cette crise de folie, elle est venue toute seule, je ne sais pas d'où, mais elle est venue toute seule. Ça a dû me frapper, puis j'ai commencé à devenir fou...

Comme dimanche, j'étais sorti avec mon copain pour aller faire une virée. Je me suis dis : « Je vais picoler, ça va me filer du courage et je vais aller voir une nénette. » C'est après que ça a dégénéré. Sinon je serais pas sorti avec mon copain. Je serais sorti tout seul à ce moment-là. J'aurais acheté, je sais pas, un litre de vin blanc ou du rosé ou, je sais pas, n'importe quoi. J'aurais bu et puis je serais retourné à la chambre et puis dodo. Mais j'avais pas l'intention de boire pour me tailler les veines. C'était pas ça mon but quand je suis sorti. C'est après que ça a...

Je suis sorti avec mon copain. Je suis allé faire un tour au marché. Ça allait bien et tout. Moi, je lui ai proposé : « Viens, on va aller boire un coup. » Bon là, on a commencé à boire, boire... Moi j'ai fait des mélanges, ce qui n'est pas bon du tout et je suis rentré ici pour manger le midi, j'ai mangé le soir et je sais pas... Je crois que c'est venu comme ça. J'ai dû penser. L'alcool aussi ça fait gamberger l'alcool. Il y a pas de problème et j'ai dû penser à un truc et puis une sorte de ras-le-bol. Et puis, j'ai cassé mon rasoir, c'est un rasoir comme ils en ont à l'hôpital, en plastique.

Bon j'ai cassé mon rasoir et comme j'étais dans un état euphorique et que j'avais le courage de le faire. Bon ben, j'ai pas hésité quoi. Tout ça c'est dû à la prise d'alcool que j'ai faite. Moi je suis sûr et certain que j'aurais fumé, je ne l'aurais pas fait de toute façon parce que quand on fume on n'est pas agressif, c'est pas possible. Par contre, si on prend un acide qui est trop speed, là c'est sûr qu'on va devenir méchant, mais fumer non, non, non...

Bien sûr, si j'avais vraiment voulu me tuer, je l'aurais fait, pas de problème. Il faut quand même une certaine force de volonté, parce que si je l'ai fait, c'est vraiment un appel au secours et j'ai contourné le miroir. Si jamais ça avait pas été la lame de rasoir, ç'aurait été autre chose. J'ai pas tellement fait ça... Parce qu'il y en a qui font ça, parce qu'ils veulent qu'on s'intéresse à eux. Moi je l'ai fait, parce que... Enfin je suppose, j'en suis pas certain non plus... Et puis si j'ai fait ça, c'est pour me punir moi-même.

C'est-à-dire que jamais, j'aurais dû recommencer à fumer, parce que... Avant de fumer, j'allais avec un copain, je me soûlais la gueule et tout. Le lendemain matin j'avais un mal de crâne, la gueule de bois comme c'est pas possible. Et le matin, je me disais : « C'est bien fait pour ta gueule, fallait pas faire ça. » Et j'étais malade, malade, malade...

Parce que je m'étais promis à moi-même de ne plus retoucher à ça. Et ça a été un échec. Parce que ces derniers temps, je fumais et je commençais le matin jusqu'au soir. Là c'était même plus le week-end. C'était du lundi jusqu'au lundi. Ça s'arrêtait pas, matin, midi et soir, fallait que... Pffft... Et maintenant je me rends compte que ça ne m'a rien apporté du tout. Je voulais me prouver que j'avais la volonté et en fin de compte, ça a raté sur toute la ligne. Je ne voulais pas me mesurer contre un adversaire, je voulais me mesurer pour moi tout seul.

Et des fois, je le fais en quelque sorte pour savoir jusqu'où je peux aller avant de m'écrouler complètement. C'est pour me prouver à moi-même jusqu'à quel point je peux aller dans ce truc-là. Comme ça je saurai après quel niveau il ne faut pas dépasser. C'est une lutte avec mon ego. Je fais une sorte de concours...

Le jeu du chat et de la souris. Paul joue une partie de bras de fer contre lui-même. Cette représentation, typique des malades souffrant de conduites addictives ou d'autres troubles du comporte-

ment, s'accompagne d'une issue logique plus rarement soulignée :
à lutter contre soi-même, dans tous les cas, on est sûr de perdre...

La distinction que Paul avait tenté de maintenir au cours des
entretiens précédents, entre l'alcool/agression et le haschich/apaise-
ment, s'effondre ici. C'est bien l'ensemble des toxiques confondus
qui le conduisent « à s'écrouler complètement ». « Ça a raté sur
toute la ligne ». Cul-de-sac, suite et fin.

*

Peu après ce dernier entretien, les autorités socio-médicales et
administratives décidèrent d'envoyer Paul dans un centre de postcure pour toxicomanes situé en province. Il ne demandait pas
mieux. C'était pour lui l'occasion de changer d'air et de voir du
paysage. Pourquoi pas ?

Cela dit, c'était là un exemple de collusion dont j'ai expliqué
plus haut le mécanisme, cette décision ne reposant sur aucune stratégie thérapeutique et ne recouvrant que la volonté partagée du
malade et de l'institution, de se débarrasser l'un de l'autre. Soupirs
de soulagement réciproques, qui évitent à tous, malades, soignants
et institutions, de s'interroger plus profondément sur le sens de ces
échecs partagés et habituels.

INTERMEZZO
TONTON ET L'HOMME IMMOBILE

Dans mon souvenir c'était l'hiver. Il y a longtemps. Un matin d'école sombre et froid. Un matin comme je les haïssais avec toute la passion dont était capable mon petit être. L'école. Les prêtres noirs comme la mort et les cris des imbéciles footballistiques. Lumière pisseuse sur les pavés gras. Un seul arbre dans la cour, un vieux hêtre pourpre aux feuilles presque violettes. Énorme et sombre ami, prisonnier comme moi. Appuyé contre son tronc toujours tiède et dont je connaissais bien la douce rugosité, j'attendais

Gavroche rêveur
Victor Hugo.

la fin des récrés. De temps en temps, pour lui faire plaisir, je croquais une ou deux de ses faines. Ce n'était pas très bon, mais je ne voulais pas le vexer. Les récréations étaient pires encore que les classes. Encore plus bêtes. Plus vaines. Les choses étaient telles que les loisirs officiels rivalisaient d'odieux avec le travail. Ça augurait mal pour l'avenir...

Bousculades. Agitations. Jeux de balles. Plus loin, quelques puceaux prépubères ont coincé un petit contre un mur. Ils font écran de leur corps pour se dérober au regard du surveillant bovin qui, au demeurant, ne voit jamais rien. Avec application, ils tripotent le sexe du petit. Et lui palpent les testicules en serrant bien fort pour faire mal. Ils ont le visage tout rouge, comme bouleversé d'un plaisir qui les possède et les dépasse. Le petit, raide de terreur, couine comme un lapereau. C'était là toute une humanité. Je ne me sentais pas bien...

Les autres, à l'école, m'appelaient « l'homme immobile ». Immobile, je l'étais. Je passais les récrés debout à côté de mon arbre. Tétanisé d'effroi, je découvrais les hommes. Ah, j'étais bien gêné pour nous tous. Et désemparé. Au début, les enfants me bousculaient ou volaient mon cartable. Je ne réagissais pas. Ils pensaient que j'avais peur. Ce n'était pas la peur, c'était la honte. J'étais dépassé. Je m'en ouvris à Tante Anna, ma grand-tante. Tante Anna n'avait pas eu beaucoup de chance dans la vie. Son mari l'avait quittée et, pour vivre, elle faisait des ménages. Le soir, elle lisait Zola. Surtout *Nana* qui était son roman préféré. C'était une rude Bruxelloise, bâtie comme un boxeur, bougonne et bonne comme une couque au sucre.

« Mais enfin, menneke [1], il faut seulement pas te laisser faire. Si ces sales gamins t'embêtent, tu n'as qu'à leur donner un bon coup de poing sur le nez. Et si ça ne marche pas, c'est moi qui viendrai le leur donner. » Cela marcha, j'étais tendre, distrait et doux, mais assez costaud. On me laissa à mes rêveries...

Ma lumière, à cette époque, c'était Mademoiselle. Mon institutrice. Une blonde exquise avec des jambes qui n'en finissaient pas. Un sourire à la Giotto. Et sur les cuisses, juste à ma hauteur, des petits poils blonds, presque blancs, qui montaient, montaient et allaient se perdre Dieu sait où. De temps en temps, lorsqu'elle

1. Littéralement : « petit homme ».

décroisait les jambes, un éclair blanc me ravissait. J'y pensais, à cet éclair blanc, avec acharnement et souvent jusque fort tard dans la nuit. D'autant que je n'avais qu'une idée bien obscure et toute fragmentaire de ce qu'il pouvait bien cacher... Mademoiselle ! Je m'y serais volontiers noyé. Mais alors noyé vers le haut, comme on se perdrait dans un ciel étoilé. Mademoiselle, c'était toute mon astronomie à moi ! Déjà tout petit, je n'étais vraiment bon qu'à l'érotisme et la contemplation.

Un matin, il y a des bruits de portes. Des chuchotements me parviennent jusque dans mon sommeil. Ma mère me réveille. Comme tous les matins, j'ai froid, j'ai chaud. Je suis ivre de sommeil. Les réveils sont pour moi autant de drames et d'arrachements. Tous les matins, je me retrouve écœuré, brisé, anéanti. Ma mère est obligée de me porter dans le bain. Longuement, je dois cajoler mon corps, ce grand absent, pour le rendre à la vie. Et lui, toujours, veut s'échapper, se dérober, glisser encore au pays des songes. Sa vraie patrie. Son royaume. La lutte est terrible et quotidienne. Elle épuise tout le monde. Ma mère qui me gave de thé, de toasts, de paroles et de caresses. Moi, qui lutte contre le vertige, le froid et la nausée. Le chat sur lequel, en titubant, je marche sans m'en apercevoir...

Mon père n'est pas à table.

« Tu sais bien qu'aujourd'hui il est allé chercher Tonton à l'aéroport », dit ma mère.

Tonton qui revenait du Congo. A vrai dire, je n'avais pas vraiment réalisé qu'il était parti. Un an passe vite et nous l'avions peu vu avant son départ.

Tonton est le frère de mon père. C'est un peu le raté de la famille, le mouton noir. Il a une grosse voix et boit beaucoup. Son accent est vulgaire. Un embarras en somme, cet homme. Un mal de dents familial, sourd et chronique. Quand j'étais tout petit, il me faisait un peu peur. Maintenant, à sept ans, il n'est plus pour moi qu'un être lointain, théorique. Tout au plus un contre-exemple un peu douteux et le sujet d'anecdotes amusantes.

Tonton n'a pas fait de longues études. Il a été renvoyé d'une demi-douzaine de collèges. Dont une fois, pour avoir frappé un prêtre qui giflait un enfant. Sacré Tonton ! Ses parents pensèrent alors qu'il lui fallait un milieu plus aéré. Quelque part où il puisse donner libre cours à son énergie débordante. Ils l'inscrivirent dans un lycée agricole. Tonton n'y resta que quelques semaines. Il fut renvoyé pour s'être enfermé dans une grange avec la fille du directeur, à qui il tenta de faire subir les derniers outrages, bénéficiant d'ailleurs de l'enthousiaste coopération de la patiente. Découvert *in flagrante delicto* par le papa soudainement hypertendu, Tonton tenta de défendre sa position, sa belle, et son honneur à coups de betteraves. Betteraves sucrières, moins salissantes mais plus massives et donc nettement supérieures d'un point de vue balistique que leurs cousines alimentaires. Tonton ne devint pas agriculteur.

De gag en gag, de glissement en glissement, Tonton et ses cent kilos, son ventre, son whisky et son accent bruxellois, Tonton était devenu mercenaire katangais. Je crois qu'il n'a jamais très bien su pourquoi. Il y avait l'argent évidemment. Et les copains. Et une même pas blonde qui lui avait préféré un diamantaire anversois, riche et vieux. Mais tout cela n'était, au fond, que détails. Simplement il devait trouver le monde normal trop petit, trop plat, trop terne pour lui. Il lui fallait de l'aventure, Tonton. Des couleurs et des bruits énormes : la bataille des Ardennes ou des trucs de cowboy. Une vie enfin, même courte, mais une vie qui soit un peu comme au cinéma. Tonton avait quelque chose de Clark Gable. Moustache et tout.

Ce matin-là, des bruits dans le couloir et puis Tonton qui surgit comme ça, au beau milieu de ma tartine au chocolat. Il porte un uniforme vert et, sur la tête, un béret bordeaux orné d'une croix de cuivre. Curieuse, cette croix : les quatre bras sont de même longueur et légèrement spatulés au bout. C'est la croix du Katanga. C'est son béret de mercenaire.

« Salut, gamin », me dit-il de sa voix bourrue.

Il me soulève dans ses bras. Il me semble énorme et vaguement inquiétant de puissance. Sa moustache pique un peu et je suis étonné de voir dans ses yeux qu'il est vraiment content de me voir. Il me pose par terre et après un instant d'hésitation, le voilà qui enlève son béret, son béret de mercenaire, et le pose sur ma tête. J'ai envie de pleurer et je ne sais pas pourquoi.

Puis il ouvre sa valise et sort des petites choses qu'il a rapportées pour nous. Des statuettes d'ébène : gazelles et girafes stylisées, jeunes femmes aux seins hallucinants... Un œuf en malachite. Dans sa valise, bien posé sur ses vêtements, il y a un colt 45 qui brille merveilleusement. Il irait très bien avec le béret. J'ai très envie de demander si je peux l'avoir. Quelque chose me retient...

Je ne sais plus combien de temps Tonton est resté chez nous après son retour du Katanga. Des jours, des semaines... Je me souviens qu'il dormait dans la salle à manger, sur un lit de camp militaire. J'étais bien content de constater qu'il n'aimait pas beaucoup les matins non plus, Tonton. Il continuait à dormir pendant que je mangeais ma tartine. Il disait juste : « Salut, gamin », puis il se retournait et je petit-déjeunais en regardant, admiratif, les muscles de son dos, épais comme ceux d'un buffle.

Plus tard, à mon père, petit à petit, il a raconté des histoires, Tonton. L'air de rien, je m'efforçais de n'en rater aucune.

Il a raconté que son groupe avait été désarmé puis expulsé du Congo, par un régiment de Gurkhas, Casques bleus des Nations unies. Sur le tarmac de l'aéroport d'Elisabethville, avant de monter dans l'avion pour la Belgique, un major gurkha a voulu lui prendre son Colt. Alors Tonton l'a armé et a dit « chiche ». Le major, après un instant de réflexion, a renoncé. Ce major gurkha était plein de sagesse...

Tonton expliqua aussi que lui et ses amis gardaient toujours une grenade sur eux, pour ne pas être pris vivants par les Balubas qu'ils combattaient parce qu'ils s'opposaient à la sécession katangaise.

Un jour, un ami de Tonton a été capturé vivant par les Balubas. On l'a retrouvé, attaché par les bras au bord d'une rivière. Il ne restait de lui que la tête et une partie du thorax, le reste avait été mangé par les crocodiles.

Une autre fois, Tonton et ses amis sont entrés dans un village. Tonton a vu un petit garçon de quatre ou cinq ans qui rongeait une cuisse de poulet. A y regarder de plus près, la cuisse de poulet n'en était pas une. C'était un pouce humain tout rôti.

Plus tard, les quelques Jeeps armées de mitrailleuses du groupe que Tonton commandait se trouvèrent encerclées de Balubas surgis de la brousse. Les Balubas n'étaient armés que de vieux tromblons, d'arcs, de flèches et de lances. Le plus dangereux, c'étaient les lances. Enfin, les Balubas arrivaient de partout et Tonton et ses amis tiraient dans le tas. Un grand guerrier baluba a couru droit sur Tonton pour essayer de le tuer avec sa lance. Tonton lui a tiré en plein dedans. Et même que les balles lui arrachaient des morceaux de chair, le Baluba continuait d'avancer. Finalement il s'est écroulé à quelques mètres de la Jeep, mais seulement après avoir été touché cinq ou six fois. « En plein dans le buffet », a dit Tonton. Il a ajouté que c'était l'alcool de palme qui les rendait comme ça.

Les Balubas étaient cruels et courageux. Tonton disait qu'ils étaient aussi très bêtes. Le concept de grenade, par exemple, leur échappait totalement. Ainsi, les copains de Tonton prenaient parfois un petit avion, un Piper Cup, et survolaient à basse altitude les villages balubas. Les Balubas — « ces cons », disait Tonton en rigolant — essayaient de descendre l'avion avec des flèches. Les copains de Tonton lâchaient alors des grappes de grenades dégoupillées toutes en même temps. (Techniquement c'est très facile : il suffit de passer une ficelle entre toutes les goupilles et puis de tirer sur la ficelle.) Les grenades tombaient au milieu du village et les Balubas se précipitaient pour voir de quoi il s'agissait. Surtout les enfants...

Un soir, Tonton a montré des diapositives qu'il avait ramenées de là-bas. On voyait sa Jeep, son boy, la forêt vert foncé, presque noire. Et les hautes herbes de la savane, les matitis, dans lesquelles se cachent facilement les buffles, les lions et les Balubas. On peut passer à trois mètres sans les voir...

Une diapositive montrait Tonton et quelques-uns de ses amis, surveillant une dizaine de Noirs qui construisaient un pont rudimentaire en plaçant des troncs d'arbres sur un ruisseau large de quelques mètres.

« Ce sont des prisonniers ? a demandé mon père.

— Oui. On avait fait des prisonniers pendant la mission.

— Mais... Qu'en avez-vous fait ? » insista mon père.

Alors Tonton a fait le geste et le bruit d'une mitraillette qui tire en arc de cercle. Raquetaquetac. Puis, il a dit en haussant les épaules :

« Qu'est-ce que tu voulais qu'on en fasse ? Si on les avait lâchés, ils nous seraient tombés dessus pendant la nuit. »

*

Tonton, lorsqu'il était très jeune, avait eu un fils, avec qui il avait rapidement perdu tout contact. Il en parlait de ce fils qu'il avait égaré quelque part dans la vie. Il en parlait lorsqu'il était triste. Et il était souvent triste, Tonton, devant son whisky...

Tonton est mort à cinquante ans. Il avait toujours dit qu'il ne dépasserait pas la cinquantaine. Il était en voiture, en voyage dans la campagne, lorsqu'il s'est senti mal. Alors il s'est arrêté sur le côté de la route et a fait quelques pas dans une prairie pour s'appuyer contre une clôture. Et là, debout, il a attendu la mort presque une heure. Sans rien dire. Puis il est tombé comme un arbre abattu. Il a été grand devant la mort, Tonton.

*

Et c'est comme ça que j'ai bien connu un criminel de guerre. Je l'aimais bien. C'était mon oncle. J'ai perdu son béret, il y a longtemps.

COMBIEN DE SUCRES
DANS VOTRE ASSASSINAT ?

Printemps 1986. Mission France de Médecins du Monde

La Mission vient d'être créée. Les consultations ont lieu dans un trois-pièces, au rez-de-chaussée d'un immeuble du Ve arrondissement de Paris. Les médecins reçoivent le matin et moi l'après-midi.

C'est mon dernier patient de la journée. Un homme d'une trentaine d'années. Grand. Fort. Mal rasé. Les cheveux longs et sales, il est vêtu d'un jean aux bords effilochés et d'un pull bleu marine tricoté main. Un pull beaucoup trop grand pour lui. Les manches, surtout, sont trop longues. Il tente constamment de les remonter. En vain.

Il se dégage de lui la sensation d'une violence latente. Une menace sourde et omniprésente. Je redoute un instant l'agression, songeant à la pièce d'à côté qui est pleine de médicaments. Il n'y a plus assez de place dans les armoires et le sol est jonché de grandes caisses en carton dont le contenu déborde. Il y a là une petite fortune en psychotropes pour qui les revendrait dans la rue. L'infirmière est déjà partie et je suis seul...

« Il paraît que vous êtes psychanalyste ?

— Mmm...

— Bon alors, je viens me faire psychanalyser. Mais il faudra faire vite. Je veux pas me faire chier. Je pense que deux, trois semaines ça ira, parce que je suis vachement intelligent. Alors, je vous raconte un peu. Vous me dites ce qui ne va pas. Vous pouvez m'expliquer carrément parce que je comprends tout. Et je ne veux pas que ça dure plus de trois semaines. Vu ?

— Vous voulez une pizza aussi, en attendant ?

— ???

— On n'est pas au self-service. Vu ?

— Ouais, monsieur. Mais écoutez... »

Et il évoque en quelques mots son enfance. Père alcoolique, vaguement perçu entre absences et violences. Mère instable, immature, laissant les enfants aux grands-parents, couchant un peu avec n'importe qui... Puis, il me raconte qu'un jour, il a tué un enfant.

« C'étaient des moutards à une voisine. Ma mère était copine avec elle. Moi, 18, 19 ans par là, je lui gardais ses mômes. Des petits. Trois petits. Le plus grand avait dans les cinq ans, les deux autres étaient plus petits encore. Deux, trois ans, je ne sais plus. Une fille et un garçon, je crois. Je ne me souviens plus bien. Je devais les faire manger. Ils ne voulaient pas. Ils en foutaient partout. Moi, je ramassais, mais ça commençait à me gonfler. Je me suis mis à gueuler. Le grand ne voulait rien savoir. Je l'ai pris par le cou et je l'ai secoué. J'ai serré un peu fort. Il s'est étranglé. Enfin, il est mort. Je me suis dit : "Eh merde ! Putain, le gosse !" J'ai dû aller prévenir la mère qui n'était pas loin. Elle s'est mise à crier, à pleurer. A ce moment-là, voilà ma mère qui rapplique elle aussi. Et elle aussi, elle commence à gueuler. Un bordel ! Et la mère du gosse qui criait : "Assassin ! Assassin !" »

Il s'arrête de parler et me regarde en riant doucement, content de son effet. Mon visage est de marbre. Je pressens que le pire est encore à venir.

Il reprend :

« Quelqu'un a appelé les flics. D'abord un flic tout seul est venu. Il a vu le tableau et il a dit : "Ah, mais ça va pas ça ! Ça va pas." Et il a appelé du renfort. Alors d'autres flics sont venus et j'ai été arrêté. On m'a foutu en prison. Treize mois de préventive. Mais au jugement, l'expert a dit : "On a retrouvé de la nourriture dans la gorge du gamin." Alors ils ont été obligés de conclure à un accident. Je voyais bien que le juge n'y croyait pas. Il l'a plus ou moins dit, mais il ne pouvait pas faire autrement. Il était bien emmerdé, mais j'ai été acquitté. Moi, j'ai exigé des excuses. J'avais fait treize mois pour rien ! »

De plus en plus provocant, il jubile de me raconter sa petite saleté, moi qui, pense-t-il, suis forcé de l'écouter. Il jouit de ce meurtre impuni, car il sait bien, et c'est là tout son plaisir, qu'autopsie ou pas, en définitive, il a bien tué cet enfant. Et personne ne peut plus rien contre lui. C'est là tout son triomphe et sa morgue. Il étale son savoir supérieur. Ce savoir des assassins qui ont mesuré toute notre évanescence. Explorateurs des fins dernières, ils savent bien, eux, que l'homme n'est rien...

En l'écoutant, la rage m'a peu à peu envahi. Un bistouri traîne à l'autre bout de la pièce. Je pourrais me lever, m'en approcher doucement. Continuant à parler, je le prendrais dans la main comme on saisit machinalement un crayon, puis d'un coup je pivoterais sur moi-même et le lui enfoncerais dans la gorge jusqu'au manche. Il y aurait d'abord comme le bruit d'une déchirure, puis peut-être la résistance du cartilage, et enfin quelque chose de caoutchouteux lorsque je trancherais la carotide. Le sang giclerait jusqu'au plafond en une gerbe pure. Peut-être m'offrirais-je même le luxe de pousser un cri sauvage...

Le Cri
Edvard Munch (1895).

Je me réchauffe un instant au doux soleil de sa mise à mort. On peut toujours rêver...

En réalité, à la fin de son récit, j'ai simplement hoché la tête, en le regardant droit dans les yeux. Puis, sans proférer une parole, je me suis levé pour aller ouvrir la porte. A son passage, ostensiblement, mon regard toujours dans le sien, je me suis un peu reculé, afin que nous ne nous frôlions pas.

*

C'est un grand jeune homme de 24 ans, bien bâti. Afin que je ne me laisse pas abuser par son apparence, il me signale d'emblée qu'il s'est gravement et irréversiblement abîmé le dos en tombant accidentellement quelques années auparavant. Sports et activités physiques un peu soutenues lui sont interdits. Il n'est déjà plus qu'un homme brisé.

Il a entendu parler de la consultation. Il vient me voir comme ça, à tout hasard. Il pense que ça ne tourne pas bien rond dans sa vie. Peut-être lui faudrait-il faire quelque chose. Il n'est pas sûr d'en avoir vraiment besoin. Pas ce qui s'appelle vraiment. Mais enfin, on peut toujours essayer...

Ils étaient huit frères et sœurs à la maison. Six sont toxicomanes dont l'aîné, un malade psychiatrique multi-hospitalisé. Seuls un frère et lui ne se shootent pas. Les parents sont démissionnaires. Généralement absents. La maison familiale, autour de laquelle gravitent les enfants, se dégrade peu à peu et, insensiblement, vire au squat.

Lui a raté plusieurs fois son bac. Il erre de formation en formation. Toujours dans l'échec, l'évitement et l'absence. Pour tout dire, essentiellement, il passe sa vie dans son lit... Il parle de ses projets. De ses ébauches de projets. De ses idées d'ébauches... Fumées... Volutes... Il se tait, tout encombré de néant. Gêné de tant de rien.

Un peu pour dire quelque chose, bonhomme, avunculaire, j'ose poser la question des filles. Il hausse les épaules.

« Ouais. »

Il a essayé. Les filles, il connaît. Il a eu des copines.

« Ouais... »

Ça n'a pas l'air de l'avoir beaucoup enthousiasmé. Il pense les filles, comme on pense un produit. Certes, il a essayé. Ce n'était pas mal. Ce n'était pas fameux non plus. Sans plus. La possibilité d'une relation ne semble même pas l'effleurer. Silence...

Je sens qu'il veut dire quelque chose, mais il hésite et me soupèse du regard. Enfin, il se décide.

« Faut que je vous dise aussi que je vais parfois avec des hommes. Ça m'arrive... » (Il hausse les épaules.)

Benoîtement, je lui fais remarquer que par les temps qui courent, ce peut être là un sport dangereux.

Il sourit, comme secrètement ravi. Goûtant son masochisme. Je lui ai montré le bout de mon inquiétude et c'est déjà pour lui une sorte de victoire en soi. Que je puisse m'inquiéter à son sujet, forcément, le flatte un peu, lui confère un instant d'importance. Et puis, me faire entrevoir sa mort, c'est tout de même une petite souffrance qu'il m'inflige au passage. Ça aussi c'est quelque chose. Infime revanche. Crypto-sadisme de victime. Toujours ça de pris, après tout, que de m'emmerder un peu...

« Ouais, je sais. La protection. Mais non, les capotes c'est... Pfouu ! » (Il esquisse de la main un geste las.)

J'ai alors comme un mouvement de tête (oh, à peine !), accompagné d'un très léger haussement de sourcils. C'est une petite spécialité que j'ai mise au point. Une histoire sans parole, une mimique d'urgence, un concentré de discours qui signifie à peu près : « Si tu continues comme ça, mon pauvre vieux, tu vas crever. Et alors, plus personne ne pourra plus rien pour toi. Je le regrette bien. Mais c'est ta mort en fin de compte et non la mienne. »

Il s'en fout bien. Jouer à qui perd gagne, quand on n'a plus rien d'autre, c'est encore un peu bon tout de même. Je vois passer dans ses yeux une pointe de mépris. Il me prend pour un plouc, un étriqué. Un baise-petit qui n'a rien compris à l'aventure de la vie. Peine-à-jouir. Il s'imagine que je voudrais casser tout cela : sa vie, son style, ses petits plaisirs douteux. Pour lui refiler une cravate et un sale boulot de smicard ahuri. Et lui greffer enfin et surtout, un anus bien-pensant, un anus comme il faut, un anus à sens unique. Le châtrer, enfin. Voilà ce qu'il pense. Voilà ce qu'il craint.

Moi, j'ai peur qu'il ne soit déjà trop tard. Et, Macbeth halluciné, je vois défiler des mourants, décharnés, ensanglantés. Sarabande de fantômes pour moi tout seul. Je le vois déjà finir Banco, mon client. Avec sa tête sous le bras.

Et je me dis, rageur, que le propre des adolescents est d'ignorer qu'ils vont mourir. Vraiment mourir. Inéluctablement. Imbéciles ! Ils ne savent rien du temps. Et pas moyen de leur apprendre. Invincibles mégalomanes tous ! Supermen !...

Je songe à *Hamlet* (V, 2) :

« Si ce doit être pour maintenant, ce ne sera plus à venir. Si ce n'est plus à venir, c'est pour maintenant. Et si ce n'est pas pour maintenant, pourtant mon heure viendra. Le tout est d'être prêt. »

« J'aime pas trop ça, lâche-t-il à propos de la sodomie. C'est pas trop mon truc. Pourtant dans ces moments, je ressens tout de même comme une sorte... comme un énervement qui monte. »

Un énervement qui monte... Mais pour finir où ? Pour aboutir à quoi ? Ce n'est même pas une excitation sexuelle. Ce n'est plus qu'un énervement. Un énervement qui se perd, s'égare dans son corps, comme un peu d'eau s'évanouissant dans le sable... Désert !

Je ne l'ai plus jamais vu. Vit-il encore aujourd'hui ?

*

Février 1993. Consultation à Nanterre

Il fait très froid. Il va neiger. Les nouveaux locaux ne sont pas encore prêts, les anciens sont déjà démolis. La consultation s'est installée dans des préfabriqués temporaires, comme ceux que l'on voit sur les chantiers.

L'un d'eux abrite le secrétariat et surtout la machine à café. Micro-ethnographie de bureau, la plupart des collègues sont « café ». Cependant, un petit groupe, dont je suis, milite bravement en faveur du thé.

Ce jour-là, c'était à moi qu'il incombait de le faire. J'allais et venais, distribuant le nectar.

Dehors, une vieille femme, blottie dans un recoin pour tenter de se protéger du vent, me regardait faire. Mon œil avait distraitement enregistré sa présence, mais il fallut un certain temps avant que sa réalité ne vienne crever, comme une bulle, à la surface de ma conscience. Alors, je la regardai vraiment et compris sa supplique muette.

Elle était vêtue d'une chemise de nuit rose bonbon et d'un pull, qui avait été blanc, jeté sur ses épaules. Ses jambes nues, squelettiques, blanches et striées de veines, finissaient en chaussettes rouges et en baskets ridiculement trop grandes pour elle. Ses yeux portaient l'envie brute et sans mots des bêtes. Elle grelottait en regardant mes gobelets fumants. Avec son visage décharné, il ne

191

lui manquait qu'une faux, à cette vieille, pour ressembler tout à fait à la mort. Une mort rose bonbon.

Depuis combien de temps attendait-elle là ? Combien de fois déjà m'avait-elle vu passer ?

Je songeai enfin à lui proposer un gobelet.

Alors elle sourit, d'un sourire ineffable, séraphique et édenté. Et elle joignit les mains, en se courbant, comme saluent les bouddhistes.

J'allai chercher son thé. Puis, réalisant que je ne lui avais même pas demandé si elle voulait du sucre (qu'il est difficile d'être simplement convenable !), je passai une tête par la porte, pour lui poser la question.

Elle montra deux doigts et s'inclina à nouveau.

Je mis deux sucres dans le thé et touillai avec l'unique cuillère. Enfin, je le lui apportai. Précautionneusement, elle serra le gobelet entre ses mains tremblantes.

Et si, plus tard, il arrive que ma fille me demande à quoi, exactement, j'ai servi auprès de ces grands souffrants, je pourrai toujours lui répondre que — si beaucoup de choses restent discutables — au moins j'ai servi un jour un thé à une vieille femme qui ressemblait à la mort. Un vrai thé, avec du vrai sucre. Et j'ajouterai que la vieille le trouva bon.

*

Juin 1996. Consultation à Nanterre

La cour d'arrivée des bus. Le sol y accumule des vestiges. Bouteilles vides. Vieux pansements. Plaquettes de médicaments vides. Paquets de biscuits éventrés. Un vieux préservatif comme un poisson desséché. Quelques chiffons innommables qui furent un jour des vêtements portés par des hommes...

Sur les quelques marches qui mènent à la consultation, une femme est assise. Elle doit avoir entre quarante et cinquante ans. Elle est obèse et sale. Son ventre proéminent et ses seins effondrés boudinent une robe informe aux couleurs passées. Son visage est écarlate. Mélange d'alcoolisme, d'hypertension et d'exposition aux intempéries. Grosse figure brutale au nez camus. Un peu de sang séché lui fait une sorte d'emplâtre noir sur une oreille.

Elle se regarde dans un petit miroir de poudrier, objet féminin, délicat, incongru, qu'elle tient d'une main charnue comme un jambon. De l'autre, elle soulève des mèches de cheveux. Des mèches compactes, pleines de nœuds. Des cheveux comme de l'étoupe.

« Nom de Dieu de nom de Dieu de nom de Dieu ! »

Je passe. Elle se tourne vers moi.

« Nom de Dieu de nom de Dieu ! Ça y est. Un cheveu blanc ! Vous vous rendez compte... J'ai déjà un cheveu blanc. Ah, nom de Dieu ! A mon âge. »

Moi, qui suis complètement chauve, je hoche la tête et, pince-sans-rire, lui dis gravement qu'elle a plus de chance que moi.

Elle me regarde un instant de travers, puis rit d'une voix éraillée.

Clin d'œil furtif entre deux humains à l'ombre de la mort. L'humour est la politique du désespoir. Sa politesse aussi. Je passe mon chemin...

*

Entrevues abyssales ou solidaires. Moments de vivants pris entre folie et néant. Pas encore tout à fait morts. Plus pour longtemps...

Il est d'affreux vertiges où tout se brouille et s'emmêle. La victime et l'assassin. Le dessous et le dessus. Le cadavre et le rire du cadavre. Il est des temps où tout se ressemble et où tout s'annule. Temps bénis de la compassion et frissons glacés devant l'humain. Donc, devant soi-même. Fil du rasoir...

DU NOIR A PERTE DE VUE...

Le 1er mai 197..., à 19 ans, Marc P. est victime d'un grave accident de vélomoteur. Plongé dans le coma durant plusieurs semaines, il est hospitalisé à Nanterre où il se lie d'amitié avec une infirmière. Elle le soignera à l'hôpital et au Samu social de Paris. Lorsqu'il s'éloigne de la capitale, il lui écrit ou lui téléphone assez régulièrement. Il lui explique qu'au-delà du soin, elle est sa mère, sa sœur, sa fille... Seule présence stable dans une vie chaotique, elle l'écoute, l'accepte tel qu'il est, et gère intelligemment la distance. Elle est son unique amie.

C'est elle, aussi, qui sauva de la poubelle où il les avait jetés ses manuscrits dont on trouvera ci-dessous quelques extraits[1]. Car Marc P. écrit, peint, et s'est essayé, dernièrement, à la photographie. Mais ce qu'il écrit, il le jette. Ce qu'il peint, il le brûle. Ce qu'il photographie, il le perd. Comme si rien ne devait rester de sa production. Comme si aucune trace ne devait subsister de lui. Il est déjà dans la mort et, comme il le dit lui-même, « le noir à perte de vue ».

J'ai eu l'occasion de voir deux de ses tableaux. Ils étaient maladroits et terrifiants. Têtes de morts, bouches distendues et béantes, cris muets de cadavres dans la nuit, ils n'étaient que psychose et désastre.

A 10 ans, Marc P. est réveillé, une nuit, par sa mère qui lui demande comment charger le fusil de chasse. L'enfant lui explique et assiste ensuite au meurtre de son père qui dort dans la chambre parentale. Il est à ses côtés quand elle part se constituer prisonnière.

Après son accident de 197..., Marc P., déjà alcoolique depuis

---

1. Je remercie Odile Gaslonde, cadre infirmier au CASH de Nanterre, de m'avoir remis copie de ces textes en vue de cette publication.

l'adolescence, devient clochard. Il oscille depuis lors entre vie dans la rue, hospitalisations somatiques et psychiatriques et séjours en prison pour violence. Il aime les « calibres » et se bat assez facilement. Au couteau parfois...

Si sa production littéraire et picturale le distingue de la plupart des clochards, le triangle rue-hôpital-prison autour duquel s'organise sa vie sur fond d'alcoolo-tabagisme est lui, en revanche, assez typique du milieu.

Les extraits ci-dessous sont issus des quatre manuscrits dont je dispose. Totalisant plus de 500 feuillets écrits sur une période de quinze ans, ils sont de longueurs et de qualités très inégales.

Le premier, rédigé peu après son accident, s'intitule « L'accident comatoire ». Il n'y est question, en une quarantaine de feuillets, que de l'accident lui-même et de son séjour à l'hôpital.

Le deuxième, écrit huit ans plus tard, il a alors 27 ans, s'intitule « Une autobiographie : l'histoire rocambolesque d'un homme perdu ou, du moins, l'histoire d'un futur braqueur ». Écrit au Centre pénitentiaire de X, ce texte de près de 450 feuillets est un récit où la finesse, l'humour et le tragique glacial de certaines observations sont malheureusement noyés dans un flot décousu et répétitif.

Le troisième texte, une quarantaine de feuillets écrits à Nanterre deux ans après le deuxième, n'est qu'une répétition de certains passages des deux premiers. Il n'apporte rien de nouveau et n'a pas été utilisé ici.

Le dernier, enfin, porte le titre : « Texte n° 4 ». Composé après cinq ans de silence, il compte une douzaine de pages et c'est le seul à être dactylographié. Souvent inintelligible, la pensée s'y délite dans la folie.

J'ai décidé de reproduire ici sept extraits. L'écriture souvent lourde et confuse de l'auteur imposait de choisir une politique éditoriale, dans la mesure où la simple reproduction aurait rendu la lecture extrêmement pénible. J'ai pris le parti de favoriser la lisibilité du texte au détriment de l'authenticité de la reproduction.

Ainsi, les maniérismes très présents de l'auteur ont été systématiquement supprimés. Il s'agissait d'interjections telles que : oui, enfin bref, si je puis dire, si je puis m'exprimer ainsi, etc. L'orthographe a été corrigée et j'ai introduit des paragraphes afin d'aérer un texte qui en ignore presque systématiquement l'usage.

Transcription partielle d'un fragment du manuscrit de Marc P. (rédigé alors qu'il avait 29 ans).
— Suite de mon manuscrit —
— CHAPITRE — ? —
— Commentaire personnel —
Oui ! pourquoi je (?) une encoche a droite de la page. Tout simplement, en tout rassemblant — peut-être que ce sera la page trois cent ou trois cent cinquante — ou plus èventuellement — Allez savoir — ? ....
Je me suis remis a boire, eh oui ! Comme dit l'autre, dis-moi se que tu boit, et je te dirait alors qui tu est ! Alors d'après-moi, je serais un instable moralement comme physiquement, puisque je n'arrête point d'aller a droite a gauche — et que l'en général, je bois toute et n'importe qu'elle Boisson alcoolisé pour mon plaisir ; principalement du vin-blanc tout cela, et comme de bien entendu, dépend de ma richesse bourssière — tout dépend aussi si mon coup de manche a bien marchèe, eh oui ! et cela n'est absolument l'évidence-même — ? — Enfin, trève de connerie, sinon ! j'en viendrais jamais au faite, venez-je a me dire amicalement, si toutefois, je puis employer se terme me consernant, faut dire aussi, qu'il est for rare que je m'engueule, oui !, ont à l'air de bien s'entendre tous les deux — En voulant parler de ma pensée, et de ma conscience — Quand a mon subconscient, lui, il se manifeste lorsque je dors. Comme par exemple, mes rèves — Enfin, je présume, tout cela n'est qu'un suppositoire, ou dûmoins, quel con alors !, heureusement que personne ne m'écoute penser, sinon gars, non !, se que je voulais dire, c'est qu'une supposition — Car, en un môt, je ne suis point docteur. For malheureusement, comme cela, me direz-vous, j'aurais pû m'appercevoir des ètapes progrèsseiste de ma cirrhose du Foie — ?—

196

En revanche, je me suis efforcé de préserver la personnalité du texte en en maintenant le caractère souvent oral. Pour cette raison je me suis abstenu de rectifier la concordance des temps qui est souvent incorrecte. Une telle intervention aurait inévitablement conduit à une véritable réécriture. De même, la ponctuation n'a été modifiée que dans la mesure où son imprécision nuisait gravement à l'intelligibilité.

Il importe cependant de garder à l'esprit que les textes que l'on va lire sont des collages. D'une manière générale, ils abrègent des passages qui sont deux à trois fois plus longs dans leur version originale. La pensée de l'auteur telle qu'elle se présente dans ses écrits est donc en réalité bien moins précise qu'elle n'apparaît à la lecture de ce qui suit. Une fois de plus, inévitable torsion, la transmission même contribue à minorer la différence, à réduire l'étrangeté.

1. Le meurtre du père

En dix-sept ans, je n'aurai été que deux fois sur la tombe de mon père. Ce n'est pas pour chercher des excuses mais je n'aime vraiment pas fréquenter ces endroits-là. Il n'y a rien de gai et d'amusant dans les cimetières. C'est pour cela que je suis cent pour cent pour l'incinération, sa propreté... Parce que vous n'allez pas me dire qu'un cimetière, des tombes et des croix à perte de vue, c'est beau à voir, c'est dégueulasse, oui ! C'est ce que j'ai pensé en lui apportant des fleurs et des souvenirs, en nettoyant le dessus de sa tombe, l'arrangeant au mieux dans le petit cimetière de X, où nous habitions tous. Après cela, je suis allé rendre visite à la hutte de mon père, tombée en ruine, laissée à l'abandon total... Lui qui avait tant travaillé dessus. Elle me rappelait beaucoup trop de souvenirs. Après, les remords succéderont à je ne sais trop quoi, peut-être. Bof, eh puis allez, je repris une lampée de mon vin rosé et me rallumai un cigarette, pour mieux y faire face...

Cela se passa dans l'année 196... Quel jour ? Quel mois ? Impossible de me souvenir. J'avais dix ans. Je me rappelle qu'il était fort tard, qu'il faisait nuit noire, peut-être une heure du matin. Ma mère me réveille et me dit doucement d'aller la rejoindre dans la cuisine qui était juste à côté puisque moi et mon frère Yves dormions ensemble sur un divan qui se trouvait dans la salle à manger, avec mon petit frère Michel, le dernier, qui lui était à côté de nous dans un berceau. Les autres dormaient dans une chambre à côté de celle de mes parents. Toutes les portes d'entrée et de sortie donnaient dans la salle à manger... Je m'en souviens bien, petite maison plate de quatre pièces en briques rouges, w.-c. à l'extérieur dans la cour, dans une petite guérite.

Donc je la suivis sans bruit jusqu'à la cuisine, en faisant attention à ne pas réveiller mon frangin. Je voyais bien que ma mère n'avait pas l'air tranquille, plutôt l'air farouchement décidée à entreprendre quelque chose. Pour l'instant je ne voyais pas trop quoi, mais j'allais pas tarder à le savoir. Puis, elle dit d'emblée : « Je vais tuer ton père, Marc, j'en ai marre. » Elle avait l'air de me demander mon avis sur ce qu'elle venait de me révéler, puis me dit autre chose... Quoi ? Je ne me souviens pas. Je me rappelle avoir dit « oui », inconsciemment avec étourderie sans aucun doute, sortant de mes brumes intellectuelles encore endormies...

C'est con, hein, me dis-je pensivement, j'avais pour ainsi dire donné une réponse analytique nette sans même y avoir réfléchi à deux fois, une sorte de tac au tac, qu'à l'heure qu'il est je m'en veux titanesquement...

Elle mit un doigt devant ma bouche puis sortit à pas feutrés et revint quelques instants plus tard, tenant le fusil de mon père et les cartouches dans ses bras, déposa le tout sur la table de la cuisine et me dit : « Voilà, maintenant fais-moi voir comment il marche et quelles cartouches mettre dedans ? C'est du 12, 14 ou 16 ? Allez, dépêche-toi, Marc, c'est pour nous que je le fais. » Puis moi bien sûr, je lui montrai comment s'en servir et mis deux cartouches dans la culasse. Et je lui tendis en m'éloignant d'elle, puis ouvris la porte de la salle à manger.

Ma mère m'avait demandé de la suivre sans bruit. Nous fîmes une halte, après avoir traversé la salle à manger, nez à nez avec la porte de la chambre d'où s'échappait un ronflement régulier, celui de mon père. Elle ouvrit la porte d'une main, tenant le fusil dans l'autre. J'aperçus mon père endormi, ma mère épaula lentement le fusil puis visa. Il y eut une lourde détonation qui troubla le silence de la nuit.

Je me rappelle fort bien avoir sursauté. A cause de la détonation ? Ou parce que j'entendis mon père pousser un cri aigu, se redresser bien droit comme un pantin sur son lit. Il eut le temps de nous entrevoir. Puis il y eut une seconde détonation et ce fut la dégringolade bien droite, verticalement et tournoyante sur lui-même, jusqu'à l'écrasement sur le plancher fraîchement ciré, les yeux regardant au plafond. Moi j'avoue franchement que je n'avais pas encore assimilé ce qui venait de se produire durant ces cinq secondes...

Ce qui nous sortit de notre torpeur angoissante, ce fut les pleurs du petit dernier dans son berceau. Puis ma mère me dit d'emblée : « Va voir s'il respire encore, Marc. » Elle sanglotait. Je pris peur de m'approcher de mon père, des fois qu'il vivrait encore. J'ai préféré sortir rapidement de la chambre.

Ma mère sortit elle aussi, en prenant soin de refermer la porte derrière elle. Elle déposa le fusil sur la table et prit le petit Michel dans les bras pour le calmer. J'étais comme hypnotisé. Ce qui me fit revenir à la réalité, c'étaient les coups répétés contre la porte. La voisine avait été réveillée et était courageusement venue voir ce qui se passait. Ma mère, le petit dans les bras, alla lui ouvrir et lui dit tout franchement : « Je viens de tuer mon mari. » La voisine, interloquée, ne savait pas quoi faire. Puis ma mère, tout d'un coup, prit le taureau par les cornes, en lui disant : « Bon, vous pourriez me garder les gosses, hein. Je vais aller à la gendarmerie avec Marc les prévenir, comme ça, ça sera plus correct, hein. »

Donc, sur ce, ma mère me demanda d'aller me préparer, et sortit préparer le Solex. Elle m'appela. Je sortis et montai sur le porte-bagages, et nous partîmes dans la nuit glaciale en direction de la ville. Nous longeâmes le petit chemin boueux et caillouteux, le même que celui que mon père empruntait pour aller travailler. Je trouvais par moments que ma mère roulait un peu trop vite. On n'y voyait que dalle et ça cahotait dur, moi à l'arrière, m'agrippant ferme au pan de son manteau. J'arrêtais pas de rebondir sur le fer du porte-bagages. D'un seul coup, je me suis retrouvé le cul par terre, ah ça putain de merde ! Tu parles d'une nuit cauchemar-desque ou mouvementée tout de même. Sur le sol ferme, ma mère sanglotait toujours et le Solex qui continuait de tourner en roue libre, couché sur le sol. J'avais tout de même mal aux jambes. J'étais habillé d'un simple short, d'un pull-over et d'un blouson. Ma mère s'était fait mal aux mains, la pauvre... Elle portait un long manteau par-dessus sa chemise de nuit. Le Solex n'avait presque rien, juste le guidon à redresser. Nous reprîmes notre route dans la même direction où l'on apercevait déjà les lumières des réverbères de la petite ville.

Comme ma mère ne savait pas du tout où se trouvait la gendarmerie, elle roula au hasard et s'arrêta devant une baie vitrée qui n'était autre qu'un café. Tiens, en parlant pensivement de café, cela me fait penser tout d'un coup que je me trouve justement dans un café, devant un ballon de rosé à moitié plein, le regard perdu plongé dans le vide... Eh oui, sales souvenirs tout de même, eh voilà ce que c'est d'avoir un peu trop de mémoire, où il y a de la rancune, de la culpabilité, du regret, du lourd chagrin... Comme un bagnard traînant un fardeau, un boulet relié à une chaîne en ferraille enroulée autour de la cheville. Et où il y a tout ça, il n'y a absolument point de plaisir, que ce soit physique pour le bagnard ou moral pour moi.

Eh oui, cette fameuse scène où l'on s'arrête ma mère et moi dans le bistrot de nuit, je m'en rappellerai toute ma vie durant. On a fait irruption à l'intérieur, et on s'est dirigés droit sur le comptoir en zinc. Et tous ces gens attablés, ou debout le long du comptoir qui nous scrutaient des pieds à la tête, voyant ma petite mère sangloter et pleine de boue, ses mains en sang et, le comble de tout, sa chemise de nuit qui dépassait largement en dessous du manteau. Puis moi, l'air apeuré, mes jambes aussi pleines de boue et égratignées... Ils en restèrent bouche bée, suffoqués, inquiets, se posant des questions. Eux qui rigolaient, chantaient, parlaient fort quand on est arrivé. Ce fut le silence complet. Juste les « snif, snif » de ma mère. Elle demanda au bistrotier le numéro de téléphone de la gendarmerie, qui lui donna sans poser de questions. Ma mère, toute tremblante, composa le numéro et au bout de quelques instants d'attente préliminaire dit tout franchement, comme pour libérer ce lourd boulet qui lui pesait sur la conscience et sur le cœur : « Allô, bonjour madame, je viens de tuer mon mari tout à l'heure. Quoi ? Où j'habite ? A X. Mais là en ce moment, je suis ici dans un café avec mon fils. » Une pause. Puis : « Oui, attendez, je vais me renseigner car je ne connais pas. »

Elle demanda l'adresse et le nom du café au bistrotier, les donna à son interlocuteur, raccrocha et se mit à pleurer de plus belle. Je me rappelle que j'avais tout de même les larmes aux yeux en voyant ma mère dans cet état pitoyable et l'assistance qui nous entourait et nous regardait avec des grands yeux ronds, sans rien dire.

Au bout de quelques minutes, on entendit clairement les pin-pon pin-pon stridents qui perçaient. Les gendarmes entrèrent calmement et demandèrent à Mme Francine P. de se présenter. Elle se désigna, tout en me tenant par la main. Ils nous prièrent de les suivre gentiment hors du café jusqu'à l'estafette. Et on partit pour X vers notre maison, aller récupérer les gosses qui y étaient restés. Mais entre-temps, dans l'estafette, ils mirent les menottes à ma mère, en lui disant qu'ils n'avaient pas osé le faire dans le bistrot à cause du monde qui s'y trouvait. Et moi, bien sûr, je me trouvais blotti contre elle, lui tenant les mains, et pleurant sur la honte et le chagrin qu'elle devait ressentir... Et même, encore aujourd'hui, à bien y repenser, sans omettre un détail, à vingt-sept ans, en voyant mes yeux s'humecter, se brouiller comme ça en silence et ne le faisant jamais, mais alors jamais, deviner ou voir par les autres. Sans doute par honneur et respect envers moi car certains seraient trop contents de voir ça, les imbéciles.

Là où il y a des larmes contenues et retenues, il n'y a vraiment point de bonheur dans l'air, comme dit l'autre, et l'autre en question n'est que moi-même, le grand con de sentimental, le tendre con, la femmelette avec son air d'homme dur en apparence. Sur ce, je m'essuyai les yeux embués, mis mes Ray-Ban puis regardai autour de moi pour être sûr que personne ne m'avait vu... Bon allez, trêve de plaisanterie, il faut que je boive un bon coup pour atténuer ma soudaine émotion, parce qu'en plus d'être un sentimental, je suis aussi un grand émotif...

Cette histoire, il l'a racontée plusieurs fois à différents soignants. Elle varie très peu et donne matière à un des passages les plus clairs de ses textes. Aucune dispersion ne vient en émousser le récit. Il faut probablement voir dans cette invariance le signe du traumatisme. Si ce dernier n'est pas refoulé, il peut se fixer en une trace indélébile. Cette mémoire fossilisée n'a, alors, plus rien de vivant et ne peut par conséquent être métabolisée par le psychisme du sujet. Elle devient, pour lui, impossible à évacuer. Le souvenir perdure, solide et immuable comme la pierre.

Si la mémoire est, comme le disait Freud, prospective, au sens où elle retravaille et réarrange constamment le passé en fonction des besoins du présent et de l'avenir, cette fonction a cependant tendance, devant le traumatisme profond, à devenir inopérante. En un sens, le temps psychique s'arrête alors pour le sujet.

2. L'accident

La bistrotière m'apporta un second ballon de rosé, rempli à ras bord, puis s'en alla faire sa vaisselle, de l'autre côté du comptoir en zinc. Mon regard en vadrouille tomba à nouveau sur sa silhouette. Elle avait vraiment un beau cul. Enfin, me dis-je, elle est pas pour ta pomme quelque peu gâtée au niveau des dents et mon regard tomba sur la pendulette murale : neuf heures. Neuf heures du matin bien sûr. Un peu surpris, je remarquais que j'étais le seul client, à boire et à méditer... Enfin bref, pensai-je, revenons à ces questions que je me pose sans cesse concernant ma personnalité. Je bus une large lampée et rallumais une gauloise.

Donc cela m'arriva le 1ᵉʳ mai 197... En ce temps je travaillais aux PTT. PTT comme Petit Travail Tranquille. J'étais auxiliaire télégraphiste à la distribution, et le 1ᵉʳ mai, c'est fête nationale, la fête du Travail et ne vous inquiétez pas, avec quelques collègues, ça... on l'a fêtée... Déjà que je suis un peu alcoolo, plus qu'à la normale. Pas besoin de vous faire un dessin pour vous expliquer dans quel état j'étais. Un tableau désastreux, voilà ce que j'étais. J'ai pris tout de même ma mobylette, une Peugeot 103, toute neuve. Et hop je l'enfourchais, croyant sans doute monter cavalièrement un mustang-étalon pur-sang. En avant Zorro, et à trois cents mètres, un feu rouge. Dans mon euphorie bien avancée, je me croyais seul, sans âme qui vive autour de moi, puisque je parcourais à cheval un immense canyon dans l'ouest des États-Unis.

En fait, on était dans le quinzième arrondissement de Paris, au carrefour de la rue Lecourbe et du boulevard Pasteur, à La Motte-Picquet-Grenelle. Au feu rouge, cela a fait un grand tilt avec tôlerie froissée et gros fracas. Top n'en jetez plus, la coupe est pleine... Enlevez, c'est chaud, c'est encore vivant. Il était moins une pour que ce soit le territoire des ombres, adieu Marc ! Mais je respirais encore. Ma tête était lourde, brumeuse. Je gardais les yeux fermés, j'avais peur de les ouvrir. J'attendais en essayant de faire le point, mais c'était impossible. Je n'arrivais pas à me souvenir des mots pour construire une phrase intelligible. Je commençais à m'affoler à l'inté-

rieur de ma petite boîte cervicale. J'étais comme déconnecté. Je voyais à travers le noir de mes paupières fermées comme un feu d'artifice, des rayons de lumière analogues à un arc-en-ciel. Je me souvenais même plus comment je m'appelais. Cela m'a fait penser à 2001, l'odyssée de l'espace où on voit un ordinateur qui part en couilles quand il se fait déconnecter par un astronaute...

Enfin revenons sur terre, pensai-je et du coup je pris mon verre et en bus une fois de plus une large lampée. Cela me ragaillardit un peu. Je me sens tellement mieux, prêt à affronter n'importe quel danger, à faire pleinement face à la vie même si des fois je n'avais plus envie de voir, de regarder et d'admirer car tant de choses sont injustes, dégueulasses. Enfin bref, il y a des fois où je prends trop nettement conscience des choses. Le moral prend une grande claque. Alors, pour ne rien voir, rien entendre, rien penser... Mais en ce qui me concerne, c'est impossible de ne plus rien penser, j'en ai fait un passe-temps de solitaire, car je n'arrête pas une seconde de me remémorer telle ou telle chose, donc de penser, toujours penser, que ce soit au passé, présent, futur... Alors pour que ce ne soit point trop émotif, trop effroyablement sentimental, touchant, palpitant, bouleversant, attendrissant... J'ai parfois envie de chialer pour décompresser tout ce paquet de merde accumulée. Je noie paisiblement et tranquillement mon chagrin dans l'alcool. Enfin, bref, je repris mon ballon de rosé entre les doigts et le vidai cul sec, m'allumai une gauloise en aspirant et en expirant bien fort, afin d'accentuer davantage mon euphorie, mon bien-être.

Ah oui, j'en étais à ces lumières analogues aux éclairs dans le ciel quand il y a un orage. Tout n'était que confusion, court-circuitage... Ce n'est que quelque temps plus tard que les éléments de mon bocal se stabilisèrent....

D'un regard circulaire, je m'aperçus que tout était presque blanc aux alentours. J'étais dans un lit, entièrement allongé avec, au-dessus de ma tête, un plafond blanc. J'écoutais dans ce silence mortel, opaque, un tut-tut-tut régulier. Je levai donc ma tête en arrière pour aller à la rencontre de ce seul bruit bizarroïde. Il y avait des petits écrans de télévision qui diffusaient des traits bariolés. Tout était bizarre et devant moi ce tableau noir où étaient affichées des feuilles. Quand je fis ces deux mouvements de tête, je sentis quelque chose dans mon nez. C'était un tuyau mince qui allait jusqu'à une sorte de sac en plastique suspendu à une tige de fer placée à côté de moi.... J'étais dans une chambre d'hôpital...

Après, j'ai suivi des tas de rééducations intensives. J'avais toutes les articulations bloquées, rouillées. Mes nerfs et mes muscles étaient pour ainsi dire vitrifiés, rabougris, diminués, comme presque disparus. Le moral avait pris une sérieuse claque. Je me croyais foutu, archi-foutu. Il y avait de quoi. C'est le docteur en chef qui a fait la majeure partie de ma rééducation à la main, et là, je vous prie de croire que j'en ai chié, vulgairement parlant. Tu parles, à tirer sur mes bras et mes jambes complètement atrophiés. Plusieurs fois, je lui ai dit, de rage, chialant et en sueur : « Laissez-moi en paix, je suis foutu, vous ne le voyez donc pas... » Ou encore : « Merde, merde et merde, allez, foutez-moi en l'air, j'ai envie de mourir, j'ai assez souffert. »

Ah ça, oui, j'ai énormément souffert, mine de rien, à en chialer de rage et d'impuissance. A mon réveil, je ressemblais à un vrai squelette, on m'avait apporté une glace où je pouvais me contempler. Ben, c'était pas beau. Les yeux cernés et renfoncés, les joues super creuses, mes os ressortaient de toutes parts. Ma peau n'était qu'un vulgaire tissu élimé, tanné. J'étais comme un spectre... Ce n'était plus qu'un très vieux souvenir, puisque j'avais dix-neuf ans et maintenant j'en ai vingt-sept ans. Depuis, de l'eau était passée sous les ponts. Oh, eh puis tiens, chose que je n'aime pas, c'est rester attablé devant un verre vide. Cela me faisait pitié quand je pense qu'il y en a qui crèvent de soif quelque part là-bas en Afrique. Du coup, j'ai commandé un ballon à leur santé.

Il célèbre la fête du 1er mai par un accident qui, en inaugurant sa désocialisation, brisera justement tout lien entre le monde du travail et lui-même. Cet accident constitue un adieu au travail. C'est son chant du cygne.

Près de dix ans se sont écoulés depuis l'assassinat de son père et c'est d'une mobylette qu'il tombe, comme au soir du meurtre, une nouvelle fois sur la chaussée. Ce parallélisme semble lui échapper. Il ne le relève nulle part.

Il dit ne pas arrêter « une seconde de se remémorer telle ou telle chose ». Il « pense toujours au passé, au présent, au futur ». Cela vient étayer les remarques faites plus haut sur l'impossibilité d'en finir avec le souvenir du traumatisme. En fait, ce n'est précisément pas de pensée qu'il s'agit ici, mais de son contraire caricatural : le ressassement compulsif et infini des mêmes représentations figées.

Mon portrait squelettisé, 3ᵉ état
James Ensor (1889).

Si, tout à l'heure, la mémoire blessée se trouvait sidérée dans ses possibilités de réaménagements créatifs, c'est, à présent, la pensée qui, incapable d'élaboration, se trouve comme frappée d'impuissance.

Cela se retrouve, par ailleurs, très fréquemment dans les troubles de la pensée de l'alcoolique qui « boit pour oublier ». Ce qu'il tente d'oublier alors par-dessus tout, c'est justement le fait qu'il ne peut plus penser. La pensée est une échappée du sujet, une voie de salut devant l'ipséité du réel. La rumination, en revanche, n'est qu'enfermement. Le sujet condamné ne peut plus en dépasser l'horizon.

Dans un autre registre, il faut attirer l'attention sur la description très particulière que fait Marc P. de son propre corps tel qu'il lui apparaît dans sa convalescence. Ses articulations sont « bloquées, rouillées ». Ses nerfs, ses muscles sont comme « vitrifiés, rabougris ». Ils ont « presque disparu ». Il ressemble à un « vrai squelette », sa peau n'est plus qu'un « vulgaire tissu élimé, tanné ». Il est « comme un spectre ». Pour tout dire il n'est plus qu'un cadavre. C'est ainsi qu'il se voit. C'est ainsi qu'il se sent. Il est, au fond, déjà mort. Et c'est ce fantôme qui poursuivra sa vie misérable de mort-vivant...

3. Le travail, peut-être...

« Bonjour, cher monsieur, que désirez-vous prendre ? », me demanda la maquerelle avec son éternel grand sourire commercial. « Bonjour, chère madame, ce sera donc un grand ballon de vin rosé ordinaire, s'il vous plaît. » Il était midi. Je m'empressai de boire une large et consistante lampée, ce qui me revigora un peu tout de même. Enfin ma préoccupation première n'était pas là, mais était d'aller rendre visite à la société W., en demandant M. Forment. C'était une société agréée en surveillance militaire et qui m'avait demandé de passer de temps à autre. J'avais déposé ma candidature le 18 mars 198... Cela faisait presque un mois, alors j'espérais le meilleur.

La société W. était juste à côté. Je vidai mon ballon de rosé, payai et m'en allai, tout en espérant que Monsieur Forment serait encore là et qu'il aurait du travail pour moi. J'y arrivais, haletant.

La porte, fort heureusement, était ouverte. Monsieur Forment était là et me vit entrer :

« Bonjour, Monsieur P., quel bon vent vous amène, hein ?

— Ah, bonjour, Monsieur Forment, eh bien, je venais à tout hasard vous demander s'il n'y aurait pas une place vacante me concernant, parce que cela fait près d'un mois que j'attends après. Alors, vous comprenez...

— Bien sûr, bien sûr, je vous comprends fort bien, même que je vous avais promis une place dès qu'il y en aurait une de vacante. Mais voyez-vous, Monsieur P., comme la société vient juste d'ouvrir, avec comme de bien entendu l'accord de la Préfecture de Police, cela fait que pour l'instant nous n'avons pas encore beaucoup de postes à pourvoir. Alors, Monsieur P., repassez de temps à autre, sait-on jamais, si l'on venait à décrocher un gros contrat. Voilà, Monsieur P. et bonne journée. »

Je lui dis moi aussi au revoir monsieur, et m'en allai mécontent tout de même, me demandant s'il voulait vraiment m'embaucher...

Enfin, puis merde, tiens, me rappelant que pas trop loin de là se trouvait une autre société, la société Z. J'avais posé ma candidature le 21 mars. Là encore, il m'avait dit soit de téléphoner, soit de passer de temps à autre. C'était aussi une société privée de surveillance. J'entrai pour demander au sujet de ma candidature. Et on me répondit tout de go qu'elle était rejetée. Pour quelles raisons ? Aucune explication. Ah, et puis à quoi bon essayer de comprendre quelque chose, me disais-je, les mains dans les poches, dégoûté. J'en connaissais d'autres et irai à tout hasard me renseigner au sujet de mes candidatures voir si l'une d'entre elles était éventuellement retenue. Là, c'était le grand point d'interrogation. De toute façon, je ne pouvais plus aller voir quelqu'un maintenant vu qu'il était, eh oui, treize heures quinze. Donc, sur ce, je me dirigeai d'un pas ferme de l'autre côté du pont, où se trouvait un petit bar. J'y étais déjà allé deux ou trois fois et me rappelais qu'il était tenu par une ravissante femme, sympathique du reste.

J'entrai puis m'installai le long du comptoir sur un tabouret encore vacant. Il y avait du monde. Je commandai un ballon de rosé ordinaire et bus une grande lampée, puis le reste du verre d'un trait, afin de mieux me concentrer sur mes pensées méditatives. Et puis, comme j'étais convenablement installé sur ce tabouret, je commandai un autre verre, le même. Puis je sortis le calepin de ma poche intérieure, et me mis à le feuilleter afin de retrouver ces fameuses adresses de sociétés.

Donc, après, quand j'aurais le temps, il faudrait que je passe chez K. Là, j'avais posé ma candidature le 26 mars, et comme d'habitude irai me renseigner à tout hasard. Enfin, fallait dire aussi que le hasard n'avait pas l'air de me favoriser, à ce que je pouvais constater. Enfin, bref, ensuite, il faudrait que j'aille voir la société V., place du Général-Leclerc. Là, on verrait bien. Ensuite, il faudrait que j'aille voir, enfin revoir une fois de plus, la société T., avenue Broussais, pour recontacter Monsieur Alain. Mais la dernière fois que j'y suis allé, ma candidature avait été refusée. Enfin, qui ne tente rien, n'a rien ! Cela était l'évidence, mais comme j'étais un battant, alors hein ! Pourquoi me gênerais-je, tout compte fait, me dis-je. Sur ce, je rebus une lampée de rosé qu'elle venait de me resservir au comptoir.

Je me souviens qu'un jour un gus m'a dit : « Si tu as honte, si tu es timide, jamais tu n'arriveras à quelque chose dans la vie. » Et du reste, il avait entièrement raison, me concernant. Fallait que je m'endurcisse un peu plus, que j'enlève de mon esprit la gêne que parfois j'éprouvais et surtout ma timidité et mes angoisses passagères. Oui ! Mais tout cela ne se fait pas du jour au lendemain, et quel était le remède pour pouvoir y parvenir ? Oui, cela je me le demandais, songeur.

Enfin bref, revenons à ces différentes sociétés auxquelles je dois rendre visite... Il y aurait donc la société M., rue Marceau. Là j'ai rempli un curriculum vitae le 7 mars 197..., il y a huit ans, oui, ce n'était pas d'aujourd'hui. Ensuite la société O., rue de Lille. Là j'avais déposé candidature le 8 mars 198...

Ah merde, quelle espèce de con je suis. Tout à l'heure, lorsque j'ai été voir la société Z., j'aurais très bien pu aller rendre visite à la société R., vu que c'était le même trottoir. Enfin là, je n'y avais pas du tout pensé. Remarque, fallait tout de même dire que je pensais à tellement de choses, surtout en ce moment. Enfin, que veux-tu, il faudrait que tu y retournes, pour savoir s'ils acceptaient ou pas. Sur ce, tiens, je me rebus une lampée de vin rosé afin d'atténuer mon début de colère intérieure, puis m'inspirai une bonne bouffée de fumée.

Aussi voir Monsieur Garette pour ma demande du 15 mars, me disais-je toujours, en continuant de feuilleter mon calepin. On verrait bien si ce con avait une place pour moi. Et puis il y avait

1. La mendicité est une nécessité vitale et donc un travail. Un chien, outre qu'il pallie la solitude, « rapporte » plus au mendiant. On donne souvent par pitié pour le chien autant que pour l'homme. © CIRIC/Alain Pinoges

2. La vie à la rue est une désolation du sujet et de son monde.
© CIRIC/Alain Pinoges

3. Les graffitis et
souillures des murs font
pendant à ceux du corps.
Ce dernier devient objet,
dans une ultime tentative
– peut-être –
de lui donner réalité.
© CIRIC/Anaïk Frantz

4. Dormir dehors est
une longue terreur.
Sans défense,
on y est en butte à toutes
les agressions.
Celles du climat.
Celles des hommes
surtout.
© CIRIC/Philippe Lissac

5. La clochardisation est aussi une manière de vivre sa vie dans la banalité du quotidien. Ici, un repas au Centre d'hébergement et d'assistance aux personnes sans abri (CHAPSA) de Nanterre, en 1995. © *Rapho/Jean-Louis Courtinat*

6. Le Centre d'accueil et de soins hospitaliers (CASH) de Nanterre. Entrée principale. © *Jérôme Da Cunha*

7. Le nouveau Centre d'hébergement et d'assistance aux personnes sans abri (CHAPSA) de Nanterre, inauguré en juin 2000. © *Jérôme Da Cunha*

8. Cet homme a été conduit à la consultation du CHAPSA de Nanterre par les pompiers. Trouvé dans le métro, il souffrait de cachexie et d'une altération majeure de l'état général. Il avait un pied gangrené et est décédé des suites d'une hypothermie à 28°5, environ trois heures après son arrivée. Confus et proche du coma, il n'a pu donner son identité. Cette hypothermie, constatée dans les jours de température relativement clémente d'octobre, ne s'expliquait que par un état de dénutrition extrême, aboutissement d'un long processus d'auto-abandon.
© *Dr Patrick Henry*

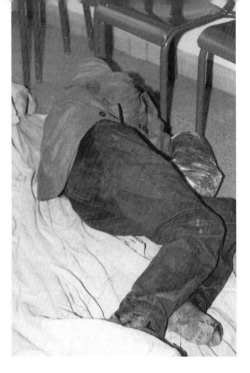

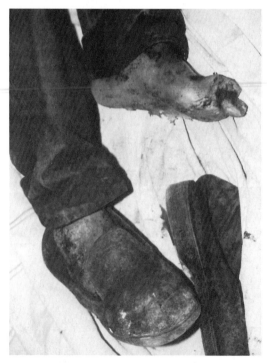

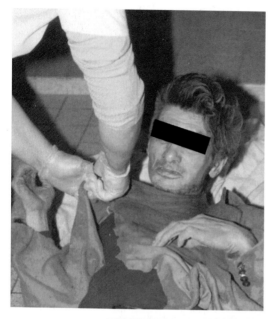
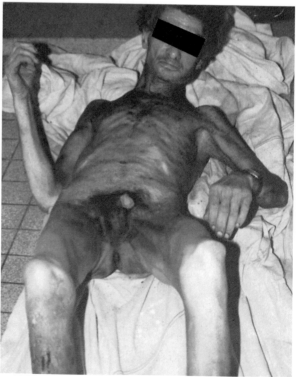

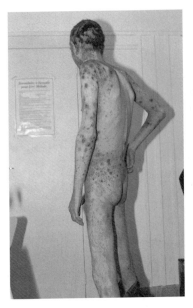

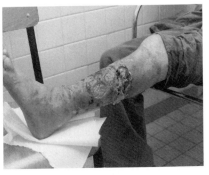

9. Ulcère de jambe surinfecté chez un homme d'une quarantaine d'années. Pathologie fréquente chez les clochards. (CHAPSA, juillet 1991).
© *Dr Patrick Henry*

10. Cet homme présente une cachexie et des lésions de la peau dues à des morsures de poux de corps. Pathologies très fréquentes chez les clochards. (CHAPSA, février 1992). © *Dr Patrick Henry*

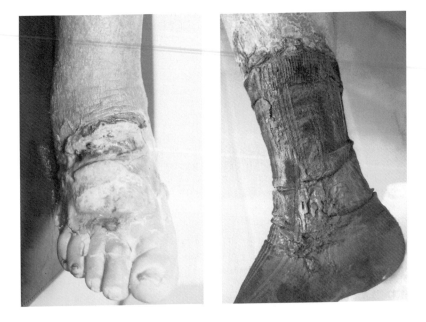

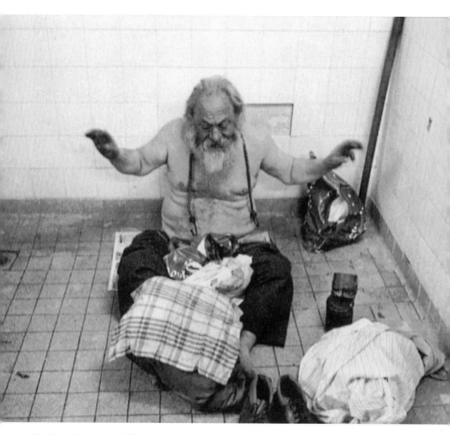

11. Impuissance et débordement devant le désordre du monde et la fuite inexorable des choses. Au CHAPSA de Nanterre, en 1995, avant la rénovation des bâtiments. © *Rapho/Jean-Louis Courtinat*

12. *Page de gauche, en bas à gauche :* Lésion profonde de l'avant-pied due à un sabot qui n'a pas été retiré pendant plusieurs semaines, voire plusieurs mois. Il est à noter que ce patient ne présentait aucun signe franc de psychose. (CHAPSA, mars 1987). © *Dr Patrick Henry*

13. *Page de gauche en bas à droite :* Inclusion dans la peau du pied d'une chaussette qui n'avait pas été retirée pendant plusieurs mois, chez un homme apparemment non psychotique. Seul un déni massif du corps et du temps peut expliquer de telles aberrations. (CHAPSA, janvier 1989).
© *Dr Patrick Henry*

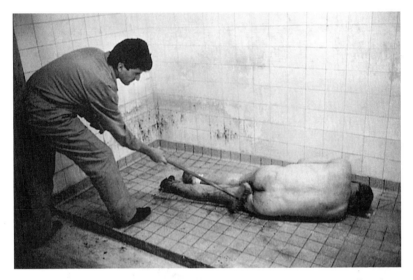

14. Dans les douches du CHAPSA de Nanterre, un homme extrêmement sale et ivre, jusqu'aux frontières de l'inconscience, est lavé au balai-brosse par un « auxiliaire ». Ce dernier, hébergé lui-même dans l'institution, gagne – en 1995 – 800 francs par mois pour ce travail. Depuis juin 2000, de nouveaux bâtiments propres et aérés remplacent ceux de l'ancien CHAPSA. Si l'architecture a changé, la population des clochards, elle, reste en revanche identique. Les problèmes posés par son encadrement aussi… © Rapho/Jean-Louis Courtinat

15. Le cimetière du CASH de Nanterre. © Jean-François Joly

aussi la société L., dans la zone industrielle. Là j'avais rempli ma candidature le 6 mars 198..., puis lui, comme tous les autres, n'avait rien à me proposer. Enfin, là aussi, je verrai bien.

L'espoir fait vivre, mais en attendant trop longtemps, il peut très bien vous faire mourir ou commettre certaines conneries impardonnables. Enfin, je présumais... Donc, sur ce, je vidai d'un trait mon restant de vin rosé. Oui, là au moins, je me sentais nettement mieux, puis décidai du même coup d'en recommander un autre. Oui, en plus, celui-ci était bon et me plaisait. Enfin, faudrait tout de même pas que je me ramène à quatre pattes, lorsque je vais aller rencontrer mes futurs employeurs. Enfin, j'espérais, me dis-je avec un sourire. Donc je fis la commande et en profitai pour me rallumer une autre cigarette, parce que j'avais des boîtes à énumérer encore, et où je devais me présenter. Donc, il y avait la société H., rue des Pommiers, où j'avais rempli un curriculum vitae le 11 mars 198... où là encore, ils me contacteraient lorsqu'ils auraient une place disponible. Et il y avait la société D., rue du Sauveur. Là, de même que pour les autres, attendre. Et oui j'en avais plein le cul, vulgairement parlant, d'attendre, toujours attendre.

Les Pochards
James Ensor (1883).

Puis, je voyais aussi, en feuilletant mon carnet, qu'il y avait de même la société E., rue de Bougainville, puis aussi G., place des Armées. Puis J. et N., mais là c'était pour la distribution de journaux. Donc, il fallait avoir une voiture à ce qu'ils m'avaient dit. Donc là, ce n'était même pas la peine d'y penser, me dis-je, puisque n'ayant pas de voiture... Enfin, bref, une fois ma commande servie, je m'en bus une large lampée. Ah, l'état euphorique commençait doucement à apparaître, me rendais-je compte, tout en rallumant une nouvelle cigarette. Me disant que tout de même, j'avais encore beaucoup de monde à aller voir, et que je pourrais pas tous les faire aujourd'hui, cela allait de soi. Puis, de toute façon, il me restait encore quatre jours avant de me retrouver dans une merde super totale. Alors, hein d'ici là, j'aurais tous été les voir pour être enfin renseigné, une fois pour toutes.

Ce passage, petit chef-d'œuvre d'apragmatisme, serait assez comique si les enjeux qui le sous-tendent n'étaient aussi graves. Marc P. nous décrit sa quête d'un emploi. La tentative est sérieuse, la précision des dates et des noms (évidemment maquillés dans la transcription) est là pour nous le confirmer. Il a un carnet d'adresses. Il est organisé. Il montre — à lui-même d'abord, à nous ensuite — toute l'étendue de sa normalité et de sa bonne volonté.

A y regarder de plus près, cet échafaudage laisse vite apparaître les lézardes qui le fissurent.

D'abord, il est symptomatique que l'auteur, pour raconter sa recherche, s'installe au bistrot derrière une théorie de ballons de rosé. Ne l'effleure pas l'évidence majeure et rédhibitoire que, de zinc en zinc, il se présente à ses éventuels employeurs en sentant fortement l'alcool. Ensuite, il semble ne s'adresser qu'à des sociétés dont les activités rendent son embauche très improbable. Généralement, il s'agit de sociétés de surveillance, alors qu'il a un casier judiciaire, ou il se tourne vers un distributeur de journaux qui exige qu'il ait une voiture. Enfin, s'il regrette l'acte manqué d'avoir oublié de passer chercher une réponse à sa candidature dans une société voisine de celle qu'il a visitée, l'incongruité de se présenter à une troisième pour s'enquérir des suites d'une candidature vieille de huit ans lui échappe complètement...

Cette recherche d'emploi montre sa véritable nature : c'est d'une manœuvre défensive qu'il s'agit. Une mise en scène d'une volonté de normalité. Une bonne volonté qui n'a d'autre objectif que sa propre manifestation.

Il semble d'ailleurs que cet épisode de recherche d'emploi n'ait duré que très peu de temps. Toutes les candidatures qu'il cite — sauf une — ont été envoyées à quelques jours d'intervalle. De plus, il explique qu'il souhaite voir tous ces employeurs potentiels pour être enfin renseigné « une fois pour toutes ». Comme pour en finir avec la question du travail et surtout avec le malaise d'y être inapte, car cette incapacité vient signer une pathologie qu'il ne peut ignorer.

L'angoisse cependant, avec l'aide du vin rosé et des cigarettes, retombe vite. « L'état euphorique » commence à apparaître. Il a trop de monde à voir. Il ne pourra les voir tous en un jour. Et comme il faudra, de toute façon, recommencer demain, pourquoi ne pas s'arrêter là pour aujourd'hui ? Et puis, il lui reste encore quatre jours avant « la merde super totale ». Rien ne presse donc. Tout est bien, puisque tout s'abîme lentement dans l'ivresse.

4. La vie dans la rue

Donc là j'étais au chômage et n'avais point encore touché d'allocations ASSEDIC depuis plus de six mois, et j'étais drôlement dans la merde entre parenthèses et surtout à Paris. Oui, la merde complète et je devais quitter l'hôtel, faute d'argent, mais passais tous les jours voir si mon chèque tant attendu était arrivé, puisque c'était là que je faisais adresser tout mon courrier. Alors il m'arriva pendant pas mal de temps de coucher dehors avec mon sac de couchage de la Military Air Force, soit le long du canal de l'Ourcq, dans les entrepôts, ou soit dans une bagnole abandonnée. Toujours dormir d'un œil, qu'il fasse chaud ou froid. Heureusement que l'hôtelier me gardait mes bagages dans sa cave, sinon je ne sais pas ce que j'en aurais fait. Ou des fois, j'allais coucher au commissariat de police, où les flics me connaissaient. Celui qui se trouvait juste derrière la mairie et face à la poste, place du Colonel-Fabien. Ou je me démerdais dans la journée à faire un coup de manche aux Arts et Métiers, Centre Georges-Pompidou, Beaubourg.

J'aimais énormément ce coin, ce quartier, l'ambiance, surtout des jeteurs de feu, des musiciens, des mimeurs, des magiciens, des comiques, des comédiens, du gars qui s'allonge et marche sur des tessons et morceaux de verre de bouteilles brisées. Et d'autres encore, tout ça réuni à différents endroits, assez proches tout de même l'un de l'autre sur la plate-forme juste devant le centre, dans un brouhaha infernal, surtout sans compter les gens du peuple qui viennent par milliers surtout en été.

Alors, moi, mêlé à la masse, je me sentais revivre. J'y étais bien, allongé par terre comme tant d'autres avec, et cela va de soi, mon litron de bière, à regarder leurs conneries et écouter la musique en plein soleil. Quelquefois et souvent même, je rentrais à l'intérieur du Centre regarder la vidéo et tout plein de choses diverses.

Ah, il n'y a point à dire tout de même, pour dire la vérité, que c'est bien le seul président de la République, Monsieur Georges Pompidou, à avoir laissé quelque chose de bien et d'instructif au peuple français avant de disparaître si tragiquement puisque étant mort d'un cancer généralisé. Enfin, salut à lui, que son âme repose en paix. Eh bien tout est gratuit dans le Centre, à part les consommations dans le bistrot sur la terrasse sur la haut du Centre, comme de bien entendu, et pour ce qui est de faire la manche, cela marche drôlement impeccablement bien, comme sur des roulettes.

Je pratiquais ce métier artisanal poliment, avec distinction, propre, rasé de près et toujours avec le sourire et courtoisie, si je puis m'exprimer ainsi. Et je ramassais entre deux cents et deux cent cinquante balles quand cela marchait bien et quand j'étais au mieux de ma forme, mais des fois, je ramassais en tout et pour tout, avec du mal, cinquante, soixante, quatre-vingts, cent, cent cinquante francs. Tout cela, pour deux ou trois heures de travail en plein air. Et voilà de quoi je réussis à survivre durant une période de plus de six mois, en couchant dehors ou au commissariat, car ce que je réussissais le peu à gagner, cela tout compte fait était vite parti, dépensé dans mes connaissances, mes relations de pilier de comptoir et allez glouglou, bois bon Dieu de merde, on ne sait point qui te boira, jusqu'à tard le soir dans un bistrot corse, à la verse-moi une goutte, rue de Flandres, toujours dans le 19e arrondissement, ambiance de gens bizarres, mais sympathiques, des anciens de 68, des anciens truands.

Enfin bref, mais je comptais beaucoup d'amis dans cet enclos de marginaux. Le tout est de savoir bien se tenir et cela est extrê-

mement important. Bien se tenir, tout est là et ce que j'entends par bien se tenir, c'est avant tout pas jouer les gros bras, pas avoir une trop grande gueule, en débitant des conneries plus grosses que soi, telles que : « moi, je connais », « moi j'ai déjà vu », « moi j'ai fait ça », « moi j'aurais fait comme ça », « moi j'ai tout vu, tout entendu, tout fait... » et d'autres encore. Tu peux parler, mais à condition de sortir quelque chose d'intelligible, être poli envers tout le monde, sinon tu sortais ou te retrouvais à l'hosto, vite fait, bien fait.

Mais moi, là j'étais bien vu, respecté de tout le monde, même quand j'en tenais une sérieuse, et me mettais à pleinement déconner, soit gentiment, ou soit en gueulant quand mon verre était vide. On me laissait sans doute à cause de mes origines corses, qui sait, la mère de ma mère... Eh oui, qui dit Corse, dit aussi origine italienne... Cette belle île, un cadeau des Italiens à Napoléon, d'après mes souvenirs. Enfin, bref, puis un beau jour, j'amène un ami, enfin, disons très franchement qu'il aurait pu le devenir, s'il avait été plus correct et moins con, car plusieurs fois, il m'amena manger ou coucher chez sa mère, mais l'inconvénient, il voulait se montrer supérieur à moi, car il était de quatre ans mon aîné et il était vite catalogué dans le bistrot. On lui disait rien, car il était avec moi et à dire vrai, je ne le connaissais que depuis peu.

Puis, un jour, il m'a foutu la honte devant tout le monde au bistrot et voulait se battre avec moi, profitant sans doute que je commençais à en tenir une. Ah, mais là, j'en avais même plus que marre de ce con, car ce n'était pas la première fois qu'il me foutait la honte dans les bistrots à jouer au dur à cuire, quel con franchement, et qu'est-ce qu'il voulait prouver autour de lui et à chaque fois je fermais ma gueule, laissais passer pour la bonne raison que je me connaissais bien. Et puis là, comme dans le bistrot corse, devant mes potes, voilà qu'il recommençait, alors là, mon sang n'a fait qu'un tour, je sortis dehors, il me suivit ainsi que deux potes à moi. Ah, je voulais lui foutre une bonne correction à ce con. Quand je mis la main dans la longue poche intérieure de mon blouson, pour sortir mon Cobra 22 Long Rifle, car il m'arrivait de me promener avec, et surtout que je couchais dehors, alors, hein, tu comprends, espère bien, et je n'étais point seul, à me promener avec un calibre dans l'assemblée et le mien comparé à ceux des collègues, c'était un modèle réduit. Tu parles, un 22 Long Rifle comparé à un P 38 ou un Luger, ça fait deux. Enfin, que veux-tu, on prend ce qu'il y a, hein, pas vrai ? Et le mien était pour ainsi dire réglementaire, acheté en bonne et due forme, dans une armurerie, mais sans les papiers préfectoraux, du port d'arme et l'autorisation, d'après la nouvelle loi, passée en fin 1983. Et quand je voulus le sortir de ma poche intérieure, il resta coincé, puisque le canon se trouvait dans la doublure, à l'aide d'un petit trou effectué à son intention, puisqu'il était assez long, pour tout dire.

Alors, question dégainage rapide, des clous ! Je le laissai et rapide comme l'éclair, je mis ma main derrière mon dos afin d'y recueillir mon Opinel ouvert et lame bloquée, je le sortis, et tout ça en une fraction de seconde, tu penses que tu n'as point intérêt à dormir debout, car ta vie peut en dépendre, crois-moi, je te parle en connaissance de cause, et bien sûr, je pris la pose adéquate, celle de l'attaquant, de l'offensive. Je fus comme vidé de toute substance intérieure, le vide complet, aussi bien dans ma tête qu'autour de moi, je n'entendais et ne voyais que mon ennemi. Cela ne dura que trois ou quatre secondes et je portai mon bras en direction du visage. Schlac ! Un seul passage rapide et lui, poussant un cri presque inhumain, porta ses deux mains sur le visage ensanglanté et du coup, les deux potes qui étaient là partirent en courant se réfugier à l'intérieur du troquet d'où nous venions de sortir. Et moi, sur le coup, je n'avais point réagi à ce qui venait de se passer, je ramassai mon sac de couchage roulé et décidai de ne pas rester dans les parages. Je marchai presque tranquillement jusqu'au carrefour, fis semblant de m'en aller et m'assis tout tranquillement contre un pylône en béton, servant à soutenir le métro aérien Stalingrad-Jaurès-Barbès-Rochechouart, dans un coin d'ombre, à l'abri des regards indiscrets et je me trouvais approximativement à cinquante mètres du lieu de bataille et du bistrot, il était zéro heure cinquante-cinq minutes et il n'y avait pas un chat alentour, à part mon zèbre en train de gémir et se dirigeant vers le bistrot où il entra donc.

J'attendais la suite des événements et, pour patienter, je m'allumai une cigarette, me demandant, si vraiment, je l'avais bien esquinté, car cela avait été trop rapide, tout juste le temps d'entrapercevoir ce qui m'a semblé être du sang, au travers de ses deux mains plaquées sur son visage. Et en plus, il faisait presque noir, alors comment voir avec distinction ? Je me le demande. Au bout *de quelques minutes, je vis sortir du troquet pas mal de gars de ma connaissance qui s'en allaient et se dirigeaient je ne sais où. Enfin, bref, cela me donna des soupçons. Au cas où les flics viendraient, il y aurait à tous les coups contrôle des papiers, fouille individuelle et vraisemblablement embarcation au poste de police. Ça, à coup sûr avec ce qu'ils trimballent... Bof, après tout, ils avaient plus que raison puis j'entendis un certain bruit sonore, accompagné d'un autre que je connaissais parfaitement, à l'entendre à longueur de journée. Mais là ce n'était point le genre américain : « ouu, ouu, ouu ». Là c'était : « tu tu tu tu », accompagné d'un « pin-pon, pin-pon ». Et ce que je vis, qui stationnait devant le bistrot, ce fut un car de police et une ambulance avec leurs feux bleus et rouges clignotants. Il sortirent de leurs véhicules et entrèrent. Ah, décidément, j'avais dû l'esquinter le pauvre mec et voilà ce que c'est de jouer au dur. Ils ressortirent accompagnés du blessé et repartirent sans aucun doute vers l'hôpital.*

Moi, je restai encore quelques instants, tapi dans mon coin d'ombre, à réfléchir anxieusement à la situation. Pas la peine de retourner au bistrot en ce moment. Je sus le lendemain, dans un autre bistrot, que je l'avais bien arrangé tout de même. Pour un peu, l'œil y passait. Ça a donc été toute l'arcade et le front de balafres, maintenus par des points de suture, à ce qu'on m'avait dit. Je récupérai donc le peu de pognon que l'on me devait et, après cela, direction l'hôtel, récupérer mes affaires et le soir même, je partis par le train, direction le Nord...

Sa fréquentation de l'esplanade de Beaubourg nous est présentée comme une sorte d'espace/temps idéalisé. Il y était bien. Les gens autour de lui s'amusaient. Tout était gratuit. Le monde était gentil. Beaubourg était le lieu d'un bonheur régressif. Il est fréquent dans les récits de clochards qu'apparaissent ainsi un lieu et un temps bénis. Protégé des intempéries de la vie, c'est un paradis perdu.

Ce que Marc P. écrit de l'argent est tout à fait typique et laisse entrevoir les difficultés, déjà plusieurs fois mentionnées, relatives à toute tentative de quantification des paramètres de ce milieu. Tantôt la manche lui rapporte 200 à 250 francs, pour deux ou trois heures de mendicité, tantôt 150 francs, tantôt 50 ou 60 francs... On voit bien, ici, que toute volonté de précision perd son sens.

Plus loin, il blesse son « ami » d'un coup de couteau. Une lecture attentive du passage montre que cet acte est sans raison claire. Le récit est terrifiant en ce qu'il montre le surgissement imbécile, parce que aveugle et absurde, de la pulsion agressive et destructrice, sorte de bouffée meurtrière qui se dégage tout à coup des brumes envinassées de son esprit. Quelle logique cachée s'abrite derrière cet acte ? Irritation devant le fond de dépendance homosexuelle de son compagnon ? Nous ne pouvons que spéculer. Notons tout de même que les relations de ce type, courantes dans le milieu, sont en général très chargées de signification homosexuelle en ce qu'elles deviennent très vite fusionnelles, le dénuement et la peur de la nuit conduisant rapidement les « amis » à vivre ensemble. Ces relations, généralement éphémères, finissent le plus souvent par des insultes, des vols et des violences.

On aura remarqué le statut administrativement fort embrouillé de son revolver, pour l'occasion, heureusement coincé dans sa poche. Encore une fois, les données relatives aux obligations administratives et légales diverses se perdent dans un nuage d'encre.

Il est typique de ces personnalités psychopathiques que le coup de couteau soit donné sans mentalisation et sans culpabilité. Cette dernière est absente [1]. Comme beaucoup de délinquants, il la remplace par son ersatz, qui est la crainte de la punition. Son pathos n'a d'autre horizon que lui-même.

Il se demande un moment jusqu'où il a « esquinté » l'autre. Il n'a pas bien vu. « Cela avait été trop rapide... » J'ai rencontré plusieurs autres cas (étrangers frontaliers en particulier) où les sujets, dans le doute d'un meurtre possible, avaient fui après de tels incidents. Ils vivaient ainsi — souvent depuis plusieurs années — en pensant, Caïns incertains, qu'ils étaient peut-être recherchés ailleurs pour meurtre. Ils ne cherchaient pas à savoir véritablement ce qu'il en était, dans la mesure où cette situation leur permettait de rationaliser leur vie clochardisée...

---

1. On peut penser qu'elle existe cependant au niveau d'un surmoi archaïque où elle agit de manière extrêmement persécutrice pour le sujet. C'est certainement le cas ici. S'il ignore la culpabilité relative à cette agression (et d'autres) que ne souffre-t-il pas en revanche de celle liée au meurtre de son père.

5. Racisme

Cela s'était passé porte de Clignancourt, là où il y a le marché aux puces, immense, à vrai dire. J'habitais dans le coin, provisoirement chez un copain. Je venais de sortir de l'hôpital, un mois avant, pour une dépression nerveuse. Et là, bien sûr, je fis de nombreuses connaissances dans un petit bar, chez Denise, et bien sûr, je m'habillais exactement comme maintenant, sauf que la couleur de mon Borsalino était noire, puis, un jour, vers les une heure du matin, trois bougnouls firent leur entrée dans le bar, se mirent le long du zinc et commandèrent je ne sais plus trop quoi au juste et commencèrent à discuter fortement entre eux, je dois dire.

Enfin, je m'en fous, du moment qu'ils ne fassent chier personne, c'est le principal. Donc moi et mon pote étions assis à la première table en entrant, puis tout d'un coup, un des bougnouls s'adressa à mon pote, en lui faisant des réflexions déplaisantes, mais celui-ci ne broncha pas. Ensuite, ce fut mon tour en me disant, je ne sais trop quoi au juste, et moi de même, je ne répondis pas. Ensuite il passa à mes potes au bistrot, qui eux se trouvaient à l'autre bout du comptoir en train de discuter avec Denise, la patronne. Ce connard, le bougnoul, les interrompait, parlant son langage de singe assez fort comme à leur habitude. Puis je compris que cela était sérieux et qu'il voulait se battre avec un de mes potes. Ah ben merde alors, celle-là était bonne, nous qui avions eu jusqu'à maintenant la paix, voilà que trois pourritures de bougnouls venaient nous la troubler, ah y a pas à dire, il n'y a qu'eux pour foutre leur merde, pensai-je avec fureur et de cela je m'en rappelle encore très bien... Ces trois ratons, plus que des emmerdeurs. Voyant qu'on ne lui répondait pas, le bougnoul s'en retourna vers ses deux collègues boire un coup et moi-même du coup, j'en profitai pour me lever et demandai à Denise qu'est-ce qu'il venait de se passer. Mais Denise me fit signe de me taire, de laisser tomber, de ne rien dire...

Je me résignai donc à me taire, puisqu'elle le voulait ainsi, autant respecter ses volontés car elle n'aime guère la bagarre, surtout dans son établissement, et je la comprenais parfaitement bien. Enfin, bref, alors je commande une autre consommation, un ballon de rosé parce que, à vrai dire, je n'étais guère argenté là *aussi. Enfin, au bout d'un instant très bref, le provocateur de bou-gnoul revenait à la charge. Alors là, moi, je commençais à voir rouge, parce que j'en avais marre de son manège, de ses conneries. Il se croyait peut-être permis de faire ce qu'il faisait, couvert par ses deux salopes de confrères, de toute façon, c'était toujours comme ça avec ces mecs-là, ils ont de la gueule et se croient tout permis quand ils sont plusieurs. Puis, tout seuls, ils longent les murs, ce sont de vrais rats n'empêche. Ah, mon petit de Gaulle, t'as vraiment fait la plus grosse connerie de ta vie. Enfin, bref, c'est fait, c'est fait, ça ne sert à rien de revenir sur le passé... Donc ayant vu cela, je me dirigeai peinard, mine de rien, vers les w.-c. et y entrai. C'était pas pour pisser un coup, mais c'était pour tirer de ma poche le cran d'arrêt et le déplier, puis le mettre derrière mon dos, coincé dans la ceinture du pantalon, à la verticale. Enfin entre le pantalon et la peau du dos, puis tirai la chasse d'eau pour la forme et sortis. Revenant au comptoir, en face de la patronne et à côté de mon pote qui ne disait toujours rien. Puis, l'autre salo-pard continuait de vociférer fortement, maintenant il s'en prenait à Denise qui lui dit : « Bon, vous terminez vos verres et vous par-tez. De toute façon, je dois fermer le bar, allez. » « Eh, j'y ai soif moi, hein Fatma », il lui répondit et mon pote qui se trouvait à côté de moi, lui dit : « Eh, oui, la fatma, comme tu dis si bien, va fermer. » « Ta gueule toi, moi j'y vais t'enculer tout à l'heure », lui dit le rat. « Oui, il a raison, murmurai-je, la patronne veut aller se coucher. » « Eh, quies que t'as toi, hein ? » me dit-il et joignant le geste à la parole, il me décoiffa de mon Borsalino.*

Que n'avait-il point fait là... Et il l'écrasait de rage sous mes yeux et moi, n'en pouvant plus, de toute façon, je l'avais déjà prévu que cela se terminerait comme cela et pas autrement, enfin tant pis pour lui, je glissai la main derrière mon dos, et y extirpai vite fait, bien fait, mon cran et allai le loger de bas en haut du ventre, clac, celui du provocateur imbécile, comme de bien entendu. Et lui n'avait pas réagi sur le coup, faut dire aussi que cela a été super rapide et je pus entrevoir une légère entaille d'au moins dix bons centimètres où le sang s'écoula rapidement au travers de sa che-mise déchirée, mais cela ne dura qu'une ou deux secondes, avant qu'il ne s'en aperçoive et commence à gémir et il mit mon Borsa-lino sur son entaille verticale et il ne bougea plus.

Ses copains voyant cela déguerpissaient en courant du bar, puis la patronne me conseilla de vite partir avant que la police n'arrive et c'est ce que je fis, mais tenant toujours le cran à la main. Je pris cette précaution pour les deux autres qui se trouvaient dehors et sait-on jamais. On ne sait jamais des fois, mais je ne vis personne et tant mieux. Eh oui, la vie est bizarre, tout de même, hein ! Puis je préférai me faire oublier durant deux jours pour enfin retourner chez Denise. Et à ma grande surprise, je fus presque réclamé comme un héros, comme un sauveur par Denise et les autres. A ce qu'ils m'avaient dit que la police était venue puisque Denise avait été obligée de les prévenir pour la forme, il en va de soi et qu'ils auraient dit, à ce qu'il paraît, en voyant l'Arabe saigner comme un porc : « Pour une fois que c'est un Français qui a fait cela, vous l'applaudirez de notre part. » Eh bien, c'est plutôt rare pour des flics, mais enfin, j'étais content de moi, en fin de compte.

Et à ce qu'il paraît encore, il a tenté de s'évader par deux fois, une fois du car, une fois de l'hôpital où les flics le transportaient puisque, eux, sont revenus le lendemain chez Denise. Et bien sûr tout le monde disait formellement ne pas me connaître. Et c'est comme ça qu'ils avaient su pour les tentatives d'évasion. Mais pourquoi a-t-il tenté de s'évader ? Sans doute, pensais-je, qu'il n'était pas en règle. Enfin, il devait bien cacher quelque chose à la justice, ça j'en donnerais ma tête à couper, si nécessaire. Enfin bref, en tout cas mon Borsalino fut mort, tu parles, la coagulation du sang dedans, puisque l'autre s'en était servi de pansement.

Cet autre récit de bagarre témoigne de la répétition des scénarios et des modes de réactivité, les deux épisodes se soldant par un coup de couteau. Mais surtout, apparaît ici la haine raciale dans tout ce qu'elle peut avoir de rabique. Fort répandue dans le milieu, elle est une source éternelle de conflit dans les lieux d'hébergement où l'on ne veut surtout pas dormir à côté des « bougnouls ».

On observe, on compte et on hait ces étrangers qui viennent nous enlever la soupe populaire de la bouche. La misère n'est pas partageuse. Et n'en déplaise à l'auteur du livre de Job, c'est Satan qui, une fois de plus, a statistiquement raison : la souffrance, loin d'élever l'homme, ne fait que le remplir d'envie et de ressentiment...

6. Au foyer d'hébergement

Le temps qu'on m'inscrive, je fis assez rapidement un état des lieux en jetant un coup de périscope circulaire. En ouvrant, le temps que j'y étais, toutes grandes mes feuilles de captage. La description visuelle que j'en tirai, après un rapide coup d'œil, m'était assez triste, cafardeuse, glaciale. Oui c'est ça glaciale. Le terme n'est pas exagéré.

Il y avait des divers bruits de voix entrecoupées, entrechoquées, où on ne perçut plus qu'un brouhaha sourd accompagné de couverts qui tintaient les uns contre les autres, de bruits de verres qui se cognaient, près de se fendre, donc d'après ma déduction, cela devait être tout simplement le réfectoire.

Une voix m'extraya de ma contemplation, c'était celle de l'employé qui me dit :

« Bon voilà, Monsieur P., certes vous allez manger, le temps que je vous trouve un lit. Oh, vous n'avez qu'à laisser vos affaires là en attendant, car après vous les rangerez au vestiaire. Alors, tenez et venez que je vous montre le réfectoire. »

Et il m'y accompagna, après avoir refermé la porte à clef, ce qui me soulage énormément du reste, toujours à cause de mon pétard. Enfin, bref, j'entre donc dans le réfectoire, et quelle était ma stupéfaction en entrant là-dedans. Une super odeur dégueulasse me sonna, de cette odeur très tenace, de sueur, de pied, de vinasse, de tabac. Je me dirige donc à une table assez proche, il semblait y avoir une place. Je m'y installe donc, c'était une table de huit bonshommes et des tables, il y en avait à peu près une vingtaine, toutes avec huit pauvres diables. Au même moment on apporta un bol et un bout de pain sec. On approche donc de sur la table une marmite en ferraille qui semble contenir la soupe. Je me servis donc en emplissant mon bol. C'était une soupe grasse, assez bonne du reste.

Tous me regardaient comme si j'étais insolite, l'homme des neiges. Bof, je les plaignais tous dans un sens qu'il y en avait qui n'étaient point rasés, habillés dégueulassement, pas peignés, l'air tristes, paumés, traqués, abrutis pour les uns et l'air complètement bourrés pour les autres. Ils étaient rares, qui étaient rasés, frais correctement habillés, l'air intelligents, je voyais cela à leur regard. Enfin, bref, les miteux, les sales clochards de merde, clochards par profession, ou clochards par force. Enfin, rebref, je termine donc ma soupe qui était extrêmement chaude. Je la terminai rapidement, puisque tout ce monde avait fini la sienne, et il y avait un chariot qui passait dans la travée pour ramasser les bols vides. Alors je décidai d'aller au bureau pour voir l'employé, pour mon lit et mes affaires. Mais au moment où je m'apprêtais à quitter la table, un clochard me dit à voix haute :

« Hé, Capone, on dirait Capone, oui Al Capone. Alors tu viens d'arriver hein ? »

Je ne lui répondis même point et me dirigeai vers le bureau où m'attendait sûrement l'employé. Il était justement là quand je parvins à l'entrée du bureau. Il me tendit les couvertures et un drap plié, en me disant :

« Bon, Monsieur P., voici votre carte du foyer que vous conserverez sur vous en permanence et tâchez de ne pas la perdre, surtout... »

Je la pris donc, la regardai vite fait. Oui en effet, cela était une carte bleue portant le nom et l'adresse du foyer ainsi qu'un numéro qui était le mien dorénavant, et je la mis dans la poche de ma veste. Il me dit :

« Bon, suivez-moi, que je vous montre où sera votre lit, et en même temps, vous passerez au vestiaire ranger vos bagages. »

On monta donc cet escalier jusqu'au premier étage. On pénétra dans une vaste pièce où étaient alignés par rangées des lits superposés. On tourna à droite en entrant et nous nous dirigeâmes tout à fait au fond dans un angle où était inscrit sur une pancarte du lit du haut, vu qu'il était superposé, mon numéro de plumard. Il me dit :

« Bon, hein, voilà où vous logerez, posez vos couvertures dessus, vous ferez votre lit plus tard. »

Je posai donc mes couvertures dessus. Bof, à première vue, j'étais apparemment bien tombé. Bien placé. Là comme ça, dans le coin bien tranquille et je n'aurais pas voulu, par exemple, tomber sur une travée du milieu. Oh ça, non alors. Bof, le hasard avait bien voulu me planquer en quelque sorte, là, dans ce coin, et tant mieux pour moi. Couvertures correctement pliées, placées dessus en ordre, cela faisait penser à la discipline, l'ordre, la propreté que l'on trouve dans l'armée. Puis il me dit : « Bon, suivez-moi pour ranger vos affaires et après ce sera tout. »

Je le suivis donc, jusqu'à une porte, en dehors du dortoir, où était inscrit en rouge : « Bagages ». Il ouvrit la porte où je rangeai mes bagages sur une étagère, où étaient déjà entassées d'innombrables valises, et tout ça appartenant à ces messieurs qui étaient dans le réfectoire. Je lui dis donc, après avoir terminé de ranger soigneusement mes bagages : « Heu, pardon, mais les affaires n'ont rien à craindre ici ? » Il me répondit donc : « Alors, là n'ayez aucune crainte là-dessus. Personne ne rentre, à part d'être accompagné par un surveillant. » Donc, j'étais un peu plus décontracté, tranquille, toujours à cause de mon flingue qui lui, je ne voulais pas qu'il tombât sur de sales pattes. Non alors.

« Demain matin, vous verrez l'éducateur qui se chargera de vous, il est très gentil », me dit-il en refermant la porte à clef. On entendit nettement, venant d'en bas, un tohu-bohu infernal, entrecoupé de rires et d'engueulades. Nous redescendîmes l'escalier et je restai dans le hall, lorsque dans le réfectoire, tout le monde, presque en même temps, se mit debout en silence, et au milieu de celui-ci se tenait un jeune homme qui m'avait tout l'air de faire partie des murs et qui tenait dans les mains un livre ouvert et qui commença à réciter quelque chose. Je m'approchai donc jusqu'au seuil du réfectoire et entendis : « Que votre nom soit sanctifié, merci pour toi saint Benoît, merci pour toi saint Joseph, et merci pour toi saint Pierre, saint Christophe, amen. » Je compris tout de suite que le livre était tout simplement la Bible et ce qu'il venait de lire était une petite messe... Et je me surpris à faire un signe de croix en copiant les autres, qui en faisaient tous un. Pour ne pas faire mauvaise impression auprès des autres, j'en fis donc un machinalement après le amen. Et tout le monde sortit tranquillement du réfectoire, pour monter au dortoir.

Donc je me mis juste à côté du distributeur, fouillai au fond de mes poches pour en retirer une pièce d'un franc, après avoir trié ma monnaie rapidement car je craignais qu'il y en ait un qui vienne me taper de cent balles... Tout le monde me regardait des pieds à la tête et surtout la tête, sans aucun doute, à cause de mon Borsalino, qui avait l'air d'impressionner beaucoup de monde. Enfin, bref, mais je n'aimais pas la façon dont certains me regardaient, la « fixité » dans le regard des yeux, l'air de chercher je ne sais trop quoi, à vrai dire, tout peut-être, sauf — une chose est certaine — de la camaraderie, de l'amitié. Et à première vue, beaucoup avaient vraiment une sale gueule, qui était extrêmement loin de me revenir. Oui, et surtout, j'essayais de ne pas trop le faire sentir, de le faire voir.

Ah, quelle bande de cons, de paumés, de pauvres types, de bons à rien, etc. Est-ce qu'ils croyaient donc m'intimider, me faire peur, croyant que j'allais certainement détourner les yeux, puisque pour certains d'entre eux, on était exactement similaires. On était, du reste, comme deux coqs de basse-cour prêts à s'affronter dans un coin. On a peur. Savoir lequel des deux règne sur les poules, dans la basse-cour... Là, d'après mon expérience dans ce genre de situation qu'ont certains petits fumiers qui veulent et qui essaient de se faire une réputation.

Et il y a surtout la manière de renvoyer son regard méprisant et s'il n'est pas trop con, il comprend de lui-même. S'il insiste, bien sûr, il y a risque de bagarre. Tout ça pour un regard, ce qui est vraiment con. Enfin, bref, je m'allumai donc une gauloise que je fumai en buvant mon café, chose que j'appréciais énormément du reste. Je terminai ma cigarette puis je montai, direction mon plumard, que du reste, j'allais certainement apprécier, car pour tout dire, j'étais totalement crevé, fatigué. J'en avais même mal aux pieds, aux jambes, aux épaules, à la tête. J'étais mort physiquement.

Je fis rapidement mon lit, et me déshabillai, m'engouffrai sous les couvertures, en ayant pris soin de dissimuler mon argent dans un mouchoir propre que je mis dans mes chaussettes car je couchais avec celles-ci comme ça j'étais tranquille et je plaçai sous mon oreiller mes vêtements que j'avais pliés avec soin. Une fois là-dedans, j'avais plus chaud, et je regardai presque autour de moi discrètement puisque à vrai dire, je me trouvais au fond dans un angle. Ce que je n'avais pas remarqué tout à l'heure, c'est que c'étaient les chiottes qui se trouvaient juste à côté d'où je dormais. Je l'avais deviné, pour la bonne raison que des types y entraient et en sortaient avec comme bruit de fond l'évacuation de l'eau.

Pof ! Tout d'un coup, la lumière s'éteignit dans tout le dortoir, à part deux veilleuses restées allumées et j'entendis alors : « Oh, putain de merde ! J'y vois plus rien » et un autre : « Eh, tu vas fermer ta grande gueule. » « Eh, passe-moi le pinard, hein, espèce

223

de saloperie. » « Oh, gueule pas comme ça, tiens. » « Et vous allez fermer vos gueules, nom de Dieu de pipe. » Puis, silence complet. Il y en a qui commencèrent à ronfler, et j'étais tellement épuisé que je m'endormis sans rien penser à cela, puis on me tapa sur l'épaule et une voix me dit : « Allez, debout, c'est l'heure », et je me rendis compte, sur le coup, qu'il faisait frais.

Je sortis donc de mon brouillard intérieur où je me sentais si bien, j'entendis alors tout un brouhaha sourd et aigu et je compris que c'était déjà le matin et que tout le dortoir s'était réveillé et se levait pour s'habiller et descendre. J'aurais bien voulu dormir encore un peu, mais je n'avais pas le choix. Je ne devais pas être le seul à penser comme ça. Je pliai mes couvertures et les plaçai au pied de mon lit. Tout le monde faisait cela. La merde ! Mes affaires étaient froides, après les avoir enfilées vite fait, je descendis direction le réfectoire pour soi-disant le petit déjeuner.

En y entrant, je ne savais pas où me placer, puisque tout le monde avait sa place personnelle attitrée, et comme j'étais nouveau, je ne voulais pas m'imposer de peur de recevoir un reproche d'une personne mal réveillée. Puis une voix me dit : « Hé Capone, viens t'asseoir là. Y a personne... » C'était le même qu'hier soir, et il faisait allusion à Al Capone avec mon Borsalino sur la tête, et ce matin encore, je m'en étais coiffé. Je me dirigeai donc vers cette table et je vis celui qui m'appelait. C'était un bonhomme de cinquante, soixante ans. Je m'assis donc à côté de lui et lui serrai la main. Il me tendit un bol et une cuillère....

Ce passage est à mettre en parallèle avec celui où je décris les nuits que j'ai moi-même passées à Nanterre[1]. On y trouve les mêmes enjeux, les mêmes soucis : le vol, la violence possible, la position du lit. L'intimidation réciproque de ces hommes qui ont peur les uns des autres. Les centres d'hébergement, comme la prison, font partie de ces lieux où le contrat social n'a plus cours. Les garde-fous y sont inopérants et tout le monde le sait.

La question de l'homosexualité affleure dans l'image des coqs qui veulent chacun régner sur les poules de la basse-cour, car, justement, il ne se trouve dans cette métaphorique basse-cour que d'autres coqs. Qui fera la poule ?..

1. Voir le chapitre : « Nuits difficiles ».

On aura savouré au passage la lecture de la « petite messe » :
« Merci pour toi saint Joseph, et merci pour toi saint Pierre, saint
Christophe ». Il « copie les autres » en faisant un signe de croix.
Son christianisme, tout comme ses autres comportements pseudo-
adaptatifs, n'est que parodie. Les clochards sont toujours à côté
de toutes les obligations, de tous les systèmes. Leur perpétuelle
inadéquation face au monde fait aussi d'eux de grands maîtres de
l'humour.

Une phrase dépasse de loin son contexte banal de réveil difficile : « Je sortis donc de mon brouillard intérieur où je me sentais
si bien. » Voilà qui résume parfaitement une des clés du mécanisme
de la clochardisation et de son immense séduction. C'est le brouillard intérieur, maintenu à grand renfort de psychotropes, qui permet
de tenir à distance les terribles exigences de la réalité du monde.
Le clochard est clinophile. Sa conscience est brouillée. Son trouble
inexistant. Son temps est suspendu. Cet incurable utérin se sent si
bien. Folle ataraxie.

7. Un immense trou noir

On lira ci-après des extraits du dernier manuscrit. Ces mots, qui
sont ceux de la folie, confinent par instants à l'étrange beauté des
derniers textes de Beckett.

Il s'interroge. Est-il encore vivant ? Possède-t-il encore un
esprit ? La mort serait-elle venue sans qu'il s'en aperçoive ? Être
ou ne plus être, voilà son sujet. C'est Hamlet halluciné. Hamlet et
Ophélie tout en un.

Assis à une terrasse de café, il est ailleurs et regarde le va-et-
vient des passagers du monde. Il est perdu. Il se voit tantôt « mollusque », « coquille Saint-Jacques » recroquevillée sur elle-même,
tantôt « animal acéphale », tantôt « fœtus ». Il se trouve et en se
trouvant découvre la complète obscurité. Il n'est plus qu'un
immense trou noir.

Dans ce dernier extrait, les incohérences langagières, ainsi
qu'une partie de la ponctuation — guillemets et points d'interrogation — ont été retranscrites telles quelles.

(? ¿) (? ¿) (? ¿) Que se passe-t-il donc ? Oui, que se passe-t-il donc, qui me paraisse de si invraisemblable, de si extraordinaire ? Si ces synonymes il y a vraiment ? Dans ce que je viens d'évoquer, en voulant parler de ces deux mots. Tout ceci me paraît abstrait, je dirais même mieux, et celui d'abstrait.

Et voilà la phrase qui me vient à l'esprit : « Ah, que se passe-t-il, oui que se passe-t-il ? », sans savoir comment « oui », par quel moyen d'élucidation, d'éclaircissement, « tout ceci est diabolique ».

Et quand je parle de mon esprit en question, je me demande toutefois si j'en possède encore un, « oui », puisque, pour le moment, à cet instant précis, je suis mort ou comme presque mort, « oui », sinon je n'aurais pu me poser cette question qui, elle, pour l'instant, me reste sans réponse... Une mort que je devine, et qui a dû être du genre euthanasique. Survenue brusquement sans pour cela m'en être vraiment rendu compte ? Mais je ne reviendrai que beaucoup plus tard sur le sujet qui est le mien, d'être ou de plus être. Puisque j'ai comme l'intention de paraphraser cet écrit, « oui », de le détailler au maximum, de le prolonger, tout en restant dans la presque vérité, je dis cela, parce que j'ai envie de combler ce trou par un rêve « rêve » ou cauchemar, alors là, je n'en sais rien. Et je désire qu'en le lisant on y ressente une certaine angoisse, un certain suspense, de ce qui va se produire ou de ce qui s'est déjà produit « le genre Hitchcock ». Une paraphrase irréelle, irréversible, irrépressible en ce qui me concerne, dans toutes les premières pages, et là, et le suspense durant une durée indéterminée, sans limite possible, toujours me concernant, « oui », durant ma période de trou noir.

Car voici là le terrible cauchemar que je vis et le vivais donc intérieurement, est je ne sais pour quelle raison, un cauchemar phénoménologique visionnaire intérieur.

Oui, ou tout me semble réel, aussi bien côté matériel que physique, similaire à une rame de métro aux heures de pointe, les va-et-vient des passagers, où moi, tranquillement assis à une terrasse de café, regardant je ne sais quoi... Bien sûr, ceci n'est qu'un exemple – errant je ne sais où et me dirigeant sans doute dans une banale aventure que je devine insignifiante. Et je ne sais ce qui me fait penser à ceci tout particulièrement. Tout ceci me paraît effarant, extraordinaire, inopinément abracadabrant. Surnaturelle, la

Dulle Griet (détail)
Pieter Bruegel 1562 (?).

situation exceptionnelle dans laquelle je crois me trouver et que,
malheureusement, pour tout vous dire, je m'y trouve réellement,
« oui », « bizarre tout de même, oui bizarre ! » A n'y rien
comprendre, si toutefois il m'est ou m'était ou tout simplement s'il
me serait encore possible, oui, possible de pouvoir, et je ne sais
pour quelle raison, oui par quelle motivation qui me pousse à me
dicter ces mots vides, comme « encore possible ». De pouvoir y
comprendre quoi que ce soit, tout en me demandant, sans vraiment
me le demander, s'il me serait possible de prendre en considéra-
tion cette compréhension, « oui », de la concevoir, lesdits symptômes. En les ressentant plus ou moins, mais allant en s'aggravant.
C'est tout ce que je crois savoir sur cette série de transformations

successives qui elles seraient sur le point d'empirer, d'être en évo-
lution... « et je ne sais toujours pas ce qui me fait penser à cela »,
tout comme une tuberculose évolutive, s'aggravant sans interrup-
tion jusqu'à achèvement, jusqu'à la complète agonie, irrémédiable.
« Oui », puisque pour le moment, je suis perdu, suis ou étais, je
dis cela parce que, à dire vrai, je n'en sais trop rien, « à croire
que je saurais jamais rien » à ce qui ressemblerait de très près,
« et même de trop près », analogique à celui d'un état second,
« oui », et tout ce qu'il y aurait de plus second, doit d'une entrée
ou d'une sortie d'un état mental, d'une mémorable ébriété, ou simi-
lairement à celui d'une injection de blanche ou tout simplement et
vulgairement à celle d'une shooteuse de paradis...
... C'est tout simplement pour vous dire dans quelle situation je
me trouve actuellement. « Tout d'un coup, oui », subitement, je
constate et je ne sais comment, analogue à celle de me ressentir
plus ou moins embrouillé, déparcellisé entièrement, tout comme un
brouillage d'ondes radioélectriques, venant endommager je ne sais
quoi ou pareillement à celui de l'écran d'un téléviseur sans
antenne...
... Tout soudainement, le rideau s'ouvre en moi, « oui », il
s'ouvre, et me laisse alors découvrir un immense trou noir. Le
gouffre complet...
... Car j'aurais très bien pu vous en révéler une autre d'à peu
près semblable, d'analogique en ce qui concerne ce trou noir. Ce
serait donc celle de me retrouver emprisonné tout pareillement
dans une coquille Saint-Jacques, complètement close, recroquevillé
sur moi-même ou sur elle-même, devrais-je dire, en voulant parler
de ce mollusque « ou alors », à celle de me retrouver comme un
fœtus ou celui d'un embryon achevé, prêt à l'éclosion ou à la nais-
sance dans le ventre de leur future maman ou autre, mais avec une
légère différence pour moi, qui pour eux, faisant leur apparition,
dans un endroit que je crois connaître, je dis, je crois, parce que
à dire vrai, je n'en sais trop rien, mais alors rien de rien, puisque
en ce qui me concerne, ce serait celle de savoir ce qui m'arrive et
celle de savoir où je me trouve, en me trouvant, me découvrant, si
ce n'est me redécouvrant, entièrement déconnecté, tout comme
Carl[1] *ressemblant à un animal acéphale ou à une bête en cage,*

1. Carl, l'ordinateur qui, dans le film *2001, l'odyssée de l'espace*, se met à
délirer lorsqu'on le débranche.

plongée dans l'obscurité et dans l'inconscience, ou à un rat dans un immense labyrinthe de laboratoire, ou encore plus simplement à celui d'un savant devant le problème d'une équation astronomique, tout en sachant que la solution, l'énigme dont il ne trouve pas la clé existe...

... En ce moment, j'aurais tendance à vadrouiller en pleine déduction, et ce qui ressemblerait de près à une phraséologie propre à celle d'un écrivant, m'objectivant des sensations visuelles objectales, et m'éloignant du sujet déjà commencé, sujet idéologique, je dirais même...

Je me trouve donc et découvre la complète obscurité. En disant, je me trouve, cela n'est qu'une hypothèse, parce que, à dire vrai, je n'en sais encore strictement rien, « une fois de plus », mais absolument rien de rien...

... Le noir, toujours le noir à perte de vue, subitement, j'entendis au fin fond de moi-même un long et pénible sifflement continu qui, lui, me semble émettre à deux endroits différents, avec un côté sonore plus fort que l'autre, et que ce côté m'aurait tout l'air d'être beaucoup plus agité (ou aigu ? ¿), d'être plus perçant aussi, « bizarre, tout de même ». Puis d'un coup, avec étonnement, je ressentis de même une espèce de pression qui, elle, m'aurait tout l'air d'être comme atmosphérique, « oui », d'y ressentir « pour la deuxième fois » une certaine unité de pression étouffante et bienfaisante, en quelque sorte, « oui », bienfaisante. Et je ne sais d'où provient cette métastase en mon interstice qui, lui, se situerait dans mon hémisphère cérébral, « oui » cérébral. C'est comme cela que je l'ai appelé « interstice », car cela veut dire réellement « petit espace vide, oui, vide » entre les parties d'un tout, et ce tout en question est le mien. Pour que vous compreniez mieux, je vais vous donner un exemple. On dit bien les interstices d'un parquet, mais moi, dans ce que je veux dire, sont les interstices de coupe médiane, en parlant uniquement de ma tête, si toutefois j'en possède encore une. Et que cette apparition, que j'ai appelé ça « métastase », « oui », ce phénomène pathologique m'envahissant de partout. Sans doute cela n'est qu'une métapsychique, concernant les phénomènes psychologiques entrant en relation avec mon système.

*

Ma dernière rencontre avec Marc P. remonte au printemps de 1996. C'était à Nanterre. Il attendait, debout devant la porte de la consultation. Je lui ai demandé de ses nouvelles et nous avons échangé quelques mots. Il sentait l'alcool, mais n'était pas manifestement ivre. Pendant que nous parlions, il s'est pissé dessus, la flaque d'urine s'agrandissant à nos pieds. Il n'a pas semblé s'en rendre compte.

En 1999, il a purgé une peine de prison de cinq mois fermes pour coups et blessures volontaires. Aujourd'hui, en février 2001, il vit toujours à la rue, où il se dégrade lentement physiquement et psychiquement.

MA CHIENNE, MA TRAÎTRESSE,
MON AMOUR

J'ai reçu Francis B., en consultation trois fois par semaine, pendant treize mois, à l'hôpital de Nanterre. C'était un homme d'une cinquantaine d'années, grand et mince. Malgré la pauvreté de ses vêtements, il émanait de lui une certaine distinction. Sa courtoisie réservée détonnait dans cette population généralement bruyante et grossière.

Il avait demandé à me voir parce qu'il avait appris que j'étais psychanalyste, et qu'il avait, malgré les traitements médicamenteux anxiolytiques et antidépresseurs qu'il suivait, « besoin d'y voir plus clair ».

Rentré à Nanterre, deux mois auparavant, à bout de ressources et au bord de l'épuisement, il profita de son séjour pour soigner une série de troubles organiques qui le gênaient depuis longtemps (varices, rhumatismes, troubles digestifs). Ce faisant, il fit preuve d'un pragmatisme rare dans ce milieu.

Francis, marqué entre autres par l'inceste que son père commettait avec sa sœur, vécut une vie pauvre, errante et solitaire. Comme condamné par Dieu à l'ignorance et à la quête d'une illumination toujours promise, jamais atteinte, Francis a voyagé. Ses pérégrinations le conduisirent jusqu'en Orient. Il y découvrit le haschich qui lui permit d'échapper de temps en temps à l'enfer de ses tortures intérieures. Il n'en abusa pas, pensant qu'il lui fallait souffrir encore et encore. La recherche de la vérité était à ce prix. En cela, il échappe à la toxicomanie, à laquelle il serait de toute façon exclu de vouloir le réduire.

Les femmes lui furent essentiellement interdites, sa sexualité se résumant principalement à quelques tentatives insatisfaisantes et semi-ratées avec des prostituées.

Son besoin d'avilissement était inouï. Il décrira, dans un des entretiens ci-après, avoir partagé la vie d'une chienne.

Après quinze mois passés à Nanterre, il décida finalement de retourner vivre au sein d'une secte où il avait déjà passé dix-huit ans (communauté à laquelle il fait plusieurs fois allusion dans le texte qui suit). Il espérait, en particulier, y retrouver une femme qu'il avait aimée jadis d'un amour platonique et jamais avoué. Peut-être l'attendait-elle toujours...

Il est certain que son masochisme trouva à se satisfaire dans la décision faussement libidinale de retourner vivre dans cette communauté où il avait, de son propre aveu, été honteusement exploité pendant de longues années. Il est tout à fait significatif, à cet égard, qu'il ait décidé de partir alors qu'allait aboutir une procédure de demande d'allocation d'adulte handicapé que le psychiatre traitant et moi-même avions initiée à sa demande.

Lorsque cette allocation lui fut effectivement attribuée quelques semaines après son départ, je lui ai téléphoné pour lui faire part de la bonne nouvelle. Il m'a dit qu'il était content de m'entendre, mais qu'il ne souhaitait pas donner suite à cette affaire. Il disait aller bien.

Cette allocation représentait une somme mensuelle de 2 500 francs. En comparaison, il gagnait, à l'époque, 210 francs par mois à la Maison de Nanterre, pour un travail à plein temps. La communauté, où il faisait fonction d'homme à tout faire, lui donnait pour tout salaire « 100 francs de pourboire par semaine »...

Le texte qui suit est extrait de quatre entretiens que nous avons eus. Ils ont été choisis parce qu'ils donnent un aperçu de l'histoire de la vie de Francis, tout en montrant l'articulation des problématiques fondamentales qui étaient les siennes : l'inaccessibilité des femmes, l'impossibilité du savoir, la marque indélébile de l'inceste et le masochisme radical.

La précision langagière de Francis, sa fine intelligence et ses capacités d'élaboration ont permis une utilisation presque *verbatim* de la retranscription des entretiens enregistrés (quoique ces derniers se trouvent ici amputés des éléments plus strictement interprétatifs liés à la situation psychothérapique).

Si les qualités de Francis ainsi que l'envergure que lui confèrent sa culture et ses voyages font de lui un être atypique dans ce milieu, les enjeux profonds de sa vie psychique rejoignent néanmoins des problématiques très fréquemment rencontrées chez d'autres, moins diserts.

1. La femme interdite

J'ai touché ma paye et j'ai fait des réserves de tabac. J'ai acheté quinze paquets de tabac. Je ne voulais plus tout le temps ramasser les mégots. Et puis autant faire des réserves. Avec l'argent, je ne sors pas, ça ne m'intéresse pas.

J'ai toujours cette peur de l'avenir. Toujours peur de me demander si je vais avoir un petit peu plus de chance. Est-ce que ça va marcher ? Est-ce qu'il va y avoir un nouveau départ ? Je ne sais pas. Je suis toujours dans la vie avec cette angoisse. Toujours ce manque de confiance en moi.

J'aurais préféré être tranquille dans mon petit trou, mais il y a des gens autour, ça m'a toujours empoisonné la vie. Puis, je crois, la peur m'a peut-être protégé aussi parce que j'aurais peut-être bien pu faire une grosse bêtise. La peur aussi, ça peut protéger. Parce que j'avais un caractère tellement pire qu'aujourd'hui. Je crois que j'aurais pu faire beaucoup plus... Beaucoup de bêtises.

Tandis que là, j'ai toujours construit mentalement et je n'ai jamais rien fait de concret. Par ailleurs ça devient dur, parce que quand on vit comme ça — j'ai cinquante ans — mettons trente-cinq ans comme ça, avec sa timidité... Et la peur. Je ne peux pas aller quelque part sans avoir peur. Si je fais une démarche...

A une époque, la douleur était là. L'émotion. Je restais des fois six mois sans travail parce que je ne pouvais pas pénétrer dans un bureau et demander du travail. En plus je n'avais pas de certificats de travail sérieux. Comme beaucoup de timides, je suis instable. Je ne peux pas rester des mois comme ça chez un patron. Je n'y arrive pas. Je faisais mon travail. En général je le faisais convenablement et puis au bout d'un certain temps je le quittais pour changer. Cette instabilité n'était peut-être pas le fait de ma timidité parce que ce que je faisais ne m'intéressait pas tellement. Alors l'ennui s'en mêle. Et puis la routine, la routine, alors on a envie de changer un petit peu quoi. J'avais des certificats de deux mois, trois mois de travail. J'avais des trous de quatre mois. C'était jamais sérieux ce que j'avais à présenter.

Une réflexion de travers, un petit rien et hop, je partais. Quelquefois je finissais par étouffer carrément. Le soir je lisais des livres d'aventures : l'Inde, les îles du Pacifique... Alors, le matin je n'allais pas retourner dans ce guêpier-là. Alors quelquefois je ne tenais plus, je m'en allais et puis...

Et puis je me suis retrouvé dans des situations comme ça, impossibles. Toujours des travaux pénibles. Et puis très pénibles quoi. On travaille et puis avant un mois, on a dépensé sa paye. Et on doit recommencer encore et ainsi de suite. Et on se dit que ça va durer longtemps, que ce n'est pas une vie. Et on ne voit pas de possibilité de s'en sortir. Parce que les études... J'aurais pas pu faire d'études, ça ne me plaisait pas non plus. Ce qui fait qu'il n'y avait pas de débouchés.

J'ai un mal fou ici. Chaque fois qu'il faut que je quémande quelque chose. La timidité. La peur. S'il fallait que je rentre chez des gens d'un niveau social plus élevé que le mien... Je ne pourrais pas. Tout en sachant que ces gens ne sont pas supérieurs à moi, mais... Je ne pourrais pas. J'ai l'impression que j'aurais l'air d'un canard parmi les cygnes.

Là, en ce moment, je suis en train de lire la Bhagavad-Gita. Je me dis : « Je ne suis pas encore au bout de mes peines, parce que vraiment il me manque des choses. » J'ai un besoin énorme d'affection et on me dit que tout ça ce n'est que de la concupiscence. Alors quand est-ce que tout cela sera calmé ? Pourtant la Bhagavad-Gita, c'est quand même sérieux comme livre... Je ne sais pas. Il faut que je vainque ma peur et mon besoin de tendresse. Alors je me dis : « Ça représente encore combien de souffrance, de solitude, tout ça, et d'épreuves et d'échecs et tout ? » Alors je peux pas, je peux pas envisager l'avenir avec confiance. C'est pas possible. Des mois comme j'ai vécu les mois précédents, je peux pas. Alors forcément, j'ai toujours ma peur.

Il va falloir que j'aille chercher du travail. Je n'ai même pas de quoi acheter le journal le matin. Et qu'est-ce que je vais faire ? Acheter le journal et puis commencer à chercher du travail pendant mon jour de repos. Je vais l'acheter le journal et puis je vais être là, tous les matins à aller voir l'assistante sociale, pour lui demander deux tickets de métro. Ça ne tient pas debout tout ça. C'est une drôle d'histoire. Mais j'ai beau dire : « Ça ne tient pas debout », il va falloir que j'y passe. De plus dans le journal, je ne

*pense pas qu'on demande des manœuvres. C'est plutôt des qualifi-
cations. Enfin, il suffit d'une circonstance heureuse. Tout peut arriver. Avoir une proposition, je ne sais pas. Et puis maintenant avec
ce physique un peu démoli, j'ai encore moins confiance en moi,
parce que je ne peux pas faire n'importe quel genre de travail.*

*Il y a une époque, je travaillais dans des usines. Dernièrement,
pour essayer de m'en sortir, j'ai travaillé dans une usine. C'était
un enfer. Je sais pas trop ce que c'est que l'enfer, mais là, c'était
vraiment incroyable. Je devais y rester quelques semaines pour me
remplir un peu les poches. Je n'ai pas pu y rester. Je n'ai pas pu.
La nuit je ne pouvais pas dormir. Je vivais avec des jeunes gens.
Ils faisaient du bruit. Ils dormaient le jour, mais la nuit ils ne
pouvaient pas dormir. J'ai tenu une semaine et puis j'ai arrêté.*

*Je me rends bien compte qu'il y a quelque chose qui fait me mainte-
nir dans cette misère pour mon plus grand bien. Je le sais, que c'est
pour mon plus grand bien. N'empêche que ça me fait quand même
peur. Je sais bien qu'il y a quelque chose qui veille à mes intérêts et
qu'en fin de compte tout ça se terminera bien. Enfin c'est pas là que
ça se terminera, c'est là que ça commencera. Mais je ne peux pas vivre
dans cette épreuve comme ça, en disant : « Merci mon Dieu de me
faire souffrir. » Je n'y arrive pas. Je devrais peut-être. Je ne peux pas.
Je me sens las de toutes ces épreuves. Mais si je ne les ressentais pas
mal, ça ne serait pas des épreuves...*

*L'affection, on me demande d'y renoncer. C'est ce que je lis
dans la Bhagavad-Gita. Le renoncement. Il faut renoncer à tout
pour trouver Dieu. « Trouve Dieu, après tu auras ce que tu voudras ». C'est ce qui était écrit un jour dans un livre et je sentais
vraiment que ça m'était destiné quoi. « Trouve-moi et ensuite tu
pourras cueillir sur le bord de ta route toutes les fleurs délicieuses
qui s'y trouvent. Mais avant trouve-moi. »*

*Les livres disent tous plus ou moins la même chose. Sur la sexua-
lité, la peur. Si je change de livres, ça ne changera pas ma vie. Ça
me remontera peut-être le moral sur le coup, mais... Ça continuera
de cette façon-là. Enfin, j'ai eu aussi beaucoup d'informations
contradictoires, mais c'est, hélas, toujours pareil de toute façon.
C'est toujours pareil. Et les femmes se comportent toujours pareil
avec moi. Quand elles me voient arriver, elles tournent la tête.
Elles agissent comme si, comme si... C'est curieux. Comme si elles
savaient exactement ce qu'elles devaient faire ou ne pas faire.*

Comme si elles obéissaient à un mot d'ordre. Je ne comprends pas du tout. Par exemple, voilà une heure, j'ai rencontré une jolie fille. On s'est retrouvés face à face tout à coup là. Et elle a immédiate-ment tourné la tête, automatiquement.

Madone
Edvard Munch (1895-1902).

Le plus dur, c'est que quand je vis avec des femmes, comme dans cette communauté dans l'ouest de la France, ça ne se passe pas du tout comme ça, au contraire. C'est fou les propositions qu'on a pu me faire à ce sujet. Vraiment c'est fou. Mais il y a toujours quelque chose dans l'environnement de la jeune femme qui fait que je sens que si j'accepte ça, il faut que j'accepte le reste. Et comme il y a certaines choses dans le reste que je ne peux pas accepter, alors je refuse tout en bloc. J'ai l'impression que ces personnes veulent me mettre dans leur poche et ça je n'aime pas beaucoup. J'aime pas du tout ça. C'est pas possible. Et je retrouve sans cesse cette situation sur ma route. J'aime bien l'amitié véritable et pas des gens qui me jouent la comédie. Là vraiment dans l'ouest de la France, on m'a fait des propositions folles à ce sujet-là. C'était fou. Et je n'ai pas pu, je n'ai pas pu accepter.

Ces femmes qui tournaient autour de moi, pardonnez-moi l'expression, elles n'étaient pas comestibles. Elles ne m'attiraient pas. Il y avait une jeune femme qui m'attirait beaucoup, mais je sentais que c'était son père qui la poussait. Dans la famille, on faisait des plans, le soir. Je ne pouvais pas accepter cela. Je voyais ce que ces gens-là avaient dans la tête. Je l'ai compris. Et je ne pouvais pas me lancer dans une aventure pareille, avec des gens qui cherchaient à ne pas être honnêtes. Moi aussi j'ai quelque chose de malhonnête en moi, mais j'essaie de ne pas l'être. Eux n'essayaient pas, au contraire. Ils voulaient le pouvoir, mettre la main sur la maison dans laquelle on était. Je ne pouvais pas accepter cette chose-là. Pourtant c'était très tentant. Enfin il y a des moments où j'ai craqué quand même, mais il y avait toujours quelque chose qui faisait que ça ne pouvait pas se passer, parce que foncièrement, je ne voulais pas.

Une très jolie fille oui. J'ai vécu pendant deux ans avec un garçon dans cette communauté. C'était le mensonge personnifié. Jamais je n'ai vu quelqu'un de malhonnête à ce point-là. Il a déclenché en moi une haine, quelque chose d'épouvantable. Je l'ai haï pendant des années. Et il a eu cette jeune femme avant moi et j'ai eu une réaction stupide : je n'ai pas pu passer derrière. Elle est tombée follement amoureuse de moi après cela. Et moi je me suis dit : « Une fille qui n'est pas capable de voir le mensonge et la malhonnêteté développée à ce point-là chez quelqu'un, il y a quelque chose qui ne va pas. » Et je n'ai jamais pu céder. Jamais.

J'avais l'impression qu'elle était souillée. Et notre histoire a duré dix ans. Pendant dix ans je n'ai pas pu. De plus, j'avais couché avec une fille qui avait également été avec ce garçon, alors je me suis dit : « Il y a comme une condition. Il faut d'abord que ce garçon couche avec une fille pour qu'ensuite je puisse coucher avec elle aussi. » Alors ça ne pouvait pas marcher non plus. Il y avait aussi une révolte. C'était peut-être aussi de l'orgueil. Sans doute de l'orgueil, mais je ne pouvais pas, ce garçon me répugnait trop. J'avais l'impression... C'est comme si j'avais couché avec un lépreux. C'était pareil....

Tout ça, c'était il y a presque dix ans. Je l'ai revue il y a à peu près un an. Mais ça ne me disait plus rien. Elle était comme usée. Trop molle. Il suffisait qu'un homme dise deux mots pour qu'elle s'allonge. C'était mollasson comme ça. J'aime pas beaucoup ça. Je préfère tout de même une femme qui se tienne un petit peu. Là, elle s'avachissait. Quand un garçon lui plaisait, ça y était. Des fois, je me dis que j'aurais dû en profiter. Mais ça n'aurait pas résolu le problème d'aujourd'hui. Ça aurait été pareil. C'est que je n'ai pas le caractère à faire le toutou quoi. Rien à faire...

De toute façon, si j'ai une chance, je ne peux pas. C'est inaccessible, je le sens. Comment je vais faire pour l'aborder, lui parler ? Ce n'est pas possible. C'est curieux. C'est très curieux. Un jour j'en ai vu une qui travaille ici. On s'est regardés un petit peu, et puis j'ai tourné la tête parce que je me suis dit : « De toute façon, ce n'est pas possible. » Il faudrait que les circonstances soient vraiment créées. Que quelque chose le veuille vraiment.

Je suis comme dans un étau. Dans un étau. J'y pensais ce matin. Je suis complètement serré, ligoté. C'est ça. J'ai l'impression que je ne peux rien faire. Alors qu'en réalité je peux tout faire. Je sais qu'en réalité, je peux tout faire. Je sais qu'en réalité, je suis un homme libre, mais il y a quelque chose qui fait écran. Et c'est cette chose qui se trouve sur ma route. L'écran a tellement encore l'air d'être épais que je me dis que je n'ai pas fini de souffrir. Pour l'instant je ne sais pas faire. Je ne sais pas. Et puis toujours la timidité. Toujours, toujours, toujours.

Au fond, les femmes, j'ai l'impression que je n'y ai pas droit. Et il y a toujours la même question qui me vient à l'esprit : quoi faire ? Quoi faire pour être heureux ? Pour être un peu heureux. Je ne sais pas quoi faire. J'attends que ça tombe. Et puis ça ne tombe pas.

238

Je ne dis pas qu'il n'y a pas de blocage. Je suis un véritable blocage ambulant. Mais... Il y a plus. Je ne sais pas de quoi je parle évidemment. Mais j'ai l'impression que c'est le Père, que c'est Lui qui ne veut pas que ça se passe maintenant. C'est tout. Je suis certain de ça. « D'abord trouve-moi et quand tu m'auras trouvé tu auras tout ce que tu voudras. Mais d'abord trouve-moi. » Mais dans combien de temps je vais le trouver ?

C'est toujours la même chose. Dieu crée les circonstances favorables ou défavorables. « Tu penses que j'ai conduit ta route par un méchant détour, mais attends la suite des événements et dis-moi si j'ai agi pour ton bien, ou si j'ai négligé tes intérêts. » Voilà aussi ce qui était écrit dans ce livre. J'ai bien senti que c'était pour moi tout ça. C'est pour ça qu'en définitive je sais qu'Il ne veut pas mon mal. Bien que pendant des années, j'aie vécu dans la terreur à cause de ça. J'ai vécu dans une peur continuelle. J'ai pensé pendant des années que le monde entier me voulait du mal. Attendre les événements de semaine en semaine... Ça fait des mois et des mois. Puis ça continue toujours et de toute façon ça ne finira pas, alors... C'est ça, cette impression d'infini.

La peur, la timidité, l'inhibition, en dépit de la souffrance qu'elles causent, lui apparaissent tout de même comme positives en ce qu'elles le protègent du pire. Sans elles, il aurait fait encore plus « de bêtises ». De quoi s'agit-il ? Violences ? Suicide ? Meurtres ? Quels fantasmes sous-tendent ce petit vocable ?... Le cas est assez typique : les contraintes inhérentes à la clochardisation (pauvreté, épuisement physique) préservent le sujet de passages à l'acte explosifs potentiels (et fantasmatiques) qui mettraient brutalement sa vie (et éventuellement celle des autres) en danger. Face à ces périls, la vie restreinte, étriquée, de la clochardisation apparaît comme un compromis minimaliste. Par ailleurs, il se cache aussi derrière tout cela un filon mégalomaniaque. « Si j'étais bien, mais vraiment bien, je ferais péter le monde », me disait un patient.

L'instabilité structurelle face aux obligations du travail et de ses contraintes est tout à fait classique elle aussi. Il y a là une tonalité pathétique particulière. Prisonnier de la perspective d'une vie sans issue, faite de travaux abrutissants, il lit et rêve aux Indes et aux îles du Pacifique. Si le névrosé, comme le disait Freud, est un artiste raté, beaucoup de clochards sont des Monfreid, des Gerbault, des London ratés. Irréconciliés avec les médiocres possibilités que leur offre la réalité, et aspirant à une vie autre, glorieuse, virile, aventureuse, pour laquelle il leur manque aussi bien le talent que le caractère, ils en vivotent la caricature dégradée dans l'errance et les rêveries éthyliques. Anges déchus du paradis de la liberté idéalisée, ils sont aussi les inaptes de cette armée de réserve qu'est, selon Marx, le sous-prolétariat.

Ce qui suit dans l'entretien est plus spécifique à Francis. A travers les livres, un message — toujours le même — s'adresse à lui : s'il n'est pas heureux, c'est en définitive de sa faute. Qu'il lutte donc encore plus, toujours plus, contre lui-même. Qu'il se refuse toute aspiration, toute satisfaction, et alors, alors seulement, conformément aux exigences divines, il atteindra le bonheur définitif et absolu. C'est dur. C'est très dur. C'est même impossible. Surtout en ce qui concerne les femmes.

Mais quoi ? Sa misère est son plus grand bien. Cela doit être ainsi. Cela ne peut qu'être ainsi. L'alternative n'est rien moins que l'impensable révolte contre Dieu. « Merci mon Dieu de me faire souffrir. » Il ne « peut pas » le dire, mais il le dit quand même. Il se sent « las des épreuves », mais s'il ne les « ressentait pas mal, ça ne serait pas des épreuves ». Ainsi, le voile de la construction délirante est, un instant, sur le point de se déchirer mais ne se déchire pas. Et ne peut jamais se déchirer, car que resterait-il alors du sujet et du sens de sa vie, sinon un champ de ruines absurde et désolé ? On songe à l'angoisse de Jésus au mont des Oliviers, oscillant au bord vertigineux de la révolte : « Mon Père, s'il est possible que cette coupe passe loin de moi ! Cependant, non pas comme je veux, mais comme tu veux » (Matthieu 26, 39-40). Mêmes enjeux relatifs aux limites et aux finalités de la soumission passive et homosexuelle face au « Père ». Ce père tout-puissant, dont les désirs sont des ordres. Auquel on obéit sans questions, sans révoltes, sans murmures.

Quant aux femmes, c'est impossible. Il y a toujours quelque chose. D'ailleurs, à y regarder de plus près, les femmes ne sont pas très ragoûtantes : souillées, mollassonnes, avachies (comme sa sœur, comme sa mère qui vraisemblablement tolérait l'inceste et ne disait rien). De toute manière à quoi bon ? Puisqu'Il ne veut pas...

2. Le plus ignorant des hommes

Je vis la galère. Je continue à vivre avec toutes ces choses. Je suis toujours mal de toute façon. Dans mon ignorance. Je sais que je vis dans l'ignorance et dans le péché et que je suis malheureux par rapport à ça. Et puis j'ai l'impression de ne rien pouvoir faire, simplement laisser le temps passer, laisser les épreuves se dérouler. C'est une sorte de sentiment d'impuissance. Je ne sais pas quoi faire pour me sortir de là. J'ai l'impression qu'il faut que j'essaie de me débattre. Je me débats beaucoup. Enfin mentalement quand même, il faut que je laisse faire. C'est tout. Il faut que je prenne la patience et puis attendre que les épreuves... Que les épreuves me changent, me tuent quelque part. Il faut bien finir par mourir.

C'est ça aussi qui fait mon désespoir. Souvent je sens tellement de mauvaises choses monter en moi que je me dis que je ne suis pas au bout de mes souffrances. Il faudra encore des mois, des mois, qui sait ?.. des années, avant d'y voir un peu plus clair. C'est de savoir toutes ces choses qui fait que je vis dans un monde complètement illusoire. Un monde qui n'existe pas réellement. Et que je prends pour vrai quand même. Je suis toujours dans l'illusion, toujours, toujours, toujours, toujours.

Je vais dans la rue, je me dis : « Tout ça c'est pas vrai, tout ça c'est pas vrai, tout ça c'est pas vrai. » C'est une création du psychisme. Ce n'est pas vrai et je vis là-dedans et je crois que c'est vrai. Alors je vis toujours dans l'erreur. Par moments, ça va mieux. Je me détends. Je dis : « Bon peut-être que ça se calme, peut-être que je suis prêt de mourir quoi. » Et puis le lendemain, je ressens des mouvements de haine, de rancœur, des petites choses qui remontent. Alors je me dis : « Bon, j'en suis encore là. »

J'ai le sentiment qu'autour de moi, tout est symbole et que je ne comprends pas. C'est pour ça que j'ai tant fumé du haschich. Alors je comprenais, je comprenais beaucoup de choses. A tel point que ça faisait peur, quelquefois.

Hier, je me suis promené dans la rue. Et je m'ennuyais autant dans la rue qu'ici. C'était la même chose. Au bout d'un moment, je suis rentré parce que j'étais en train d'user mes chaussures.

Même si j'avais eu de l'argent, ça aurait été pareil. J'aurais dépensé beaucoup d'argent, mais je me serais toujours ennuyé.

J'avais même pas envie d'avoir de l'argent. Pour quoi faire ? J'avais envie de rien du tout.

Quand je suis sorti, je suis allé aux Galeries Lafayette. J'éprouvais un petit soulagement de voir autre chose que la Maison de Nanterre. Pendant une heure, j'étais content. Il y avait quelque chose qui brillait... Puis ensuite je me suis replongé dans mon ennui.

J'ai beau me dire que tout ce qui est autour de moi n'est que pacotille et je me laisse encore séduire par des vêtements. Je me laisse faire, alors que je pourrais passer tout droit. Mais me laisser séduire par des vêtements que je pourrais acheter : un pull-over, quelques bricoles dont j'aurais besoin. Des petites choses, quoi, que je pourrais acheter.

Ces privations m'apprennent aussi à avoir quelque respect pour l'argent. Parce qu'à l'époque où je gagnais tout de même bien ma vie, je dépensais, je dépensais tout. D'abord parce que je m'ennuyais. Et puis je n'avais aucun respect pour l'argent. Alors qu'hier l'assistante sociale m'a donné quinze francs. J'ai bu un petit café, cinq francs. Puis j'ai gardé les dix francs précieusement dans un placard. Je me dis que l'argent, ce n'est pas la peine de le gaspiller. Une pièce de dix francs, c'est très, très important.

Lorsque je mendiais, assis sur les bancs, et que je récoltais dix francs, je pouvais acheter une boîte de conserve. Et puis un morceau de pain et une petite boîte de conserve, ça fait un repas. J'ai attendu longtemps pour apprendre la valeur de l'argent.

Je ne vais pas tomber pour autant dans l'avarice. C'est pas ça, mais je veux dire le gaspillage, c'est pas bon, non plus. Quand je travaillais, l'argent ça valsait. Ça partait. C'est fou. Alors que vraiment si j'avais été économe... Bouffer de l'argent, comme ça. On passe devant un magasin, on achète une bricole qui ne servira jamais à rien. C'est l'ennui qui est derrière tout cela. Alors on essaie de compenser par quelque chose qui ne compense rien du tout.

Je pense souvent que je suis complètement bouché. C'est vrai. Je vais voir un film, par exemple. Je suis incapable de comprendre ce que le film veut dire. Il faut que je voie des films qui soient simples. Les chansons de Brassens, j'ai pas compris ce que Brassens voulait exprimer à travers ses chansons. Jamais. J'ai commencé à comprendre qu'il y avait dans les chansons quelque chose à comprendre, lorsque j'ai commencé à fumer de la marijuana. Avant, je ne soupçonnais pas. J'écoutais des mots comme ça qui défilaient, mais je ne comprenais pas ce que ça voulait dire du tout et je ne comprends toujours pas. Toujours pas. Sauf si j'ai fumé un petit peu. Jamais je n'ai compris une chanson de Brassens. Jamais, jamais, jamais, jamais. J'ai l'impression d'être le plus ignorant des hommes. C'est vrai. Je l'ai souvent dit. Je crois être le plus ignorant des hommes.

J'ai un petit savoir. J'ai appris un peu d'histoire, un peu d'archéologie. Ce n'est rien du tout ce savoir-là. On gonfle son orgueil avec ça, mais ce n'est rien du tout. Les livres, je ne peux pas les comprendre. Je ne comprends pas. Alors je m'intéresse à des choses qui sont faciles à comprendre, comme les livres d'histoire. Tout le monde peut comprendre l'histoire.

J'ai l'impression que les gens — toute la société autour de moi — savent des choses que je ne sais pas.

De toute façon, cette société, je crois que je ne la comprendrai jamais. On me l'a déjà dit cent fois : « Ne cherche pas à comprendre. » D'ailleurs on dit : « Bienheureux qui a compris qu'il n'y avait rien à comprendre. » De toute façon, je ne comprendrai jamais, je crois. Je comprendrai peut-être le jour où j'aurai vraiment compris intérieurement ce qui m'arrive. Je ne comprendrai que le jour où je me serai compris moi-même. A ce moment-là, je comprendrai au bout d'une grande confusion, que je ne suis pas dans le monde. Que c'est le monde qui est en moi.

La seule façon de le comprendre, eh bien c'est de s'unir à cette chose qui est à l'intérieur de moi-même. Au lieu de toujours espérer la fin de l'extérieur, il faudrait que je puisse en fait avoir un désir de retrouvailles intérieures, cette féminité qui est à l'intérieur de moi, de façon à devenir complet. Il n'y a rien d'autre à comprendre que moi-même. Mais ça me travaille quand même. J'ai tort.

C'est la découverte de soi-même, c'est des épousailles intérieures. Donc quelque chose au centre du cœur. Et non cet acharnement qui fait que j'espère toujours la femme à l'extérieur de moi. Si je pouvais... « Acharnement » n'est pas le mot qui convient. Si je mettais « obstination », ce ne serait pas encore ça non plus. Si j'avais ce grand désir de me retrouver moi-même, de retrouver ma féminité intérieure, je pense qu'en peu de temps les problèmes seraient résolus. C'est toujours la femme à l'extérieur, toujours, qui m'attire. D'ailleurs, ce sont les sens qui m'empêchent de me retrouver moi-même.

On dit : « Cherche en toi. » Et je ne sais même pas chercher en moi. Je ne sais pas ce que cela veut dire chercher en soi. Peut-être méditer comme je le faisais. C'est pour ça que je me demande s'il y a deux hommes qui ont été atteints d'une plus grande ignorance que moi sur cette terre. C'est épouvantable. C'est épouvantable de ne rien comprendre du tout. J'ai l'impression d'avancer comme ça dans la vie, comme un aveugle, comme un aveugle. Je me promène dans les rues. Rien. Il y a des pensées folles qui s'agitent dans ma tête.

On raconte une histoire en Inde. Il y a un homme qui est au bord d'un fleuve. Il y a beaucoup de courant, beaucoup de vagues. L'homme est sur la berge des illusions. En face, dans la brume, il voit la berge des réalités. Il se jette à l'eau, il lutte, il lutte, il lutte, pour aller de l'autre côté. Lorsqu'il arrive de l'autre côté, complètement épuisé, il se retourne, il voit qu'il n'y a pas de fleuve. Alors je me dis que je suis en train de souffrir et que cette souffrance n'existe pas.

Alors quoi ? Je m'inventerais mon fleuve ? Ce serait m'inventer ma souffrance. Quelquefois on m'a dit : « Tu te complais dans ta souffrance. »

Comment peut-on se complaire dans des choses aussi épouvantables ? C'est épouvantable la souffrance. Je ne sais plus qui appelait la souffrance, « hideuse ». C'était Teilhard de Chardin, je crois. C'est hideux la souffrance, on ne peut pas se complaire là-dedans. C'est de la boue. Aussi bien la mienne que celle des autres, la souffrance. Même si quelque part, c'est quelque chose de propulsif, de nécessaire, l'homme n'est pas fait pour souffrir. Il est fait pour être heureux. J'ai des moments de désespoir.

Il est impuissant et s'obstine à se débattre alors « qu'il faut se laisser faire ». Jusqu'à attendre même que les épreuves le tuent, c'est-à-dire — comme il l'expliquera ailleurs — qu'elles tuent le moi en lui (son discours est bien évidemment marqué des accrétions issues des lectures mystico-ésotériques auxquelles il s'adonne).

Il vit dans la conviction permanente de l'illusion du monde phénoménal qui l'entoure. Ce monde est signe, symbole, d'un autre qui lui échappe. Il ne comprend rien à rien. (On songe au mythe de la caverne chez Platon.) Tout est pacotille, distraction, ennui et tentative ratée de le combattre (Pascal).

244

Un voile impénétrable d'ignorance le sépare des êtres et des choses. La démonstration du sens inconscient de cette « ignorance » qui n'est en définitive qu'ignorance de la chose sexuelle n'est plus à faire. Elle sera d'ailleurs abondamment documentée par les associations de Francis sur ce thème dans d'autres entretiens. « Tout le monde sait des choses » qu'il ignore. Les femmes en particulier... Il est donc « le plus ignorant des hommes ». Sauf cependant sur un point : l'histoire, ce savoir à la portée de n'importe qui. Tout de même son histoire infantile ne lui est pas étrangère et il en pressent jusqu'à un certain point le sens. Comme on le verra plus loin, il « sait » tout de même, par-delà tout doute, que son père couchait bien avec sa sœur. Cela au moins n'était pas une apparence. Et il n'est pas impossible que cet élément de réalité soit en définitive la barrière qui l'empêche de tomber dans des formes plus extrêmes de la psychose franche.

Seules « les épousailles intérieures » de la réconciliation avec sa féminité permettraient une réunification noétique des deux mondes, psychique et phénoménal, voués sans cela à une intelligibilité radicale. Il semble, étonnamment, que cette intuition nous rapproche de la théorie érotique de la connaissance, dans le *Banquet* de Platon... Sans ignorer le rôle probable de l'apport de lectures dans la mise en forme de ce « mythe » épistémologique, admirons tout de même un instant la profondeur et la complexité de ce travail du préconscient. C'est bien en effet de la question de sa position féminine face au père qui, seul, avait droit aux femmes, qu'il s'agit.

Même si « l'homme n'est pas fait pour souffrir », la souffrance, cette « boue hideuse », est tout de même nécessaire et « propulsive ». Leitmotiv.

3. Le fils de l'inceste

Je suis mal, très mal dans ma peau. Très, très mal et ça fait des années que ça dure. Je me souviens qu'à une époque, tellement je souffrais, les gens autour de moi ne le supportaient plus. Il fallait qu'ils partent. Je me souviens d'un jour où j'étais chez des amis. Un jeune homme a dit : « Je ne peux pas, je m'en vais. » Il est parti. Ça ne date pas d'aujourd'hui...

Aujourd'hui je suis quand même obligé d'aller manger, et c'est à chaque fois une torture.

J'ai des histoires de ventre. Des angoisses... Ce matin, au petit déjeuner, j'allais vraiment... Les gens autour de moi le sentent bien quoi. J'étais vraiment très mal. J'avais hâte de finir mon bol de café et de m'en aller.

Et puis je n'ai pas une attitude franche et cordiale vis-à-vis des gens que je côtoie. C'est pour ça que les gens cessent de me dire bonjour. C'est drôle. De plus en plus fréquemment, il arrive que des gens qui se comportaient gentiment avec moi, voilà quelque temps, ne me disent plus bonjour parce qu'ils voient bien que... Je ne comprends pas. Pourquoi je suis si crispé ? Toujours froid. Toujours sec. Il y a toujours cette jalousie en face des autres qui fait que ce n'est jamais un bonjour cordial et franc. Un jour, le matin je vais serrer la main à quelqu'un. Le lendemain, je ne vais pas la lui serrer parce que je n'ose pas.

C'est tout un tas de petites histoires comme ça qui se répètent tous les jours et qui fait qu'il y a des tas de gens qui ne me parlent plus, qui me font la tête. Comme pour m'exclure. Il me semble qu'à leur place j'essaierais de comprendre. Je ne sais pas, je pardonnerais quoi. Mais eux... Ça a toujours été comme ça.

Je côtoie des gens ici. Je ne suis pas habitué à eux, ici. Je ne peux pas m'habituer avec tout le monde. Si c'est un cercle restreint, ça va. Je finis par m'habituer, puis par avoir une attitude beaucoup plus franche. Mais ici, il y a des centaines de personnes et je ne peux pas avoir cette attitude franche avec tout le monde. Je ne peux pas être amical avec tout le monde. Alors que je ne demanderais pas mieux.

Le matin pour aller prendre le petit déjeuner, c'est toute une histoire. Il faut que j'attende le dernier moment. Je ne veux pas rester coincé à table avec les gens. C'est une torture d'entrer au réfectoire. C'est qu'au réfectoire, il y a quand même cinq cents personnes. C'est aussi une torture d'entrer à la chambrée. Tous ces gens qui me font la tête... Quand je suis sur mon lit, j'ose à peine aller aux toilettes. Je voudrais pouvoir entrer et me coucher et ne plus bouger. Les gens me font peur. C'est affolant parce qu'on ne sait plus quoi faire. On ne se sent bien que tout seul. Et encore....

Puis j'ai peur que ces angoisses me reprennent. Il y a cette honte continuelle qui crée un sentiment de gêne. Je suis toujours gêné. J'ai toujours cette peur.

C'est très curieux la timidité quand même. C'est très, très curieux. C'est inouï, le nombre de gens qui peuvent être timides. Beaucoup de gens se suicident par rapport à cela. Parce que vraiment la vie est bloquée. Je suis certain qu'il y a beaucoup de suicides qui sont dus à la timidité. Je me souviens qu'à une époque, c'était affreux : pas de travail, pas de femme, pas d'argent. Rien. Et on ne peut rien faire. On est complètement paralysé. Je ne sais pas ce qui engendre ça. Je pense que les guerres y sont pour beaucoup. Ainsi que l'oppression sexuelle.

La guerre, la peur, les bombardements, les chocs émotionnels, tout ça engendre la peur. Des jeunes enfants qui entendent des bombes exploser. Ces peurs affreuses. Ces désaccords familiaux. Tout ce qui m'est arrivé.

La guerre... J'ai entendu quelques obus péter pas loin de moi. J'ai eu un grand choc émotionnel lorsque les Allemands ont fait exploser un pont à quelques centaines de mètres de la maison. J'étais sur le pas de la porte. J'étais tout petit, mais je me souviendrai toujours que j'ai vu un grand éclair tout jaune dans le ciel et puis j'ai été pris de saisissement comme ça. Je pense que ça, ça a été une des raisons. J'avais quatre ou cinq ans.

Je me souviens aussi avoir tripoté une petite fille et ma mère m'a collé une raclée. Ça, je m'en souviens bien. Ce n'était pas très loin d'ici. Nous étions sur une péniche. Mes parents étaient bateliers. A l'avant du bateau, il y avait un petit logement. J'étais tout seul avec une petite fille, une petite marinière. Et puis on s'amusait, quoi... Et puis, j'ai dit : « Viens, on s'en va. On reviendra tout à l'heure. »

Ma mère était en haut, elle avait tout entendu. Elle a dit : « Qu'est-ce que tu reviendras faire tout à l'heure ? » J'ai pris une bonne raclée. J'avais huit ans.

Mon père ne se conduisait pas très bien non plus avec ma mère. Le logement était petit et il ne pensait qu'aux chantiers. Que la paix soit avec lui, mais il ne pensait pas trop à ses enfants ou à ce qu'il pouvait leur faire. Je me souviens que je souffrais beaucoup de cette ambiance.

Je l'entendais faire l'amour avec ma mère et j'en souffrais énormément. Si on m'avait au moins expliqué quelque chose. D'un côté

*on sent qu'il y a un interdit et de l'autre on voit des adultes se
livrer à des libertés devant nous qui sont... Alors évidemment il y
a quelque chose qui ne va pas. Ou on interdit tout, tout à fait, et
on ne montre rien, ou on a une liberté totale. Là, ce n'était pas le
cas du tout.*

*J'avais des amis. Leur gosse avait cinq ans, ils lui ont dit : « Viens,
on va te faire voir comment ça se passe. » Et devant lui, ses parents
ont fait l'amour. L'enfant ne m'a pas paru traumatisé. Il était
mignon. Il était gentil, faisait des câlins avec ses parents. Intelligent
et pas déséquilibré par la chose. Maintenant, on ne sait pas si plus
tard il ne va pas se passer quelque chose. Je n'en sais rien. Je ne sais
pas si c'est une attitude saine d'ailleurs de la part des parents.*

*Mais, enfin, les bruits de mes parents. Ça, ça m'a fait souffrir
énormément. Je m'en souviens. On dormait dans des lits superposés. Alors évidemment, mes parents étaient au-dessus. Moi,
j'étais en dessous... J'en ai souffert atrocement, mais alors atrocement, de ça.*

*Je crois que je devais en vouloir à mon père. Je ne sais pas si
les enfants sont faits pour être initiés à ces choses-là étant très
jeunes. Je pense que oui. Je pense qu'il ne faut pas faire planer le
mystère sur la chose, mais je n'en suis pas sûr non plus. Je ne suis
sûr de rien.*

*Il y a eu une histoire d'inceste aussi entre mon père et ma sœur.
Ça, ça a été terrible également.*

*Il m'enfermait carrément dans une chambre pour... Et ma sœur,
ça ne lui plaisait pas du tout. Je sais que ça ne lui plaisait pas. Et
mon père claquait la porte de ma chambre, m'enfermait dans ma
chambre et passait dans l'autre. Et c'étaient des cloisons en bois.
Ce qui fait que, bon...*

*Je l'ai dit à ma mère et elle, évidemment, comme elle a quitté
mon père, elle a voulu informer toute la famille. Elle a voulu avoir
raison absolument. Un jour, quand j'avais dix-huit ans, je lui ai
dit : « Tu aurais pu au moins penser à la honte qui rejaillirait sur
moi. » Mais elle n'a pas du tout pensé à ça. Elle n'a pensé qu'à
se justifier. Elle n'a pensé qu'à sa vengeance. Et moi, toute ma
jeunesse, j'ai vécu avec ce complexe-là.*

*Toute la famille était au courant. J'étais le fils de l'inceste, moi.
C'était, ça a été une grande honte pour moi. J'étais le fils du père
qui avait....*

Et je me suis aperçu de bonne heure de ce qu'il faisait. Ma mère pendant des années ne s'en est pas aperçue. Mais moi, je m'en suis aperçu de bonne heure. J'étais bien placé pour ça. Mon père mettait des objets derrière la porte pour que je ne puisse pas l'ouvrir. Je n'étais pas vieux, j'avais six ou sept ans. Ma sœur, la première fois que ça c'est passé, avait une douzaine d'années. Et ma mère a été raconter ça partout.

Un jour, ma sœur est partie. Elle a quitté la maison et est partie à Paris. Puis elle a traîné les rues à crever de faim. Elle s'est retrouvée à l'hôpital. Puis, sur le tard, elle est devenue alcoolique. Dernièrement, elle était ivre encore et elle a fait une chute. Elle s'est cassé le bras. Je suis allé la voir. Elle m'a dit : « J'ai arrêté de boire. Je bois un petit peu en mangeant. » Sinon c'était tous les jours, tous les jours, tous les jours. Elle rentrait le soir, à dix-huit heures, elle était soûle. Tous les soirs, tous les soirs, tous les soirs. Elle épluchait ses légumes avec un litre de rouge à côté d'elle. Elle n'arrêtait pas.

Maintenant, est-ce que l'inceste est une faute ? Je ne sais pas. Je me suis posé beaucoup de questions. Je n'en sais rien. Enfin, le mal est fait quand même, quoi.

Je crois que j'avais sept ans lorsque ma mère est partie. Elle a laissé, à mon père, un mot sur la table et on est partis sans un sou. Plus tard, on est retourné vivre avec lui. Il s'était cassé une jambe et avait envoyé une lettre à ma mère. Elle est allée le rejoindre. Alors là, on habitait dans une pièce tous les quatre. Et ça a recommencé. J'avais peut-être huit ou neuf ans, je ne sais pas. Alors ma mère l'a quitté encore une fois. Et puis je crois qu'il buvait.

Lorsqu'il est mort, j'avais dix-huit ans. J'ai eu beaucoup de peine. J'ai fait tout ce que j'ai pu pour le détester et je crois que je n'y suis pas arrivé. Quand il est mort, j'ai eu beaucoup de peine. Ma mère, c'est pareil. Elle n'a pas pu m'aider. Ma mère était ignorante, elle n'a été que huit mois à l'école. Pour elle, son travail, c'était de me donner à manger et elle me donnait à manger, c'est tout. Mais jamais je n'ai pu avoir une conversation avec elle. Je n'ai jamais pu parler avec elle. Elle ne pouvait pas m'éclairer. Elle ne pouvait pas...

Ce qui est incroyable, c'est que ma mère ne s'est aperçue de rien, alors que moi, tout petit, j'avais déjà ouvert les yeux, et puis les enfants sont très observateurs, mais elle, rien. Alors, est-ce qu'elle a fait semblant de l'ignorer ? Est-ce qu'elle l'a vraiment ignoré ? Je ne sais pas. Je me suis souvent posé la question, parce que quand même c'était gros, quoi... Enfin, quand je le lui ai dit, elle a quand même fait sa valise et on est partis. Une vie de patachon, quoi...

Il est mal dans sa peau. Il a mal au ventre. Il est angoissé. Cette ouverture (d'ailleurs beaucoup plus hésitante que la transcription ne permet de l'apprécier) prélude au récit de l'inceste.

Il s'attire l'inimitié des gens. On lui fait la tête. On ne lui pardonne pas. Lui pardonner quoi ? On va y venir...

Les deux sources de la timidité en général et de la sienne en particulier sont « la guerre et l'oppression sexuelle ». Souvenirs d'enfance...

Les Allemands ont fait exploser un pont. Ce pont effondré reviendra souvent au cours des entretiens. Il est aussi très présent dans les rêves de Francis. Ce souvenir-écran renvoie au lien brisé entre lui, les autres et le monde. Il représente la voie coupée qui lui aurait permis de sortir de lui-même, d'échapper à cet infernal huis clos. Mais on ne passe plus...

A huit ans, il a « tripoté » une petite fille. Sa mère lui a flanqué une bonne raclée. C'était injuste, alors que son père et sa mère faisaient bruyamment l'amour dans la couchette au-dessus de la sienne [1], sans égard pour sa présence. Ou on interdit, ou on montre, il faudrait savoir !

Qui plus est, le père couchait avec la sœur, manifestement au su, sinon au vu, de tout le monde. La sœur avait une douzaine d'années. Quelle honte ! Quelle honte, pour « le fils de l'inceste »... L'expression est curieuse et laisse peut-être supposer chez Francis une représentation subtilement délirante de sa propre conception. De quel coït est-il donc issu, pour être le fils de l'inceste ? De celui du père avec la mère ? Du père avec sa fille ? De tout le monde ensemble ?

La sœur deviendra alcoolique. Par ailleurs, un enfant qu'il a connu a été « initié » par ses parents. L'inceste est-il une faute ?

---

1. Cette disposition spatiale des couchettes superposées, avec Francis occupant celle du bas et ses parents copulant dans celle du dessus, renvoie en somme à une « oppression » au sens littéral et physique du terme...

Certes, à un certain niveau, le mal est fait, mais en définitive comment savoir ? Francis n'en sait rien. Et se refuse par là à oser critiquer son père (et sa mère qui ne pouvait pas ne pas savoir). Tout de même, à cause de ses révélations, ses parents vont se séparer. La mère et ses enfants partiront « sans le sou ». Comme devait être écrasante la culpabilité de ce petit garçon...

D'ailleurs et malgré tout, il n'est « arrivé à détester » ni son père, ni sa mère. Ils sont absous. De cette « vie de patachon », Francis absout tout le monde. Sauf lui-même...

4. La chienne

J'ai changé de chambre. Je suis avec un monsieur qui est très calme les jours de semaine, mais le samedi et le dimanche, il boit. Alors, c'est la comédie...

Anxiété
Edvard Munch (1896).

J'ai dû changer parce que je ne peux plus monter les étages avec ces jambes. Je me dis : « Pendant cinq jours je vais avoir la paix », mais le sixième et le septième, alors là ça chauffe. Alors j'ai peur. Oh, il n'est pas méchant. Il n'y a pas d'attaque physique, mais il n'arrête pas de parler et son langage est assez agressif. Il n'est pas dangereux. Au contraire, c'est plutôt lui qui prend des coups. Les autres lui tapent dessus pour qu'il se taise. Mais plus on lui en donne, plus on l'entend. Il dit qu'il aime ça, alors...

Évidemment, ça me donne encore une furieuse envie de partir d'ici. Mais en ce moment, je me fais soigner les varices. Ensuite ce sera les genoux. Après ce sera le dos. Alors maintenant, je compte passer l'hiver ici. Avec tout ce qui reste à faire de ce côté-là...

Le dernier Noël que j'ai passé, je l'ai passé seul dans une cabane. Une cabane minuscule, seul avec un chien.

J'avais travaillé dans cette communauté. Et je cherchais encore une fois à m'en échapper. J'ai un camarade qui est venu me voir et qui m'a dit : « Il y a un monsieur qui te loge et qui te donne cent francs par semaine pour donner à manger au chien. » Et c'était encore un piège parce qu'il ne s'agissait pas seulement de donner à manger au chien, il s'agissait d'être toujours avec le chien. Et les cent francs, c'était le plus souvent vingt francs.

Thénardier
Victor Hugo.

C'est-à-dire que j'ai dû vivre avec vingt francs par semaine pendant plusieurs semaines et que j'ai crevé de faim. Je devais manger la viande du chien. Heureusement que le monsieur avait les moyens et qu'il achetait quand même une viande de qualité supérieure pour le chien, mais j'étais obligé d'en manger une bonne partie.

Et puis, Noël est arrivé, le Jour de l'An... Et mon patron, puisqu'il s'agissait bien de mon patron, m'a quand même offert une bouteille de champagne et un petit repas. Et je me suis soûlé. J'ai bu la bouteille de champagne en l'espace de cinq minutes, à peine. Une amie est venue m'apporter un morceau de haschich et j'ai passé Noël comme ça.

C'était un jeune berger allemand, une petite chienne de quatre mois. Je n'en croyais pas mes yeux, elle était d'une intelligence que je ne soupçonnais pas chez les animaux. Je ne les avais jamais observés. Je n'avais jamais vécu comme ça, à proximité des animaux. Elle dormait avec moi. Ce qui ne me plaisait pas du tout. J'étais obligé de dormir dans la même pièce. Et c'était tout petit. Ça faisait 1,70 m sur 4 m de long. C'était tout petit, petit.

Je me souviens d'un jour où la radio était en marche et on a entendu un discours de Hitler. C'était un discours très, très violent, avec sa voix hachée. D'un seul coup la chienne s'est tournée vers le poste, elle a poussé un hurlement tellement étrange que ça m'a glacé. Ça m'a glacé de la tête aux pieds. Là, je me suis vraiment posé des questions. Elle s'est tournée vers le poste et... Vraiment un hurlement qui sortait des tripes. C'était très impressionnant. Comment un chien de quatre mois pouvait-il hurler de cette façon ? Jamais je n'avais entendu un chien hurler de cette façon, en entendant la voix de Hitler. Et un berger allemand justement...

J'ai vécu des choses très dures avec cette bête parce qu'il fallait que je la sorte. Mais il fallait que je la sorte tout le temps. Le berger allemand est un chien qui ne peut pas rester seul. Il lui faut une famille. Il lui faut de la compagnie et je me suis fait avoir pour vingt francs par semaine.

Je n'arrivais pas à vivre avec ça. Je n'arrivais pas à manger. Il s'est mis à pleuvoir. Le toit fuyait. La chienne a eu la diarrhée. Je me souviens d'une nuit infernale : la diarrhée partout et l'eau qui tombait du toit. La neige avait fait des petits barrages sur les tuiles, il a plu derrière, l'eau est montée et est passée par-dessus. J'avais

de l'eau partout. C'était épouvantable, épouvantable. Je me suis
encore bien fait avoir, cette fois-là.

Un soir, j'ai dit : « J'en ai marre de votre chien. Je m'en vais. »
Et puis, de toute façon, j'étais devenu très possessif avec elle. Trop.
Je l'aimais trop. J'aurais pas voulu que les autres la caressent.
J'ai... J'étais devenu trop possessif. Que quelqu'un la caresse me
mettait en rage. Une jalousie... C'était ma seule amie et puis elle
me trahissait sans cesse. Elle sentait bien que je ne pouvais pas
lui donner tout ce dont elle avait besoin. Alors elle me trahissait
quoi...

Son compagnon de chambrée est un masochiste. « Plus on lui
tape dessus, plus on l'entend. » « Il aime ça », s'étonne Francis
sans soupçonner un instant le rapprochement avec lui-même.

Les capacités associatives fonctionnent cependant et le masochisme précisément se trouvera illustré — ô combien — plus loin
dans l'entretien. C'est la rencontre avec la chienne.

Véritable coup de foudre, Francis « n'en croit pas ses yeux ».
Elle est intelligente et douce et belle. Elle l'aime et dort avec lui.
D'emblée, il se « fait avoir ». Par le patron et son argent d'abord.
Par la chienne elle-même ensuite. Il a vingt francs par semaine. Il
crève de faim. Il doit manger ce que mange la chienne. Le couple
d'ailleurs est autrement fusionnel : elle a peur de la voix de Hitler,
tout comme lui, enfant, a eu peur de la guerre. Bruits des bombes
et bruits de sexe se trouvent ici condensés dans la voix de Hitler.
Comme cette chienne est perspicace ! Et si jeune...

Mais rien ne marche, et la femme-chienne, comme les autres,
n'est pas pour lui. Tout de suite, elle le submerge et le déborde par
ses désirs tyranniques. Il doit non seulement la sortir, mais la sortir
tout le temps. Ses besoins d'affection sont infinis. Il ne peut pas la
satisfaire. « Lui donner tout ce dont elle avait besoin. » En outre,
piège fatal, il s'y attache beaucoup trop. « Une jalousie... » Et les
autres la caressent. Et elle est d'accord. C'est sa seule amie et elle
le trahit. Forcément, elle le trahit...

De plus, symboliquement, tout s'effondre, s'écroule, s'écoule,
se noie. Dans l'eau et dans la merde... Voilà ce qui arrive lorsqu'on
cède à la séduction des petites chiennes... Il lui faut partir. Partir,
encore et toujours. Briser les liens.

Francis expliquera, lors d'autres entretiens, se prendre à rêver aux petites filles. Quatre, cinq ans par là. Potelées, suaves et tendres. Ignorantes aussi, encore bien plus que lui, mais déjà bien curieuses tout de même. Insidieusement avenantes. Peut-être qu'avec elles, enfin ?...

Oh, il ne s'agit là que de rêveries toutes théoriques. Plus, serait mal assurément. Quoique... A bien y réfléchir... Qui sait ? Et après tout, lorsqu'on est le plus ignorant des hommes, comment savoir ?

INTERMEZZO
LA CONFESSION DU PÈRE DAMIEN

Des années de prison précoce que l'on nomme communément école primaire, je n'ai gardé que peu de souvenirs liés au contenu de l'enseignement. A peu près tout se mêle dans mon esprit en un bourdonnement obscur et lointain. L'école et ses rites n'étaient pour moi qu'une odieuse infraction à mes rêveries. Quant aux autres enfants... Terrifiante multitude ! « Et si le monde était peuplé d'automates ? » se demandait Descartes. Si tout n'était qu'apparence trompeuse et mauvais rêve ? Le saurais-je ? Comment le saurais-je ? Et où se cacherait donc alors, le vrai monde ? « Dans l'idée claire et distincte de Dieu », répondait René... Moi, je regardais par la fenêtre. J'espérais la mer et suivais d'un regard impuissant le vol des oiseaux. J'essayais furieusement d'être ailleurs...

Pourtant, dans un livre d'histoire religieuse, sur une pleine page, il y avait un dessin représentant une scène extraordinaire. Un jeune prêtre, agenouillé dans une barque, levait les yeux vers son évêque. Ce dernier, appuyé au bastingage d'un trois-mâts, le bénissait de la main droite levée vers le ciel.

Il se dégageait de ce tableau une impression de terrible gravité. Quelque chose de radical, de définitif, était en train de se passer là. C'était l'image d'Épinal de la dernière confession du père Damien, l'apôtre des lépreux, « le héros de Molokaï » comme l'appela plus tard Stevenson. Tout dans ce dessin était propre et pur. Aucun stigmate de la lèpre ne souille encore le jeune prêtre. Aucun doigt ne lui manque. Il n'a pas encore la tête qu'il finira par avoir, sa tête de lépreux, sorte de vieille patate difforme et pourrie. Non, le dessinateur avait préféré lui donner une tête de jeune homme bien élevé et pas très viril. Pour tout dire, une tête de premier de classe, un peu une tête à claques. Une tête, enfin, comme les aimaient les femelles finissantes, bondieusardes et flamandes, à la face poudrée comme des tartes aux groseilles, qui m'entouraient. Grand-mères. Grand-tantes. Aïeules calamiteuses. Encombrants vestiges de temps révolus et imbéciles. Elles se présentaient sous deux formes : desséchée anorexique ou pintade obèse. Il n'y avait pas de milieu. Étranges créatures, elles émettaient, en se déplaçant, de secs bruissements d'élytres ou, au contraire, de feutrés chuintements, discrets clapotis de chairs effondrées. C'était selon.

Les Poissardes mélancoliques
James Ensor (1892).

Moi, je m'en fichais bien de la tête qu'on lui avait faite, au père. De la lèpre aussi, un peu. Et de la sainteté complètement. Ce qui me plaisait en revanche, c'était l'histoire de la barque. Voilà un homme qui avait fait quelque chose de tellement énorme, de tellement bizarre, de tellement effrayant pour tout le monde, qu'on n'osait même plus l'approcher, le toucher, ou respirer le même air que lui. A n'en pas douter, c'était là un héros. Un vrai. Un héros absolu parce que sans retour. En choisissant de vivre avec les lépreux de Molokaï, Damien avait franchi la plus terrifiante des lignes, celle qui sépare les vivants des morts. Et il semblait l'avoir franchie le plus naturellement du monde, du pas tranquille et lourd du paysan flamand qu'il était.

C'était bien simple. Il croupissait sur l'île de Molokaï, une colonie de lépreux assignés à résidence par les autorités d'Hawaii qui enlevaient, souvent de force, les malades à leur famille et les y bannissaient. Isolés afin de prévenir toute contagion, ils devaient, en principe, y être aussi soignés. En réalité, ils ne l'étaient pas. Lorsque les malades partaient pour l'île, leurs proches leur faisaient un bel enterrement. Le cercueil était vide et la cérémonie symbolique, mais il était ainsi bien signifié que les lépreux étaient morts aux yeux du monde. De Molokaï, aucun, jamais, ne reviendrait.

Sur l'île régnait l'horreur absolue. Un monde sans loi. Viols, vols, assassinats. Pour pouvoir manger, les enfants des deux sexes se prostituaient. Et la mort et le pus. Pourriture et désespoir. Partout. Il fallait quelqu'un pour mettre de l'ordre là-dedans. Une œuvre pour Dieu bien sûr, *via* la reconquête des âmes égarées et fornicatrices. Mais aussi et plus vite encore : nourrir, soigner, abriter. Il aurait fallu quelqu'un. Si seulement il se trouvait quelqu'un. Un personnage d'autorité et d'audace suprême. Qui oserait ? Damien. Damien, lui a osé. Savait-il ce qu'il faisait ? Mesurait-il pleinement toute l'étendue de son sacrifice ? Je ne le crois pas. Je m'imagine Damien se portant volontaire pour Molokaï naturellement. Comme si cela allait de soi. Un peu comme il aurait écarté les autres pour remettre droit une charrette qui aurait versé sur un chemin de son Limbourg natal, en y arc-boutant son large dos. Inspirant à fond avant l'effort. C'était à lui de le faire. Et pas aux autres. Normal, c'était lui le plus fort...

Que cet homme fruste, venu de nulle part, ait pu sans y penser, d'un coup d'épaule, soulever le monde en somme, m'enchantait. Je ne mesurais pas, à six ans, ce que devait être l'immense hauteur de sa solitude. Le père Damien mourut à Molokaï, lépreux parmi les lépreux, le 15 avril 1889. Il avait 49 ans.

*

L'illustration naïve de mon livre d'enfant ne représentait qu'une scène imaginaire. Damien à Molokaï avait des contacts avec des non-lépreux : médecins, administratifs et religieux. Un frère, puis des religieuses le rejoignirent à la fin de sa vie. Une fois sa lèpre déclarée, il n'eut plus le droit de quitter l'île. Cela d'ailleurs lui importait peu, sauf sur un point : celui de la confession justement. Alors qu'il n'avait pas vu de prêtre depuis plus de trois mois, il écrivit à l'évêché pour demander la permission exceptionnelle de pouvoir aller se confesser à Honolulu. Abandonné par ses pairs, il ne voulait pas risquer de l'être aussi par Dieu. C'est qu'il se pensait grand pécheur, Damien. Et trouvait son âme bien noire. On ne sait aujourd'hui s'il faut en rire ou en pleurer...

La permission ne lui fut ni accordée ni refusée. La réponse vint, mais elle était ambiguë. L'évêché ne tranchait pas... Après un temps, Damien n'y tint plus et, avec ou sans permission, partit tout de même en bateau, pour aller laver ses péchés à Honolulu. On le lui reprocha ultérieurement. Robert Louis Stevenson prit sa défense posthume dans une lettre restée célèbre. C'est là une autre histoire [1]...

A son frère Pamphile, religieux resté en Belgique et lui-même gravement souffrant, Damien annonce qu'il a la lèpre par ses mots :

« Quant à moi, je ne puis vous cacher plus longtemps que je suis menacé d'un mal encore plus terrible. La lèpre, vous le savez, est contagieuse. En réalité, je suis toujours aussi robuste que vous m'avez connu. Mais depuis trois ans, mon pied gauche a perdu toute sensibilité. J'ai dans le corps comme un poison qui menace de contaminer tout l'organisme. Ne blaguons pas trop là-dessus et prions l'un pour l'autre. »

Ne blaguons pas trop là-dessus !...

---

1. Malgré son caractère hagiographique, on prendra plaisir à lire la biographie . *Le Père Damien, apôtre des lépreux* d'Omer Englebert, Paris, Albin Michel, 1963.

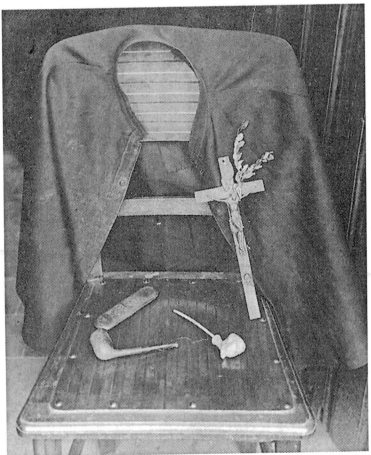

Ce que possédait Damien à sa mort.

CE QUE JE SAIS DE LUI

C'est affreux de hideur, mais très instructif.

J.-H. FABRE, *Souvenirs entomologiques.*

Il y a ce Monsieur Abel que je connais depuis treize ans. A son arrivée à Nanterre, il présentait une blessure surinfectée de l'arcade sourcilière. On dut l'énucléer. C'est ainsi que je le vis la première fois, avec un œil en moins et un trou à la place. Il attendait sa prothèse. On me l'adressa en consultation de psychiatrie, à tout hasard...

C'était un grand garçon de 35 ans, très poli et bien respectueux. Hormis quelques banalités il n'avait pas grand-chose à dire si ce n'était ce stupide incident infectieux. Une griffe, rien qu'une griffe au départ et puis, insidieusement, l'inflammation, le pus, puis l'œil... Cela va vite. « *Enfin, ce sont des choses qui arrivent.* » Parmi d'autres...

Il était né dans une famille bourgeoise. Le père possédait une petite usine. Ils étaient trois fils. Il fut le seul des enfants à être envoyé très jeune au pensionnat où il reçut une éducation catholique très stricte. Il ne s'entendait pas très bien avec son père et ses frères. Il a toujours eu le caractère un peu bizarre, Monsieur Abel. Pas agressif, non, mais différent. Il existe en lui quelque chose qui le place à l'écart des autres et comme à distance des choses. Ce sont ses grands-parents qui l'élevèrent. Sa mère travaillait. C'était très dur. Et probablement faux...

Évoquant son père, un peu plus tard dans l'entretien, il laissa échapper, sans s'apercevoir de la contradiction, que celui-ci était mineur, silicosé, toujours malade. Et mourut à 52 ans. Mais alors, l'usine ? Les origines bourgeoises ? Mensonges ? Fantasmes ? Délire ?

Rien pourtant, dans ses propos, de l'excitation typique de la mégalomanie franche. Aucune trace de revendication narcissique. Il s'en fout bien de l'usine paternelle, réelle ou chimérique. Abel est au-delà, dans une sorte de laisser-aller de la pensée, une rêverie bien à l'abri de la contrainte des faits et du poids de l'histoire. Étrange ramollissement du réel auquel, plastique, il peut donner la forme qu'il veut. Qu'il peut. Qu'il doit. Au gré des besoins, des interlocuteurs et des instants.

Toujours est-il qu'avec ses frères, il devait reprendre l'entreprise familiale. Hélas, il se voyait mal en costume et cravate. Un différend vestimentaire, en somme... De plus, vers vingt ans, il se préférait étudiant en lettres. Évitant soigneusement cours et examens, ce statut resta tout théorique. Il erra un peu en France, s'installant dans diverses villes. C'est ainsi qu'il partit pour la première fois, doucement, sans bruit, comme une barque à la dérive qui glisse sur l'eau en tournoyant lentement sur elle-même. Passif et langoureux voyage.

Il se maria jeune, devint coiffeur pour dames et posséda un temps son propre salon. Pas longtemps. Victime d'un goût immodéré pour la fête. Les fêtes ! De toutes sortes et de n'importe quoi. Il sortait alors en compagnie interlope, s'enivrait pendant des jours et régalait les autres sans compter. « On finissait au bordel... » Il but ainsi, comme disent les bonnes gens, toute sa situation. Sa femme le quitta, emmenant leur fille dont l'âge exact lui échappe un peu aujourd'hui. Il ne sait plus très bien non plus combien de temps a duré son mariage. Un ou deux ans. « Mais vous dire quand exactement, quelles années... »

Sans femme et sans argent, que faire ? Il se risqua un moment au trafic artisanal de haschich. Sans grand succès. Prison.

Cette dernière étant, avec la paresse, la mère de tous les vices, celui de l'alcool s'en trouva chez lui irrémédiablement chronicisé. Qui plus est, de la prison à la rue, il n'y a qu'un pas. Petite distance, qu'il franchit aisément. Et nous voilà, ce jour...

Que dire de plus ? Rien, me fit comprendre Monsieur Abel en se levant. Des choses lui étaient arrivées, voilà tout. Imprévues. Étonnantes. La vie. Le destin. Le hasard... Et après ? Qu'avait-il, en dernière analyse, à voir là-dedans, lui, Abel ? Rien. Presque rien. Tout au plus, peut-être, une légère faiblesse de bon vivant ? Un je-ne-sais-quoi d'insouciance et de naïveté. Ou alors, trop confiant ? Que dire de plus ? Rien.

Ah, si tout de même... Sa grand-mère maternelle qui l'a élevé est morte au printemps. Ce fut pour lui l'occasion de reprendre contact avec sa mère. L'enterrement, tout cela... Il vint chez elle, un jour. Pas tout à fait à jeun. La petite, sa fille y était. En visite pour quelques jours, elle aussi. Hasard. Et voilà qu'elle ne voulut pas lui dire bonjour, ni l'embrasser, ni rien. Voilà que tout d'un coup elle eut peur de son père. Et la mère d'Abel prit la défense de la gamine. Elle se retourna contre son fils : « *T'arrêtes ou tu fous le camp !* » « *Arrêter quoi ? Enfin, j'étais de trop. J'ai pris mon sac et je suis parti...* »

Et il s'en alla effectivement... En me remerciant chaleureusement de l'avoir reçu.

Nous eûmes un autre rendez-vous quelques jours plus tard. Très bref. Tout allait très bien. Il n'avait rien à ajouter. Sa prothèse oculaire n'était toujours pas arrivée. Il s'ennuyait et donc, buvait beaucoup. Il avait fait un rêve : au réfectoire, assis en bout de table, il se servait deux morceaux de viande au lieu d'un, et prenait ainsi la part de son voisin en plus de la sienne. « *Tout le monde me faisait la gueule.* »

Il quitta Nanterre peu après, sans attendre sa prothèse. Je ne le revis plus jamais en consultation. Je l'ai croisé pourtant bien souvent, depuis lors, çà et là, d'hôpitaux en centres d'hébergement, entre deux couloirs.

Aujourd'hui, treize ans plus tard, Monsieur Abel a 48 ans. Il est toujours aussi aimable. Il n'a toujours rien de particulier à dire. Simplement, il continue de lui « *arriver des choses* ». A part cela tout va très bien. Très bien... Mais tout comme dans la chanson, Madame la Marquise, il faut pourtant, pourtant, que je vous dise...

Qu'il est borgne.

Qu'il souffre d'une polynévrite des membres inférieurs. Et ne se déplace plus que très difficilement à l'aide de deux cannes. De nombreux accidents et chutes diverses ont aggravé son état.

Que des accidents vasculaires cérébraux l'ont rendu quelque peu aphasique. Tout juste peut-il ânonner péniblement quelques mots.

Qu'un scanner permit de déceler chez lui une atrophie cérébelleuse consécutive à l'abus chronique et massif d'alcool.

Qu'il souffre de delirium tremens et de crises d'épilepsie (alcool encore).

Qu'il fit, il y a quelques années, une pancréatite aiguë (alcool toujours).

Qu'il traîne un ulcère chronique du genou.

Qu'on dut lui amputer un orteil gelé.

Que, lors d'accidents avec des réchauds à gaz, il se brûla le visage à plusieurs reprises.

Qu'il est incontinent urinaire et anal.

Mais qu'à part cela, tout va très bien. Tout va très bien...

En treize ans, rien qu'à Nanterre, son dossier fait état de 231 consultations externes. Cela n'inclut pas les consultations dans les autres centres médicaux qu'il fréquente, ni les journées d'hospitalisations somatiques et psychiatriques qui, pour des raisons administratives, sont difficiles à comptabiliser précisément. Il est cependant raisonnable et certainement en dessous de la vérité, d'évaluer celles-ci à, au moins, deux années complètes.

HÔPITAL Max FOURESTIER

403 Avenue de la République - 92014 - NANTERRE Cédex - B.P. 1403 - ☎ 47 69 65 65

DESTINATAIRES : URGENCES + C.S.P.S.A.+ Consultation de psychiatrie.

COMPTE-RENDU D'HOSPITALISATION

MOTIF D'HOSPITALISATION

Patient admis en Médecine C pour ivresse aiguë et intoxication médicamenteuse (autolyse).

ANTECEDENTS

Médicaux :
- Nombreux épisodes de délirium tremens.
- Crises d'épilepsie(alcoolique).
- Pancréatite aiguë en ███████.
- Suivi en psychiatrie par le Docteur ███████ pour syndrome dépressif.

Chirurgicaux :
- Ulcère infecté du genou droit.
- Appendicectomie.
- Amputation premier orteil gauche (engelure).
- Prothèse oeil gauche suite à un traumatisme crânien.

MODE DE VIE

- SDF.
- Intoxication alcoolo-tabagique chronique.

HISTOIRE DE LA MALADIE

- Le ███████████ a bu : 500 ml de cognac associé à du TRANXENE et NOCTRAN Le lavage gastrique fait aux urgences ne retrouve aucun médicament digéré.

Alors, qui est-il cet homme étrange, ce vieux gamin bien élevé qui, de banalité en banalité, de glissement en glissement, benoîtement et sous nos yeux, a fait de lui-même une sorte de monstre effarant ? Grotesque et vivante parodie de la mort. Que nous montre-t-il cette espèce d'artiste, cet inventeur spécial ?

Qu'avons-nous pu faire pour lui, nous autres ses médecins, psychiatres, infirmières et consultants de tous ordres ? Indiscutablement nos techniques et nos produits repoussèrent maintes fois l'échéance de sa mort. Mais enfin, au-delà de la chair, pour lui, pour le sens de sa vie, pour son indicible et irreprésentable souffrance ? Là, rien ou presque. Tout au plus sommes-nous parvenus parfois et au prix d'âpres luttes à le mettre quelque temps à l'abri de lui-même et du monde, en psychiatrie. Hospitalisations malaisées, car s'il est fou, il l'est d'une folie bien à lui, indéfinissable et non répertoriée. Rien, en revanche, qui permette de conclure à une psychose. Ni délire, ni hallucination, ni confusion, désorientation, ou troubles thymiques importants. Aucun des signes francs. Jamais. Alors ?

Certes, on peut dire : « malade alcoolique ». Pour faire plus sérieux on peut même rajouter un adjectif bien senti, tel que « grave » ou « chronique ». Mais des malades alcooliques, il y en a près de deux millions en France, tandis qu'Abel est unique en son genre, à bricoler dans un coin ses bizarreries. De même, pour la schizophrénie qui est présente à des degrés divers dans environ 1 % de la population générale et dont Abel a le regrettable inconvénient de ne pas présenter les symptômes.

On peut aussi légitimement évoquer la dépression et même ajouter « essentielle » pour faire bonne mesure. Et cette dépression essentielle, cette profonde débâcle du sujet écrasé par le poids de l'existence, doit certainement exister. Mais, s'il a bien ses petits coups de cafard, si on lui connaît même l'une ou l'autre tentative d'autolyse sans gravité, au Tranxène et à l'alcool, l'ennui est qu'Abel, d'une manière générale, ne se sent pas déprimé. Et s'il pleure certains soirs, s'il lui arrive parfois de demander à l'infirmière dévouée qui est devenue une amie une « *piqûre d'euthanasie* », il ne veut, malgré tout, pas être celui qui « *souffle la chandelle* ». La balance, somme toute, penche encore du côté de la vie et il est d'habitude vaguement joyeux.

La difficulté, a montré Aristote, est qu'il ne peut y avoir de science que du général et non du particulier. Or précisément, tout le génie d'Abel — sa grandeur, et la sombre réussite de sa révolte — est d'être justement farouchement, particulier. Irréductible individualité.

Pendant deux ans, il fut hébergé dans les lits d'infirmerie d'un centre du Samu social de Paris. Mis à part une ou deux sorties intempestives qui se terminèrent vite aux urgences hospitalières dans des états d'ivresse aiguë, il parvint à s'y maintenir. Cette relative stabilité a étonné. S'agissait-il banalement de lassitude physique ou fallait-il l'attribuer à quelque tardif réaménagement psychique ? Mystère. Peut-être le temps, tout simplement, avait-il joué son rôle en conduisant lentement à l'épuisement relatif de la compulsion de répétition et du chaos pulsionnel. Peut-être son masochisme se satisfaisait-il enfin de sa dégradation générale... Mais pourquoi alors lui avait-il fallu aller jusque-là ? Et pourquoi pas plus loin ? Lui-même résuma les choses en laissant entendre qu'il aurait pris « *sa retraite* », ajoutant « *peut-être* »...

Une autre dimension et non des moindres est à prendre en compte. C'est celle de la nature de l'institution qui accepta de l'héberger, ou plutôt du statut particulier qui y fut le sien. Bien connu, et bien aimé, des soignants comme des administratifs, on toléra ses errances sporadiques. On lui épargna les petites humiliations[1] réservées à ceux qui reviennent après avoir voulu partir...

Cette ouverture lui permit de se ménager une porte de sortie permanente. Réelle, potentielle ou fantasmatique, cette dernière semble jouer un rôle fondamental dans l'apaisement de l'angoisse d'étouffement qui hante les clochards pour qui la fuite apparaît, souvent, comme la seule alternative à l'anéantissement. Souvenons-nous de l'automatisme ambulatoire de Charcot. Et paraphrasons Shakespeare : partir, partir. Foutre le camp, mourir. Par chance rêver...

De sa retraite relative, le plaisir ne fut pas exclu. Ce grand blessé, cette charpie d'homme séduisait encore. Pas n'importe qui, certes, mais enfin... Une aide-soignante, mère de famille, alla jusqu'à s'imaginer un moment avoir trouvé en lui l'âme sœur. En cela, elle ombragea fâcheusement une religieuse, visiteuse de malades, qui se sentait une vocation tant oblative qu'intimiste... Comme il est vrai que l'hystérie peut tout ! Ces dames faillirent en venir aux mains. On dut les

---

1. J'aborderai plus loin les questions liées au fonctionnement des institutions d'accueil. Voir le chapitre : « De la charité hystérique à la fonction asilaire ».

séparer. Abel, lui, exhibait fièrement à qui voulait bien s'y intéresser quelques notes d'hôtels, preuves de l'amour consommé.

Cela dit, entouré, protégé comme il l'était, Abel ne fut pas, malgré tout, à l'abri des braves gens. Ainsi un bienfaiteur professionnel et haut placé eut l'idée charitable de réunir Abel et sa vieille mère qui ne s'étaient pas vus depuis près de quatorze ans. Cela, bien évidement, contre l'avis des médecins et des psychiatres.

Un beau jour, donc, divine surprise, Maman vint. Bien vieille et tout en béquilles. Mal assurée, timide. Ainsi finissent les vieux, confus et méfiants comme des paysans à la ville. Elle redoutait quelque chose, Maman Abel. On sentait bien qu'il lui avait manqué le courage de ne pas venir. Si j'aurais su... Elle était sans espoir et flairait un peu le désastre. Ça se voyait rien qu'à la façon dont elle tenait la tête enfoncée dans son manteau miteux, mi-lapin, mi-serpillière.

On alla prévenir Abel. Il mit du temps à descendre. Le café de sa mère refroidissait. Elle n'y touchait pas. Enfin on vit Abel venir du bout du couloir. En béquilles lui aussi, évidemment, et bien péniblement. La mère se recroquevillait à son approche et sa petite tête de vieux rongeur s'enfonçait encore plus profondément dans le col de son manteau.

Quand le visage de son fils fut à portée de son regard, ce visage terrible, éclaté, couturé, boursouflé comme un chou-fleur cyclope, la vieille dame se cacha la tête dans les mains. « *Mon Dieu*, a-t-elle dit. *Mon Dieu. Quelle horreur.* »

Dieu, lui, évidemment, comme d'habitude, n'a rien dit. Et Abel resta là, vaguement souriant. Oscillant et gêné. Tout encombré de lui-même et inondé de grotesque.

Maman Abel ne s'attarda pas. Tout juste firent-ils un petit tour ensemble dans la cour. Demi-mots murmurés, griffant le silence. Petites larmes, cristaux tremblants un instant au bout des rides. Regrets vides et impuissants... Quatre jambes, quatre béquilles. Valse lente. Deux crabes laborieux...

Elle est repartie Maman, un peu fébrile tout à coup. Elle est repartie vers le pont là-bas. Et les taxis. Vers les bruits. Le périphérique. Tourbillons. Manèges. Toute l'illusion de la vie... Abel, lentement, est remonté dans sa chambre.

Tout le monde, je dois le dire, était bien content. Et fort ému.

Le sentiment, après tout, est l'ersatz de la pensée. C'est toujours mieux que rien.

Plus tard, Abel se mit à faire semblant d'écrire ses Mémoires. Il singeait alors un manuscrit, agitait des papiers, griffonnait quelques traces. Indéchiffrables, comme lui. Funeste clown. Funambule de la décomposition, quel est ton rire ?

Quand il faisait beau, il lui plaisait l'après-midi de se choisir un banc au soleil. Il y chauffait son corps en bouillie. Sa barbaque. Sa charogne. Son œuvre. Il fermait son unique œil. A quoi pensait-il ?

*

Probablement, entre autres choses, songeait-il à repartir dans la rue, car c'est ce qu'il fit, en définitive, un jour de l'été 1998...

L'Homme de douleur
James Ensor (1891).

PUCK EST MORT

De Profundis Morpionibus
La LaLa LaLaaa
LaLa LaLaaa
LaLaLaLa... Zob[1] *!*

Une salle de garde, c'est amusant. Réfectoire, lieu de repos et
de détente pour le personnel médical de service, c'est même fait
pour. Distractions garanties. Grossièretés pour tous. Obscénités
rituelles. Grand déballage. Projections. Gaudriole. Graffitis... Tout
y est. Pour tous les goûts.

Raymond, hébergé de la Maison, y servait. Un sympathique,
Raymond. Toujours dans le coup. Discret, mais présent. Un yaourt,
quand, pour projeter, vous n'en aviez pas sous la main. Une banane
pour imiter le gorille méditatif. Un sourire, un clin d'œil. De loin
complice. Une espèce de compagnon. Une manière d'écuyer... Un
petit bonhomme Raymond. Une tête toute ronde, un peu ratatinée.
L'œil malicieux. Gros pif. Un gnome. Un peu Puck. Puck, du
Songe d'une nuit d'été. Un Puck vieilli.

J'imaginais avoir avec lui des rapports un peu plus proches que
les autres. Oh, des petits riens. Deux regards qui à peine, plus
souvent se cherchent. Un plaisir à savourer ensemble, chacun pour
soi, un peu pour l'autre, une gauloiserie quelconque, particulièrement outrageante. Broutilles ? Peut-être. Sans doute...

Un jour de fin d'été, j'ai réalisé que Raymond n'était plus là.

---

1. Refrain d'une chanson traditionnelle de carabin. Celle-ci est surtout chantée
lors d'un « enterrement », fête de salle de garde célébrant la fin d'un internat.
Après un repas, l'interne sur lequel ses camarades ont projeté divers produits
(yaourts, œufs, etc.) est mis en bière et promené dans les services hospitaliers où
il a sévi. La procession « funèbre » avance aux accents du *De Profundis*...

Avec un léger étonnement, un brin de vexation aussi, comme lorsqu'on s'aperçoit tout d'un coup, après quelques jours de distraction, qu'un familier a changé de lunettes. Les êtres, comme les choses, ont leur permanence, leur place. Il est irritant qu'ils y manquent. Je me renseigne auprès des cuisinières. Cela fait trois semaines qu'elles ne l'ont pas vu.

Inquiet, j'ai demandé à l'administration de ses nouvelles. Il était parti. Comme ça. Hop ! Il avait quitté la Maison, du jour au lendemain. Oui, monsieur, et sans un mot. Sans prévenir. Après tout ce qu'on avait fait pour lui... Ah, l'ingrat !

C'est en octobre que j'appris au détour d'une phrase que Raymond était mort. Mort de froid. On l'avait retrouvé devant l'hôpital, à l'arrêt de bus. Raide. A quinze mètres du poste de garde... L'affront ! Comme pour nous dire quelque chose aussi, peut-être... Qui sait ?.. Un bras d'honneur posthume ?... Forcément, ça interroge... Incite à la réflexion. Impose, en somme, le respect. Quinze mètres ! Et devant un hôpital ! Ce n'est plus un décès, c'est une démonstration. Une parabole, Raymond... C'était en octobre. Octobre 1989...

*

Le temps a passé. De temps en temps, je pensais à lui. Sans excès, foin d'obsession. Rien de forcené. Mais enfin, son petit clin d'œil final passait mal. Il m'arrivait d'y revenir... En 1994, je décidai d'en finir. De savoir le fond de l'histoire, de retrouver les traces, de refaire, en quelque sorte le chemin. Genre hommage. Esquisse de prière. Sentiments... Il ne reste pas grand-chose.

L'état civil de la Maison d'abord. Des tas et des tas de petites fiches bien conservées. Ordre. Propreté. Le présent et le passé, les vivants et les morts. Tout le monde est là. Sur chacun, des informations sommaires : entrée, sortie. Lorsqu'elle existe, une copie de l'acte de naissance est agrafée à la fiche. C'est le cas pour Raymond.

Il est entré à la Maison de Nanterre le 6 septembre 1988. Sorti, toujours vivant, plus pour longtemps, le 27 juillet 1989.

Né dans le centre de la France en 1945. Surprise. Il avait quarante-quatre ans. Je lui donnais une soixantaine abîmée. Il est vrai que l'alcool fait passer le temps...

L'acte de naissance le désigne comme fils de Jean (cultivateur) et de Marie (cultivatrice). Il y a la signature du père. De l'appliqué. Il ne devait pas être bien fort à l'école, Jean, ou il n'a pas dû y aller longtemps...

Dans la marge de l'acte, la courte épitaphe de deux mariages. Il se marie une première fois à vingt-deux ans. Ça dure dix ans. Décision de résidence séparée d'abord. Divorce prononcé neuf mois après. Il récidive à trente-sept ans. Pour cinq ans. Jusqu'au tribunal de grande instance de X qui prononcera le jugement de divorce.

Sur la fiche Maison, l'adresse de sa mère. Une adresse exotique. De l'agricole en friche. Du lieu-dit. Patelin reculé. Trou profond...

Si elle vit toujours la Marie, elle ne doit plus être bien jeune. Je n'ai pas voulu troubler la douloureuse quiétude d'une mère. C'est qu'elle est deux fois veuve. De mari et de fils. Pointe des pieds ! Silence... J'espère qu'elle roupille Marie, bien au chaud, près de son poêle, comme un vieux chat. Sans trop de cauchemars..

© Adagp, Paris, 2001.

Ma tante endormie rêvant de monstres
James Ensor (vers 1888).

J'ai retrouvé le dossier de Raymond. Celui de son passage à la Maison. Le complet, celui avec les rapports. Celui qui sait tout. Tous les hébergés en ont un.

On y découvre d'abord la « Fiche générale » qui offre un aperçu de son parcours au sein de l'institution. Il a déclaré être serveur de profession et, comme tel, sera tout de suite affecté à la salle de garde en tant que travailleur de deuxième catégorie (au pécule mensuel de 345 francs). Il passera ensuite travailleur de première catégorie (465 francs par mois). Le 5 janvier 1989, il bénéficie d'une prime de 30 francs. Le 30 du même mois, on lui accordera une prime de 100 francs. La prime récompense la qualité du travail accompli [1]. Le 15 juin 1989, Raymond déménage et passe du centre d'accueil (sans limite de durée de séjour) au foyer de réinsertion (séjour de six mois, renouvelable une fois) avec la mention « *stage extérieur* ».

Voilà, on était content de lui, Raymond. Bon travailleur, gentil, poli, promu. Il avait même droit à de petits cadeaux : prime par-ci, trente francs par-là... Il semblait tellement bien, qu'on s'est pris à rêver pour lui d'un bel avenir. La réinsertion, ce Graal du travailleur social se profilait à l'horizon. Avenir glorieux : Raymond, on allait en faire un miraculé. Organiser un petit Lourdes rien que pour lui. Il pouvait, il allait, il devait s'en sortir. La salle de garde n'était pas assez bien pour son immense potentiel. Oh que non ! Il méritait mieux. Cent fois mieux. Mille ! On a pensé qu'il serait bien plus heureux à l'extérieur, Raymond. Dans le monde du travail et les lumières de la ville...

Un stage extérieur, voilà ce qu'il fallait, a-t-on jugé, à un homme comme lui. Une formation. A son âge, quarante-quatre ans, pratiquement un jeune homme. Toute la vie devant lui. Ah, il faut être optimiste. Positif, voilà le mot. Voilà le grand secret de la réussite. Une formation. Rien que pour lui. Lui, choisi entre tous. Aubaine. Gros lot. Immense honneur !

La fiche conclut : « *Radié le 27 juillet 1989.* » Tiens ! A Raymond, ça n'a pas dû lui plaire la réinsertion. Les joies de la normalité, les grandeurs de la pleine citoyenneté. Il a tenu un mois et demi, puis il a fichu le camp, honteux, battu, écrasé. Il est reparti vers son pinard, ses soûleries, ses délires et sa mort. Un mois et demi de dignité normopathique. C'est que la dignité, c'est un peu

---

1. Aujourd'hui, en 2001, un hébergé gagne 400 francs le premier mois, et 800 francs ensuite. Les hébergés affectés à des tâches particulièrement pénibles, comme celle d'auxiliaire au CHAPSA, gagnent d'emblée 800 francs. Un système de prime existe, mais tellement arbitraire qu'il est impossible d'en définir le fonctionnement général.

comme l'opéra. C'est grand. C'est beau. Mais c'est souvent triste. Un peu emmerdant aussi, à la longue. Faut aimer, quoi...

Il est aussi, dans le dossier, un document intitulé « Fiche d'hygiène alimentaire ». Cet euphémisme recouvre le compte rendu des interactions alcoologiques des hébergés avec l'appareil médico-disciplinaire. Dans le cas de Raymond, on y lit quatre remarques :

— Le 29 janvier 89. 20 heures 25. Rentre dans un état anormal. Conduit aux urgences. Retour en salle.

Mademoiselle Lacaille, pourriez-vous le recevoir ?

[*Signé*] Pinson, Assistante Sociale.

Il était donc rentré ivre au point qu'il fut conduit aux urgences de l'hôpital pour y être examiné. Ensuite, il retourna dormir dans sa chambrée habituelle. Pinson, assistante sociale, demande à Lacaille (psychologue s'occupant plus particulièrement des malades alcooliques) de recevoir Raymond. La date de l'incident est importante. C'est en effet le lendemain, 30 janvier, à en croire la fiche générale que Raymond reçut sa prime de 100 francs. Soit il l'a touchée le 29, soit la célébration anticipa l'occasion. De toute manière, le lien est clair entre un passage à l'acte alcoolique et une amélioration objective de sa situation.

— Le 26 mai 89. Mademoiselle Lacaille, il semblerait, en janvier, que vous n'ayez pas pu rencontrer Raymond.

Pourriez-vous le voir ? J'ai une demande de passage en hors catégorie (*c'est-à-dire une proposition de promotion au foyer de réinsertion*). Y a-t-il des risques ?

[*Signé*] Pinson.

Lacaille n'a pas vu Raymond. Probablement ne s'est-il pas présenté au rendez-vous. Rien du sens de ce qui précède n'a été perçu par les accompagnants. La marche inexorable de la réinsertion de Raymond est en cours. Le foyer de réinsertion héberge des personnes qui travaillent ou sont en stage à l'extérieur. La question de Pinson, à la simple lecture des documents, est idiote. Les « risques » étaient démontrés.

— Le 30 mai 89. Vu Monsieur Raymond pour lui expliquer la façon dont est calculé le pécule. Lui demande de rencontrer Mademoiselle Lacaille pour faire le point. Me dit avoir eu des problèmes d'alcoolisme il y a quinze ans, mais les avoir réglés depuis. Lui parle de réinsertion, compte tenu de son âge et de sa personnalité.

[*Signé*] Pinson.

L'estocade. Pinson parle à Raymond de l'argent qu'il reçoit et lui fait probablement miroiter qu'il pourrait gagner beaucoup plus à l'extérieur. Elle évoque à nouveau un rendez-vous avec Lacaille. En expliquant qu'il n'a plus de problèmes avec l'alcool, Raymond tente d'éviter cette rencontre, qu'il pense vraisemblablement menaçante. Pinson, toujours sourde et aveugle, ne perçoit rien de ce mouvement. Au contraire, elle le trouve encourageant. Enfin, elle lui dévoile les projets de réinsertion le concernant, en flattant « son (jeune !) âge et sa personnalité ». Pauvre Raymond ! Car enfin, comment refuser ? Que dire ? « Non, madame. Merci beaucoup, mais je suis trop bizarre, alcoolique, faible, fou, taré, pour me permettre une existence autre qu'asilaire. »...

Raymond a fait ce qu'on attendait de lui. Il a dit : « Merci beaucoup madame. » Et a scellé son destin.

— 30 mai 89. Suivi par Mlle Serin [*psychologue*]. Ne présente pas pour le moment une dépendance alcoolique.

[*Signature illisible.*]

Conclusion de la psychologie, cette parente pauvre, ancillaire, et trop souvent normative, de la psychiatrie : bon pour le service !

*

Il subsiste de la plume de l'inexorable Pinson deux rapports d'évaluation de Raymond.

— *Premier rapport.*

Raymond, né le... SDF depuis février 88. Marié. Séparé. A tenu un emploi dans la restauration jusqu'à la rupture de son couple. Dit avoir un âge critique pour retrouver une place stable. Cette personne ne présente pas un tableau pathologique franc, seules une immaturité et une forte tendance masochique, dans un contexte socio-économique difficile, le mettent en situation d'échec. Pourrait être aidé par le biais du Foyer de Réinsertion.

[*Signé*] Pinson.

Rappelons que Pinson est assistante sociale. On jugera mieux de la valeur et de la pertinence de ce psittacisme psychiatrique qui n'est que le masque grossier du seul principe, du seul désir, du seul fantasme qui compte véritablement : le travail. Le travail qui est la santé et l'antidote à tous les vices...

— *Second rapport.*

Je rencontre ce Monsieur dès le 13 septembre. A l'époque il souhaite prendre le temps de se soigner avant d'envisager sa réinsertion par le travail. Nous mettons ce temps à profit pour refaire sa carte nationale d'identité, lui attribuer une couverture sociale, et constituer une demande de prothèse dentaire. Dès janvier, Monsieur dit se sentir mieux physiquement et commence à aborder, lors de nos entretiens, le désir de retrouver un emploi. Il prend contact avec sa famille qui lui promet de lui chercher un emploi dans la région.

Reste très secret et peu coopérant (n'a pas répondu à plusieurs de mes convocations où je souhaitais le rencontrer pour faire le point sur ses démarches).

Malgré tout, il se décide à me rencontrer début juin où je l'informe du stage de réinsertion qui doit se mettre en place. C'est pour lui l'opportunité de reprendre contact avec le monde du travail et d'être plus dynamique dans ses démarches de réinsertion.

Il a obtenu un rendez-vous auprès de l'organisme de formation, l'acceptation de sa candidature reste encore hypothétique. Le 8 juin 89.

[*Signé*] Pinson.

Un détail parmi d'autres aurait pourtant dû alerter : quelques mots dans la Fiche d'hygiène alimentaire. Pas nombreux, discrets, mais de poids. A la rubrique : « Autorisation Permanente de Sortie » (document délivré aux bons éléments, ceux à qui on peut « faire confiance »), il est indiqué : « *16 février 89, détruite par l'intéressé.* » Soit après sa soûlographie du 29 janvier.

Il sentait bien, Raymond. D'instinct, il avait compris que la liberté n'était pas pour lui, que la liberté était poison. Il n'en voulait plus de sa permission de sortie. Dehors, le guettaient le désastre et tous les égarements. Danger ! Aussi lui fallait-il se rétrécir, se retirer, demeurer un peu esclave, un peu bagnard aussi. C'était là en somme sa médecine à lui : bien s'ancrer surtout dans le retour des jours semblables, et se cacher, caméléon, gris sur gris, lové dans une bienheureuse médiocrité. Son ambition à Raymond : finir violette. A l'ombre. En paix. C'était là sa sagesse, toute sa philosophie. Il se savait intimement ennemi de lui-même.

Quelle pensée ! Comment même pouvait-il la supporter ? Nature d'airain qui ne demandait qu'à vivre peinard, derrière les murs, à l'abri des barreaux. *Galènè*, calme comme la mer, disaient les Grecs, pour désigner la tranquillité du sage, la surface imperturbable de sa conscience et de sa vie, qu'aucun désordre passionnel ne vient plus troubler... Un grandiose utérin, Raymond. Épicurien aussi, stoïcien un peu.

Devant de tels vertiges, sombres et sublimes versants, que pouvaient bien y comprendre Pinson et consorts ? Rien ! Militantes normopathes, que pouvaient-elles bien deviner de ces profondeurs ? Rien, que les hauts-fonds sans surprise de leur pensée vulgaire. Car c'est bien le propre du vulgaire que d'ignorer toute distance, toute retenue, tout respect, toute réserve devant l'étrange, le différent, l'inouï. Ainsi les natures basses ne connaissent qu'action, agitation, intrusion... Tous ces véhicules de l'affairisme, de l'exigence du meilleur. Ces masques de la volonté du même, du même que moi. Pauvre horizon. Le vulgaire, le médiocre, le « démocrate » eût dit Nietzsche, le « chrétien » aussi, fût-ce dans sa version laïque, humanitaire et solidarisante, ne sont jamais capables que de se projeter eux-mêmes partout et dans tout. Amis de l'humanité, vautours de l'homme...

Et donc, Raymond est parti. Il est parti tout seul, le 27 juillet 1989, avec son petit baluchon et sa tête de bonne pomme.

Gaby et Fatna, les cuisinières, ses amies, m'ont dit que ça n'avait pas traîné. Aussitôt dans la rue, il a été foudroyé. Tout de suite, il est redevenu clochard pur et dur. Crasseux à faire peur et soûl, tout le temps, comme mille cochons.

Elles savaient qu'il était souvent à l'hébergement d'urgence, amené par la police. Elles tentèrent de le voir, mais il les fuyait. Tout honteux et souillé de lui-même, il fichait le camp à leur approche, esquivait de travers. Oh, ce n'est pas elles qu'il fuyait, on peut en être sûr. C'était lui-même. Ce spectacle désespérant de lui-même, recueilli au miroir des yeux des autres. Il se dégoûtait, Raymond. Ne pouvait plus se voir, se sentir. Était tout enrobé de haine, comme une limace de sa bave. Une bave acide, terrible, qui lui brûlait la peau et lui rongeait la vie...

Gaby et Fatna, un jour, ont appris sa mort. Elles ne savent plus bien quand, ni comment. Combien de temps avait-il tenu Raymond, dans son ivresse et son désespoir ? Et sa crasse ? Un mois ? Deux mois ?..

Pour le savoir, je devais aller voir un ermite : Monsieur Montjoie. Monsieur Montjoie est policier. C'est lui tout seul, comme un brave, qui tient en ordre les fiches du ramassage de police. Son bureau est monacal, sans un bruit. On l'a mis à l'écart, Monsieur Montjoie, avec ses fiches roses. Trente ou quarante mille fiches roses. Immense herbier de malheurs. Des vies et des vies, qu'il tient compressées là, dans ses tiroirs.

Clin d'œil de l'histoire, Montjoie était le nom du héraut français à Azincourt, l'arbitre, en somme, de la défaite et des morts.

« La fiche de Raymond ? Mais certainement, la voilà ! » C'était la dernière, l'ultime, celle de ses ramassages par la police, des nuits à Nanterre, tout ça...

Étonnement : un premier passage est signalé en octobre 1980. Un seul et unique, mais tout de même. Il n'a pas dû être très clair, Raymond, entre ses deux mariages. Petit passage à vide. Une tendance, déjà. Prolégomènes...

Quelques passages en 1988, un peu avant son entrée dans la Maison, comme hébergé. Du connu. Puis, au crayon rouge, en travers du texte : « *DCD 9/10/89. Devant la MDN.* » Et puis aussi, une note « *Commissariat PP, MDN* ».

Il est donc mort dans la nuit du 8 au 9 octobre. C'est au matin qu'on aura trouvé son corps. Devant l'hôpital.

*

L'arrêt de bus, le coma éthylique, l'hypothermie[1], on n'y était pas. On peut imaginer. Ce sont des choses qui sont bien décrites en médecine.

1. Pour la description de ce qui suit, je remercie, pour les précisions techniques, le docteur Jacques Hassin, réanimateur et responsable de la consultation du Centre d'hébergement et d'assistance aux personnes sans abri, à l'hôpital Max-Fourestier de Nanterre.

D'abord, il devait être fin soûl, Raymond. Désorienté, errant, paumé. Instinctivement, semi-conscient, il a dû revenir vers la Maison. Somnambule déjà un peu, au hasard des litres, en s'accrochant çà et là pour rester debout, en dérivant. Il n'a pas osé rentrer. Il devait craindre, dans l'état où il était, de se présenter aux surveillants du poste de la grille d'entrée. Non sans raisons : quolibets, injures, bousculades, fouille, tout était possible de ce côté-là. En outre, il est extrêmement probable que les surveillants ne l'auraient pas laissé rentrer. La politique de la Maison étant de décourager un hébergement self-service, ne sont acceptées, en principe, que les personnes dûment amenées par les services de ramassage.

Certes, il est très probable qu'en février, avec de la neige et moins 5 °C, après l'engueulade rituelle, on l'aurait laissé rentrer tout de même. Mais là, début octobre, Raymond n'avait aucune chance. C'était trop tôt dans la saison pour que l'on songe à l'hypothermie.

Et puis, revenir, c'est vite dit. Le coup du fils prodigue, c'est bien joli, mais en pratique, ça ne se fait pas comme ça. Quand on a claqué la porte et fait sa mauvaise tête, c'est toute une affaire. Il faut voir la surveillante-chef. Si elle veut bien vous recevoir. Si elle n'a rien d'autre à faire. Et lui demander bien pardon, avec toute l'humilité de circonstance. Et qu'on le fera plus. Et s'aplatir bien bas... Revenir ! J'en ai vu qui suppliaient en pleurs. A genoux. Les virées, les fugues, les fantômes de la liberté, ça se paie tout ça. Et au prix fort. Déjà qu'on est bien gentils d'aider des gens pareils ! Non, mais... Revenir ! C'est toute une école de l'abjection, revenir...

Est-ce qu'il a même essayé, Raymond ? Est-ce qu'il a même été jusqu'à la grille ? Peut-être. On ne le saura jamais. Je ne le pense pas. Ce n'était pas un revendicatif, Raymond. Il n'était pas du genre gueulard. C'était un timide, un discret. Craintif, un peu. Je l'imagine plus volontiers s'installant de l'autre côté de la rue, bien en face. Et regardant de temps en temps vers les lumières, la chaleur et la vie. De temps en temps, de loin en loin, avec des yeux de chien triste, levant une tête qui devait lui sembler bien lourde. De plus en plus lourde. D'abord assis, il a dû s'affaler sur le côté. Et s'enfoncer doucement dans le coma.

« Coma », en grec, signifie assoupissement. Dans le cas de Raymond, celui-ci fut progressif. D'abord, c'est la conscience qui s'altère et se retire doucement. Puis, c'est la vigilance, la sensibilité et la motilité qui s'en vont. Petit à petit, se répand comme une nappe de brume. Symphonie des adieux...

Ça devait de moins en moins l'intéresser, Raymond, la grille de la Maison et les silhouettes blanches qui la gardaient. Bouger non plus, ne devait plus lui dire grand-chose. A quoi bon ? Tranquille au fond, Raymond. Hypnagogique.

Stade I : Coma vigile d'abord. Le dictionnaire médical[1] est limpide : « Variété de coma accompagnée de délire ; le malade s'agite et parle en dormant, mais il ouvre les yeux au moindre appel. » On n'a pas dû l'appeler souvent, Raymond. Mais, tout de même, il devait bredouiller des trucs. Des mots tout cassés. Des trois fois rien. Des miettes pour les étoiles...

Stade II : « Le malade ne réagit que confusément aux excitations. » Il respire encore, Raymond, et son cœur bat, mais tout cela, de plus en plus lentement. Hypothermie progressive...

Stade III ou carus : « Caractérisé par l'abolition complète des réflexes, l'absence de toute réaction aux stimulations sensorielles et la coexistence de troubles respiratoires et circulatoires prononcés. »

Stade IV ou coma dépassé : « Dans lequel se surajoute à l'abolition totale des fonctions de la vie de relation (conscience, motilité, sensibilité, réflexes), non pas des perturbations, mais une abolition également totale des fonctions de la vie végétative... Persistant pendant 24 heures, il traduit une perte totale et irréversible des fonctions du système nerveux »...

Alcool et hypothermie se conjuguent et se renvoient l'un à l'autre. Le cercle est vicieux. L'alcool, en effet, est vasodilatateur. C'est pour cela qu'il procure au sujet une sensation de réchauffement. Les vaisseaux sanguins périphériques, ceux de la peau, des mains, des pieds, du visage, se dilatent. La dilatation appelle un afflux de sang. Ce dernier se refroidit au passage. Et c'est refroidi qu'il retourne au cœur qui, à son tour, progressivement se refroidit. Et ainsi de suite... Deuxième loi, implacable, de la thermodynamique.

L'hypothermie débute par une phase dite « agressive » : frissons incoercibles, claquements de dents. Le corps se défend, s'agite, se

1. M. Garnier et V. Delamare, *Dictionnaire des termes techniques de médecine*, Paris, Maloine, 1986.

trémousse, y va de son petit ballet réflexe. Semi-comateux, alcoolisé comme il devait l'être, Raymond n'a pas dû en souffrir beaucoup.

Ensuite, l'organisme, impuissant, abandonne lentement la partie. Douce reddition. État régressif et vasoconstriction. Les fonctions vitales tentent de prendre le maquis, en attendant des jours meilleurs. Le rythme cardiaque se ralentit. Les pauses respiratoires sont de plus en plus longues. L'œdème pulmonaire va croissant. On ferme...

En principe, ça ne devrait pas faire très mal. On coule doucement. Coma constant et profond garanti en dessous de 28 °C. Position fœtale. Rêveries informes, divagations... Les pupilles dilatées, il a fini onirique, Raymond. Il nous a quittés, lointain déjà. Apaisé peut-être ?

Après, tout s'effondre : œdème généralisé. Respiration de plus en plus rare. Cœur en délire, erratique, arythmique. Faux départs. Fausses sorties. Hésitations. Hoquets. Soubresauts. Pagaille. Débâcle...

Conscient, ce serait assez horrible. Dans les faits, Raymond s'en fichait déjà. Voyageur en partance, tout cela ne le concernait déjà plus tout à fait. Épilogue. Appendice. Annexe. Ennui...

*

Ainsi mourut un homme qui s'était élevé jusqu'à une hauteur de vue peu commune, où lui était apparu que la plus grande des libertés, pour lui, consistait justement à y renoncer. On ne le lui permit pas.

Les sages de l'Antiquité l'auraient admiré. Nous autres, hommes de la modernité, hommes de progrès, hommes éclairés, ne réussîmes qu'à le conduire à la mort. Pour son bien...

Le Petit Journal

SUPPLÉMENT ILLUSTRÉ

5 cent.   5 cent.

DIMANCHE 25 JANVIER 1914

Les drames du froid
LA FIN DU TRIMARDEUR

Seconde partie

CARTES

La raison, ou une corde pour se pendre.

ANTISTHÈNE.

UNE FOLLE ATARAXIE

Fermez-vous, yeux accablés,
Fermez-vous avec douceur et félicité...
Je me réjouis de ma mort,
Ah ! Puisse-t-elle être déjà accomplie.
Alors je fuirai toute la misère
Qui me lie encore à la terre.

J. S. Bach, *Ich habe genug*, BWV 82.

Au-delà du bourdonnement des discours, du tumultueux désordre des actes, de l'inquiétante anomie de ces existences, quel sens attribuer à ces êtres qui semblent se détourner du monde avec une sorte de souverain et terrible mépris ? Que tentent d'exprimer par leurs souffrances ces hommes et ces femmes qui se détruisent sous nos yeux ? Comment penser tant de déliquescence et de néant ?

Une étiologie complexe

D'emblée, on se heurte à une carence langagière. Clochards ? Nouveaux pauvres ? SDF ? Errants ? Zonards ? Exclus ?... Les mots, nombreux et tous aussi insatisfaisants les uns que les autres, masquent et révèlent à la fois que ces sujets ne peuvent être nommés. Littéralement « innommables », ils échappent par là même à toute tentative d'appréhension claire, car la pensée a besoin de définir, de s'appuyer sur un objet stable et identifiable. Elle souffre ici de ce manque d'étayage et c'est pour lever ce brouillard, autant que pour susciter les représentations du lecteur, que j'ai choisi, faute de mieux, d'utiliser le terme de « clochards » pour désigner les plus gravement atteints parmi les SDF.

Il est indéniable que la pauvreté joue un grand rôle dans la vie des clochards. L'immense majorité est issue du sous-prolétariat rural ou urbain. Paysans démunis, ouvriers non qualifiés, familles où depuis des générations on vivote misérablement aux marges de la société, aux frontières de l'illettrisme, de la violence et de l'alcool.

Cependant, et contrairement à ce que laissent entendre les arguments sociologiques, la pauvreté et l'exclusion sociale sont insuffisantes à rendre compte de leur existence. D'abord, ils ne viennent pas tous de milieux victimes de la pauvreté et de l'exclusion et, bien qu'il s'agisse d'une minorité, on trouve aussi parmi eux des gens issus de toutes catégories sociales, y compris les plus hautes. De plus, comme on le verra plus loin, au-delà de la pauvreté et de l'exclusion, l'histoire de ces sujets, quel que soit leur milieu social, fait généralement apparaître une psychopathologie personnelle lourde, doublée d'une pathologie familiale importante. L'enfance, en particulier, a souvent été marquée par des traumatismes graves.

En ce qui concerne l'importance étiologique de la pauvreté seule, l'Institut national des statistiques et des études économiques (INSEE) estime que six millions de personnes vivent des minima sociaux en France[1], or le nombre de personnes clochardisées ne dépasse vraisemblablement pas la centaine de milliers. D'autres facteurs étiologiques doivent donc manifestement entrer en jeu.

Cette impossibilité à réduire le phénomène à sa seule dimension socio-économique est encore soulignée par l'immense résistance au changement souvent opposée par les clochards à toute amélioration durable et structurelle de leur état. Car enfin, on serait en droit de supposer que si la clochardisation se résumait à une sorte de victimologie socio-économique, le sujet devrait s'empresser de saisir toute opportunité qui lui permettrait de se rapprocher d'un fonctionnement social plus normal. Hélas, s'il est une leçon essentielle à tirer de cette clinique particulière qui est la leur, c'est qu'il n'en est rien. On parlera même plus loin à cet égard de « réaction thérapeutique négative », paradoxe par lequel un malade ne supporte pas d'aller mieux, à tel point que toute amélioration de son état se

---

1. INSEE, *Données sociales : La société française*, Paris, 1999.

trouve être rapidement suivie d'une rechute souvent accompagnée d'une aggravation des symptômes. En plus d'être le produit d'une pathologie sociale, économique et culturelle, la clochardisation est aussi, profondément, un symptôme psychopathologique.

C'est donc vers le psychisme du sujet lui-même qu'il faut se tourner en dernière analyse. La psychiatrie classique a tendance à ignorer la spécificité nosologique de la clochardisation, la considérant comme un épiphénomène socio-économique de pathologies psychiatriques avérées et bien décrites par ailleurs. Ainsi, il est généralement mentionné dans les manuels de psychiatrie que certaines formes d'alcoolisme, de schizophrénie ou de troubles de la personnalité (telle la sociopathie) sont susceptibles d'évoluer vers une marginalisation progressive de certains sujets. Dans certains cas, ce processus peut conduire à la clochardisation. D'une manière générale (et ce, malgré les contestations de plus en plus fréquentes de cette thèse), l'opinion psychiatrique considère que la clochardisation ne relève pas directement et spécifiquement de sa compétence. Il n'est, en revanche, contesté par personne que le dénuement et la souffrance liés à la vie dans la rue ont, sur les sujets, des conséquences psychiques importantes. Ces souffrances physiques et psychiques conduiraient, en particulier, les sans abri à souffrir d'angoisses et de dépressions. D'où leurs recours toxicomaniaques fréquents à des produits psychotropes anxiolytiques, tel, entre autres, l'alcool.

La position psychiatrique classique considère que certaines formes de pathologie mentale entraînent des conséquences sociales, relationnelles et économiques qui, en marginalisant certains sujets, les conduisent progressivement à la clochardisation. Cette dernière, à son tour, peut engendrer des troubles psychiatriques secondaires, qui en sont des épiphénomènes.

On est là devant un modèle étiologique circulaire dans lequel la clochardisation est tantôt une conséquence et un épiphénomène, tantôt à son tour une cause. Mais, à aucun moment, cette désocialisation n'apparaît comme relevant, de par sa nature même, de problématiques psychopathologiques propres. Son statut n'est à aucun moment celui d'un symptôme. Elle n'est, au fond, que le prix existentiel que certains malades, souffrant de pathologies psychiatriques diverses, doivent payer pour leur incapacité à fonctionner dans la réalité. Dans cette perspective, la clochardisation se résume à un problème de société. La psychiatrie classique, par cette prise de position théorique, se coupe de la possibilité de penser la spécificité du phénomène de la clochardisation. Ce dernier n'est plus qu'une entité négative, un état par défaut, un concept en creux.

On aura compris à la lecture des cas cliniques que cette position est très éloignée de la mienne. Plusieurs arguments similaires à ceux relatifs au réductionnisme socio-économique peuvent lui être opposés.

D'abord, on estime à deux millions le nombre d'alcooliques en France et à 1 % de la population totale de l'Hexagone (soit environ 600 000 individus) les personnes souffrant de formes diverses de schizophrénie. Vu l'importance de ces chiffres, ces seules pathologies psychiatriques ne peuvent expliquer la clochardisation d'un individu. De plus, on serait en droit de supposer qu'un sujet, affligé d'une pathologie psychiatrique donnée, aimerait être soulagé des souffrances entraînées par sa marginalisation sociale. Il n'en est rien. Les clochards ne supportent que peu de temps le confort relatif des institutions de soins (que celles-ci soient, ou non, à vocation psychiatrique) avant de retourner volontairement dans la rue.

A examiner les positions tant de la sociologie que de la psychiatrie face à la question de la clochardisation, on constate un double mouvement visant à en réduire la portée, la spécificité et le sens. La psychiatrie en dissout les particularismes, la considérant comme la résultante de pathologies psychiatriques autres et bien connues par ailleurs, tout en en faisant basculer l'étiologie dans le monde social. Dans cette optique, la clochardisation ne relève pas de la psychiatrie en tant que telle. Elle n'est plus qu'un problème de société dont les conséquences sur les individus concernés peuvent avoir secondairement des incidences psychiatriques.

Pour la sociologie, la clochardisation n'est que l'aboutissement de divers mécanismes d'exclusion sociale et économique. Dans un cas comme dans l'autre, rien ne peut être pensé de la clochardisation en tant que projet (fût-il inconscient) du sujet. La sociologie comme la psychiatrie laissent la clochardisation exsangue de sens propre et spécifique.

Deux conclusions générales sont à tirer de tout cela. D'abord, il est indéniable que la clochardisation ne peut se réduire à un seul type de cause. Il s'agit d'un processus à l'étiologie multifactorielle où se conjuguent, en général, les effets croisés des exclusions économiques, sociales, familiales et culturelles, ainsi que des facteurs de pathologies individuelles le plus souvent psychiatriques (alcoolisme et polytoxicomanies, personnalités pathologiques, psychoses), eux-mêmes majorés dans leurs manifestations par la vie à la rue. Il peut aussi arriver bien évidemment, çà et là, qu'un facteur isolé bouscule cette multiple étiologie en la surdéterminant.

La métaphore marxiste, qui voudrait que les clochards soient les réformés, pour raisons médicales et psychiatriques, de l'armée de réserve du capital qu'est le sous-prolétariat, n'est pas fausse. On pourrait aussi dire que la clochardisation est à la pauvreté et à l'exclusion ce que le délire mystique est à la religion : un dérapage du processus et une folie du sujet. Et c'est ce dernier point qui doit principalement retenir notre attention : le clochard est un « fou de l'exclusion ». C'est cette folie, qui ne peut être réduite à aucune autre, qu'il nous faut essayer de mieux comprendre.

Une double objection se présente, ici, immédiatement à l'esprit. N'est-il pas scandaleux de traiter de folie la souffrance des exclus de la société ? Et cette manœuvre n'aurait-elle pas pour conséquence (voire même pour but inavoué) d'absoudre la société de toute responsabilité, pour imputer celle-ci aux seules victimes ?

Si ces pages jettent un doute sur une représentation univoque de victimes innocentes — ce qui en définitive pose une fois encore le problème du mal, problème à la fois métaphysique et psychanalytique —, elles n'absolvent nullement, en revanche, la société et ses processus d'exclusion de la responsabilité de cette souffrance et de ces morts, mais en accentuent au contraire la gravité et la profondeur. C'est précisément la dimension hautement pathogène de l'exclusion qui est ici pointée, dans la mesure où elle est à ce point importante qu'elle va jusqu'à altérer les sujets dans leur intériorité psychique même.

On n'en est pas moins victime, au contraire on l'est doublement, car non contente de les rejeter hors du monde du travail et de ses bénéfices, de les condamner à des existences lamentables, de les vouer à souffrir dans leur chair de la malnutrition et de misères physiologiques qui appartiennent au XIXe siècle, la puissance mortifère de l'exclusion est telle qu'elle s'intériorise au cœur même de certains sujets qui deviennent, alors, leurs propres bourreaux en recréant inconsciemment les conditions toujours renouvelées de leur propre exclusion. Le clochard est un exclu qui en est venu à ne plus pouvoir vivre autrement que dans l'exclusion perpétuelle de lui-même. Auto-exclusion pathologique, compulsive et endogène, qui l'entraîne bien au-delà des limites de marginalité que lui assignaient les processus d'exclusion sociale. L'exclusion, au-delà d'une certaine limite, agit comme un virus qui, en s'installant au cœur du sujet, le force à le reproduire à l'infini.

Les aspects idéologiques du concept d'exclusion

On ne saurait clore la discussion étiologique relative à la clochardisation sans s'intéresser aux enjeux conscients et inconscients qui la sous-tendent. Évitons d'emblée tout malentendu : l'exclusion sociale est une réalité indiscutable, même s'il peut être, parfois, malaisé d'en isoler exactement les mécanismes. Il n'est aucunement question ici d'en nier la portée, bien au contraire. Il semble pourtant que le concept d'exclusion ait quitté, comme une rivière déborde de son lit, le terrain de la stricte rationalité pour se transformer insensiblement en une sorte de mythe explicatif général et englobant. En ce sens, l'exclusion, au-delà de sa légitimité conceptuelle intrinsèque, est devenue un véritable mythe de la souffrance, c'est-à-dire une manière d'en ordonner les représentations et d'en assigner une origine.

Tout comportement considéré comme déviant par rapport à la norme sociale porte en lui, peu ou prou, la représentation de sa propre faute. On peut le déplorer et/ou tenter d'en démontrer éventuellement l'erreur, mais ce n'en est pas moins là un fait clinique. Qu'il s'agisse du chômage, de la toxicomanie, de l'homosexualité, de la délinquance ou de la clochardisation, à tort ou à raison, les représentations qui s'y rattachent n'échappent pas aux enjeux de la faute et de la culpabilité, ne serait-ce que sous leurs formes négatives et défensives. Que les sujets acceptent, nient, refoulent ou rationalisent ces enjeux, le fait est qu'il leur est impossible d'échapper à l'obligation de se définir d'une manière ou d'une autre, par rapport à eux. Ainsi les médias véhiculent, *ad nauseam*, le discours des uns et des autres : chômeurs qui se défendent d'être fainéants, toxicomanes qui ne sont que des malades (et non, en sus, éventuellement délinquants et pervers), homosexuels qui sont « comme tout le monde », délinquants qui ne sont que les victimes de la société, clochards qui n'en peuvent mais... Discours dont l'éventuelle légitimité n'est pas ici mise en cause, mais qui, indéniablement, s'adresse, pour mieux la nier, à la question du sentiment diffus de la transgression et de la culpabilité. De même que sont systématiquement niés les bénéfices (pauvres, douloureux, ambigus, mais néanmoins réels) que procurent aux sujets ces différents états. Il ne s'agit pas ici d'entrer dans une discussion relative à la légitimité intrinsèque de ces débats, mais d'en décrire la phénoménologie, c'est-à-dire la manière dont ils s'imposent au champ de la conscience (et de l'inconscient).

Concept sociologiquement douteux que l'exclusion, car enfin qu'est-ce que la marge ou l'envers de la société, sinon encore la société ? L'exclusion, en désignant à la fois l'état et la cause, assigne du même coup aux personnes dites « exclues » un statut passif de victimes innocentes qui s'accompagne nécessairement d'une négation de la transgression et d'une absolution de la culpabilité.

Ainsi le terme d'exclusion, par son seul emploi discursif, organise les représentations en réalisant une opération à dimensions multiples :

1. Il crée, en la nommant, une identité sociale générale et englobante qui regroupe des catégories de personnes très différentes entre elles. Les exclus peuvent être, indifféremment, pauvres, émigrés, chômeurs, toxicomanes, personnes âgées, homosexuels, délinquants, clochards, malades mentaux, handicapés physiques...

2. Il assigne une cause (ou un type de cause) univoque à l'ensemble de ces situations pourtant diverses. Il est intéressant de remarquer que les tentatives de définir, précisément, les modes opératoires, les mécanismes de cet ordre causal sont rares. Comment l'exclusion agit-elle pour se produire elle-même ? Généralement nous ne le savons pas et la forme même de la question laisse apparaître la gênante circularité logique qui la sous-tend : l'exclusion sociale, étant à la fois cause, effet et mécanisme de production d'elle-même, porte en elle une triple tautologie structurelle. Elle ne renvoie qu'à elle-même. Elle est *causa sui*. Sa valeur heuristique est ainsi fortement discutable. Et seules les études micro-économiques, ou portant sur les difficultés administratives que peuvent rencontrer les uns et les autres, apportent des éléments concrets de réponses à ces questions. Est-ce à dire pour autant que

les mécanismes de l'exclusion se limitent aux obstacles économiques et/ou administratifs ? Certainement pas, mais alors quoi ?...

3. Il véhicule le déni de toute transgression liée à ces états divers, puisque des sujets « exclus » — par définition — ne sauraient l'être volontairement.

4. En cela, il assigne aux personnes concernées un statut passif de victimes innocentes.

5. Par là même, la culpabilité est idéologiquement niée. Les victimes en sont, par définition, théoriquement absoutes.

6. Cela contribue à rendre l'ambivalence du vécu plus refoulée encore. De même, se trouvent niés les bénéfices secondaires ou/et aménagements de ces états douloureux, qui en deviennent du même coup impensables Le discours de l'exclusion véhicule une théorie univoque du symptôme et de la souffrance.

7. Si la souffrance est alors envisagée comme étant intimement liée à la mise à l'écart de la société, le bonheur, lui, se trouve du même coup implicitement lié à l'inclusion et au fonctionnement social normal. Le discours de l'exclusion véhicule ainsi implicitement une théorie normalisante de la félicité sociale, qui légitimise insidieusement l'ordre établi.

8. Les enjeux de la faute et de la culpabilité sont transférés (et par là même dissous) sur la société en général, c'est-à-dire sur vous et moi, sur tout le monde et personne. La culpabilité, coupée de ses origines, devient ainsi flottante. Si son poids pathogène sur les individus s'en trouve allégé, en revanche, le caractère diffus, omniprésent et inassignable qui devient le sien la rend très difficile à métaboliser et presque impossible à évacuer. Ainsi cette diffusion de la culpabilité perd en poids ce qu'elle gagne en contamination et en chronicité [1]...

1. J'ai eu l'occasion d'assister à une manifestation de ce phénomène lors d'un récent congrès de psychiatrie qui avait pour thème la souffrance psychique et l'exclusion sociale. Un psychanalyste y avait présenté un travail dans lequel il cherchait, dans des récits de victimes de camps de concentration et d'extermination nazis, des éléments de comparaison avec la souffrance des personnes à la rue. En dépit de l'amalgame éthique et clinique discutable d'une telle tentative, sa présentation a soulevé un intérêt enthousiaste et général, seulement terni par quelques voix très critiques, mais isolées. Toute rationalité balayée, les professionnels présents ne semblaient, dans l'ensemble, pas troublés par le fait que, si les sans abri, socialement exclus et donc victimes, étaient *comme* des déportés ou des victimes de la Shoah, il s'ensuivait qu'eux-mêmes, socialement inclus et donc bourreaux,

L'échec de cette tentative de banalisation et de déculpabilisation de la déviance est signifié entre autres par les difficultés engendrées par le statut de « victimes ». Cette identité de victime, si elle absout de toute faute, porte avec elle la question de la passivité, de la faiblesse et de l'humiliation. Et c'est alors toute la problématique de la « dignité » qui, insidieusement, se substitue à celle de la culpabilité. Car si, à nos yeux comme aux leurs, les exclus ne sont plus coupables de rien, ils se trouvent, en revanche, marqués du sceau de l'indignité potentielle et latente. Indignité dont tout le monde alors se met à parler, tout en affirmant haut et fort qu'elle ne vient surtout pas à l'esprit[1]. Dénis encore, dénis toujours... Bref, le sadisme tout à l'heure expulsé par la porte revient par la fenêtre et met alors en branle toute une casuistique du respect, de l'autonomie, du redressement et de la liberté des sujets, qui se traduit dans les faits par une cécité face à leurs besoins régressifs et dépendants, et par une surdité aux clameurs de leurs souffrances spécifiques. Victimes au-dessus de tout soupçon, citoyens à part entière, ils n'ont alors qu'à apprendre à se tenir debout « comme tout le monde ». Ce qui dans le cas des clochards se révèle, évidemment, être un idéal thérapeutique non seulement illusoire, mais catastrophique.

Un syndrome de désocialisation ?

Une discussion détaillée de la psychopathologie des clochards nécessiterait un livre en soi et serait bien éloigné de l'esprit de celui-ci. Néanmoins, un certain nombre de points peuvent être mis en avant. Il existe un faisceau de symptômes et de mécanismes psychiques généralement présents au sein de la population des clochards. Ce tableau pose la question de la reconnaissance nosologique d'un syndrome de la désocialisation.

---

devenaient *comme* des SS. Que penser, sinon que le sadomasochisme trouvait son compte dans cette double identification ?

1. Ce mouvement fut tout à fait perceptible lors des discussions autour du film *Rosetta* qui remporta la palme d'or à Cannes en 1999. Ce film raconte l'histoire d'une jeune femme en situation de grande précarité sociale et économique. Les critiques se plurent à souligner « la dignité » dont elle faisait preuve face à ses difficultés. On suppose que la révolte ouverte, la folie, le suicide seraient moins « dignes ». Pleurez esclaves, mais dignement, c'est-à-dire en silence.

J'entends par désocialisation un ensemble de comportements et de mécanismes psychiques par lesquels le sujet se détourne du réel et de ses vicissitudes pour chercher une satisfaction, ou — *a minima* — un apaisement, dans un aménagement du pire. La désocialisation constitue, en ce sens, le versant psychopathologique de l'exclusion sociale. Ses manifestations se rencontrent, peu ou prou, dans l'éventail des populations exclues. D'une manière générale (et statistique), plus le poids de l'exclusion se fait lourd, plus les manifestations de désocialisation se font présentes. Avec les clochards, qui sont à une des extrémités du continuum de l'exclusion, les phénomènes de désocialisation en arrivent à dominer tout le tableau clinique. Ainsi, la clochardisation serait l'aboutissement extrême et caricatural d'un ensemble de comportements et de processus psychiques présents, à bas bruit, en amont, chez des sujets plus ou moins déstabilisés dans leur existence et leur identité sociale et économique. Bref, on ne saurait comprendre la dynamique propre au phénomène de la clochardisation, à moins de considérer que cette dernière est la manifestation, *in fine*, d'un désir inconscient du sujet qui recherche et organise le pire. Cette recherche du pire passe, de faux pas en actes manqués, par la destruction brutale ou progressive de tout lien libidinal. Il s'agit de rendre tout projet impossible. Le sujet n'y organise rien moins que sa propre désertification.

Cela est parfaitement illustré par un signe clinique typique de ces tableaux : celui de la perte répétée, quasi programmée, des papiers d'identité. Celle-ci entraîne évidemment et automatiquement une véritable paralysie sociale du sujet qui se trouve, du même coup, placé hors-jeu par rapport à toute démarche relevant de l'aide sociale. Double mouvement par lequel le sujet, non seulement, symboliquement égare la réification administrative de son identité, mais s'offre aussi un argument imparable pour démontrer que rien n'est possible pour lui. Dans les faits, les travailleurs sociaux mettent plusieurs semaines, sinon plusieurs mois, à rétablir la situation administrative. Jusqu'à ce qu'elle soit souvent réduite à néant par une nouvelle perte de papiers.

Ayant identifié très tôt le phénomène pour ce qu'il était, l'équipe de la Mission France de Médecins du Monde, dès 1986, après seulement quelques semaines de fonctionnement, disposait d'une armoire soigneusement fermée à clé pour abriter les papiers d'identité et autres documents administratifs des patients qui voulaient bien nous les confier. Il était désespérant d'observer la mise en place d'actes manqués parfaitement prévisibles de la part de personnes engluées dans ces processus de désocialisation. Souvent, ils demandaient — sans que nous puissions refuser — à récupérer leurs papiers avant un long week-end, ou autour d'une occasion où l'on pouvait craindre des alcoolisations massives. Ils revenaient alors après quelques jours, partageant leur étonnement. « Vous ne devinerez jamais ce qui m'est arrivé. J'ai tout perdu... » Ah, c'était bien embêtant...

Il me vient, dans ce contexte et bien en amont de ces fonctionnements extrêmes, l'exemple d'un patient que je suivais en analyse et qui n'avait rien d'un clochard. Intelligent, cultivé, de formation universitaire, il s'était retrouvé au chômage à la suite de la restructuration de son entreprise. Cette situation était pour lui une telle humiliation qu'il ne pouvait en intégrer véritablement la signification. Son statut de demandeur d'emploi, narcissiquement insupportable, lui apparaissait comme quasiment onirique. Il se comportait face aux contraintes administratives liées au chômage de façon tellement apragmatique (rendez-vous oubliés, actes manqués divers, courriers égarés, non lus, etc.), qu'il en vint à perdre le bénéfice de ses allocations. Psychiquement et socio-économiquement très éloigné du profil des sujets qui se clochardisent, il réussit facilement à se sortir de cet épisode. Néanmoins, est apparu là, au détour d'une blessure narcissique, un fonctionnement dans lequel son masochisme trouvait rapidement à s'épanouir et qui l'a conduit (heureusement momentanément) à détruire les bénéfices sociaux auxquels il pouvait prétendre. Nous eûmes l'occasion d'analyser ultérieurement (et cela est typique) que son fantasme inconscient était de ne pouvoir « renaître » (c'est-à-dire recommencer à exister narcissiquement à ses propres yeux) qu'une fois atteint le dénuement absolu.

Voilà un exemple clinique, aux conséquences bénignes dans le cas présent, d'une manifestation de cette logique inconsciente de la désocialisation qui se rencontre en amont des populations marginales ou clochardisées. Les pratiques diverses de l'aide sociale négligent systématiquement le rôle très important joué par ces phénomènes qui portent pourtant la responsabilité de nombreux échecs de programmes d'insertion.

Quelles sont, *in fine*, les caractéristiques du monde de la clochardisation et du fonctionnement psychique qui le sous-tend ?

Discours manifeste et fonction symbolique

D'emblée les clochards tiennent un discours manifeste et conscient. Ce récit autobiographique — une construction — a pour objectif premier et fondamental de légitimer l'existence du sujet à lui-même. Sa première fonction est de démontrer au clochard qu'il n'est que la victime innocente d'un processus causal qui le dépasse et qui lui est extérieur.

Que disent ces sujets ? Ils mettent systématiquement en avant trois éléments : l'exclusion du travail, l'alcoolisme et la trahison des femmes[1]. Les interactions de ces trois dimensions forment un système causal dont les particularités peuvent varier. C'est tantôt le travail, d'abord, qui fit défaut, entraînant la paupérisation et le départ de la femme, lui-même suivi de la chute dépressive du sujet dans l'alcool. Tantôt c'est l'inverse : la femme est partie, ensuite, « pour oublier » on commence à boire et les conséquences de cette consommation abusive conduisent à la perte de l'emploi. Il est assez rare que l'alcool soit mis en avant comme point de départ à cet enchaînement. Dans la réalité, c'est pourtant souvent le cas. J'y reviendrai.

Ce discours manifeste apporte au sujet, comme à son interlocuteur, la preuve de sa normalité. En cela, il joue un rôle défensif et anxiolytique essentiel dans le fonctionnement psychique de son auteur. Il se fossilise au cours du temps et finit par constituer une sorte d'enveloppe identitaire du sujet. Cette armure le protège des blessures que peuvent lui infliger tant son propre regard que celui des autres. Elle nie sa différence et sa pathologie, en en banalisant les causes. Elle rend cette souffrance symboliquement monnayable, parce que construite de telle sorte qu'elle favorise à la fois l'identification du sujet à la représentation fantasmatique qu'il a de lui-même, et l'identification de l'interlocuteur au sujet. Qui donc ne serait pas déprimé après avoir perdu femme, famille et travail ?

1. Rappelons que ce milieu est masculin à 90 %. Les femmes, elles, mettent évidemment en avant la trahison des hommes.

Qui donc d'aussi déprimé ne boirait pas un peu trop de temps en temps ? Que seriez-vous devenu à ma place, vous qui m'écoutez, si vous aviez connu, vous aussi, tous ces malheurs ?...

Le rôle multiple de ce discours de surface ne saurait être sous-estimé, car le clochard (comme d'ailleurs tous les bénéficiaires de l'aide sociale) est un sujet particulièrement pris dans un filet de discours. Dans les enjeux et les embûches des diverses formes d'aide dont il dépend (argent, hébergement, soins), sa parole est constamment sollicitée. Le récit des malheurs constitue une monnaie d'échange symbolique dans les interactions soignants/soignés[1]. Il est la livre de chair qu'exige le soignant/Shylock pour exercer son art. Il flatte le narcissisme du soignant (quel être exceptionnel je suis pour être capable d'entendre de telles choses) et apaise ses angoisses (ouf, je ne suis pas comme lui, il est encore plus fou et malheureux que moi).

Le récit des malheurs doit cependant se cantonner dans les limites d'une horreur audible au soignant, dans la mesure où il a, ici, pour fonction principale d'induire chez ce dernier le fantasme d'une identification avec son patient (Heureusement, je ne suis pas comme lui, mais les aléas de l'existence étant ce qu'ils sont et les circonstances aidant, qui sait ?...). C'est cette identification qui conduit justement à la mobilisation des investissements psychiques du soignant. Elle est la condition de possibilité de la pitié. Cette dernière n'étant, en définitive, rien d'autre que l'émoi accompagnant l'illusion de l'identité fantasmatiquement partagée. Celle-ci permet d'éprouver, par écho, une forme amoindrie et hallucinatoire de la souffrance de l'autre. Ce ressenti hallucinatoire se trouvera ensuite projeté sur celui dont on a pitié et cette identification projective vient à son tour confirmer, par une boucle rétroactive, la compréhension qu'on peut avoir de l'intériorité de l'autre.

Illusion, mais illusion indubitablement bénéfique car elle permet la solidarité humaine. On comprend bien l'importance vitale pour les soignés de maîtriser la mise en circulation d'une monnaie d'échange symbolique et identificatoire qui, seule, leur permet d'éveiller un intérêt chez les soignants. Ces phénomènes sont clairement lisibles, *a contrario*, dans les cas où l'horreur des uns est

---

1. Ces termes étant entendus ici dans leur acception la plus large, englobant tant l'aide sociale que médicale ou psychothérapique.

telle qu'elle en devient inaudible aux autres et où s'effondre alors toute possibilité d'identification. La foule, dans ces cas-là, crie au monstre et se prend à rêver d'exécution capitale. Rejet identique vis-à-vis des alcoolo-toxicomanes, par exemple, qui, de rechute en rechute, montrent qu'ils « ne veulent pas guérir » et dont les soignants ont, dans l'ensemble, tendance à se désintéresser rapidement. C'est, bien entendu, le cas aussi des plus malades parmi les personnes désocialisées...

Pauvre clochard, tout le monde veut le faire parler, exige de savoir ce qu'il en est, entreprend de lui faire livrer sa vérité. Rien n'est plus odieux pour les soignants qu'un patient mutique et il est un sadisme de l'écoute, un cannibalisme de l'oreille comme il en est de l'œil ou de la bouche, qui se repaît du récit des malheurs des autres. Sa satisfaction est une condition à la bonne volonté apportée à l'aide subséquente. Il faut cependant attirer l'attention ici sur un double phénomène : celui de l'hémorragie discursive et, pour tenter d'y remédier, de la mise en place par le sujet d'un discours vide. En effet, les sujets à qui l'on demande de « se raconter » à tout bout de champ en souffrent, car il est une hémorragie identitaire de la parole comme il en est une du sang. Le sujet s'épuise et s'égare dans cette sursollicitation de ses raisons et de son histoire. Il ne sait comment récupérer les morceaux de lui-même qu'il sème symboliquement çà et là. Il ne sait plus où donner du verbe. Cela renforce sa déstructuration mentale et sa dépossession de lui-même. Or, la parole pour être véritablement parole est faite d'un double temps : celui de l'ouverture et celui de la fermeture. La bouche — tout comme son double mal-aimé, l'anus, qui lui fait pendant à l'autre extrémité du tractus digestif — est un sphincter. Ce qui en sort, tout comme ce qui y rentre, est régi par une logique sphinctérienne. Il est un moment et un lieu pour l'ouvrir, comme il est un temps et un lieu pour la fermer. « Le reste est silence », dit Hamlet en rendant l'âme et c'est là son discours le plus profond.

La parole n'accède véritablement à sa dimension propre que lorsqu'elle se trouve ponctuée de silences, c'est-à-dire de rétention. Il importe que le sujet reste maître de sa distribution. L'alternative est prolapsus et diarrhée verbale.

Trop souvent, l'idéologie dominante du soin, dans une sorte de caricature soldée de la psychanalyse, met en avant l'importance de la parole sans s'interroger ni sur son sens, ni sur son intérêt. Car enfin, dire quoi ? A qui ? Et pour quoi faire ? La parole, hors de tout cadre, de tout sens, de tout projet, et de toute écoute compétente, non seulement n'a pas valeur en soi, mais, de plus, se révèle une obligation intrusive, humiliante, épuisante et désespérante pour ceux qui y sont contraints. Mais qu'en serait-il de l'ennui des soignants s'ils n'avaient que leur travail à faire ?

Pour se protéger de l'hémorragie discursive et identitaire qui les guette, les sujets fabriquent une variante de récit autobiographique si désinvesti qu'ils peuvent en user avec un minimum de souffrance. Il s'agit de véritables récits-écrans. Le sujet s'y cache et s'y perd. Comme les souvenirs-écrans, ces histoires conservent une vague trace du vécu, masquée d'une apparente banalisation. Monnaie d'échange symbolique, mais fausse monnaie.

Les soignants sont d'autant plus avides de récits qu'ils sont hantés, devant l'excitant vertige de la transgression de l'autre, par la question encore et toujours identificatoire et projective : cela pourrait-il m'arriver à moi ? L'interrogation étiologique est, d'un point de vue contre-transférentiel[1], toujours, peu ou prou, le masque de cette préoccupation. La recherche (illusoire) du fait étiologique déclencheur, de la « rupture » distincte, fait pendant à l'ambition thérapeutique (illusoire elle aussi) du « déclic » qui instaurera enfin la mutation du patient vers la santé et la normalité. Cette double illusion étiologico-pronostique constituée par le couple rupture/déclic régit malheureusement encore trop souvent la pensée de ces questions, ou ce qui prétend l'être. Il n'y a pas plus de ruptures brutales à l'origine de ces tableaux qu'il n'y aura de conversions instantanées dans leur évolution.

Il est d'une évidence épistémologique, dans les domaines qui nous occupent, que l'étiologie y est multifactorielle et la logique causale, circulaire. Nous sommes structurellement, en sciences humaines, dans un champ épistémologique pour lequel le modèle newtonien de la causalité linéaire n'est pas applicable. Et ce, non

---

1. En psychanalyse, le transfert désigne les affects, désirs et représentations projetés par l'analysant sur la personne de son analyste. Le contre-transfert en est l'exact pendant. Ce sont les affects, désirs et représentations projetés par l'analyste sur son analysant. La différence est que l'analyste doit — en principe — être capable d'auto-analyser son contre-transfert, c'est-à-dire de s'en rendre conscient.

pas à cause de difficultés ou d'impossibilités de mesures adéquates, mais bien à cause de la structure propre du champ. Il n'existe pas de chaînes causales linéaires en sciences humaines, mais seulement des circularités causales, le plus souvent indémontrables formellement, parce qu'il est impossible d'isoler ce qu'on croit être des causes de ce qu'on pense être des effets. Aussi, la recherche d'une stricte causalité est-elle, dans les sciences humaines, épistémologiquement vaine. C'est une chimère. Tout au plus, sommes-nous capables, avec bien des difficultés, de décrire phénoménologiquement des états. La question récurrente dans le domaine qui nous intéresse — de savoir s'ils sont d'abord clochards pour devenir alcooliques, ou d'abord alcooliques pour devenir clochards — non seulement n'aura jamais de réponse, mais elle est tout simplement, épistémologiquement absurde.

Les constantes de la clinique

Dans la réalité de la clinique, l'anamnèse — ce que dit le sujet de l'histoire de sa maladie — est généralement très incomplète. Il y règne une insatisfaction, une frustration du fait. Les récits du passé sont fragmentaires, flous, confus. Le récit des crises et, en particulier, des moments présentés comme des moments de rupture sont, à y bien regarder, mystérieux comme autant de boîtes noires. L'avant et l'après sont à peu près discernables, mais entre les deux, la scène se dérobe au regard. Seule la reconstruction de l'imaginaire et de la projection permet de nous la représenter. On a le sentiment que les bribes du passé remémoré tournent comme des ombres autour d'un irreprésentable noyau. Au cœur de tout cela, il est un trou noir qui, comme en astrophysique, absorbe la lumière et ne renvoie rien. Le discours manifeste n'est qu'une sorte de squelette posé sur un désert. La réalité est moins celle d'éventuelles ruptures que d'une incapacité chronique du sujet à construire et à conserver des objets internes et des représentations stables.

Le sujet, dépossédé de son passé, est vide [1]. Excentré par rapport

---

1. Les liens entre alcoolisme et troubles de la mentalisation ont été excellemment mis en lumière par A. de Mijolla et S. A. Shentoub, dans leur ouvrage : *Pour une psychanalyse de l'alcoolisme*, Paris, Payot, 1973.

à sa propre vie, il n'en est plus que le spectateur myope et impuissant. Il est sans passé, sans avenir et sans projet. Exilé de sa propre historicité, il ne lui reste pour vivre que l'infime pellicule temporelle du présent. Le sujet, psychiquement, n'occupe plus que le point de l'instant, cet atome de réel entouré de néant. Cette forme particulière de rapport à la réalité condamne à l'impossibilité de penser. L'atome de temps ne se pense pas puisqu'il ne saurait prendre son sens qu'au regard du passé et du futur. L'instant bête et muet s'autosidère sans fin. Le néant est irreprésentable et le discours de la rupture fait écran à cette béance.

Trois constantes, aux contours mal définis, émergent cependant de tout ce brouillard anamnestique : les dysfonctionnements précoces de l'enfance, l'accumulation de traumatismes physiques et psychiques et l'alcoolo-tabagisme.

Les clochards disent souvent avoir dysfonctionné très tôt dans leur enfance. Tout semble toujours s'être mal passé pour eux, en eux, avec eux, autour d'eux. Ils disent avoir toujours posé problème à leur entourage, avoir été précocement identifiés et désignés comme des fauteurs de troubles. « Tête dure, forte tête, finira sur l'échafaud. » Les relations maternelles, lorsqu'elles surgissent par chance au détour d'une évocation, semblent avoir été gravement perturbées [1]. Les mères sont généralement décrites comme froides, absentes, malades, rejetantes, débordées, alcooliques, sexuellement légères. Énurésie, troubles du sommeil, troubles de l'alimentation et asthme apparaissent fréquemment dans le récit des souvenirs d'enfance. La scolarité, très rapidement, s'est révélée problématique. « J'ai jamais rien foutu à l'école. Je foutais le camp. J'étais le roi de l'école buissonnière... »

A ces dysfonctionnements précoces s'ajoutent de multiples traumatismes physiques et psychiques qui, soit les ont touchés directement, soit ont touché leurs proches : accidents, maladies, délinquance, violences, décès, incestes...

Ces dysfonctionnements et polytraumatismes infantiles se sont, dans l'immense majorité des cas, rapidement compliqués d'alcoolo-tabagisme qui apparaît très souvent comme toile de fond transgénérationnelle. A cet égard, il est frappant, lors d'entretiens

---

1. Voir A. Migot, J. Maisondieu : « Le clochard alcoolique et sa mère », *Société médico-psychologique*, séance du 16 décembre 1985.

à visée anamnestique, que les questions relatives à l'installation des dépendances, apparaissent souvent inintelligibles aux patients. Comme s'il était d'absurde d'imaginer qu'il puisse avoir existé un temps d'avant la dépendance. Cette dernière semble souvent avoir pris naissance dans l'enfance, voire dans le ventre même de la mère (biologiquement, le taux d'alcoolémie de la mère est égal à celui du fœtus). L'image la plus parlante, et ô combien navrante de banalité, qui vient à l'esprit est que la plupart semblent être tombés dedans quand ils étaient petits...

Rappelons encore que les formes que prennent les comportements toxicomaniaques ont tendance à varier en fonction de l'âge des sujets. Si les plus âgés sont souvent exclusivement alcoolo-tabagiques, les plus jeunes présentent plus volontiers des poly-toxicomanies dans lesquelles il serait malaisé de tenter de distinguer une préférence pour un produit particulier, licite ou illicite.

Ces éléments se retrouvent, entre autres, dans les résultats de deux études (l'une de 1988, l'autre de 1996) menées au Centre d'accueil et de soins hospitaliers (CASH) de Nanterre auprès des personnes reçues à la consultation médico-sociale attachée au Centre d'hébergement et d'assistance aux personnes sans abri (CHAPSA).

Dans la première[1], 77 patients ont été interrogés. D'emblée, 37,5 % d'entre eux signalaient un alcoolisme parental, tandis que 50 % disaient être orphelins d'un ou des deux parents. 64 % n'avaient plus aucune relation avec leur famille et 33 % disaient ignorer si leurs parents étaient toujours en vie. Enfin, sur ces 77 patients, pour lesquels un bilan sanguin avait été demandé, seuls 8 % ne présentaient pas de marqueurs biologiques liés à l'abus d'alcool. Cela signifie que 92 % des sujets de l'étude consommaient de l'alcool abusivement. Au-delà de la présence des marqueurs, il était cliniquement indiscutable que ces sujets étaient alcoolodépendants.

La seconde étude[2] portait, entre autres, sur 188 sujets au travers d'un questionnaire administré par les travailleurs sociaux. A propos de leur enfance, 20 % rapportaient une séparation des parents, 14,5 % avaient été placés dans des familles d'accueil, 11,6 %

---

1. D. Chappey-Manouk, P. Declerck, P. Henry, 1988.
2. P. Declerck, P. Duprat, O. Gaslonde, J. Hassin, J-P. Pichon, 1996.

avaient été victimes de violences parentales, 11 % avaient perdu leurs deux parents et 9,5 % un seul. 35,5 % rapportaient un alcoolisme parental, 28 % décrivaient leur famille comme « pauvre », 14,5 % faisaient état de « violences » familiales.

En outre, l'examen de 500 dossiers médicaux, pris au hasard à la consultation, fit apparaître que la moitié d'entre eux contenait des diagnostics psychiatriques et/ou des remarques relatives à la sémiologie psychiatrique et/ou des prescriptions de psychotropes.

Enfin, toujours dans le cadre de cette étude de 1996, 110 entretiens ont été réalisés par mes soins auprès du même nombre de patients. Seuls 70 ont été retenus comme étant exploitables, les 40 autres ayant eu lieu avec des sujets tellement imbibés d'alcool et de produits divers qu'ils étaient inutilisables, sinon pour signer la prévalence des polytoxicomanies au sein de ce milieu.

Publicité (1932).

Des 70 patients retenus, seuls 39 % disaient détenir encore des papiers d'identité. Seuls 9 % des ayants droit disaient toucher actuellement le RMI. Dans leur enfance, 20 % avaient été placés dans des familles d'accueil, 27 % avaient été placés auprès de parents proches et n'avaient pas vécu avec leur père et leur mère. 40 % mentionnaient un alcoolisme parental. 29 % parlaient de « violences » familiales, et 46 % de « pauvreté familiale ». 91 % disaient consommer trop d'alcool et/ou pensaient que l'alcool avait joué un rôle dans leur désocialisation. Seules six des personnes interrogées disaient ne jamais boire d'alcool, ce qui était manifestement faux pour deux d'entre elles, ce qui élève à 94 %, l'incidence de l'alcoolisme chez les sujets de cet échantillon. 24 %, outre leur alcoolisme, faisaient état de comportements polytoxicomaniaques.

En termes de diagnostic psychiatrique (et avec toutes les réserves que l'on peut émettre sur la fiabilité de diagnostics émis dans de telles circonstances), 7 % de ces sujets semblaient indiscutablement psychotiques (et connus par ailleurs comme tels) et des soupçons de diagnostics de psychose pesaient sur 16 % d'entre eux. Cela porterait le total des sujets psychotiques ou probablement psychotiques à un total de 23 %. Ce qui serait assez congruent avec l'impression clinique générale[1].

Aux trois constantes évoquées plus haut (les dysfonctionnements précoces des sujets, les polytraumatismes infantiles dont ils ont été victimes, et l'alcoolo-tabagisme transgénérationnel dans lequel ils semblent souvent avoir baigné), il convient d'ajouter une tendance à la primauté du passage à l'acte sur la mentalisation. La condition de possibilité essentielle de la mentalisation, soit un moi capable de supporter l'angoisse de ses représentations, semble généralement faire défaut à ces sujets.

À la recherche d'une souffrance impossible

Si on attend le plus souvent en vain, du discours des clochards, d'éclairantes perspectives quant à leur fonctionnement mental, en revanche, leurs comportements montrent un certain nombre d'éléments intéressants. Il faut opérer ici un changement de registre par rapport aux modes classiques d'inspiration psychanalytique, de compréhension du fonctionnement névrotique ou pseudo-névrotique. Le matériel à analyser est, dans ce champ, moins fait des

---

1. Pour plus d'informations, voir Annexe III : « Épidémiologie médicale et psychiatrique. »

paroles des sujets que des actes qu'ils posent, des ratages qu'ils organisent. L'essentiel du sens ne se trouve pas dans ce qu'ils disent, mais dans ce qu'ils font, c'est-à-dire dans ce qu'ils montrent par leurs comportements aberrants et paradoxaux.

Il faut rapidement rappeler ici quelques aspects marquants de la théorie psychanalytique du symptôme. Ce dernier est, entre autres, envisagé comme un compromis entre les inhibitions (d'origine sur-moïque) du sujet et ses aspirations pulsionnelles qui cherchent malgré tout à se satisfaire. Le symptôme est un mode (inefficace et douloureux) de résolution d'un conflit intrapsychique. Dans la mesure où il apporte une solution au conflit, il apporte aussi un apaisement relatif de la tension du sujet (tout en en créant d'autres). En ce sens, on parle à son propos de bénéfice primaire. Par ailleurs, il permettra au sujet d'atteindre malgré tout une forme de satisfaction réelle, bien qu'éloignée et déformée par rapport à celle qu'il aurait primitivement souhaité atteindre. C'est là le bénéfice secondaire du symptôme. Cette dimension bénéfique du symptôme explique son statut paradoxal au sein de la structure du sujet. Ce dernier ressent son symptôme comme une « maladie », comme quelque chose d'envahissant, d'étranger, d'extérieur à lui, et qui l'empêche de mener une vie plus productive et plus heureuse, mais en même temps, il lui est attaché. Cet attachement au symptôme conduira le patient à opposer de nombreuses résistances inconscientes au processus thérapeutique. Le symptôme, aussi incapacitant soit-il pour le sujet, est malgré tout une manière, pour ce dernier, de survivre en évitant le pire, c'est-à-dire une réactivation douloureuse (parfois déchirante et mortelle, tout au moins dans le fantasme, sinon dans la réalité) du conflit inconscient initial.

Illustrons ces propos par un fragment d'analyse (quoique fort simplifié par rapport à la complexité de la clinique). Un jeune patient homosexuel, qui vit mal sa sexualité, évoque un souvenir. Vers cinq ou six ans, il assiste à une fête familiale. Il se souvient avoir regardé intensément une petite cousine de son âge en trouvant qu'elle était très jolie. Perdu dans cette contemplation un peu rêveuse, il sent peser sur lui comme le poids d'un autre regard. Il lève les yeux et se voit à son tour fixé par le regard terrifiant et interdicteur du père. Ce dernier, violent dans la réalité, était un personnage fort inquiétant à qui il arrivait de menacer sa femme et son fils en brandissant des armes. L'enfant ressent immédiatement le regard du père comme une véritable catastrophe qui le met en danger de mort. Il est sidéré de terreur. Il lui semble, à ce moment-là, qu'il se liquéfie. Dans la reconstruction tardive de son analyse, il opère le raccourci étiologique d'assigner à ce souvenir l'origine de son homosexualité.

Cette petite vignette clinique illustre les différents éléments théoriques exposés plus haut. Le souvenir en question est un souvenir-écran qui condense dans son apparente banalité tout un climat et une myriade d'événements aux enjeux similaires. Le symptôme (soit, ici, l'homosexualité) est conçu par le patient lui-même comme un pis-aller auquel il a dû se résigner. C'était là la seule possibilité qui lui restait s'il ne voulait pas renoncer à toute sexualité (bénéfice secondaire). Du même coup, s'engager dans la voie de l'homosexualité permettait d'éviter d'affronter son père au sujet de l'interdit œdipien (bénéfice primaire). Conflit dont il imaginait qu'il pourrait ne pas sortir vivant.

On voit bien que le symptôme, quel qu'il soit, a une fonction salvatrice et érotique dans l'économie du patient. Il constitue un pis-aller dans la survie comme dans le plaisir. Il protège le sujet de conflits plus graves, d'angoisses et de représentations imaginées comme encore plus terrifiantes. Pour cette raison, toute tentative thérapeutique s'attaquant au symptôme provoque, chez les patients, des réaménagements douloureux de leur économie interne. S'ils sont trop fragiles pour les supporter, ils fuiront le traitement ou tomberont encore plus malades. Cette dernière éventualité porte le nom de « réaction thérapeutique négative ». Elle est extrêmement fréquente au cours d'un suivi psychothérapique d'une personne désocialisée.

Ces prémisses théoriques posées, l'analyste qui dispose de peu de matériel verbal de ces sujets n'a d'autre recours que d'observer leurs comportements pour tenter d'identifier les logiques qui les sous-tendent. Dans cette optique, il se dégage quelques points saillants de cette clinique de la grande désocialisation et des problèmes posés par sa théorisation.

Dans les cas les plus graves, la désertification du sujet exilé au cœur de lui-même, coupé du sens de son passé, et sans avenir, s'accompagne souvent d'une chosification du corps. Celle-ci se manifeste par une indifférence à la douleur et par une tendance à ignorer (dans une sorte de raptus masochique) l'urgence de pathologies somatiques parfois gravissimes.

```
h ☐        CENTRE DE DEPISTAGE ET DE SOINS
F ☐            DES PERSONNES SANS ABRI


NOM : ▓▓▓▓▓▓▓▓        PRENOM : ▓▓▓▓▓▓▓
Né le : ▓▓▓▓▓▓▓ à : _____
1ère Visite le : _____  N° : _____

DATE │ Observations :
```

Dossier de patient de la consultation médicale de Nanterre : notes prises par les médecins consultants

Bilan sanguin complet, radiographie thorax demain et voir si place dans lits.

13/04/94 - Radio thorax + bilan sanguin complet prélevé.

Fils sur le nez [points de suture].

20/04/94 - Glycémie P.P.

24/04/94 - 2 comprimés Doliprane

27/04/94 - Sortant ce jour des lits.

01/06/94 - Points [de suture] arcade sourcilière droite + Bétadine.

20/07/94 - Rectorragie de sang rouge depuis 10 jours en fin de défécation, sans douleur, sans épreinte, sans ténesme, sans faux besoin. Pas de signes digestifs associés ni de signes d'anémie

Urgences.

307

On se souviendra, dans ce contexte, de l'exemple déjà évoqué du patient qui refusa l'amputation de l'os de son orteil [1]. Comment ne pas évoquer aussi ces fractures apparentes laissées en l'état pendant plusieurs jours et dont le patient ne s'est pas préoccupé. Ou ces chaussettes portées pendant plusieurs mois et dont l'élastique en vient à sectionner la jambe jusqu'à l'os... Il faut insister sur le fait que de telles observations ont été réalisées sur des patients qui n'étaient ni psychotiques, ni confusionnels, ni schizophrènes catatoniques.

Comment comprendre de telles aberrations, sinon en faisant l'hypothèse que l'on se trouve là en présence d'un véritable retrait psychique de l'espace corporel qui, désinvesti, se trouve alors comme abandonné à son propre sort dans l'apparente indifférence du sujet ?

Ces hommes et ces femmes vides, dépossédés d'eux-mêmes et de leur histoire, qui, au-delà de l'immédiatement opératoire ou du bavardage, ne demandent plus rien et semblent indifférents jusqu'au paroxysme de la douleur corporelle, posent la question de l'existence d'une souffrance qui paraît introuvable.

Peut-être faut-il penser, pour espérer résoudre ce paradoxe, que la souffrance du sujet ne peut lui être perceptible qu'à certaines conditions. Freud, dans *Inhibition, symptôme, angoisse* (1926), a parlé de « signal d'angoisse » pour désigner une angoisse perçue par le moi et l'avertissant de l'imminence d'un danger passé et remémoré. De même, peut-être peut-on s'appuyer sur cette ébauche de schéma communicationnel pour imaginer qu'une souffrance du sujet ne peut être perçue par lui qu'à condition d'émerger d'un fond (de sensations, d'affects, de souvenirs, etc.) dont elle se distingue. En revanche, une souffrance profondément immanente au psychisme du sujet, une souffrance de toujours, qui en occuperait toute la scène, ne lui serait plus perceptible. C'est faire là l'hypothèse d'une souffrance-fond qui non seulement traverse et accompagne le sujet, mais est devenue partie intégrante et inséparable de lui. Cette souffrance-là est devenue le sujet même, et constitue sa signature psychique.

Ce concept de souffrance-fond a le mérite de rendre compte de cette expérience clinique fréquente, qui consiste à se trouver perplexe devant des sujets qui se plaignent de symptômes relative-

---

1. Voir le chapitre : « Comme des bateaux dans la nuit... ».

308

ment mineurs et circonscrits, tout en étant affligés de cécité psychique face à des comportements extrêmement dommageables pour eux-mêmes et qui — du point de vue, en tout cas, de nos projections — ne peuvent leur être que douloureux. Si les exemples tirés de la névrose sont rares (et cela n'est pas un hasard), ils abondent lorsqu'on songe aux états limites, aux personnalités pathologiques, ou aux sujets souffrant de troubles addictifs. La célèbre « apsychognosie » de Fouquet[1] décrit à propos de malades alcooliques et qui désigne l'incapacité du sujet à prendre conscience de ses comportements et de sa propre vie psychique est, ici, tout à fait pertinente. Il s'agit de sujets qui, psychiquement, s'ignorent. Nous sommes, ici, au-delà du niveau du simple clivage[2], mais dans le terreau étiologique qui conduit à la floraison de choses bien décrites par ailleurs, telles la pensée opératoire et l'alexithymie, soit, étymologiquement, l'incapacité du sujet à lire sa propre humeur. Le ressenti psychique est alors apparemment uniforme, mais dévitalisé.

Cette souffrance-fond constitue le champ (au sens, par analogie, de champ électromagnétique) dans lequel la vie psychique du sujet évolue par ailleurs. Le sujet en est radicalement pénétré et ne peut en entretenir même le plus petit soupçon, car il s'agit d'une souffrance qui colore l'ensemble de sa conscience et de sa perception. Seule une impossible extra-perception pourrait lui permettre de mesurer quelque chose de son existence et de sa particularité. C'est seulement auprès d'un thérapeute, tiers qui s'immiscerait entre le sujet et lui-même, que les choses pourraient s'éclairer un peu, si toutefois la stratégie thérapeutique était adaptée aux besoins parti-

---

1. R. Malka, P. Fouquet, G. Vachonfrance, *Alcoologie*, Paris, Masson, 1983, p 74.

2. Le clivage est un des nombreux mécanismes de défense. Ces derniers sont des manœuvres psychiques par lesquelles le moi d'un sujet tente d'éviter les vécus d'angoisse, de dépression ou de morcellement, susceptibles d'être induits par certaines représentations, dont il tente de réduire la portée. Le refoulement, le déni, la négation, la rationalisation, l'humour sont des mécanismes de défense. Le clivage porte sur l'ambivalence attachée à une seule représentation psychique. Cette ambivalence (mélange d'amour et de haine éprouvées par le sujet vis-à-vis d'un même objet) induit un malaise et une culpabilité dans le moi. Ce dernier clivera alors la représentation ambivalente (c'est-à-dire qu'il la coupera en deux) en deux représentations distinctes, une positive et une négative. L'exemple classique est celui, dans *Cendrillon*, de la bonne marraine et de la marâtre, représentations clivées de l'ambivalence primitivement ressentie vis-à-vis de la mère.

culiers de ce type de patients. J'y reviendrai dans le prochain chapitre.

Il est probable, bien qu'hypothétique et formellement indémontrable, que l'origine de la souffrance-fond remonte pour l'essentiel, à la période prélangagière de la vie du sujet, jusqu'à, et y compris, sa vie intra-utérine durant laquelle il vécut dans l'écho endocrinien du fonctionnement maternel. Si c'était le cas, cela renforcerait encore le caractère à la fois inaccessible, irreprésentable et indicible de la souffrance-fond. Il s'agit là de phénomènes situés hors du champ du langage et de la représentation. Leurs manifestations, pour cette raison, ne sauraient être que comportementales, situées dans l'ordre de l'agir et non du symbolisable, c'est-à-dire du discursif.

En deçà de ce niveau primitif de la souffrance-fond, la clinique de la grande désocialisation est bien évidemment envahie du désordre des comportements masochiques divers, véritables mises en scène de l'autodestruction lente du sujet. Si le masochisme est bien connu et bien décrit par ailleurs, comme traversant peu ou prou l'ensemble des comportements normaux et pathologiques humains, peut-être peut-on cependant en distinguer, dans cette clinique de l'extrême qui nous concerne, une variante particulière liée à l'analité.

Cette dernière est bien présente sur l'avant-scène sémiologique des clochards. Ils sont dans un laisser-aller sphinctérien littéral autant que symbolique. Au niveau littéral, les troubles de la continence sont fréquents, liés, bien entendu, à l'abus massif d'alcool. Au niveau symbolique, la saleté extrême, la puanteur, la perte récurrente des papiers ou des objets personnels, l'éparpillement des repères spatiotemporels... Tout cela renvoie à un trouble profond de la fonction de l'analité en tant que mode de structuration psychique du sujet.

Rappelons ce qui a été dit plus haut à propos des liens de parenté entre la bouche et l'anus. L'apprentissage du contrôle sphinctérien est, à un niveau symbolique supérieur, une des conditions de possibilité d'une maîtrise de l'oralité, c'est-à-dire de l'accession à la possibilité de produire un discours (c'est-à-dire une pensée) qui soit en prise sur les choses.

Pour pousser plus loin la compréhension de ces phénomènes, il est indispensable de revenir à la théorie psychanalytique. Freud, à propos de la castration, a parlé littéralement de « rejet » (*Verwerfung*). « Il existe pourtant une espèce beaucoup plus énergique et efficace de défense. Elle consiste en ceci que le moi rejette la représentation insupportable en même temps que son affect et se comporte comme si la représentation n'était jamais parvenue jusqu'au moi », écrit-il en 1894, dans « Les psychonévroses de défense ». Et il ajoute : « Mais au moment où cela est accompli, la personne se trouve dans une psychose que l'on ne peut classifier que comme « confusion hallucinatoire [1] ». Cette *Verwerfung*, ce « rejet », a été plus tard rendue en français par Lacan sous le terme de « forclusion ».

On voit, dans ce passage capital, le lien souligné par Freud entre psychose et forclusion. Cette dernière est un mécanisme de défense bien plus radical que le refoulement ou le clivage, qui tous deux laissent des traces mentales de leur opération et de ce qu'ils tentaient d'écarter de la conscience du sujet. La forclusion fonctionne de manière à bloquer jusqu'à l'inscription de la castration dans le psychisme du sujet. Il n'y a plus de traces accessibles. C'est comme s'il ne s'était rien passé.

La clinique de la grande désocialisation suggère qu'il faille penser qu'il existe une autre forme de forclusion que celle décrite par Freud et qui portait sur la castration génitale [2]. Il s'agit d'une forclusion qui porte sur la castration anale, une forclusion anale.

Au-delà du contrôle physiologique des sphincters, les enjeux symboliques de l'apprentissage de la propreté sont ceux de la double nécessité de l'ouverture et de la fermeture, condition de possibilité à une production fécale acceptable pour la mère. L'ouverture/fermeture n'a de sens justement qu'inscrite dans une temporalité rythmée, c'est-à-dire différenciée. L'analité est ainsi porteuse de l'inscription du sujet dans un temps différencié et différenciable. C'est elle qui vient radicalement briser le temps flou et indifférencié de la somnolence digestive et évacuatoire du nourrisson. L'exigence de la propreté anale lui impose le corset castrateur

---

1. S. Freud, *Névrose, psychose et perversion*, Paris, PUF, 1973, p. 12.
2. Au sens premier, on entend par « castration » le fantasme lié aux sentiments de culpabilité œdipienne du petit garçon. Le père le punirait de son désir sexuel pour la mère en le châtrant. Par extension, la castration (symbolique) en vient à désigner toute sanction d'un désir interdit, ou supposé tel. Par ailleurs, c'est seulement en parvenant douloureusement à « introjecter la castration » (c'est-à-dire à pouvoir se limiter lui-même) que l'adulte pourra se réconcilier à mener une vie qui, au mieux, ne sera jamais que suffisamment bonne.

du temps. Du temps, mais aussi de l'espace, car la défécation vient inscrire un autre signifiant capital pour l'élaboration du sentiment d'une identité corporelle stable chez le sujet, c'est celui de l'intériorité/extériorité corporelle.

A l'alternative de l'ouvert et du fermé, vient se joindre celle de l'intérieur et de l'extérieur. Ensemble, elles régissent l'inscription du sujet dans l'espace et le temps. Ce n'est pas tout, car la mère (c'est-à-dire l'autre), porteuse de désirs, d'exigences et d'interdits, est présente dans cette affaire. C'est là la dialectique bien connue par ailleurs du don, du cadeau sadique, du point et contrepoint des jeux de la rétention/expulsion, etc.

Un dernier élément mérite d'être souligné, c'est celui de la perte anale. La perte angoissante des matières, morceaux merdeux morts et sales du sujet, qui le quittent à jamais, pour disparaître on ne sait où dans la nuit souterraine du monde. Cette perte véhicule évidemment tous les registres de l'angoisse, de la dépression et du morcellement.

C'est l'ensemble de ces facteurs, conditions de possibilité de l'inscription du sujet dans le principe de réalité, qui sont affectés gravement par la forclusion anale. Le sujet s'en trouve comme exilé du monde et de ses exigences, du temps et de l'espace, des autres et de lui-même. On comprend mieux, à la lumière de cet éclairage conceptuel, la rage de Paul M. qui se compare à une Cocotte-minute toujours susceptible d'exploser[1]. Sadomasochisme anal, mais aussi désespoir qu'il « en reste toujours au fond », dans ce fond qui colle et dont il ne parvient jamais à se séparer tout à fait. Il entretient l'irréalisable espoir d'accéder enfin à une scansion claire entre la rétention et l'expulsion, entre l'ouvert et le fermé, entre l'extérieur et l'intérieur. Il pressent bien que c'est à cette seule condition qu'il pourra — pour reprendre une expression plus que fréquente chez de tels sujets — « se sortir de la merde ».

L'angoisse sans nom qui accompagne la forclusion anale prend la forme d'un fantasme de recto-hémorragie chronique. Le sujet ne retient rien, n'accumule rien, ne conserve rien. Il se vide par-derrière, en s'épuisant. C'est alors qu'on voit apparaître une adaptation particulière et fonctionnelle du masochisme qui, en prenant des formes extrêmes et folles, va tenter d'offrir au sujet une mutilation tellement

---

1. Voir le chapitre : « Sous pression ».

profonde que son sens en sera enfin incontournable. Il semble que l'on bascule ici dans une logique terrible par laquelle le sujet va, en quelque sorte, se lancer à la recherche du plus petit dénominateur commun de lui-même. Il va chercher une blessure radicale. Radicale, au point d'en être enfin réelle et indiscutable. C'est pour tenter de sortir de l'angoissante indifférenciation de leur fonctionnement mental que de tels sujets vont chercher à rejoindre enfin les rives du réel par le biais d'une mutilation du corps [1].

C'est là une forme extrême du masochisme, dont la fonction auto-protectrice, depuis les travaux de Benno Rosenberg [2], n'est d'ailleurs plus à démontrer. Il permettrait ici au sujet de tenter la confection — à travers une blessure radicale — d'une sorte de bouchon anal qui viendrait enfin contenir le fantasme de recto-hémorragie. Ce bouchon anal masochique a pour fonction de colmater la béance laissée par la forclusion anale. Il vient pallier, dans la réalité, la faille psychique laissée par la forclusion de la castration anale. En plaçant le sujet à l'ombre urgente de la mort, il vient, *in extremis*, réinsérer ce dernier dans le principe de réalité et ses catégories : le temps, l'espace, la causalité, l'altérité.

Tel était le cas de cette patiente qui disait la rage qu'elle ressentait devant son incapacité à « mettre de l'ordre dans sa vie ». Cette dernière, de ratages en non-sens, semblait lui échapper perpétuellement. Elle était, par instants, prise par l'impulsion de s'enfoncer une fourchette dans l'œil, comme pour se « rebrancher » sur le réel. Elle avait par ailleurs le fantasme (pas très éloigné d'une perception hallucinatoire) d'être, au niveau du nombril, traversée de part en part d'un trou du diamètre d'un poing.

De même, ce jeune homme reçu en consultation, issu d'une famille gravement pathologique, lui-même en errance, sans projet, déjà marqué par de nombreux échecs scolaires, professionnels et relationnels. Il fait état de conduites homosexuelles impulsives et dénuées de plaisir. Comme je m'enquiers des précautions qu'il prend lors de ces contacts sexuels, vis-à-vis d'une éventuelle contamination HIV, il hausse les épaules. Il expliquera bien plus tard que, pour lui, qui se voit

---

1. On est proche ici des mécanismes psychiques dont Gérard Szwec a brillamment décrit le fonctionnement dans son livre *Les Galériens volontaires*, Paris, PUF, 1998.
2. Voir B. Rosenberg, *Masochisme mortifère et masochisme gardien de la vie*, Paris, PUF, 1991.

comme étant sans forme, sans contenu et sans désir (il lui arrive de se décrire comme une bouse de vache fumante sur l'herbe et visitée par les mouches), la séropositivité était devenue quelque chose de séduisant. Sous le coup de ce qui apparaîtrait comme une condamnation à mort, la vie, pour lui, prendrait enfin sens, épaisseur, réalité. « Avec le temps qu'il me resterait, j'aurais peut-être plus de plomb dans la cervelle. Je serais peut-être foutu de faire quelque chose. » C'est seulement au prix de cette restriction de l'horizon de son existence, c'est-à-dire de son espace et de son temps, qu'il pourrait (dans son fantasme) être guéri. Le fantasme de séropositivité portait paradoxalement pour lui la possibilité d'un avenir positif, quoique rétréci. Mais c'est justement dans cette restriction (symboliquement sphinctérienne) que résidait son efficacité thérapeutique. Il recherchait la séropositivité, comme tentative d'auto-apaisement de son angoisse hémorragique. Il s'agissait rien moins que d'accéder enfin à la clôture de lui-même. La mort est l'ultime frontière dont il rêvait de se doter. Dans la réalité, j'ai, hélas, des raisons de penser qu'il y parvint...

Ce qui est, chez ce jeune homme, figuré par la séropositivité peut aussi bien l'être par une amputation, le refus de soigner une tuberculose ou un ulcère de jambe ou, plus insidieusement, par les formes extrêmes de la cachexie et d'auto-abandon. M. Abel, dont le cas est décrit dans un chapitre précédent, relève manifestement de ces logiques[1]. Cependant, aussi dangereux ces comportements masochiques extrêmes soient-ils, leur visée n'en reste pas moins, *in fine*, anxiolytique et structurante, comme l'est d'ailleurs tout symptôme.

Il est probable qu'il faille aussi voir dans ces spectaculaires comportements d'automutilation de folles et ultimes tentatives de narcissisation. Ces comportements sont adoptés sur fond de narcissisme primaire et hallucinatoire proprement mégalomane. Car enfin, c'est bien de la mort, désirée et organisée, dont il est question. C'est justement parce que ces sujets n'ont pas le sens de leur finitude, qu'ils sont tentés de la réinscrire aussi violemment au cœur d'eux-mêmes. Ils cherchent une condamnation à mort, parce qu'ils ont oublié, ou plutôt ils n'ont jamais su (et c'est sur ce point justement que porte la forclusion), que, comme tous les vivants, condamnés à mourir, ils le sont depuis leur naissance.

Si le narcissisme est généralement compris comme la volonté

---

1. Voir le chapitre : « Tout ce que je sais de lui ».

pulsionnelle de s'appréhender soi-même, trop peu d'attention est portée au fait qu'il s'agit de l'appréhension non pas de soi, mais d'une image de soi. Or, une image, par définition, est quelque chose de fixe. Le drame de Narcisse est majoré du fait qu'il se penche sur un miroir qui justement est labile, car fait de la surface de l'eau. Il finira, d'ailleurs, par s'y noyer. S'est-il trop penché en tentant, au plus près de la surface, de fixer les contours de l'image fugace qui lui était renvoyée ? Il est dans le narcissisme une tentative d'ex-trospection du sujet qui tente de se voir lui-même, c'est-à-dire nécessairement de l'extérieur. De se voir donc comme objet de son propre regard. Un objet qui, dans la mesure où il a pour fonction d'asseoir le sentiment que peut avoir le sujet de son identité, doit être le plus stable, permanent et inchangeant, possible.

Peut-être n'est-il pas outré de deviner quelque chose de ces enjeux dans la réification du corps à laquelle se livrent les clochards. Il s'agirait alors du dernier stade du narcissisme fou que de devenir la statue morte et froide de soi-même... N'existerais-je autrement, qu'au moins je serais chose ?...

Que le narcissisme[1] tout-puissant et halluciné persiste jusqu'au seuil extrême de la mort ne fait, par ailleurs, aucun doute. Comment expliquer autrement l'attitude de ces sujets qui se rient de l'extrême urgence médicale, en en refusant les soins, non pour se suicider, mais dans un mouvement d'agression et de négation du principe de réalité.

Il est, par ailleurs, remarquable que si leurs conduites (auto-abandons, alcoolisations massives, etc.) sont de nature à les conduire, à terme, à la mort, les suicides actifs sont, en revanche, très rares dans le milieu. On peut penser que le suicide nécessite, *a minima*, un auto-diagnostic du sujet sur sa situation, subjective ou objective, ainsi que la capacité de se projeter soi-même dans le temps. Phénoménologi-

---

1. Il est typique, à ce propos, qu'Yves Leroux, auteur d'un récit autobiographique intitulé *Le Cachalot, mémoires d'un SDF* (Paris, Ramsay, 1988), le termine comme suit : « Libéré de ses sangles, il plonge, réémerge, replonge, émerge de nouveau, reprend ses jeux sur l'océan... Les hommes le regardent, émus. Tout à coup, il s'enfonce dans l'eau, assez profondément pour prendre un élan formidable et il fait le plus grand bond de cachalot jamais observé de mémoire de marin. » Yves Leroux, qui n'a jamais quitté la rue, est mort depuis, des suites de son alcoolisme. Voir H. Prolongeau : « Le cachalot s'est échoué », *Le Nouvel Observateur*, 3-9 février 2000.

quement (et indépendamment d'autres mécanismes inconscients), c'est parce que le sujet n'appréhende le futur possible que comme la répétition du présent et du passé insupportables, qu'il prend la décision de se suicider. Cette double condition d'autodiagnostic et de projection dans l'avenir fait probablement défaut aux clochards, tant ils sont installés dans des formes abîmées de fonctionnement mental quant aux rapports à soi et au temps.

Quel que soit le crédit que l'on puisse accorder aux spéculations théoriques qui précèdent — et souvenons-nous que Freud, conscient du caractère métaphorique de la théorie psychanalytique, parlait de « la fée métapsychologie » — il semble, *a minima*, que la grande désocialisation constitue une solution équivalente (mais non identique) à la psychose. Solution tragique et mortifère, solution de la dernière chance, par laquelle les sujets tentent de se mettre à distance du pire qu'ils sentent bouillonner en eux. C'est à l'éventualité potentielle et fantasmatique du meurtre, du suicide ou de l'effondrement psychotique que la désocialisation offre une sorte de moyen terme et d'aménagement chronique.

*

Si l'enfant s'endort en suçant son pouce, le clochard, lui, tente d'endormir sa conscience en buvant son vin. Le monde lui est odieux. Non pas ceci ou cela dans le monde, mais le monde lui-même, le monde dans sa structure, le monde dans son être.

Le clochard n'a jamais pu se réconcilier avec ce que Kant a appelé les catégories du jugement : le temps, l'espace et la causalité, qui sont les conditions de possibilité de la pensée et de l'existence dans le monde. Sans le temps, pas de pensée, car il est impossible alors de distinguer les pensées entre elles. Sans l'espace, rien de possible en dehors de la pure représentation. Sans causalité, rien à se représenter...

Le clochard, égaré dans la poursuite d'une impossible ataraxie, s'abandonne à exister aux portes de la mort[1]. L'ataraxie, cet état de tranquillité de l'âme enfin apaisée, enfin délivrée de la tourmente incessante des désirs et des passions, auquel aspiraient épicuriens et stoïciens. Mais une ataraxie radicale, forcenée, qui va jusqu'à nier le

---

1. Francis B. le démontre excellemment. Voir le chapitre : « Ma chienne, ma traîtresse, mon amour ».

fondement même de toute réalité possible. Une ataraxie devenue folle...

Notes cursives de l'auteur prises au cours d'un entretien avec un homme de 44 ans. Adressé à l'auteur par le Dr Patrick Henry, cet homme présentait une blessure gravement infectée. Devant le risque de gangrène, il s'agissait de lui proposer une hospitalisation qu'il refusera.

Mort du fils - 22 ans - accident de voiture -
Novembre -
Travail jardinier-paysagiste - Pas le courage de retourner avec sa femme -
6/7 cures de désintox. -
A la rue depuis 75 - Retourner avec elle. Travail depuis 75 tout en étant à la rue.
Apprend le décès de son fils, 15 jours après -
Cauchemar, ne dort pas la nuit -
Ma vie ne m'intéresse plus maintenant -
Pas d'hospitalisation, la mort c'est tout, rejoindre mon fils. Comme une bête perdue -
Blessure au doigt
La mort, je ne peux plus la comprendre - La vie est foutue -
Disparaître le + vite possible -

Bercé par la perverse jouissance du néant, le clochard rêve d'un autre monde. Un monde de satisfaction immédiate, sans impossible, sans frustration, sans blessure, sans hiatus. Ce monde atemporel et sans contraintes, ce nirvana de la pulsion de mort et du possible infini, est celui du fantasme utérin.

Maupassant l'a bien compris. Dans un conte intitulé « Le vagabond », le héros, affamé, errant dans la campagne, tète le pis d'une vache. Il décide « de passer la nuit contre ce gros ventre tiède. Il chercha donc une place, pour être bien, et posa juste son front contre la mamelle puissante qui l'avait abreuvé tout à l'heure. Puis, comme il était brisé de fatigue, il s'endormit tout à coup[1]. »

Le clochard est le fœtus de lui-même. Si nous ne pouvons l'accoucher à la vie, au moins mettons-le à l'abri. Offrons-lui asile. Voyons comment.

1. G. de Maupassant, « Le vagabond », *Le Horla*, Paris, Albin Michel, 1984, p. 170.

DE LA CHARITÉ HYSTÉRIQUE
À LA FONCTION ASILAIRE

La condition de l'existence des « gens de bien » est le mensonge : autrement dit, ne vouloir à aucun prix voir la réalité telle qu'elle est, c'est-à-dire absolument pas propre à faire naître à chaque instant des instincts de bienveillance, et encore moins à tolérer à tout moment l'intervention de mains bien intentionnées mais peu clairvoyantes.

F. NIETZSCHE, *Ecce Homo.*

De la réinsertion comme fantasme et idéologie

Dans toute ma pratique auprès des personnes gravement désocialisées, des milliers de gens qu'il m'a été donné de recevoir tant en psychothérapie qu'en consultation médicale, je ne connais aucun exemple de réinsertion, si l'on entend par là l'évolution d'un sujet qui, de gravement et chroniquement désocialisé, parviendrait à un rétablissement stable dans un fonctionnement socio-économique autonome au long cours. Bref, un sujet qui, de clochard, deviendrait ou redeviendrait comme vous et moi, il n'y a point. Si l'état de clochard peut s'aménager et se stabiliser, plus ou moins longtemps, à l'ombre asilaire des murs d'une institution[1], je ne connais pas, en revanche, de cas de guérison. L'état semble largement irréversible. De cette réinsertion, au sens fort du terme, sur le terrain, il n'existe pas de traces. Or le malheur veut que, *mutatis mutandis,*

---

1. Il est évident que ces remarques, comme celles qui suivent, s'appliquent aux sujets souffrant du « syndrome de désocialisation » décrit au chapitre précédent, et non aux « simples » victimes de l'exclusion sociale ou de la seule pauvreté. On comprendra l'importance du diagnostic différentiel dans les décisions relatives aux stratégies de prise en charge.

l'ensemble de l'effort de l'aide apportée aux personnes gravement désocialisées soit sous-tendu par l'objectif de la réinsertion.

La notion de réinsertion se retrouve, ne serait-ce qu'en tant que vocable, au cœur de l'ensemble des dispositifs d'aide et des discours du champ. De la gestion du RMI aux distributions de soupe, la réinsertion est mise en avant, tantôt comme objectif immédiat, concret et réalisable, tantôt comme idéal modeste et asymptotique, mais néanmoins structurant et garant du sens de l'action. La réinsertion suppose, le plus souvent implicitement plutôt qu'explicitement, l'idée d'un retour du sujet au sein de la normalité sociale et économique. Cette représentation s'accompagne d'une dimension spatiale. On imagine le sujet comme une pièce de puzzle isolée et par là même dénuée de sens, que l'on remettrait par une opération, dont les détails restent d'ailleurs des plus vagues, à sa juste place, inséré, citoyen enfin parmi d'autres, dans le cadre des obligations du fonctionnement social, économique et relationnel. Guéri, autonome, il vivrait alors le reste de son existence, comblé par les délices de la normalité, c'est-à-dire en définitive du travail. Il est du fantasme et de l'idéologie là-dedans et pas n'importe lesquels.

Rappelons un petit détail clinique et entêté qui ruine d'emblée cette construction. L'examen le plus superficiel des personnes gravement désocialisées, des clochards donc, fait apparaître que ces sujets n'ont, dans leur très grande majorité, jamais connu de fonctionnements psychiques, relationnels, économiques et sociaux « normaux ». Ceux qui ont fonctionné apparemment « normalement » parfois pendant des années n'ont pu généralement le faire que dans des circonstances très particulières, sortes d'équivalents existentiels d'ateliers protégés. Les scénarios peuvent, ici, être nombreux, mais sont néanmoins structurellement à peu près identiques : soit ces sujets ont vécu et travaillé, abrités au sein d'une famille (biologique ou d'adoption), soit ils ont vivoté difficilement au sein d'un couple symbiotique, régressif et anaclitique. Une fois privés de ces conditions de possibilité et d'étayage de leur fonctionnement pseudo-normal, ils s'effondrent immédiatement et se clochardisent en quelques semaines, voire en quelques jours, sinon quelques heures.

Deux exemples, parmi de nombreux autres, illustreront ce phénomène.

J'ai suivi, à Nanterre, pendant quelques semaines, un homme d'une cinquantaine d'années, hébergé au centre d'accueil. Sa vie était l'histoire d'une lente marginalisation, qui, insidieuse comme une érosion, l'avait finalement conduit, de compagne en compagne, à vivre avec une femme algérienne dans une chambre d'un de ces hôtels de toute dernière catégorie qui offrent des locations au mois pour un prix équivalant au montant de l'allocation RMI. Ces lieux, d'un sordide extrême, sont souvent, pour les personnes qui les fréquentent, la dernière halte avant la rue. Cela dit, notre homme avait toujours réussi, vaille que vaille, à travailler et à contrôler son alcoolisme, jusqu'au jour où l'hôtel qui les hébergeait, lui et son amie, fut fermé pour insalubrité. Le couple, devenu sans abri, s'est vite dissous et la femme retourna en Algérie. Lui, abandonna son travail, s'installa, sans même chercher d'alternative, immédiatement dans la rue, et donna libre cours à sa consommation d'alcool, comme apaisé d'être enfin dégagé du poids des exigences de la réalité. L'apparente « normalité » de son existence passée était comme anéantie. Après quelques mois d'une vie clochardisée, après plusieurs passages de nuit à Nanterre, il intégra le Centre d'accueil. Son alcoolisme était cependant tellement disruptif qu'il en fut exclu au bout de quelques semaines. Il retourna à la rue et mourut quelques mois plus tard de complications liées à son addiction.

Je songe aussi à cet homme d'une trentaine d'années, rencontré au début de mes travaux ethnographiques. Il vivait autour de la gare du Nord, où il était arrivé par le train quelques semaines auparavant. Cet homme avait jusqu'alors vécu tout à fait « normalement ». Il travaillait de façon stable. Marié et père de deux enfants très jeunes, il habitait un pavillon qu'il avait acheté. Il m'en montra des photos. Cette existence fut détruite du jour au lendemain : sa femme fut tuée dans un accident de la route. En une quinzaine de jours, il perdit alors travail, pavillon et enfants. Ces derniers semblaient lui avoir été enlevés par les services sociaux. Le récit qu'il fit de ce naufrage resta des plus confus. Il disait ignorer tout du sort de ses enfants qui lui semblaient comme irrémédiablement égarés dans un labyrinthe administratif impénétrable et kafkaïen. Un jour, il prit sans trop savoir pourquoi un train pour Paris. Arrivé gare du Nord, il s'y installa, rejoignant immédiatement le groupe des clochards habitués des lieux. Cet homme, de santé fragile, ne buvait pas d'alcool et ne semblait pas souffrir de psychose franche. Un incident biographique qu'il me confia donne cependant un aperçu de l'extrême vulnérabilité de sa personnalité : un jour qu'il était chez lui avec sa famille, un gendarme vint sonner à la porte. Bien que n'ayant rien à se reprocher, il eut tellement peur qu'il se réfugia sous une pile de vêtements, au fond d'une armoire de la chambre à coucher, laissant sa femme affronter le gendarme et gérer une question administrative des plus banales... J'ignore ce qu'il devint.

La clinique de la clochardisation montre que, soit le sujet a pu avoir un fonctionnement pseudo-normal fragilement étayé et rapidement balayé par les aléas de l'existence, soit le sujet a plus ou moins rapidement et manifestement dysfonctionné depuis sa plus tendre enfance. Dans ces conditions, la question se pose : « Si pour ces sujets, il n'y a jamais eu insertion, comment pourrait-il y avoir réinsertion subséquente ? »

Malgré la réponse évidemment négative à cette question, l'aide tant privée qu'étatique ne se monnaie néanmoins — tant au niveau individuel du clochard qui vient chercher une soupe, qu'au niveau collectif et administratif dans les demandes de financement des associations vis-à-vis de l'État — que dans le champ de cette idéologie de la réinsertion. Cette dernière n'est rien moins que la monnaie d'échange symbolique qui régit, à tous les niveaux, l'ensemble des rapports d'aide. En cela, elle fait pendant à ce qui était dit au chapitre précédent et que l'on retrouve dans les discours autobiographiques des clochards.

Ces récits de vie ont pour triple fonction de normaliser, de désangoisser et de déculpabiliser les sujets à leurs propres yeux comme aux yeux d'autrui, en faisant appel à une étiologie objectivante à laquelle tout un chacun doit pouvoir s'identifier. De même, le désir manifeste de réinsertion brandi par le soigné sert à parfaire cette démonstration (à lui-même d'abord, à autrui ensuite) de sa propre normalité. « Je veux, moi soigné, devenir comme toi, soignant. En cela, en un sens, symboliquement, je le suis déjà. Ainsi, nous voilà pareils, au fond jumeaux. Ton projet est le mien. »

Le discours de la réinsertion vient sceller, en portant en son sein la démonstration de sa légitimité, le pacte identificatoire entre soigné et soignant, tout comme il réaffirme le pacte identificatoire entre les individus et la société. Toute différence profonde entre les désirs des sujets, comme entre les logiques existentielles — conscientes ou non — de leurs pathologies, s'y trouve escamotée.

Les voilà tous unis, tendus d'efforts, palpitants de l'espoir d'atteindre une même félicité sociale, de vivre une existence univoque régulée par le même temps — celui du travail — et récompensée par les mêmes joies : celles de la tiède normalité... Citoyens d'abord, individus ensuite, sujets s'il en reste.

Il est en filigrane de ces discours insidieux, de cet humanisme apparent, une volonté totalitaire inconsciente de réduire les différences des hommes — que sont leurs souffrances et donc leur dignité — à l'inquiétant taylorisme d'une production de masse de citoyens que plus rien ne distinguerait les uns des autres. Asymptote de la normopathie. Secret désir lové comme une sourde bête au cœur même de nos émois compassionnels. La chanson des Restos du cœur ne commence-t-elle pas par ces mots lapsus : « Aujourd'hui on n'a plus le droit, ni d'avoir faim, ni d'avoir froid... » On n'a plus le droit ? La souffrance est, ici, bien perçue comme asociale. Non sans raison : elle est bien, en effet, le dernier rempart de la subjectivité du sujet. L'ultime protestation contre l'ordre écœurant du monde.

De ce totalitarisme insidieux et muet, de ce gluant terrorisme du normatif, le dispositif du RMI, indépendamment de ses avantages certains et de l'indiscutable progrès qu'il représente dans le champ de l'aide sociale, offre une remarquable illustration.

Dans le contexte de chômage massif que connaît la France depuis plusieurs années (chômage qui, malgré sa diminution récente, continue de sévir particulièrement dans les couches les plus défavorisées de la population), il est évident que les chances réelles de trouver un emploi décemment rémunéré et à durée indéterminée, pour un individu peu ou pas formé et/ou stigmatisé par l'âge et l'exclusion sociale, restent extrêmement minces. Néanmoins la société, tant par la voix de ses responsables politiques qu'à travers l'expression de l'opinion, continue de nier la nécessité vitale de financer l'existence de larges segments de sa population. Ainsi, la notion de revenu minimum universel distribué sans contrepartie continue de soulever d'immenses résistances et l'âge minimal pour bénéficier du RMI est fixé à 25 ans, au mépris total des besoins des jeunes sans ressources. Si ce dernier point n'est justifiable que dans la perspective d'un cynisme budgétaire des plus étroits (en plus d'être indiscutablement responsable de l'entrée en errance de nombreux jeunes), il est néanmoins intéressant de relever que les discours idéologiques qui l'accompagnent gravitent une nouvelle fois autour d'une obscure notion du mal. Il est moralement déplaisant que la jeunesse soit « assistée ». Il est une bénéfique orthopédie éthique à ce que « les jeunes » aient à se démener, à espérer, à s'épuiser à la recherche d'un — statistiquement — impossible débouché.

C'est cette inutilité statistique de l'espoir que le RMI s'applique à nier de façon tout à fait particulière, car ce dispositif n'est, en dernière analyse, rien d'autre que l'instauration officielle de la rémunération de l'espoir économique, du désir d'insertion, de la volonté de la normalité. La philosophie du texte le précise bien, l'allocation du RMI constitue la contrepartie versée par la société à l'individu auquel elle est incapable de proposer autre chose. « Toute personne qui, en raison de son âge, de son état physique ou mental, de la situation de l'économie et de l'emploi, se trouve dans l'incapacité de travailler, a le droit d'obtenir de la collectivité des moyens convenables d'existence [1]. » L'allocation RMI est une amende que la société s'impose à elle-même pour expier la faute de ne pas pouvoir satisfaire au désir d'intégration de tous ses membres.

En outre, l'article 2 de cette même loi précise clairement que c'est la personne « qui s'engage à participer aux actions et activités... nécessaires à son insertion sociale ou professionnelle » qui a droit à l'allocation. La pierre d'angle sur laquelle repose toute l'architectonique du dispositif est bien ce désir d'insertion du bénéficiaire potentiel dont il va falloir scrupuleusement évaluer la réalité, le sérieux, la profondeur.

Les commissions locales d'insertion (CLI) remplissent ce rôle. Composées de notables divers (administratifs, médecins, travailleurs sociaux, responsables politiques locaux)[2] ces commissions non seulement ont pour mission de statuer sur la recevabilité des demandes, mais aussi de veiller à la « bonne » utilisation des allo-

---

1. Loi nº 88-1088 du 1er décembre 1988 relative au revenu minimum d'insertion, art. 1er.

2. Loi, *op. cit.*, art. 34. : « La commission locale d'insertion... comprend un représentant de l'État et au moins un membre du conseil général élu d'un canton situé dans le ressort de la commission et un maire ou membre du conseil municipal d'une commune située dans le ressort de la commission, deux représentants d'institutions, d'entreprises, d'organismes ou d'associations intervenant dans le domaine économique et social. »

cations versées. Les CLI sont la version, dernière en date, d'une vieille affaire, celle du contrôle des plaisirs des pauvres par les riches. Et la vieille distinction sournoisement demeure entre pauvres méritants et fainéants alcooliques et pervers. La seule différence est que le travail non qualifié se faisant de plus en plus rare, ce n'est plus à présent l'âpreté au labeur qui distingue les uns des autres, mais la capacité à revendiquer le désir du travail. Le paradoxe pervers du dispositif est que ce désir est rémunéré dans la mesure exacte de son insatisfaction. Ce sont les sujets les plus pathétiquement désirants, c'est-à-dire les plus systématiquement frustrés, qui bénéficieront le plus de l'allocation et ce, justement, parce que leur désir est impossible...

Les CLI ont, en définitive, à juger de l'innocence des bénéficiaires. Innocence de duperies, de simulations de détresse, mais innocence surtout symbolique. Ils sont pauvres, certes, exclus indubitablement, mais l'important est, avant tout, que cela ne soit pas de leur faute. Étiologiquement innocents, mais innocents aussi quant à leurs plaisirs : pas de drogue, peu d'alcool, point d'excès de jouissance avec l'argent public. La société veut bien accepter, à la rigueur, de subventionner les lasses dignités de la misère vaillamment supportée, mais certainement pas le plaisir et encore moins les répugnants excès de ceux qui n'ont plus rien à perdre qu'à sombrer dans les plaisirs interlopes et autodestructeurs.

Qu'importe si le désir d'insertion économique, sociale et culturelle des bénéficiaires tombe à côté des possibilités du réel et si l'on encourage par là même des positions quasi délirantes chez certains sujets. Il faut, nouveaux Sisyphes, que les bénéficiaires du RMI luttent sans fin avec leur désir impossible. Le système, pour les plus écrasés des bénéficiaires, est éminemment pervers. Il faut essayer de trouver du travail, essayer et essayer encore et toujours, essayer et espérer au mépris du principe de réalité et contre lui. Du travail, il n'est d'ailleurs pas nécessaire d'en trouver, mais il importe d'en chercher. Il faut participer et c'est cette participation au projet sociétal commun qui importe, aussi inadapté ou absurde soit-il. C'est la bonne volonté du sujet à cette participation que la CLI doit mesurer. C'est elle que l'allocation, en définitive, récompense. C'est cette bonne volonté dans l'effort qui donne lieu à un contrat. C'est l'effort qui est récompensé, et plus il est vain, plus il est récompensé. Qu'est-ce donc que cela sinon de la perversion ?

Et s'il ne saurait être question ici de réduire la philosophie du dispositif du RMI à ces dimensions perverses, elles sont néanmoins bien présentes en son sein et se retrouvent, comme nous le verrons, pour l'essentiel dans l'ensemble du champ de la réponse sociétale au problème de la désocialisation.

Le dispositif du RMI contribue, par ailleurs, aussi à la dissolution du concept d'insertion, exposant en cela toute sa fragilité théorique. En effet, la loi sur le RMI s'abstient de proposer une définition précise de l'insertion, le texte dit : « L'insertion proposée aux bénéficiaires du revenu minimum d'insertion et définie avec eux peut, notamment, prendre une ou plusieurs des formes suivantes :

1° Actions d'évaluation, d'orientation et de remobilisation ;

2° Activités d'intérêt général ou emplois, avec ou sans aide publique ;

3° Actions permettant aux bénéficiaires de retrouver ou de développer leur autonomie sociale, moyennant un accompagnement social approprié, la participation à la vie familiale et civique ainsi qu'à la vie sociale, notamment du quartier ou de la commune, et à des activités de toute nature, notamment de loisir, de culture et de sport ;

4° Actions permettant l'accès à un logement, le relogement ou l'amélioration de l'habitat ;

5° Activités ou stages destinés à acquérir ou à aménager les compétences professionnelles, la connaissance et la maîtrise de l'outil de travail et les capacités d'insertion en milieu professionnel, éventuellement dans le cadre de conventions avec des entreprises, des organismes de formation professionnelle ou des associations ;

6° Actions visant à faciliter l'accès aux soins, les soins de santé envisagés ne pouvant pas, en tant que tels, être l'objet du contrat d'insertion [1]. »

L'insertion dont il s'agit peut « notamment » prendre une ou plusieurs des formes énoncées. La liste n'est pas exhaustive et le champ n'est pas clos. Il est même tellement vaste qu'il finit par

---

1. Loi n° 92-722 du 29 juillet 1992 portant adaptation de la loi n° 88-1088 relative au revenu minimum d'insertion et relative à la lutte contre la pauvreté et l'exclusion sociale et professionnelle, art. 42.5.

englober toutes les dimensions de l'existence. Faute de travail et de logement, le contrat portera sur les activités sociales, sportives, culturelles, la vie de famille et jusqu'au rapport des individus à leur corps. Le maître mot est « participation ». C'est lui qui permet de faire insertion de tout bois. Face à l'absence de possibilités objectives, il restera toujours la possibilité dernière de se rabattre sur la « remobilisation » du sujet, c'est-à-dire sur l'orthopédie de son désir de normalité.

Je me souviens ainsi de discussions avec certains membres de la défunte commission d'évaluation du RMI, relative à la pertinence du dispositif pour les clochards évoluant à mille lieues de tout rapport avec le travail. Il fut conclu d'un commun accord que, pour un clochard, venir chercher son argent à date fixe était, en soi, un acte thérapeutique contribuant à l'insertion du sujet. Cliniquement, la chose est indéniable, l'individu s'en trouvant d'autant plus pris dans les mailles symboliques des filets de l'échange et du temps. La preuve en est d'ailleurs que cette « insertion » minimale se situe au-delà du possible pour la grande majorité des clochards qui, par incurie et apragmatisme, se laissent dériver en dehors du dispositif en abandonnant leurs allocations. Cet exemple illustre cependant à la fois tout le flou de la notion d'insertion et toute l'hypocrisie du système qui s'acharne, jusqu'à la limite de l'oxymoron, à repousser l'évidence qu'on est là, non plus dans la logique d'un revenu mini-mum d'insertion, mais bien dans celle d'un revenu minimal d'existence.

Il est probable cependant que la tranquillité du sommeil des bonnes gens soit à ce prix. Il est une naïveté provinciale de la normalité, qui n'est capable que de se concevoir elle-même, qui ne peut s'imaginer d'alternatives existentielles. Il demeure, enfin et surtout, une vieille peur des classes dangereuses, désordonnées, inintelligibles, sauvages. Une inquiétude profonde devant ceux qu'Oscar Wilde appelait « *the drinking classes* ».

Les conséquences de ces divers enjeux sur l'ensemble des dispo-sitifs de prise en charge des personnes gravement désocialisées sont, comme nous le verrons, multiples, profondes et souvent tragiques.

Élaborer une stratégie de prise en charge des personnes gravement désocialisées nécessite d'abord de se livrer à une analyse des pratiques existantes. Sans s'engluer dans le détail, quelques remarques générales peuvent être avancées.

Soulignons d'entrée de jeu le clivage existant entre le discours noble de l'insertion et le bricolage pérenne des pratiques. D'un côté l'aspiration fantasmatique à une éventuelle réinsertion des sujets, de l'autre le cafouillage itératif de pratiques largement inadaptées aux besoins réels de la population. J'en veux pour exemple, parmi d'autres, les propos d'une directrice des affaires sanitaires et sociales de la Ville de Paris, interrogée par le journal *Le Monde*[1], sur l'apparente inadéquation des capacités d'accueil des populations à la rue en hiver. « Face à un raz de marée, on est obligé de parer au plus pressé », dit-elle. Cette déclaration, à la limite du lapsus, est tout à fait paradigmatique de la manière d'aborder la question. Le « raz de marée » en question consiste en une augmentation relativement faible de la demande et ne concerne, tout au plus, que quelques centaines de places supplémentaires. Surtout, cette augmentation de la demande — par ailleurs très mal quantifiée dans l'état actuel des connaissances — se produit avec une régularité absolument prévisible. Elle est saisonnière et commence à se manifester aux premières vagues de froid hivernales. Le phénomène n'a rien de surprenant. Comment justifier l'absence de mesures fiables de cette variation de la demande, alors que l'on pourrait très aisément la corréler avec les changements de température ? Qu'en est-il de l'étonnement administratif, tous les ans renouvelé, devant ce « raz de marée », phénomène prévisible et parfaitement régulier ?

Les choses, certes, évoluent. Mais, si on peut constater des améliorations notables dans les dispositifs d'aide (ouverture de centres d'hébergement d'urgence lors de vagues de grands froids, humanisation — très relative — des pratiques dites de « recueil social » par la RATP ou les services de police, création des Samu sociaux, réaménagement de Nanterre), l'ensemble de l'organisation du système semble, malgré tout, continuer à être régi par un résidu d'incuries structurelles apparemment incompressible.

---

1. *Le Monde*, supplément « Initiatives », 16 décembre 1998.

LES SOUPES POPULAIRES
La distribution

Ainsi, si le caractère saisonnier de l'hébergement d'urgence se comprend, comment justifier l'arrêt de trop nombreux dispositifs de distribution de nourriture hors période hivernale ? Sous prétexte de température clémente, ne pouvons-nous pas comprendre que des populations démunies continuent à avoir faim ? Ou plutôt la faim et le froid des autres ne nous sont-ils représentables que lorsque nous subissons, nous aussi, — ô combien atténuées — les rigueurs de l'hiver ?

Cette dernière hypothèse, loin d'être une boutade, touche à un point majeur de la prise en charge de la grande désocialisation, un point déjà abordé au chapitre précédent : c'est celui de l'identification des soignants aux soignés. Il semble, ici aussi, que cette identification — possible ou impossible — régisse, pour une grande part, les logiques de l'aide sociale. Le malheur est que cette identification, comme toute identification transféro/contre-transférentielle, est par nature projective, c'est-à-dire basée sur un malentendu structurel, et donc intrinsèquement fragile. Elle induit ici deux conséquences regrettables : la pratique d'une charité hystérique d'une part, et l'inéluctabilité cyclique de ruptures du lien entre soignants et soignés, d'autre part.

La charité hystérique caractérise le style de l'aide apportée. C'est dire que, pour une grande part, cette dernière est inadaptée aux besoins réels de la population. Ceux-ci apparaissent comme presque toujours impossibles à penser concrètement. Et c'est cette espèce de désinvolture de l'esprit qui, toujours, se satisfait de l'affect lié à la représentation, plutôt que de son contenu, qui est hystérique. La pensée, ici, trop souvent s'épuise dans l'émotion, par nature fugace, de l'identification douloureuse. Je donne à l'autre pour moi, pas pour lui. Ce principe a ses lettres de noblesse : « Ce que vous faites au plus petit d'entre les miens, c'est à moi que vous le faites. » Même pour le Christ, le soulagement de la souffrance de l'autre n'a de valeur que dans la mesure où il est soulagement de la sienne. Confusion identificatoire, qui trouve sa racine dans la perversion foncière du christianisme : l'amour pour les créatures ne trouve sa légitimité théologique que dans la mesure où celles-ci sont les images de Dieu, même si elles ne sont que ses reflets dégradés et néoplatoniciens...

Il est un parallèle subtil entre le geste du passant, pour un instant ému, qui décharge son malaise par une aumône ponctuelle et qui, par là même, retrouve la liberté psychique de poursuivre, apaisé, son chemin, et des pratiques d'aide qui ne s'attachent qu'à remédier au visible de la souffrance. Au-delà de l'identification de surface entre soignants et soignés, ces derniers restent prisonniers de leurs logiques troubles et de leurs indicibles désirs.

Ainsi, les éternelles interrogations des responsables, étatiques ou privés, concernant les résistances de la population à s'abriter, même pour une nuit, dans les foyers d'hébergement d'urgence. On sait que c'est là un problème majeur, puisque responsable d'hypothermies mortelles. On glose, sans fin, sur la nécessité d'instiller davantage de chaleur humaine dans l'accueil. Certes... Ce que l'on fait moins, en revanche, est, par exemple, de se poser concrètement la question de ce que supportent les hébergés. Qu'en est-il, par exemple, de la propreté des draps et des matelas sur lesquels ils auront à passer la nuit ? Indépendamment de ce qui a été dit plus haut de nuits passées à Nanterre [1], j'ai eu l'occasion de me rendre dans certains centres d'hébergement d'une structure qui se veut « phare » en la matière. Après deux ans de fonctionnement, deux des centres que j'ai visités disposaient de matelas en toile et en crin, sans aucune étanchéité... et donc imbibés d'urine. La clientèle des centres d'hébergement d'urgence — faut-il le rappeler ? — souffre massivement d'alcoolisme chronique qui s'accompagne souvent d'incontinence. Or les dortoirs des centres proposent souvent des lits superposés. Même si les matelas sont (ce qui est de plus en plus fréquemment le cas) enrobés d'une housse de plastique, l'urine du dormeur d'en haut finira immanquablement par tomber sur celui du bas... La clientèle le sait bien, qui se bat pour les lits d'en haut. Qu'en est-il aussi de la désinfection des couvertures, des oreillers ? Que celle-ci soit périodique est tout simplement insuffisant pour l'accueil d'une population chroniquement victime de parasites.

On pourrait continuer à décliner les manifestations du caractère approximatif et perpétuellement amateuriste de la quasi-totalité des dispositifs d'hébergement d'urgence. Les manquements aux besoins les plus élémentaires de la clientèle sont criants, qu'il s'agisse d'hygiène (nombre de douches, désinfection de la literie, approvisionnement en savon et papier de toilette), d'intimité (toilettes et douches avec ou sans portes, séparation des sexes), des possibilités réelles

---

1. Voir le chapitre : « Nuits difficiles ».

de dormir (bruit, va-et-vient nocturnes de nouveaux hébergés), ou encore et surtout de sécurité. Cette dernière est littéralement scotomisée par l'ensemble des responsables qui ne se préoccupent (et ceci est caractéristique) que de l'éventuelle dangerosité des hébergés pour les équipes les accueillant. On oublie que la première crainte fantasmatique de l'hébergé est celle de l'éventualité du viol. Fantasme qui, hélas, n'en reste pas toujours un.

Les lieux d'hébergement portent en eux quelque chose du monde carcéral : ce mélange trouble des enjeux de la domination et de la sexualité. Femmes et hommes ont peur [1].

L'alternative — dormir dans la rue — est une expérience terrifiante, surtout la nuit. C'est pour cette raison que beaucoup préfèrent dormir le jour, exposés au regard public, et, espèrent-ils, ainsi contrôlés par lui. Car les centres d'hébergement posent toujours l'angoissante question : que va-t-il se passer une fois fermées les portes du dortoir ou de la chambrée ? Interrogation légitime lorsqu'on mesure que la population hébergée est, dans sa grande majorité, sinon franchement ivre, tout au moins fortement imbibée ; qu'une petite, mais généralement active, minorité est sous l'influence de drogues dures ou des prodromes de syndromes de sevrage ; qu'un pourcentage non négligeable des hébergés est psychotique ; qu'un nombre indéterminé d'entre eux ont un passé ou un présent de délinquants et ont connu la prison... Je sais, pour l'avoir moi-même vécu comme hébergé, que dans ces lieux, la nuit, on se vole, on fouille les poches de ceux qui, abrutis d'alcool, ne risquent pas de se réveiller, on se prostitue, on tente d'aventure, quitte à la forcer un peu, quelque séduction... Les lieux d'hébergement sont des lieux où règne une peur sourde.

Des efforts ont été faits pour éviter la déshumanisation des grands dortoirs, par l'aménagement de petites chambrées. C'est pire. Leur multiplication rend la surveillance plus difficile et permet la possibilité (bien connue et ô combien exploitée en milieu carcéral tout comme dans les pensionnats) de se liguer à quelques-uns contre une victime bouc émissaire. En revanche, les grands dortoirs, même sans surveillance extérieure, laissent possible une plus grande régulation interne. Tout est ouvert et accessible au

1. Voir le récit que fait Marc P. de son arrivée au foyer d'hébergement au chapitre : « Du noir à perte de vue ».

regard et à l'éventuelle intervention de chacun. Ici encore, la soi-disant amélioration est le fait de décideurs qui, méconnaissant la réalité concrète du terrain, y substituent — de bonne foi et dans un souci réel de bien-être — leurs projections identificatoires.

Ces phénomènes ont été exposés, dans le détail, à de nombreux responsables. Cependant, je ne connais pas de centre étatique ou privé qui ait pris la peine d'adopter la seule mesure efficace, bon marché, et radicale pour régler ces problèmes : organiser une veille permanente de nuit dans le dortoir, par un ou deux préposés assis à une table éclairée d'une petite lampe.

Nous reviendrons plus loin sur ces étranges et chroniques manquements, comme nous reviendrons sur la deuxième conséquence néfaste de la confusion identificatoire entre soignants et soignés : l'inéluctabilité de la rupture du lien qui les lie. Pour n'en dire ici qu'un mot, rappelons que le drame de tout transfert est d'être un malentendu, une erreur sur la personne. Tout transfert est illusoire car dans la mesure où il est projectif, il ne peut échapper au monde psychique du sujet dont il est issu. L'autre, auquel le transfert s'adresse, ne sert, en dernière analyse, que d'écran projectif. Aussi tout transfert, qu'il soit positif ou négatif, d'amour ou de haine, est condamné, à terme, à une inévitable déception. C'est là son caractère intrinsèquement tragique.

Dans le champ qui nous concerne, ce phénomène se traduit immanquablement par un effondrement, à terme, de l'identification des soignants aux soignés. Ces derniers finissant toujours par se révéler trop pathologiques, trop inintelligibles, trop « autres ». Cela, en plus de poser — comme nous le verrons plus loin — la question du devenir du couple soignant-soigné, induit une rupture du lien institutionnel entre soignants et soignés. Ces derniers, ayant déçu, sont rejetés, abandonnés, désinvestis ou expulsés. Ces désillusions portent aussi sur les enjeux axiologiques non dits de la relation de soin. L'alliance axiologique entre soignants et soignés est, en principe, implicite : ensemble, ils sont supposés s'accorder sur la même idée d'un mieux-être (comme d'un mal-être). Ensemble, ils sont supposés s'accorder sur une définition implicite de la santé et de la maladie, du normal et du pathologique, de ce qui est souhaitable et de ce qui ne l'est pas. Ils partagent les mêmes valeurs. C'est là une condition de possibilité de la relation thérapeutique.

Pratiquement, les choses sont, hélas, fort éloignées de ce modèle.

Il est un hiatus structurel entre les besoins, désirs et valeurs des soignants, et ceux des soignés. Ne serait-ce — indépendamment de nombreux facteurs culturels, sociaux et économiques — qu'en raison des bénéfices primaires et secondaires qu'apportent aux soignés leurs diverses pathologies. Tous les alcoologues connaissent bien cette classique vignette clinique : « Je veux arrêter de boire, docteur. Tout ce que vous voulez, mais laissez-moi mon vin blanc, ma bière... » Saint Augustin eut l'esprit d'en inventer la version théologique : « Mon Dieu, accordez-moi la chasteté, mais pas tout de suite... »

Ce hiatus axiologique, ce malentendu transférentiel et identificatoire, est la cause d'arrêt de nombreux programmes d'aide pourtant très utiles. Un exemple parmi d'autres : il y a quelques années, un programme intelligent et fort bien fait avait été conjointement mis en place par la SNCF, la RATP et la société Manpower. Il s'agissait de contacter les SDF fréquentant habituellement certaines gares et de leur proposer des contrats de travail pour une durée ne dépassant pas un jour ou deux. Encouragés par les premiers succès de cette initiative, les responsables de ce projet se sont mis à rêver de progrès linéaires : si les personnes contactées étaient capables de travailler un jour ou deux, pourquoi, avec un peu d'entraînement, ne pourraient-elles pas travailler une semaine, puis un mois, puis un an ?... Les portes fantasmatiques de la réinsertion semblaient s'entrouvrir un instant à ces rêveries thérapeutiques. Il n'en fut rien. Les tentatives d'extension des périodes de travail se soldèrent par des échecs répétés. Et les organisateurs déçus mirent fin à ce programme [1]. Une des raisons invoquées pour expliquer le découragement des organisateurs du programme était qu'il faudrait « en reclasser beaucoup pour que cela se voie ». Et « cela » justement ne se « voyait » pas assez...

Cette dimension du regard renvoie elle-même à un thème classique du discours de la société vis-à-vis de la population à la rue : c'est celui du propre et du sale. Les SDF, déchets du corps social, en sont la souillure et en maculent l'espace. Face à ce fléau hybride véhiculant un composé d'angoisse sécuritaire et d'inconvenance esthétique, il importe de « nettoyer » l'espace, en déplaçant les SDF vers un ailleurs socialement, sinon géographiquement, loin-

1. Voir *Le Monde*, supplément « Initiatives », 9 septembre 1998 : « RATP et SNCF révisent leurs engagements en faveur des sans abri. »

tain. Leur seule vue est importune. Il faut les soustraire au regard qui, dans un espace assaini, ne doit, *in fine*, ne plus rien rencontrer d'autre que lui-même dans une perspective sans taches, c'est-à-dire vide, c'est-à-dire morte. On se rapproche dangereusement là de l'imaginaire sinistre du *Nacht und Nebel*. Cette nuit et ce brouillard, cet indifférencié dans lequel devaient définitivement se perdre les ennemis raciaux du Reich. Cette problématique constitue le pendant contre-transférentiel et scopique de la dimension anale de la grande désocialisation dont on explorait au précédent chapitre les dimensions. Les clochards souffrent de troubles liés à la forclusion anale et font naître en nous, qui les côtoyons, des angoisses correspondantes. A la souillure qu'ils mettent en scène, aux malaises olfactifs et visuels qu'ils induisent en nous, répond notre désir rédempteur de propreté.

L'exemple de ce programme avorté de réinsertion par la remise au travail est paradigmatique. L'espoir thérapeutique des responsables était incongru. Il ignorait la profondeur de la pathologie, de la différence des sujets auxquels il s'adressait. La projection linéaire de l'amélioration possible se transformant petit à petit en une normalisation effective des sujets, revient en fait à un déni pur et simple de leur dimension pathologique spécifique. On est, là, au cœur même de la confusion identificatoire et projective. Puisque l'autre est comme moi, si j'étais à sa place, je ne demanderais pas mieux que d'échapper à ce dénuement, donc je saisirais avec soulagement toute possibilité de « m'en sortir » durablement, donc ça doit marcher... Eh bien non, cela ne marche pas, cela ne marche jamais, parce que la pathologie de l'autre est précisément que son désir inconscient (et parfois conscient) n'est pas le même que le mien. Le scandale de cette affaire est que ce qui semble être pour le soignant une possibilité de guérison de l'autre se révèle n'être pour le soigné qu'un aménagement de son état... Ce constat est odieux et détourne le projet thérapeutique de sa logique. L'aide, alors, est souvent retirée à des sujets qui — à leur manière — en bénéficiaient grandement. Nous sommes en présence, ici encore, de l'incapacité à penser concrètement l'autre dans les logiques de ses désirs et de ses besoins.

Il me revient aussi, dans ce contexte de confusion axiologique et identificatoire, ces propos d'un responsable d'association qui me disait envisager interrompre un programme de distribution de soupe parce que les bénévoles qui en assuraient le fonctionnement ne trouvaient pas cette activité suffisamment « valorisante »... On ne sait plus là qui, en définitive, soigne qui ? de quoi ? et pourquoi ?

Nous reviendrons plus loin sur l'exploration de ces dynamiques, continuons pour l'instant le survol des pratiques institutionnelles.

Au-delà des mesures ponctuelles de l'urgence (hébergement de nuit, distribution de vêtements ou de nourriture), l'aide sociale aux personnes à la rue leur propose une prise en charge à plus long terme qui consiste, en général, en un hébergement de six mois, renouvelable une fois. Cet hébergement s'accompagne de mesures dites « éducatives », de « formation » et/ou de « réinsertion » : stages de formation, cures de désintoxication, démarches administratives, travaux divers... Le respect de ces mesures par l'hébergé constitue la contrepartie de l'hébergement qui lui est offert. Cet échange (effort de normalisation contre hébergement) est régulé par un contrat passé entre l'institution et l'hébergé et signé par ce dernier. Son non-respect (ainsi que d'éventuels manquements au règlement intérieur) peut entraîner une expulsion immédiate, et sans appel, de l'institution. Si le comportement de l'hébergé est jugé satisfaisant par l'équipe institutionnelle, il lui sera éventuellement possible de bénéficier d'une durée complémentaire d'hébergement de six mois. Cette extension constitue un privilège et non un droit et le respect du contrat n'entraîne pas nécessairement l'accord de cette extension.

Plusieurs remarques peuvent être faites à propos de ce système. La première est que l'on peut s'étonner de l'apparition du concept de « contrat » dans un tel champ. S'il semble aller de soi pour l'immense majorité des intervenants, il n'en est pas moins discutable. Le concept de contrat est en effet importé du champ du juridique où sa légitimité se fonde, d'abord et avant tout, sur l'égale liberté des contractants. Or, celle-ci fait totalement défaut dans le champ de l'aide médico-sociale. Si les institutions peuvent, elles, librement choisir d'accorder une aide à certains comme de la refuser à d'autres, qu'en est-il, en revanche, des bénéficiaires ? Il est d'un sidérant cynisme de leur renvoyer l'idée qu'ils sont « libres », soit de souscrire au contrat « thérapeutique » qui leur est proposé, soit de rester à la rue, dans ce non-lieu où les guettent la peur, les agressions, la faim, le froid, la maladie et la mort...

MAISON DE NANTERRE
PRÉFECTURE DE POLICE
HOPITAL
MAISON DE RETRAITE
―――
Centre d'Hébergement et de Réadaptation Sociale
Centre d'Adaptation à la Vie Active
Centre d'Accueil et de Réadaptation pour Handicapés
Foyer de Réinsertion

Nanterre, le ▮▮▮▮▮▮▮

403, avenue de la République
Téléphone : 47 - 80 - 75 - 75

DEMANDE D'ADMISSION

AU CENTRE D'HEBERGEMENT DE LA MAISON DE NANTERRE

Je, soussigné, ▮▮▮▮▮▮▮▮▮▮▮▮▮▮▮▮▮▮▮▮▮▮▮▮▮▮▮▮▮▮▮▮

Né(e) le ▮▮▮▮▮▮▮▮▮▮▮▮ ▮▮ ▮▮▮▮▮▮▮▮▮▮▮▮▮▮▮▮▮▮▮▮▮▮▮

~~Marié(e)~~, ~~célibataire~~, ~~veuf(ve)~~, divorcé(e), séparé(e), *(1)*
actuellement sans emploi, sans ressources et sans domicile fixe,
sollicite mon admission au Centre d'Hébergement de la Maison de Nanterre.

Je m'engage à observer les règles de discipline intérieure de
l'Etablissement, approuvées par les représentants élus des résidents
constitués en "Comité des Hébergés" et à respecter le Personnel de la
Maison de Nanterre dont la mission est de les faire appliquer, dans
l'intérêt de la collectivité.

Je m'engage notamment :

- à ne pas rentrer de boissons alcooliques ou alcoolisées à
l'intérieur de l'Etablissement ;

- à ne pas rentrer à la Maison de Nanterre en état d'ivresse ;

- à ne pas perturber le repos et la tranquillité des autres
hébergés ;

- à ne pas m'absenter du Service où je serais occupé(e) en dehors
des jours de repos, sans en avoir avisé le responsable et sans accord de
l'autorité administrative.

Je m'engage à observer les règles d'hygiène qu'impose la vie
en collectivité.

J'accepte de subir un contrôle médical.

Ayant exercé la profession de ....Serveur.......................
je souhaite être occupé(e) dans une activité similaire à la Maison de
Nanterre. *(1)*

N'ayant aucune qualification professionnelle, je souhaite exercer
une activité occupationnelle à la Maison de Nanterre, de préférence dans
le Service de .... *(1)*

Je prends acte de ce que toute infraction aux règles de discipline
intérieure de la Maison de Nanterre est susceptible d'entraîner mon exclusion
définitive de l'Etablissement.

CHASA

Fait à NANTERRE, le ▮▮▮▮▮▮▮▮▮▮

Signature ▮▮▮▮

Évitons tout malentendu. Si le concept de contrat thérapeutique est vraisemblablement adéquat et nécessaire à certaines formes de prise en charge (telles que celles impliquant des cures de sevrage par exemple), il apparaît, en revanche, gravement déplacé dans le cadre de la prise en charge de personnes tellement malades que leur existence même est en danger. Nous exposerons plus loin les alternatives possibles. Bornons-nous, pour l'instant, à constater l'inadéquation de la notion de contrat thérapeutique, dans ce champ, ainsi que l'incongruité d'un hébergement de six mois renouvelable une fois.

Cette dernière mesure va, entre autres, à l'encontre des données psychiatriques les plus élémentaires concernant les pathologies dont souffrent les sujets auxquels elle s'adresse. Pathologies telles que les dépressions par exemple, dont on sait qu'elles nécessitent des traitements médicamenteux adéquats et spécifiques de plusieurs mois (pour autant qu'elles cèdent aux seuls traitements médicamenteux, ce qui est loin d'être toujours le cas). Ou encore, et surtout, l'alcoolodépendance qui relève de prises en charge médicales et psychothérapiques s'étalant sur plusieurs années et ponctuées de cycles où alternent cures de sevrage, périodes d'abstinence et rechutes. Soulignons au passage l'inadéquation de l'objectif d'abstinence dans la prise en charge de patients alcoolo-toxicomanes et gravement désocialisés. Le symptôme, encore une fois, ne saurait être compris indépendamment des conflits psychiques qu'il permet au sujet d'éviter. Il est, autrement dit, adaptatif à l'économie psychique du sujet et nécessaire à son homéostasie. De plus, le symptôme est une manière d'obtenir — malgré tout — du plaisir (bénéfices primaires et secondaires). Cela signifie que l'on ne peut raisonnablement pas attendre d'un sujet qu'il abandonne une source de plaisir (fût-elle pathologique) sans en trouver une contrepartie dans la réalité. Du point de vue du principe de plaisir, le symptôme/plaisir ne sera abandonné qu'à la condition, pour le sujet, de trouver une solution de remplacement, plus saine, plus adaptée, etc. Solution de remplacement qui — pour pouvoir tenir — devra lui procurer au moins autant de plaisir que lui en procurait son symptôme. Si se livrer à une telle discussion arithmétique et comptable des plaisirs, qui par essence sont formellement impossibles à quantifier, peut avoir quelque chose d'artificiel, voire de naïf, la tentative repose néanmoins sur une vérité psychologique incontournable : le fait que l'amélioration éventuelle du sujet devra — plutôt que de se conformer à un idéal abstrait d'hygiène mental — lui permettre d'y trouver son compte, c'est-à-dire d'abord son compte de plaisir. Car enfin, comme le disait excellemment un patient : l'abstinence en soi, « c'est beau... mais c'est triste »...

Sous de nombreuses injonctions thérapeutiques d'abstinence, comme sous de nombreux contrats de réinsertion, se cachent une immense désinvolture, une ignorance et un mépris de l'autre, de ses logiques, de ses plaisirs, de ses peines, de ce qui fait, malgré tout et vaille que vaille, sa vie. « Le patient n'a qu'à... »

Dans les faits, les contrats thérapeutiques souffrent de ce paradoxe qui consiste à accepter de soigner un sujet malade à condition qu'il commence d'abord par guérir. On exige de ces hébergés potentiels de contrôler pour six mois, et comme par magie, les manifestations symptomatologiques des pathologies dont ils souffrent. C'est à cette condition que leur présence dans les centres sera tolérée. Il ne faut plus qu'ils soient ivres, il ne faut plus qu'ils soient abouliques, il ne faut plus qu'ils soient asthéniques. Il faut maintenant qu'ils fonctionnent bien, qu'ils se soignent (à condition que leur amélioration soit linéaire et sans rechute), qu'ils travaillent ou qu'ils cherchent un emploi. Bref, on exige d'eux qu'ils puissent donner le change, qu'ils puissent avoir l'apparence de la normalité pendant six mois et on attend de cette apparence qu'elle se transforme — on ne sait trop comment — en réalité. C'est la version médico-sociale de la vieille injonction pascalienne : « Priez et vous croirez. »

Ce caractère incantatoire de l'injonction thérapeutique a pour effet essentiel de condamner l'hébergé, dès son entrée dans l'institution, à l'angoisse de l'échec qu'il sait inévitable et dont il est déjà assuré qu'il s'accompagnera d'une sanction d'expulsion. On mesure immédiatement la dimension de circularité qui a tendance, ainsi, à s'installer entre cette angoisse et les recours récurrents aux substances psychotropes diverses, dont évidemment l'alcool qui, comme on sait, a la propriété d'être un excellent anxiolytique. Dans la très grande majorité des cas, les scénarios d'hébergement se terminent par l'expulsion des hébergés stigmatisés et punis de leur incapacité à aller mieux longtemps. Ces derniers retournent alors à la rue, où ils se dégradent à nouveau physiquement et psychiquement, avant d'entamer une nouvelle prise en charge ailleurs, dans des conditions similaires et avec les mêmes résultats.

Cette dynamique, bien identifiée et bien connue des personnels de terrain (mais généralement scotomisée par les responsables administratifs), constitue le scénario classique des prises en charge au long cours des SDF. Elle a pour effet d'induire une rupture cyclique du lien thérapeutique, mais aussi social (avec les autres hébergés par exemple), et d'infliger à ces sujets des traumatismes répétés en les confrontant à des situations récurrentes d'échecs. Elle provoque une sorte de jeu de chaises musicales dans l'ensemble du champ de la prise en charge, avec une population tournante qui, de ratage en ratage, passe d'un centre à l'autre. Cela présente l'avantage collusif et anxiolytique de permettre aux institutions, comme aux sujets eux-mêmes, de nier le caractère chronique de la grande désocialisation, en substituant à la longueur d'un temps immobile et pareil à lui-même les péripéties d'une errance toujours répétée dans un espace institutionnel éclaté.

Pratiquement, cela se traduit administrativement par la production, par les uns et les autres, d'excellents taux de réussite thérapeutique, qui ne sont, à y regarder de plus près, que de simples statistiques de sortie des personnes hors des murs des institutions. Il n'existe pas, à ce jour, d'études longitudinales sérieuses sur la carrière institutionnelle des SDF, et j'ai pu maintes fois mesurer l'extrême résistance administrative qu'un tel projet de recherche soulève (indépendamment des difficultés objectives de sa réalisation éventuelle).

Du point de vue psychique, il existe une collusion opératoire entre sujets et institutions, qui se tranquillisent mutuellement en se précipitant d'un commun accord dans l'agitation du « faire » (faire des papiers, faire un stage, faire une cure...), plutôt que d'oser l'inquiétant vertige du chronique et de l'irréversible : c'est-à-dire choisir de s'installer définitivement dans la dimension existentielle du soin itératif, clos seulement par la mort du sujet, plutôt que de fuir dans les chimères passagèrement anxiolytiques d'une guérison encore et toujours ratée.

Ce constat négatif se complique d'un certain nombre d'observations générales relatives aux enjeux de la réponse sociale à la grande désocialisation.

Procès-verbal de l'arrestation d'un vagabond, à Colombes en 1824. (Transcription littérale.) (Préfecture de Nanterre.)

Procesverbal constatent la restations d'un va-bons.

L'an-mil-huit cent-vingts-quatre le vingts six décembre a huit heure du matin

Nous soussignés Darrier andré joseph Garde-Champette de Colombes passant rue St Denis avons apperçu un individus qui nous aparus être vagabons nous l'avons sommé de nous représenté ses papiers et de nous décliner ses noms a répondu se nommé pierson nicolas agé de vingts ans Natif de paris sans état et sans papiers et neyant point d'asil nous avons seisi le dit pierson et conduit chez monsieur le maire pour être mis a sa dispösion de tous quoi nous avons dressé le présent procèsverbal a Colombes ce jour moi et (?) que dessus.

Outre les différends axiologiques entre soignants et soignés et les enjeux de la transgression et de la culpabilité, l'action des institutions est structurellement minée par les contradictions inhérentes à la coexistence de stratégies divergentes d'aides. Contenir, punir, guérir, normaliser, accompagner sont autant d'objectifs, avoués ou honteux, qui sont poursuivis simultanément et contradictoirement par l'ensemble des intervenants. A cet égard, le fait, par exemple, qu'à la RATP, le service de recueil social dépende du département sécurité est tout à fait symptomatique, tout comme le sont le passé carcéral de Nanterre et ses liens actuels avec la Préfecture de Police. Il est dans ce domaine une face honteuse de l'action humanitaire, qui est la volonté — fût-ce par le seul biais de la « bonne » santé — de contrôler une population imaginée dangereuse.

Il faut aussi souligner le caractère insuffisant de la réponse de la psychiatrie à la détresse des SDF. Cette dernière est trop souvent banalisée et renvoyée au « social ». Ainsi la psychiatrie se défend-elle de sa dimension asilaire, dont elle aimerait qu'elle appartienne à un passé révolu et dont elle trouve qu'elle cadre mal avec le caractère de technicité médicale auquel elle aspire. Les refus d'hospitalisation de clochards par les services psychiatriques sont — l'ensemble des praticiens de terrain sont, avec une rare unanimité, d'accord sur ce point — beaucoup trop fréquents. Indépendamment des fantasmes de toute-puissance dont les divers intervenants ont tendance à investir la psychiatrie, celle-ci se dérobe généralement devant la souffrance chronique au pronostic sombre qu'est la grande désocialisation. La tendance est d'en renvoyer la responsabilité étiologique et thérapeutique à un corps social réifié pour l'occasion : « C'est à la société de gérer les maux qu'elle engendre, nous ne sommes pas là, nous psychiatres, pour prendre en charge toutes les misères du monde... »

S'il y aurait, ici, beaucoup à dire de la volonté de « technicité » de la psychiatrie dans son *ethos* — et particulièrement du point de vue de ce qu'a pu penser Heidegger de la technique [1], comme folle tentative de réduire l'être aux seuls étants convocables aux exigences de l'utilitaire — bornons-nous à avancer qu'il y va au moins, là aussi, du narcissisme et de l'idéal du moi des psychiatres.

---

1. M. Heidegger, « La question de la technique », *Essais et Conférences*, Paris, Gallimard, 1958.

Ces derniers rêvent de s'élever au-dessus de la banale et désespérante gestion de l'irréversible et du chronique. S'il est aujourd'hui possible — à certaines conditions — de bénéficier, lorsqu'on est psychotique, des secours ponctuels de la psychiatrie, il n'est, en revanche, plus de lieux où l'on puisse être fou.

Cette aspiration fantasmatique à la technicité se retrouve au cœur du concept de Samu social dont le nom même véhicule la représentation d'interventions médicales urgentes et techniques, à la manière de celles du Samu médical[1]. La fortune du terme, qui, rappelons-le, fut élaboré par des proches de Jacques Chirac, alors maire de Paris, et immédiatement repris par l'équipe d'Édouard Balladur pour l'étendre à la France entière, dans le contexte de l'élection présidentielle de 1995, n'est certainement pas un hasard. Il s'agissait de mettre en place une mesure qui aurait l'apparence à la fois d'être une véritable innovation, et de rompre radicalement avec les pratiques passées. Le terme de Samu était porteur de ces aspirations et de ces fantasmes. Qu'importe si, dans les faits, les Samu sociaux sont essentiellement des dispositifs de transport vers des centres d'hébergement d'urgence de personnes à la rue. Que ce transport soit médicalisé par la présence légitime et utile d'une infirmière dans les équipes itinérantes ne change rien au fait que les interventions n'ont — sauf rares exceptions — médicalement rien d'urgent, ou de technique. Quant à « l'urgence sociale », dont toute l'expérience de terrain démontre le caractère fantasmatique, elle est assurée par la présence symbolique d'un travailleur social dans les véhicules.

L'objet, ici, n'est pas de dénigrer l'intérêt intrinsèque de la création des Samu sociaux, notamment en ce qui concerne la prévention — ils est indéniable qu'ils facilitent l'hébergement d'urgence des populations exposées aux risques de la rue —, mais simplement de pointer la dimension idéologique des représentations qu'ils véhiculent. Les Samu sociaux sont utiles, mais ne règlent rien par eux-mêmes et sont très loin de la sophistication technique qu'ils prétendent apporter.

Cette rapide discussion des Samu sociaux permet d'aborder un

---

1. En tant que membre de l'équipe de Xavier Emmanuelli à Nanterre dans les années 1993-1995 j'ai participé à la création du Samu social de Paris. J'y ai animé un groupe de supervision des équipes pendant trois ans.

aspect tout à fait fondamental de la réponse sociale à la grande désocialisation, que l'on peut appeler « le paradoxe général de l'aide sociale ».

Il règne, au sein des Samu sociaux, un malaise institutionnel structurel dans la mesure où, pour les raisons que nous venons d'évoquer, la réalité des pratiques ne correspond pas à leurs représentations idéalisées. Les Samu sociaux espèrent offrir un service hautement technique et médicalisé. La réalité est d'offrir essentiellement des soins infirmiers, du transport et de l'hébergement à des personnes qui ne relèvent le plus souvent pas de l'urgence, mais de la gestion de la chronicité. Leurs aspirations sont donc piteusement battues en brèche par la décevante — et castratrice — réalité. Ce qui produit malaises et angoisses institutionnels et individuels.

Cela se manifeste, entre autres, par un questionnement itératif qui prend parfois la forme d'une critique interne ou externe. Il consiste à débattre sans fin de la question de savoir si l'existence des Samu sociaux ne recouvrirait pas plus banalement celle de « taxis sociaux ». Cette interrogation réductrice et anxieuse porte sur la part d'instrumentalisation (vécue comme perverse) dont serait victime le dispositif de la part des usagers. Ces derniers nieraient-ils la spécificité de l'identité et de la logique institutionnelle, au profit d'un détournement de l'action à leur profit ? Les usagers feraient plus ou moins semblant de rentrer dans nos exigences de dialogue, de contacts, de soins, alors qu'en réalité, la seule chose qui les intéresse vraiment serait de profiter du dispositif pour atteindre leurs propres objectifs, à savoir obtenir un transport facile et gratuit.

Nous sommes ici en présence d'une problématique qui dépasse le simple exemple de « taxi social ». Car cette angoisse et ce soupçon des Samu sociaux se retrouvent ailleurs, sous d'autres formulations, dans le champ de l'aide sociale. Ainsi jusqu'à quel point les allocations chômage ne subventionnent-elles pas, dans certains cas, la paresse ? Et à la subvention de quelles louches plaisirs sert donc le RMI ? Alcoolo-tabagisme ? Oisiveté ? Toxicomanies ? « L'assistanat » entretient-il la dépendance, la passivité, voire la dépression ?

Dans le champ de la réponse sociale à la grande désocialisation, le paradoxe général de l'aide prend la forme suivante : l'aide doit servir en premier à ceux qui en ont le plus besoin, c'est-à-dire les plus malades physiquement, socialement et psychiquement. Mais les personnes à la rue sont les plus difficiles à approcher et à aider. Il circule à cet égard tout un vocabulaire : « dialoguer, convaincre, accrocher, apprivoiser [*sic*] »... Bref, l'aide la plus urgente et la plus nécessaire ne se dispense que dans une tension ambivalente entre soignants et soignés. Ces derniers étant supposés refuser d'emblée l'aide, pour l'accepter ensuite.

Cela conduit au cœur même du paradoxe : il faut, en priorité, apporter des soins à des sujets qui ont tendance à les refuser. A l'inverse, s'ils acceptent les soins trop facilement, ou s'ils les demandent, les réclament ou les exigent, c'est, à la limite, qu'ils n'ont plus à émarger au dispositif d'aide.

Ainsi, une grande partie de l'énergie dépensée dans les actions d'aide à la grande désocialisation consiste à tenter de faire surgir une demande de soins chez les SDF. C'est cette demande qui constitue, en quelque sorte, la manifestation sémiologique du potentiel de réinsertion du soigné. Toutefois, si cette demande s'installe et perdure, on en conclut — systématiquement trop prématurément — que le soigné est guéri ou en voie de guérison, et dans ce cas, l'aide ne s'adresse plus à lui. Il se retrouve en quelque sorte abandonné à son amélioration. Celle-ci étant d'une extrême fragilité, le sujet se trouve incapable de l'exploiter, et régresse très rapidement à son état antérieur. Il redevient alors à nouveau bénéficiaire légitime de l'aide. Et le processus se répète...

Si ce développement apparaît caricatural et outrancier, il n'en est rien dans la réalité. L'hébergement d'urgence, par exemple, déplore l'instabilité chronique d'une clientèle mouvante, mais ces même lieux utilisent toute une série de mécanismes (durées de séjour limitées, refus d'entreposer des affaires personnelles, refus d'allouer le même lit à une personne d'une nuit à l'autre, refus d'accepter les SDF se présentant spontanément à la porte de l'établissement sans passer par une procédure de recueil spécifique — numéro vert, BAPSA...) pour lutter contre ce qu'ils jugent être le risque de sédentarisation. L'argument étant qu'une clientèle capable et désireuse de sédentarisation ne relève plus de la logique de l'urgence mais doit émarger à des dispositifs d'hébergement plus stables et plus contraignants, situés en amont de la chaîne : foyers, centres d'hébergement et de réinsertion sociale, etc. Le fait est, malheureusement, que la plupart des sujets concernés ne sont pas capables de supporter de telles exigences. La plupart des dispositifs d'hébergement qui leur sont ouverts sont ainsi, du point de vue de l'équilibre des bénéfices et des contraintes, soit au-delà, soit en deçà de leurs désirs et possibilités.

La même analyse s'applique tout aussi bien à la distribution de nourriture, aux vestiaires, ou même aux soins médicaux. Si Untel s'organise pour exploiter — dans toute l'ambiguïté du terme — le dispositif c'est qu'il l'instrumentalise, l'utilise, le « manipule », etc. S'il dispose à l'égard du dispositif, d'une telle liberté psychique, c'est donc bien qu'il n'en a plus besoin. Et il s'en trouvera, à brève échéance, exclu. Exclu vers le haut en quelque sorte. Une hauteur où il ne reste pas longtemps...

Cela dans un contexte idéologique général où circulent des prises de position quasi unanimes et non examinées, relatives au « maternage », à l'importance de « l'autonomie », aux dangers de la « régression ».

Ainsi, il se niche au cœur des dispositifs d'aide un paradoxe structurel qui a pour conséquence perverse de maintenir la population bénéficiaire dans un état de dépendance toujours frustrée (parce que tout, toujours, est à recommencer et à redemander) et de fonctionnement généralement inférieur à ce qu'ils sont capables d'atteindre par eux-mêmes et qu'ils démontrent pouvoir atteindre pour peu que les soignants aient assez d'imagination (et, comme on le verra plus loin, un moi suffisamment fort pour supporter leur angoisse) pour leur offrir un environnement adéquat.

Ce paradoxe général de l'aide se complique, par ailleurs, d'éléments de réalité indiscutables et très concrets, liés au fait que les dispositifs d'aide ont structurellement tendance à attirer une population moins pathologique, moins apragmatique, plus structurée que celle à laquelle ils étaient primitivement destinés. C'est ce qui a été décrit plus haut à propos de Nanterre[1].

De même, vêtements, nourriture et médicaments distribués peuvent être revendus et ces filières d'aide exploitées et détournées par des sujets au moins aussi délinquants que nécessiteux.

Il n'est peut-être pas illégitime de clore ce survol des pratiques institutionnelles d'aide par l'expression de ma sobre conviction que

1. Voir le chapitre : « Nuits difficiles ».

l'ensemble de ce champ est traversé d'un courant de sadisme inconscient mais, à des degrés divers, omniprésent.

Certes, indéniablement, des choses ont changé et changent encore. L'abolition du délit de mendicité lors de la réforme du Code pénal de 1992 a été une étape fondamentale, dans la mesure où elle privait le ramassage coercitif des clochards par la police de toute légitimité juridique. Le ramassage coercitif est ainsi devenu « recueil social » basé sur le volontariat des « recueillis » potentiels. De même, l'ouverture et le développement de nombreuses consultations médicales spécifiquement orientées vers l'accueil de ces populations, à Paris comme en province (Nanterre, Médecins du Monde, Samu sociaux, etc.), la création des lits d'infirmerie ont joué un rôle essentiel dans l'indiscutable amélioration de l'état de santé général des clochards. Et la liste pourrait encore s'allonger... Néanmoins, l'analyse des interactions entre les institutions et les personnes gravement désocialisées montre qu'il demeure, en raison de l'inadéquation de certains dispositifs compliquée de carences conceptuelles flagrantes, d'insidieuses désinvoltures et comme un seuil incompressible de souffrances auxquelles les clochards sont condamnés. Souffrances techniquement possibles d'éviter, mais dont personne ne se préoccupe véritablement, comme si elles étaient inhérentes à leur condition. On ne peut s'empêcher de penser qu'elles se présentent comme la contrepartie douloureuse, le prix à payer de la transgression, du fantasme de la liberté, dont l'existence des clochards témoigne malgré elle.

Le clochard, comme le criminel, le toxicomane et la prostituée, est une des grandes figures de la transgression sociale. Il est la figure emblématique de l'envers ricanant de la normalité et de l'ordre social. Il en est le bouffon et le négatif. Il en est, de par son existence même, le radical critique. De plus, il présente l'apparence d'être libre, sans attaches et sans obligations. En cela, il est séducteur. En cela, il est dangereux. Séduction et dangerosité, dont se protège l'ordre social, en condamnant les clochards, comme les autres marginaux transgressifs, à une souffrance minimale, mais structurelle. Supportable, mais visible.

Il est nécessaire à l'ordre social que la vie des clochards soit structurellement difficile. Il faut que leur « choix » se paie. Tout comme il faut que la vie des prisonniers reste pénible au-delà des simples contraintes de l'enfermement ; que les prostituées aient une vie infernale (proxénètes, violences, absence de protection sociale, etc.) ; que les toxicomanes ne soient pas seulement traités comme des malades, mais comme des délinquants... Ces souffrances visibles infligées aux transgressifs ont pour fonction de les stigmatiser et, par là, de décourager les vocations, que les fantasmes qu'ils font naître en nous pourraient susciter.

LES MISÉREUX

— Qu'on tue ou qu'on vole dans la campagne c'est toujours nous qu'a des ennuis...

Si ces souffrances ne doivent pas dépasser un certain seuil de tolérance — seuil au-delà duquel elles risqueraient de devenir scandaleuses et de finir, en éveillant la sympathie et la pitié, par avoir alors l'effet inverse de celui primitivement escompté —, il est néanmoins nécessaire à l'homéostasie de l'ordre social que la marginalité continue d'apparaître comme une alternative, sinon impossible, du moins difficile, hasardeuse et douloureuse, à la normalité. Il est essentiel au bien-être psychique des esclaves volontaires que nous sommes, nous autres laborieux, nous autres chargés de famille, nous autres normaux, que nous puissions, au spectacle de la marginalité souffrante, nous féliciter de notre bonne fortune. L'illusion doit à tout prix être maintenue qu'il n'existe en dehors de la société, de la normalité, de l'emprise de l'État, aucune alternative viable, aucun aménagement sérieux. Sérieux, voilà le mot. Sérieux soyons. Sérieux restons. Baissons la tête. Travaillons surtout.

Les améliorations réelles et incontestables apportées ces dernières années aux dispositifs d'aide aux personnes gravement désocialisées, doivent être relativisées par un triste constat. A dix ans d'intervalle (1988 et 1998), deux vagues de froid brutales ont sévi sur la France. Elles ont causé la mort par hypothermie d'un nombre chaque fois quasi identique de clochards, soit une douzaine environ. S'il est évident que le poids du masochisme et de l'apragmatisme de la population des clochards en général ne saurait être éradiqué par le seul fonctionnement, même idéal, des institutions, il semble aussi raisonnable de tirer de cette statistique la conclusion qu'au-delà des évolutions positives du système d'aide, quelque chose néanmoins de la relation entre institutions et hébergés potentiels n'a pas changé.

Il subsiste un reliquat, jusqu'à présent incompressible, de la vieille méfiance, de la même ambivalence, du même évitement mutuel. Les améliorations ponctuelles sont incontestables. Incontestable aussi, le constat que le paradigme de la relation est, lui, demeuré inchangé. C'est à ce paradigme que nous proposerons plus loin une alternative : celle de la fonction asilaire et de l'espace transitionnel de soins.

Le couple soignant/soigné dans la prise en charge
de la grande désocialisation

L'analyse des insuffisances des pratiques institutionnelles démontre la nécessité d'examiner les relations entre soignants et soignés au niveau individuel. Comme nous avons pu le constater, celles-ci sont, le plus souvent, basées sur de graves malentendus structurels et se terminent, en général, par des ruptures douloureuses. Dans le champ de l'aide à la grande désocialisation, les relations entre soignants et soignés ont tendance, en effet, à se conformer à un scénario répétitif bien identifié. C'est ce dernier que nous voudrions analyser. Précisons qu'il ne s'agit pas de réduire abusivement la complexité des multiples pratiques de soins à une caricature artificielle, mais plutôt de tenter de dégager des lignes fortes, les enjeux — souvent inconscients — des positions transféro/contre-transférentielles des uns et des autres. Attitudes et enjeux structurels que l'on retrouve peu ou prou dans l'ensemble du champ, car loin de s'élaborer dans l'arbitraire de la subjectivité des sujets, ils sont, en grande partie, surdéterminés par des éléments de réalité clinique.

La relation thérapeutique a tendance, suivant un scénario classique, à évoluer en trois temps : celui de l'élaboration du projet thérapeutique, celui de sa mise en œuvre et celui de son abandon. Examinons-les tour à tour.

Une fois le couple soignant/soigné formé selon les processus divers propres à la nature de la prestation de l'aide (médicale, sociale, psychiatrique...) et aux règles des lieux où elle est dispensée (hôpital, organisation caritative, service administratif, etc.), la relation débute par une période de « lune de miel » au cours de laquelle soignants et soignés semblent s'accorder sur les objectifs et les moyens du traitement (quel qu'il soit), ainsi que sur les valeurs qui les sous-tendent. Il s'installe donc l'apparence d'un accord instrumental, téléologique et axiologique.

Une communauté de vue, mais aussi une communauté d'intérêt, dans la mesure où si la réussite éventuelle du projet permet au soigné de se sentir mieux, elle va également conforter le soignant dans la croyance tant dans l'efficacité de son pouvoir que dans la légitimité et le sens de son action. Bref, elle apportera au soignant, comme au soigné, une gratification narcissique. L'un sera un bon soignant, l'autre un bon soigné, c'est-à-dire un malade qui se soigne convenablement (et donc, qui n'est pas fou) et qui est capable d'aller mieux.

Soignants et soignés vivent une alliance sans accrocs, au cours de laquelle ils élaborent et définissent — implicitement ou explicitement — les objectifs de l'intervention thérapeutique, et les moyens à mettre en œuvre pour les atteindre. Les uns et les autres ont tendance, au cours de cette phase, à se précipiter (non sans pressions institutionnelles) dans l'élaboration de projets opératoires, aux objectifs réifiés et marqués par le « faire ». On va « faire » des papiers d'identité, « faire » un stage, « faire » une cure de sevrage, « faire » un traitement antituberculeux...

Une collusion anxiolytique s'établit ainsi inconsciemment entre soignants et soignés, fondée sur cette définition opératoire du projet thérapeutique. Il s'agit de s'ancrer dans le concret et l'objectivable, tout en niant parallèlement la gravité de la pathologie. La demande du soigné s'élabore dans le cadre de cette collusion qui la précontraint. Les règles implicites et inconscientes de l'échange soignant/ soigné font que la demande ne peut se formuler qu'en termes opératoires autour d'un symptôme appréhendable et bien défini. Un rôle auquel se prête magnifiquement un symptôme aussi manifeste que l'alcoolodépendance. Ce mécanisme a, par ailleurs, l'avantage de réduire et de fixer l'identité du soigné dans le cadre de représentations préfabriquées. Ainsi le patient à la problématique incertaine, compliquée, voire inintelligible, se transformera en « malade alcoolique » bien connu par ailleurs.

Il s'opère ainsi, d'emblée, une réduction de la demande et des représentations conjointes des soignants et des soignés au champ de l'opératoire et du conscient dicible, au mépris des aspects inconscients, régressifs et symboliques qui deviennent inaudibles.

Il suffit de penser aux clochards qui viennent, à Nanterre ou ailleurs, se faire soigner un ulcère de jambe et qui, en sortant de la consultation, arrachent le pansement, pour revenir le lendemain avec la même demande. Il est évident que l'on se trouve là en présence d'une demande pseudo-objective très éloignée de la demande réelle, sous-jacente, inconsciente, régressive et symbolique. Il s'agit beaucoup moins de faire soigner la plaie que d'obtenir une attention maternante et régressive dans l'interaction avec un soignant (au niveau infirmier, généralement féminin) qui renarcissise en s'occupant du corps. Sous le pansement, c'est du lange et du soin apporté par la mère dont il est question...

Cette lune de miel initiale, pendant laquelle l'interaction thérapeutique se trouve contenue dans les limites du dicible et de l'objectif, bref du faisable et du connu, fait place assez rapidement à une autre phase de la relation d'aide, celle de la mise en œuvre de la réalisation du projet. Ici, les choses se gâtent. La collusion liant soignants et soignés, grâce au caractère opératoire de la demande, a pour fonction de contenir l'angoisse des uns et des autres, en tentant de cantonner les termes de l'interaction au niveau du dicible, du conscient et du gérable. Elle sert aussi à permettre une tentative d'autonormalisation du sujet par la formulation d'une demande axiologiquement acceptable et donc audible. On est là en présence du même mécanisme que celui décrit à propos des discours autobiographiques des clochards et de leur fonction défensive[1] : « Ce n'est pas moi qui dysfonctionne, mon état actuel s'explique par une chaîne causale qui pourrait conduire n'importe qui au même état. »

De même, la demande normalisante a pour fonction première de démontrer au sujet lui-même d'abord, à son soignant ensuite, qu'il n'est pas fou, différent, bizarre, inquiétant, transgressif, etc. Son état n'est rien de tout cela, puisqu'au travers de la demande formulée, se manifeste le désir de tout un chacun : pouvoir travailler, être en bonne santé, être libre de toute addiction autodestructrice, etc. La demande normalisante du soigné montre qu'il participe aux choix axiologiques communs : il est normal, puisqu'il demande à l'être. La demande normalisante du patient vient apporter la preuve de sa normalité. Elle clôt ainsi la démonstration entamée dans l'énoncé de ses représentations étiologiques. En ce sens, elle est le masque pseudo-normal et défensif de la pathologie du sujet.

Ce dernier point est fondamental à la compréhension du processus d'aide. En effet, la collusion opératoire soignant/soigné va précipiter les deux, dans l'élaboration et la mise en place d'un projet thérapeutique s'adressant à la demande manifeste et normalisante du sujet. Puisque le soigné demande des papiers, une cure de sevrage, un hébergement, un stage de formation, le soignant va mobiliser les ressources de la réalité pour lui fournir ces papiers, cette cure, cet hébergement, ce stage... Il s'ensuit une dissonance croissante entre les désirs avoués du soigné et ses possibilités réelles. Face à des réponses objectives apportées à une demande normalisante qui émane d'un « faux self » aux aspirations pseudo-normales (non reconnu par le soignant), le soigné se trouve tragiquement confronté à ses insuffisances et à sa pathologie. Il est

1. Voir le chapitre précédent : « Une folle ataraxie ».

incapable d'investir le mieux-être que le soin tente de lui apporter. Et cette incapacité le renvoie à la terrifiante évidence de sa folie.

On voit, ici, que le processus objectivant d'un soin qui veut répondre à une demande manifeste, audible, traitable, repose sur un profond malentendu. Le champ thérapeutique de la prise en charge de la grande désocialisation, au mépris de la dimension inconsciente de sa pathologie spécifique, ignore généralement la distinction fondamentale entre demande manifeste et demande latente. La réduction de la demande au seul niveau du manifeste introduit un malentendu croissant, entretenu tant par les défenses des soignants que par celles des soignés. Ces derniers expliquent désirer ce qu'au fond ils ne désirent pas et ne peuvent, de toute manière, assumer très longtemps.

La relation thérapeutique va souffrir d'une dissonance pragmatique qui augmente à mesure que le soigné voit sa demande menacée d'être satisfaite. Ce processus ne peut avoir d'autre issue que de lui arracher son ultime masque défensif : « Puisque tu n'es pas fou et que seule l'absence de papiers d'identité ou de formation t'empêche de rentrer dans la normalité, voici des papiers ou un stage. A toi, maintenant, de montrer ce que tu sais faire »...

Le soigné, devant une perspective aussi angoissante, n'a d'alternative que de tenter d'en retarder l'échéance. Pour ce faire, il va se mettre à dysfonctionner. Vont alors commencer à apparaître les manifestations de dissonances pragmatiques : actes manqués divers, rendez-vous ratés, accidents, somatisations, rechutes toxicomaniaques, tentatives de suicide...

Ce désordre croissant conduit, à brève échéance, à l'abandon du projet thérapeutique et à la rupture du lien entre soigné et soignant. Ce dernier se sent souvent trahi par le soigné qui s'est révélé être autre que ce qu'il disait être. Cette trahison remet en cause l'apparente communauté de vue axiologique initiale. Le malentendu éclate au grand jour. Le soigné est renvoyé à sa folie, à sa différence transgressive, à son inquiétante inintelligibilité. Le soignant, à son échec, à son incapacité à comprendre et à son impuissance. Contre-transférentiellement, soignants et soignés ont le choix entre la dépression (c'est-à-dire la haine de soi) ou/et la haine de l'autre. Soit c'est le soignant qui est mauvais, soit c'est le soigné qui l'est, soit ils le sont tous les deux.

La relation se termine ainsi souvent par une rupture brutale du lien. Soit le soignant désinvestit soudainement son patient dans la haine et la colère, en rêvant parfois, sur un mode sadique, d'un internement psychiatrique. Soit le soigné se débrouille pour éviter la confrontation finale qu'il pressent, en dysfonctionnant à un point tel que, par exemple, son exclusion est décidée par les autorités administratives qui gèrent le lieu de soins. D'une manière générale, il fuit une relation thérapeutique dont l'évolution ne peut que le confronter un peu plus à son échec et à sa folie.

Ce scénario d'une prise en charge thérapeutique d'un sujet gravement désocialisé est classique. Examinons-en certains mécanismes d'un peu plus près. Et commençons par rappeler que la relation thérapeutique est d'abord un échange : celui de soins contre un paiement réel ou symbolique. Dans le champ qui nous concerne, le paiement ne peut être que symbolique. Il repose sur les manifestations d'une adhésion — réelle ou feinte — aux priorités axiologiques des soignants, ainsi que sur des échanges verbaux et non verbaux. Ceux-ci permettent aux soignés de livrer aux soignants une partie — authentique ou non, investie ou non — de leur vérité (biographique, anamnestique, inconsciente...), et de manifester leur souffrance, leur dépendance et leur reconnaissance vis-à-vis des soignants, ainsi narcissiquement gratifiés.

Une angoisse structurelle, refoulée mais récurrente, persiste néanmoins chez les soignants, celle de ne pas savoir jusqu'à quel point ils sont payés en « fausse monnaie ». Apparaissent alors les interrogations classiques sur les éventuels mensonges des soignés, sur la réalité et les vérifications possibles ou non de leurs dires, de leurs désirs avoués, etc. Chez les soignants montent alors l'angoisse et le soupçon d'être manipulés. Le soupçon — dans le cadre d'un malentendu axiologique plus ou moins sciemment entretenu par les soignés — d'une opération de détournement des soins montée au profit de logiques libidinales inavouées et illégitimes aux yeux des soignants.

Quant aux transferts suscités par ces relations thérapeutiques, ils se distinguent généralement, au cours de la « lune de miel » initiale, par leur caractère soudain et massif. La relation thérapeutique, tout comme la personne du soignant, se trouve investie — souvent quasi immédiatement — d'un transfert idéalisé et régressif. Le soignant est unique et tout-puissant, et va, enfin, permettre que s'opère chez le soigné la radicale conversion que ce dernier attend depuis des années. Ces transferts sont fortement clivés et, au début, rien ne transparaît de leur ambivalence, mis à part, parfois, une négativité latéralisée de manière à porter l'agressivité sur les autres soignants, présents ou passés. « Heureusement que je vous ai trouvé vous. Vous qui n'êtes pas incompétent, inefficace, indifférent, comme le sont vos collègues... »

Le caractère massif de ces transferts fortement clivés contribue à ce que la relation avec le soignant soit rapidement vécue comme étouffante. L'image de la difficulté respiratoire revient d'ailleurs souvent dans le discours des clochards. Ils « étouffent », on leur « pompe l'air », ils doivent « s'aérer la tête », « aller respirer » hors des murs de l'institution, etc. Malaises respiratoires cautionnant autant de fuites. Le phénomène est tellement fréquent que le clinicien serait presque tenté de parler ici d'asthme « blanc ». Un asthme « comme si ». Un asthme métaphorique dont les symptômes ne seraient que psychiques...

Lors de la mise en œuvre du projet, et lorsque les choses, dans la réalité, commencent à se gâter, les transferts tentent de se maintenir dans leur idéalisation positive du soignant. Ce sont les soignés, pour excuser leurs échecs, qui se dévalorisent souvent en faisant appel à des images infantiles, anales et régressives : ils ont « merdé », « sont retombés dans leurs conneries », « ont fait des bêtises », ils ont « honte », etc. Autant d'images qui véhiculent la représentation d'enfants ayant « fait » dans leur culotte...

Ces autohumiliations se paient dans la phase finale de trahison et de rupture, lorsque le transfert bascule d'un coup dans son pendant négatif. Le soignant se trouve alors brutalement ravalé au rang des autres : « incompétent », « inhumain », « je-m'en-foutiste », « salaud, jouissant du malheur des autres », etc.

Il n'est pas rare que cet effet de bascule d'un transfert clivé, dans sa version négative, s'accompagne d'injures, voire de violences vis-à-vis du soignant. Cela dit, le scénario le plus fréquent est, plus simplement, celui d'un évitement par le soigné de ce retournement du transfert. Le ressentiment envers le soignant se désamorce en se déplaçant sur l'institution, dont les règles sont transgressées, jusqu'à ce que l'exclusion s'ensuive. Cela permet, défensivement, au soigné d'éviter l'affrontement avec le soignant. Il est aussi dans ce mécanisme une tentative réparatrice et protectrice du soignant : la responsabilité de constater l'échec thérapeutique lui étant retirée au profit de l'autorité administrative que l'on fait intervenir comme un tiers. Ce qui permet, par ailleurs, au soigné comme au soignant d'entretenir le fantasme que leur relation, tout comme le projet thérapeutique conjointement élaboré, était parfaitement viable...

Le contre-transfert du soignant a, lui aussi, tendance à être clivé et idéalisé. Le nouveau patient est, enfin, un bon patient. C'est-à-dire différent des autres qui l'ont précédé. Il importe en effet de réaliser que ces mouvements transféro/contre-transférentiels ont lieu, non pas dans un espace/temps isolé et ponctuel, mais s'inscrivent dans une série d'investissements du même type. Série marquée par des échecs répétés. Pour le soigné comme pour le soignant, tout nouvel investissement transféro/contre-transférentiel est une tentative de réparation des blessures narcissiques subies auparavant dans des relations similaires. Apparaît ainsi un phénomène de fuite en avant des réinvestissements transféro/contre-transférentiels de plus en plus idéalisés et clivés, afin de tenter d'en supporter mieux les dépenses énergétiques nécessaires à leur mobilisation. On augmente en quelque sorte la mise pour tenter, de plus en plus désespérément, de combler les pertes passées...

Ces contre-transferts auront tendance à révéler leur face négative et clivée lors de la prise de conscience par le soignant de la « trahison » de son patient vis-à-vis des projets et des idéaux qu'il croyait partager avec lui.

Les contre-transferts des soignants ont tendance à être marqués d'une double particularité. Celle, d'abord, du fantasme d'une régression identificatoire dans une folie à deux avec le patient. Fantasme de folie à deux que le discours étiologique banalisant du soigné a tendance à faire naître chez son interlocuteur : « Après tout, ce qui est arrivé à mon patient est tellement banal, tellement explicable, que cela aurait très bien pu m'arriver à moi aussi. Lui, c'est moi, et si c'est le cas où s'arrête ce glissement ? Vais-je devenir comme lui ? Serais-je déjà comme lui ? Et sinon, où se situe la différence ? »

Le soignant, nécessairement, va devoir se défendre contre cette vertigineuse identification, ainsi que du chaos, du néant et du non-sens dont est porteur son patient. Chaos, néant et non-sens, qui justement se trouvent habilement masqués par les références étiologiques constantes de ces patients à la réalité objective et banalisée, à l'exclusion de toute réalité psychique. Et c'est là l'amorce de la seconde caractéristique spécifique de ces contre-transferts : il s'agit d'un vécu tout à fait particulier de sidération de la pensée du soignant, qui, à l'écoute du discours de son patient, se trouve comme écrasé par le poids inexorable d'une réalité présentée comme immuable et dans laquelle la dimension de liberté psychique du sujet ne peut tenir aucune place. Comme si, devant ce trop-plein de réel, le patient se trouvait être à la fois le produit d'un passé inéluctable et rigoureusement déterministe, et indéfiniment condamné à la reproduction du même présent pathologique et douloureux. Il s'autoproduirait ainsi dans un indéfini retour du même. La dimension d'incertitude du devenir temporel se trouve annulée. Il ne subsiste plus, de l'histoire du sujet, que sa caricature vide et mécanique. Le patient et ses souffrances réussissent ici à s'imposer au soignant, comme d'inexorables fatalités. En tant que telles, elles en arrivent à paralyser ses capacités de métabolisation psychique[1].

Cette angoissante sidération/fascination qu'éprouve le soignant pour le fonctionnement psychique du soigné joue un grand rôle dans la fuite en avant collusive et opératoire qui se met en place entre eux.

Cette collusion opératoire vient au secours à la fois d'un vertige contre-transférentiel de folie à deux, et des aspects haineux de ces contre-transferts marqués par l'envie que fait naître, chez les soignants, la régression massive dont les soignés sont porteurs. Il s'agit ici d'envie au sens kleinien du terme, c'est-à-dire à la fois d'un désir de possession et d'un désir de destruction devant la possession de l'autre. « J'ai à la fois envie pour moi de ce qu'a l'autre, et envie de le détruire chez l'autre. » L'envie tient aux représentations fantasmatiques que font naître les clochards chez ceux qui les côtoient : le fantasme de la possibilité d'un retour bienheureux dans la toute petite enfance. Le clochard dans son abandon de lui-même, dans sa négation du principe de réalité, dans tous ses relâchements (dont les sphinctériens ne sont pas les moindres), le clochard figure le retour, à l'âge adulte, de l'état de nourrisson dans sa toute-puissance. « Sa Majesté, le bébé », disait Freud. « Occupez-vous de moi, dit implicitement le clochard. Sau-

---

1. Ce phénomène est pointé dans les commentaires du récit de Michel. Voir le chapitre : « Non, je ne suis pas fâché ».

vez-moi, nourrissez-moi, soignez-moi, torchez-moi. Je suis impuissant à le faire moi-même. Je relève de la responsabilité d'autrui. » Sa Majesté, le clochard...

On l'envie et on le hait. Et lui-même jouit de ces bénéfices secondaires en niant leur existence même. Ambivalences réciproques, que soignants et soignés se révèlent également incapables de penser. Ils ne se les représentent pas et s'en défendent en s'enfonçant toujours plus dans la quête d'une solution objective par rapport à de pseudo-demandes manifestes formulées dans le registre d'une réalité réifiée.

Cette surdité, ce malentendu structurel, s'apparente, dans un autre registre, au phénomène décrit par Sandor Ferenczi dans son article « Confusion de langue entre les adultes et l'enfant »[1]. Il s'agissait là d'adultes prenant au pied de la lettre le contenu manifeste des demandes sexualisées de l'enfant, demandes qui n'ont de sexuel que l'apparence, et qui, en fait, ne sont que l'expression érotisée de besoins d'attentions régressives bien éloignées de la sexualité génitale.

Ici, c'est le contenu manifeste des demandes pseudo-réelles des soignés qui, seul, est entendu, au mépris du contenu latent, lui aussi érotisé et régressif, lié beaucoup plus au besoin de maternage qu'à une quelconque réponse s'inscrivant dans la réalité. Or les besoins fondamentaux des clochards relèvent, avant tout, de l'ordre du maternage asilaire, refuge régressif contre une écrasante et ingérable réalité.

Ces confusions et ces malentendus conduisent à des relations de plus en plus chaotiques et apparemment incompréhensibles entre soignants et soignés. Les actes manqués, les réactions thérapeutiques négatives se multiplient au fur et à mesure que s'installe et persiste le malentendu. Tentatives désespérées et inconscientes de réduction de la tension indicible qui s'installe et croît entre soignants et soignés. Finalement, des collusions se mettent en place entre institutions, soignants et soignés, pour aménager des portes de sortie administratives (exclusion de patients ou d'hébergés qui dysfonctionnent trop, non renouvellement des périodes d'hébergement autorisé, etc.) qui garantissent, aux uns comme aux autres, une homéostasie salvatrice qui les soulage de l'obligation de se confronter aux dysfonctionnements systémiques de leurs relations.

1. S. Ferenczi, *Psychanalyse 4, Œuvres complètes*, Paris, Payot, 1982.

Dossier de patient de la consultation médicale de Nanterre : notes prises par les médecins consultants.

Pansement (?) cataplasme genou gauche.
2 Equanil pour ce soir
2 Equanil pour demain matin.
27/02/93 - Pansement genou gauche : cataplasme (?)
6 Equanil pour samedi (2) dimanche (4)
01/03/93 - Pansement genou gauche : cataplasme (?)
4 comprimés Equanil
02/03/93 - Voir éducateur ou assistante sociale.
Equanil x 4 et pansement jambe gauche.
03/03/93 - Equanil x 4
10/03/93 - Alcoolémie à 3 grammes (alcool à 90 °)
Chute sur la face
Envoyé aux urgences pour surveillance.
15/03/93 - Alcoolémie 3,67 grammes. Confus.
Plaie sourcil droit → Rifocine → Urgences pour surveillance.

Ces cycles faits d'améliorations, d'évitements, de rechutes, de trahisons, d'exclusions, rythmant la relation de soin, usent les soignants et les poussent souvent vers des positions insidieusement dépressives et/ou sadiques.

Les premières se manifestent par un désinvestissement du travail thérapeutique accompli machinalement par des soignants qui, « en en ayant trop vu », n'y « croient » plus.

Les secondes, par une volonté quasi maniaque de s'attaquer aux symptômes des patients. Symptômes qui deviennent insupportables aux soignants. Ces derniers satisfont alors leur sadisme inconscient par des manœuvres de persuasion, de séduction et/ou de coercition affective des soignés, afin qu'ils se soumettent aux programmes thérapeutiques. Le fantasme sous-jacent est ici celui d'une intrusion s'apparentant symboliquement au viol anal. Infraction « par-derrière » de la vigilance du sujet et forcing d'un sphincter qui résiste. Aussi le bon soigné est-il celui qui d'abord résiste, pour mieux se laisser faire ensuite. Ce couple résistance/soumission est fortement érotisé tant par les soignants que par les soignés. Ce phénomène renvoie encore une fois, par ailleurs, au paradoxe général de l'aide décrit au chapitre précédent.

En dernière analyse, ce que la relation thérapeutique, dans ce champ, montre par-dessus tout est l'inadéquation du modèle médical : symptôme/traitement/guérison. Comme toujours dans le champ de la psychopathologie, et contrairement à celui de la pathologie somatique, les symptômes majeurs ne sont, le plus souvent, pas ceux que le patient met en avant. De guérison, il n'y a point. Quant au traitement, il lui faut réduire ses prétentions d'efficacité thérapeutique à un modeste accompagnement des sujets dans le temps. Il s'agit moins de traiter une « maladie » que de panser encore et encore les mêmes plaies du corps ou de la psyché.

Mais qu'en est-il alors de l'économie libidinale des soignants ? Privés d'interventionnisme efficace et bousculant, comment peuvent-ils sublimer leur sadisme ? Sadisme sublimé dont on sait qu'il est, avec la pulsion de réparation, le moteur de la volonté de guérir l'autre. Qu'en est-il, dans ce champ carencé, dévalorisé et dévalorisant du suivi des personnes gravement désocialisées, du devenir du moi idéal et de l'idéal du moi des soignants ?

Assainir les relations entre soignants et soignés passe ici, urgemment, par la nécessité de repenser la notion d'échec thérapeutique.

Ce dernier doit être relativisé. Échec de qui ? Pour qui ? Par rapport à quoi ? Qu'est-ce donc qui prime dans ces calculs des choix axiologiques des soignants ou de ceux des soignés ? Il importe aux soignants, quelle que soit leur spécificité professionnelle, de se réconcilier à ces vieilles vérités psychanalytiques : l'importance de la bonne distance transféro/contre-transférentielle, l'idéal de la neutralité bienveillante, le sobre constat que le soignant, aussi capable soit-il, ne marche jamais que derrière son patient. C'est ce dernier qui trace sa route. C'est bien de « suivi » qu'il s'agit, plus encore que de « prise en charge », et surtout de « traitement ». Ce qui importe, avant tout, est d'apporter un soutien fiable au soigné, de cogérer avec lui, dans la durée, ses crises récurrentes. Au soignant de veiller à ce que son patient tombe le moins souvent possible. Et s'il doit inexorablement tomber, de lui éviter de se faire trop mal....

L'échec thérapeutique doit être réévalué et remis à sa vraie place : celle d'une péripétie récurrente et structurellement inévitable de ce type de suivi. C'est à cette condition seule qu'une plus grande sérénité pourra s'installer entre soignants et soignés, dans des rapports qui, trop souvent, se terminent en laissant un arrière-goût de culpabilité, de dévalorisation et d'amertume réciproques. Il faut retrouver rien moins que la fonction asilaire dans le cadre conceptuel de l'espace transitionnel de soins, afin de permettre à la relation thérapeutique d'atteindre son objectif premier, qui est, au long cours, de rester viable pour le soigné comme pour le soignant. Il faut d'abord durer.

Le concept d'espace transitionnel de soins

Les constats qui précèdent plaident en faveur d'un changement de paradigme dans la conceptualisation de la prise en charge de la grande désocialisation. Il ne s'agit plus de tenter d'impossibles guérisons, ou de planifier de chimériques réinsertions, mais de reconnaître et d'accepter le caractère chronique et irréversible du mode de fonctionnement des sujets gravement désocialisés, qui évoluent dans un « ailleurs ». « Ailleurs » social et économique, mais aussi « ailleurs » symbolique et psychique, équivalant à la psychose. Et comme la psychose, la grande désocialisation se maintient, se gère et s'accompagne au cours de la vie et jusqu'à la mort. L'enjeu thérapeutique consiste à éviter le pire : souffrances inutiles, morts prématurées. Il faut tâcher que le sujet puisse vivre son état le mieux possible. Vivre malgré tout et avec, quand même, un peu de plaisir...

L'acceptation et le respect de l'autre dans ses différences et sa folie sont une obligation thérapeutique dont la clinique montre qu'il n'existe pas d'alternative, mais constituent aussi un nécessaire et profond engagement éthique de la part de tous les soignants. C'est cette permission accordée à l'autre de continuer à exister au long cours dans ses dysfonctionnements bizarres, ainsi que la tolérance accordée aux bénéfices primaires et secondaires qu'il en retire, qui fait de la fonction asilaire la réponse sociale adéquate à la grande désocialisation. La fonction asilaire n'est rien moins, *in fine*, que l'acceptation sociétale des clochards tels qu'ils sont, aberrations comprises. On verra plus loin que cela n'impose pas aux soignants d'accepter masochiquement n'importe quelle transgression. Il est une nécessité éthique fondamentale à ce que la société permette aux fous d'exister et de trouver protection et abri, sans contrepartie et sans espoir de devenir un jour autres que ce qu'ils sont. Il importe à la société d'accueillir décemment, humainement et respectueusement les fous qu'elle engendre. Il faut que les soignants puissent symboliquement panser la blessure essentielle dont souffrent les clochards, celle de n'avoir jamais reçu dans leur enfance d'amour stable, durable et inconditionnel.

Ce plaidoyer prescriptif et, avouons-le, militant en faveur de la fonction asilaire peut apparaître d'emblée comme un vague brouet (un de plus) de bons sentiments humanitaires, formulé en des termes d'une rassurante imprécision qui n'engagent à rien. Ce n'est pas le cas.

Un tel changement de perspective entraîne des bouleversements pratiques profonds, dont le premier, et non le moindre, est l'acceptation politique du principe de la légitimité de dispenser une aide médico-sociale sans contrepartie et sans autre objectif que l'amélioration des conditions d'existence des bénéficiaires tels qu'ils sont. Il ne s'agit plus ici de donner pour faire changer l'autre, mais uniquement de donner pour répondre à ses besoins propres[1].

---

1. Si ce point paraît évident ou aisément acquis, l'analyse des pratiques montre qu'il n'en est rien. Même les Restos du cœur ne se satisfont plus du rôle unique de distribution de nourriture et débattent de l'opportunité d'appliquer des mesures

L'enjeu, ici, n'est rien moins que celui d'une redéfinition du contrat social et de la suspension du désir (et du besoin) de la société à vouloir normaliser ses membres.

Pour ce qui est des institutions, la fonction asilaire met bien évidemment en cause le fonctionnement de la psychiatrie, l'image quelle voudrait se donner, ainsi que ses responsabilités éthiques. Elle prend à contre-pied les dispositifs institutionnels habituels décrits plus haut. Durée d'hébergement de six mois, éventuellement renouvelable une fois, contrats thérapeutiques, projets de réinsertion apparaissent dans toute leur criante inadéquation.

Pour les soignants, le paradigme de la fonction asilaire met en cause la légitimité et la pertinence même de leur vocation et de leur volonté thérapeutique. Il leur faut surmonter leur désir de guérison, comme leur besoin de se défendre de l'angoisse du non-sens par la fuite dans l'agir. Bref, il leur faut s'engager dans les voies difficiles d'une ascèse nécessaire : celle de la contemplation tranquille de leurs patients. Pour ce faire, il leur faut se réconcilier à leur impuissance et renoncer à leurs sources habituelles de gratification (habileté et efficacité techniques, narcissisme du savoir et du savoir-faire, prestige social, etc.). Il leur faut un moi suffisamment fort pour leur permettre un renoncement tranquille à eux-mêmes. Il leur faut s'élever au niveau d'une satisfaction supérieure à celle de l'exercice du geste professionnel. Il leur faut atteindre celui de la contemplation tranquille et apaisée du patient. Il leur faut intégrer qu'au-delà de celui du « faire », il est un autre plaisir, celui du regard esthétique posé sur l'humain dans ses baroques variétés.

Il importe, ici, encore plus qu'ailleurs, que le soigné redevienne, pour le soignant, d'abord et tel qu'il est, une fin en soi. Ce terme galvaudé de « fin en soi », loin de recouvrir une oiseuse pétition de principe humaniste, a une signification très précise. Il indique qu'il n'est pas nécessaire au soigné d'être autre que lui-même (par exemple d'être capable d'aller mieux, ou désireux de se soigner, moins « alcoolique », plus « normal » ou moins « pervers ») pour être pleinement accepté et respecté sans réserve dans le cadre de la relation de soin [1]. Le soigné n'a, en tant que « fin en soi », rien

socio-éducatives. Voir : « Après quatorze ans d'existence, les Restos du cœur vivent une crise d'identité », *Le Monde*, 17 décembre 1998.

1. On remarquera que ce discours évite soigneusement d'utiliser le terme d'amour. Dans son acception la plus haute, il ne serait pourtant pas totalement

d'autre à faire qu'à être très exactement ce qu'il est. Ce sont sa logique et sa réalité qui priment.

La réalisation de la fonction asilaire passe idéalement par la mise en place d'un espace transitionnel de soins. Il ne s'agit pas là d'un lieu réel plus ou moins adéquatement aménagé, mais d'un concept régissant un mode spécifique de relation thérapeutique.

La notion d'espace transitionnel de soins est évidemment issue des conceptions de Winnicott relatives à l'objet transitionnel. Les représentations de cet objet sont bien connues. Il s'agit de l'ours en peluche de l'enfant ou de sa couverture favorite, etc. Bref, un objet auquel il est particulièrement attaché et qui, pendant un temps de sa jeune vie, ne le quitte pas. Cet objet est comme une extension de l'enfant lui-même. Sa seule privation, le temps par exemple de le laver, est très mal vécue. Sa perte éventuelle peut être ressentie comme une véritable catastrophe...

Le concept d'objet transitionnel, au-delà de recouvrir des observations cliniques relatives à l'attachement profond des jeunes enfants à certains objets, renvoie moins à la nature de ces objets eux-mêmes qu'au mode de relation que l'enfant développe vis-à-vis d'eux. Winnicott en pointe très clairement les caractéristiques particulières[1] :

« Le petit enfant s'arroge des droits sur l'objet et nous lui autorisons cette prise de possession. Cependant, une certaine annulation de l'omnipotence est d'emblée présente. » La relation entre l'enfant et l'objet s'élabore à l'intérieur de limites imposées par un cadre qu'il ne contrôle pas entièrement. L'omnipotence est limitée.

« L'objet est affectueusement choyé mais aussi aimé avec excitation et mutilé. L'objet ne doit jamais changer, à moins que ce ne soit l'enfant lui-même qui le change. Il doit survivre à l'amour

---

déplacé. Freud, par exemple, parlait à juste titre de la psychanalyse comme étant une cure d'amour. Néanmoins, user de ce terme dans un champ aussi chargé de représentations idéologiques d'origine plus ou moins religieuse que l'est celui de la grande désocialisation semble délicat. Qui plus est, l'amour thérapeutique semble trop antithétique à la notion essentielle d'ambivalence contre-transférentielle. Enfin, l'amour est un sentiment. Comme tel, il est labile et voué aux vicissitudes de l'affect...

1. W. D. Winnicott, « Objets transitionnels et phénomènes transitionnels », *Jeu et Réalité : l'espace potentiel*, Paris, Gallimard, 1975. p. 13-14.

instinctuel, à la haine et, si tel est le cas, à l'agressivité pure. »
L'objet doit être indestructible. Quoi qu'il arrive, il doit perdurer
et ne pas faire défaut à l'enfant.

« Cependant, il faut que, pour l'enfant, l'objet communique une
certaine chaleur, soit capable de mouvement, ait une certaine
consistance et fasse quelque chose qui témoigne d'une vitalité ou
d'une réalité qui lui serait propre. » L'objet ne doit pas être passif,
car alors l'enfant pourrait le prendre pour une prolongation hallucinatoire de lui-même. L'objet doit maintenir son existence propre
et réussir à préserver une certaine autonomie.

« De notre point de vue, l'objet vient du dehors. Il n'en va pas
ainsi pour le bébé. Pour lui, l'objet ne vient pas non plus du
dedans ; ce n'est pas une hallucination. » L'objet transitionnel est
à mi-chemin entre un objet réel et une hallucination. C'est justement en cela qu'il est transitionnel. Il l'est aussi et surtout parce
qu'il permettra à l'enfant de pouvoir opérer la distinction entre le
réel et l'hallucinatoire. Moyen terme entre ces deux domaines, il
ouvre la voie du symbolique : « Le terme d'objet transitionnel rend
possible, selon mon hypothèse, le processus qui conduit l'enfant à
accepter la différence et la similarité. »

Dans le champ qui nous intéresse, les soignés, incapables de
symboliser, de métaboliser psychiquement leurs pulsions, se présentent comme s'ils étaient condamnés à répéter *ad nauseam* des
passages à l'acte autodestructeurs. Ces passages à l'acte, ruptures
brutales auto et hétéro agressives des liens, sont sensiblement les
mêmes, qu'il s'agisse de liens thérapeutiques, familiaux, amoureux
ou amicaux. La grande désocialisation est, avant tout, une pathologie du lien. Du lien à soi-même, comme du lien aux autres et au
monde.

Dans cette perspective, les observations cliniques montrent que
c'est dans la mesure où le lien thérapeutique peut se rapprocher le
plus du modèle du lien de l'enfant à l'objet transitionnel, qu'il
semble le plus adapté au suivi d'un clochard. C'est la relation thérapeutique qui doit tenir le rôle d'objet transitionnel. Le lien entre
le thérapeute et le clochard doit pouvoir être investi et vécu par ce
dernier comme l'enfant vit son rapport à l'objet transitionnel.

Si l'on reprend les caractéristiques de l'objet transitionnel, cela
signifie que l'omnipotence du soigné, tout comme celle de l'enfant,
doit être limitée. Car c'est le soignant (et l'institution dont il

dépend) qui permet au soigné de bénéficier de la relation thérapeutique. La définition de cette dernière n'est pas le fait des soignés, mais des soignants. Pour reprendre une vieille formule psychanalytique, ce sont eux les gardiens du cadre. Pour autant, la relation thérapeutique n'est pas un privilège qui peut être retiré dans le cas d'une transgression par exemple. Au contraire, la relation une fois entamée doit être et apparaître explicitement comme clairement acquise. Mais elle l'est, sur un mode particulier, à l'intérieur d'un cadre régi par ses règles et contraintes propres. Dans la mesure où ces contraintes relèvent du principe de réalité, elles ne sont pas négociables.

En outre, le lien thérapeutique, et c'est le point majeur, doit apparaître comme indestructible. Il doit être explicitement clair qu'il survivra aux attaques du soigné. Celui-ci pourra partir et revenir suivant ses mouvements pulsionnels, dont il doit être dit que l'on en comprend la nécessité et la fonction dans l'économie psychique du sujet. Le lien thérapeutique (c'est-à-dire, en définitive, le thérapeute lui-même) doit pouvoir supporter les manifestations d'ambivalence de son patient. Le lien thérapeutique, tout comme l'objet transitionnel, doit pouvoir, sans dommages et sans sanctions, être aimé avec ambivalence et excitation par le soigné. Il doit d'abord et avant tout résister. Le lien doit être indestructible quoi qu'il arrive, mais son mode d'exercice peut et doit varier en fonction des contraintes du principe de réalité.

En pratique, cela conduit à la conceptualisation d'un suivi des SDF *via* un réseau de lieux de vie et de soins qui se distinguent entre eux par des contraintes variables, pour les soignés comme pour les soignants. Les contraintes (comportement, respect des horaires, sobriété, etc.) seront minimales, par exemple, dans les centres d'hébergement de nuit, dans lesquels les hébergés ne passent que quelques heures. Elles seront maximales, en revanche, dans les foyers de réinsertion où les hébergés sont tenus de travailler à l'extérieur... Ces différents lieux ont leurs logiques propres, et il convient de les respecter dans la mesure où elles sont conditions de possibilité de fonctionnement. L'important est que les soignés puissent changer de lieux (en progressant ou en régressant) en fonction de leurs besoins, désirs et possibilités. Mais il ne faut pas que ces mouvements, s'ils sont régressifs, soient qualifiés d'échecs et les entraînent dans l'infernale spirale des habituelles punitions et exclusions administratives qui viennent sanctionner ce qui apparaît aux yeux des institutions et des soignants comme des transgressions et/ou des échecs thérapeutiques « pervers », alors qu'ils ne sont que des manifestations inévitables et structurelles de ce type de prise en charge au long cours.

Cela renvoie évidemment à la nécessité de repenser la notion même d'échec thérapeutique dans le champ de la grande désocialisation et de la relativiser, en soulignant les rapports profonds que cette notion entretient avec les positions contre-transférentielles et axiologiques des soignants aux soignés et aux pathologies dont ces derniers souffrent. Échec de qui ? Défini par qui ? Échec par rapport à qui ? Par rapport à quoi ? Et si cette notion d'échec thérapeutique reproché aux soignés et brandi par les soignants ne l'était que pour mieux masquer, justement, leur faillite, l'inefficacité de leur thérapeutique, l'inadéquation de leur pensée...

En tant que concept, l'échec thérapeutique, tout comme celui de réussite thérapeutique qui lui fait pendant, doit être abandonné au profit d'une pensée réconciliée à la chronicité du syndrome de grande désocialisation. Chronicité dans laquelle les suivis seront structurellement, et inévitablement, marqués de mouvements progressifs et régressifs. En ne sanctionnant pas les régressions des soignés, on leur permet d'éviter de s'engager dans des relations thérapeutiques pernicieuses où ils se trouveraient, par une sorte de surenchère transféro/contre-transférentielle, obligés de vivre, jusqu'à l'inévitable effondrement, psychiquement au-dessus de leurs moyens. Il importe que les soignés puissent être placés dans une situation où les demandes sont à la mesure de leurs possibilités telles qu'elles sont, ici et maintenant. Il faut donc que les soignés puissent bénéficier d'une hiérarchie de réponses institutionnelles et thérapeutiques adaptées à leurs possibilités réelles, et capables d'évoluer avec elles. Que ces évolutions soient progressives ou régressives doit être axiologiquement neutre du point de vue du contre-transfert des soignants. C'est la persistance du lien thérapeutique et le caractère inconditionnel et indestructible de l'intérêt que lui porte son soignant qui sont l'objectif premier.

Dossier de patient de la consultation médicale de Nanterre : notes prises par les médecins consultants.

13/08/94 - Rasage tête + barbe
14/08/94 - Manucure
21/08/94 - Gale Saint-Louis.
Polaramine x 6.
Pédicure.
02/09/94 Fatigué ++. Ne peut plus marcher.
Température 36 ° 5. Tension artérielle : 15/10. Π [pouls] 114.
B1 B6 6 comprimés/jour.
Lit d'infirmerie.
Bain de pieds. Pévaryl spray.
Toux grasse (?) Auscultation (?)
Marche à petits pas. Pas d'arthralgie.
Vasc. [vasculaire] : (?) veineuse, pas d'œdème.
Neuro. : ROT [réflexe ostéo-tendineux] +. Syn. Pas d'hyperesthésie.
Vasc. [pouls] pédieux + (?) — mais bonne vasc. (?)
Pas de syndrome cérébelleux. A surveiller.
Détérioration des fonctions supérieures probables.
→ RP [radio pulmonaire] face
→ NF [numérotation formule] VS [vitesse de sédimentation] (?) Bilan hépatique (?)
08/09/94 - Bilan sanguin + radio pulmonaire.
09/09/94 - Sortant ce jour.
08/10/94 - Mis lit infirmierie : asthénie, souhaite aller en maison de retraite.

368

Qu'en est-il alors, dans un tel système, de la gestion des inévitables transgressions des soignés ? Examinons un exemple extrême : il est arrivé, à la consultation médicale destinée aux sans abri à Nanterre, que des bagarres éclatent entre clochards assis dans la salle d'attente. Ces bagarres étaient potentiellement dangereuses, les protagonistes se frappant parfois à l'aide de chaises ou de tabourets. Il fallait alors intervenir très rapidement. Il m'est ainsi arrivé, tout comme au médecin qui consultait à l'époque, de devoir éjecter physiquement certains patients de la salle d'attente. Le problème n'est pas de savoir si, dans un tel cas, l'usage de la force physique à l'encontre de patients est légitime, elle l'est indubitablement. Le problème est d'appliquer cette force avec mesure et justesse et surtout de le faire de telle manière que le patient éjecté n'éprouve aucune difficulté à revenir à la consultation, une fois calmé. L'objectif est encore une fois et ce, même dans l'extrémité d'une intervention de contention, d'agir de telle sorte que la relation thérapeutique ne s'en trouve pas abîmée. La condition de possibilité première d'une telle stratégie est que le thérapeute puisse agir sans colère et sans haine. C'est-à-dire que son intervention ne devienne pas l'occasion d'un passage à l'acte soulageant la pression d'un contre-transfert négatif haineux. Encore une fois, c'est du sadisme inconscient du soignant et de la façon dont il le gère qu'il s'agit. Si les enjeux et les tentations de décharge pulsionnelle de ce sadisme parviennent à être maîtrisés, le soignant pourra plus facilement adopter une attitude adéquate à la situation rencontrée et ce, quel qu'en soit le degré d'urgence.

Avoir une attitude adéquate renvoie aux exigences du principe de réalité. La violence dans la salle d'attente, même si on peut en comprendre les causes (attentes trop longues, intoxications, etc.), est intolérable tout simplement parce qu'elle met en péril le fonctionnement de la consultation : la conclusion, indépendante de la subjectivité des soignants, s'impose d'elle-même. Tout comme le serait une éventuelle décision de déplacer un soigné dysfonctionnant dans un lieu d'accueil du réseau, pour le mettre ailleurs, là où les exigences minimales de fonctionnement correspondraient davantage à ses possibilités du moment.

Seule l'analyse des situations faite à l'aune du principe de réalité (c'est-à-dire des conditions de possibilité de fonctionnement) permet de dépasser les opinions subjectives et aléatoires des uns et des autres vis-à-vis des conduites à tenir. Il faut ici se permettre une rapide digression, en examinant un moment le concept de loi.

Le concept lacanien de la loi, souvent écrit avec une majuscule pour faire plus sérieux, a eu un destin curieux. Sans rentrer ici dans un examen de sa légitimité (discutable) en tant que concept psychanalytique, bornons-nous à souligner qu'il connaît, en tout cas, un immense succès dans le champ médico-social, où beaucoup d'intervenants croient y trouver (enfin) une légitimation de l'expression de leur sadisme inconscient qui se satisfait dans l'application contraignante des règlements. La théorie étant que la loi est dure, certes, mais, enfin, c'est la loi, et en tant que telle, sa stricte application permet aux soignés de se structurer en s'y blessant. Soit. Mais, outre le fait que de tels raisonnements sont totalement inadaptés aux stratégies de prise en charge de pathologies lourdes et régressives comme la grande désocialisation, il s'opère néanmoins dans cette pensée un glissement de la « Loi » (divine, mosaïque, morale, le nom du père, etc.) au banal règlement. Glissement évidemment fort apprécié par certains, car il permet à peu près n'importe quelle coercition puisque « c'est pour leur bien »...

C'est oublier trop facilement que la loi justement ne se réduit pas au règlement. Ce dernier n'étant que l'expression du choix d'un mode d'organisation. Choix arbitraire dans la mesure où il pourrait tout aussi bien — au moins sur certains points — être autre. La loi, en revanche, la vraie, ne saurait, en dernière analyse, être autre que l'expression du principe de réalité lui-même. Ce dernier, loin de tout arbitraire subjectif, est indiscutable dans la mesure où il porte en lui la définition des conditions de possibilité du fonctionnement de la réalité. On est proche, ici, de l'impératif catégorique kantien, qui révèle sa nature obligatoirement contraignante dans la mesure de sa possible universalisation. On connaît l'exemple classique[1] : il est catégoriquement impératif de ne pas mentir, car si le mensonge était universel, la possibilité même de distinguer la vérité du mensonge s'effondrerait. En ce sens, la loi se caractérise justement par le fait qu'elle est aussi contraignante pour les uns que pour les autres, soignés et soignants, administratifs et hébergés, etc. Ainsi, la loi est en quelque sorte l'opposé du règlement. Le soignant respectant la loi et la faisant respecter n'est que

1. E. Kant, *Fondements de la métaphysique des mœurs*, Paris, Delagrave, 1975.

l'instrument sans haine et sans passion du principe de réalité. Encore une fois, cela implique qu'il soit capable de maîtriser ses mouvements pulsionnels, en s'y tenant à bonne distance.

On retrouve ici le vieux principe psychanalytique, presque oublié dans la cacophonie agitée des bons sentiments et du pathos thérapeutique, de neutralité bienveillante. S'il peut sembler surprenant, voire scandaleux, de préconiser ici, devant de telles souffrances, cette attitude de réserve, c'est qu'elle est souvent mal comprise. La notion de neutralité bienveillante en est venue à véhiculer une sorte de caricature du psychanalyste impavide, qui, comme chacun sait, est bien entendu à la fois inhumain, mutique et fier de l'être. On est là bien loin de l'intérêt que représente le concept. La neutralité bienveillante est d'abord une position stratégique idéale du contre-transfert du soignant. C'est un cap à tenir, c'est-à-dire une direction dont il est non seulement possible, mais inévitable de dévier, l'important, tout comme pour le cap tenu par le barreur d'un navire, étant d'y revenir. La neutralité bienveillante est une volonté moyenne imprimée à l'attitude du soignant. Elle n'exclut en rien la nécessité tactique éventuelle de poser, par exemple, un geste d'urgence médicale, ou de dire le souci que les comportements dangereux d'un patient peuvent faire naître chez le thérapeute, ou encore de sanctionner une transgression.

La neutralité bienveillante, loin de prescrire les comportements tactiques des soignants, les renvoie seulement à la nécessité stratégique de maintenir une attitude mentale de neutralité et de bienveillance, c'est-à-dire une distance viable entre les intérêts et investissements structurellement divergents des soignés et des soignants. Le thérapeute a l'obligation éthique de bienveillance vis-à-vis de son patient. Il lui veut du bien, mais ce bien est indéfini. Il appartient aux logiques, désirs, besoins et possibilités du patient. La finalité de la relation thérapeutique doit être laissée à l'inconnu des possibilités du soigné. C'est dans le déploiement du lien thérapeutique au cours du temps que les caractéristiques (et les limites) de ce « bien » apparaîtront peu à peu. La neutralité bienveillante, pour le soignant, consiste, *in fine*, à s'en remettre tranquillement au processus thérapeutique et à la dynamique inconsciente du soigné, pour ce qui est de la détermination de ce « bien » futur. C'est encore une fois de bonne distance, de liberté psychique réciproque, et de respect des logiques de l'autre qu'il s'agit. Il est une ascèse de l'accompagnement thérapeutique des grands malades. Une ascèse et une ataraxie.

La neutralité bienveillante, loin d'enfermer le soignant dans une position de passivité ou d'absence symbolique, doit, au contraire, libérer une dynamique relationnelle au sein de laquelle soignant et soigné, l'un comme l'autre, sont libres de rester ce qu'ils sont. Par ailleurs, la théorie de l'objet transitionnel insiste sur l'importance pour l'objet de garder une chaleur et une vitalité qui lui soient propres. Cela l'empêche, entre autres, de tomber dans la pure projection hallucinatoire de l'enfant et/ou du patient. Au contraire, ceux-ci doivent renoncer à l'illusion d'une toute-puissance narcissique hallucinatoire dans laquelle l'objet et/ou le thérapeute ne seraient que de pures extensions d'eux-mêmes. L'enfant et le soigné doivent se résoudre à « faire avec », c'est-à-dire à accorder une place à cet autre, qu'il soit objet ou soignant. Il leur faut apprendre à coexister avec lui, devant lui, et contre lui.

C'est dans la mesure où l'objet se situe à mi-chemin entre la réalité et l'hallucination qu'il est justement transitionnel. Il constitue un pont entre le monde psychique autarcique du sujet et la réalité indépendante de lui. Aussi, l'objet transitionnel engage-t-il le sujet sur la voie de la symbolisation dont la condition de possibilité est la capacité de distinguer entre différence et similarité. De même, l'espace transitionnel de soins, en offrant au soigné un champ relationnel fiable à l'intérieur duquel il peut progresser ou régresser à souhait, comme s'il jouait, tente d'ouvrir la voie qui permettra aux soignés de symboliser les traumatismes anciens liés à l'amour maternel déficitaire et aux terrifiantes expériences précoces qu'ils ont subies.

Freud dans une observation célèbre décrivit le jeu d'un enfant qui tentait de maîtriser son angoisse liée à l'absence de sa mère, en jetant loin de lui et hors de sa vue une bobine qu'il tenait par un fil[1]. L'enfant, en allemand, criait alors : «*fort*» (loin/parti). Ensuite, en tirant sur le fil, il faisait réapparaître la bobine dans son champ de vision. Lorsqu'il la voyait réapparaître, il riait et s'écriait : « *da* » (là/ici).

Par cette observation, Freud posa la question du sens que pouvait avoir, dans le cadre d'une théorie du fonctionnement psychique

1. S. Freud, *Au-delà du principe de plaisir*, Paris, Payot, 1985.

axée sur la primauté du principe de plaisir, un microtraumatisme auto-infligé de façon répétée. Cela le conduisit à un remaniement de la théorie psychanalytique et, ultérieurement, à la formulation de l'hypothèse de la pulsion de mort. Dans le cadre qui nous concerne, nous pouvons voir dans la dimension de compulsion de répétition à l'œuvre dans le jeu du *fort/da*, un modèle de la relation habituelle qu'entretiennent les sujets gravement désocialisés avec les personnes (soignants ou proches) et les institutions. Relations hachées, faites de perpétuelles contradictions entre demandes fusionnelles et ruptures brutales, qui sont comme les pôles d'une éternelle ambivalence que rien n'arrive à résoudre.

Il est dans ces arrivées, départs, fuites et retours multiples, comme dans le jeu du *fort/da* une tentative compulsivement répétée et vouée à l'échec chronique de trouver entre soi et les autres la bonne distance, de parvenir à introjecter des représentations stables des autres et de soi. Il s'agit de tenter de combler son néant interne par des objets psychiques stables.

C'est cette tâche, condition de possibilité de santé psychique minimale liée au processus d'introjection et de symbolisation, que les clochards sont incapables de remplir. C'est elle dont l'espace transitionnel de soins tente de favoriser l'avènement. C'est elle qui ne sera possible qu'à la double condition que le soigné puisse s'appuyer sur des relations stables et fiables d'une part, et puisse avoir le loisir de progresser ou de régresser comme il le peut, à l'intérieur du réseau de prise en charge, d'autre part. C'est là accéder pour le soigné à la dimension du jeu du *fort/da*. Jeu dans lequel, par définition, les aléas de ses allers et retours entre progression et régression sont sans conséquences. Comme disent les enfants, ils comptent « pour du beurre »... Cette dimension ludique qui délie le sujet du poids du réel offre, par ailleurs, une alternative existentielle à son contraire, que constitue la dépendance alcoolo-toxicomaniaque : monde fermé, univers de contrainte absolue dans lequel le sujet ne fait plus que figure d'esclave autosacrificiel.

Mais que faire si tout cela ne sert à rien ? Que faire si d'aucuns ne s'améliorent pas ? Que faire si certains soignés malgré tout, à travers tout, restent pareils à eux-mêmes et lentement meurent sous nos yeux ? Eh bien, au moins, aura-t-on réussi à alléger leurs souffrances en évitant de monnayer les soins que nous leur prodiguons, en les obligeant à se confronter à des obligations de normalisation qui les dépassent et qui les blessent. Ne rajoutons pas à leur douleur et acceptons humblement, nous autres soignants, de nous conformer au premier principe hippocratique : d'abord ne pas nuire. Et permettons au moins à ces fous partis trop loin de nous pour pouvoir revenir de trouver asile et paix, aux marges d'une société dont ils sont le pauvre négatif épuisé.

Révérons les fous. Ils ont osé plus que nous. Élevons-nous à la hauteur d'un Istvan Hollos, vieux psychiatre et psychanalyste hongrois de la première heure. Il se promenait une nuit dans l'asile psychiatrique qu'il dirigeait : « Pendant que j'avance, tout ensommeillé, parmi les rangées de lits, je perçois la respiration laborieuse d'une ville en ruine, refoulée jusqu'ici. Je veille sur des splendeurs détruites... Que faut-il faire de tous ces gens qui sont venus s'allonger ici pour une raison inconnue ? Que faut-il faire de ceux qui dansent là-bas, au-delà des montagnes[1] ?... »

Sachons veiller sur ces splendeurs détruites que nous avons l'honneur de soigner.

---

1. I. Hollos, *Mes adieux à la maison jaune*, Paris, Éditions du Coq-Héron, 1986.

ÉPILOGUE
LE CIMETIÈRE DES INNOCENTS

Ils sont pour ainsi dire tous méchants et tous innocents.

L. WITTGENSTEIN.

Et après ? Une fois qu'il était mort, Raymond ? Je voulais savoir ce qui lui était arrivé. Point de vue dépouille, enterrement, tout cela. Et puis je voulais voir sa tombe aussi. Le saluer. Pourquoi pas...

Je m'en étais inquiété à l'époque, en salle de garde, avec Gaby et Fatna, les cuisinières. L'enterrement, où ? Quand ? L'administration, elle, se montrait évasive, incertaine. Tout de même on a su que Raymond était resté longtemps à la morgue. Il y avait eu des difficultés : identification, famille. Autopsie ? Pas autopsie ? C'était un cas, Raymond, une exception. Alors forcément, les autorités ne savaient pas trop qu'en faire. Tout cela a traîné, de sorte que Raymond est resté plus de six semaines à la morgue, à attendre, bien sagement, dans son frigo.

Finalement, il nous a filé sous le nez. Un jour, on a appris simplement que c'était fait. Qu'il était parti au petit matin. Un peu à la sauvette, comme un mort sous le manteau. Ils devaient tout de même en avoir bien honte du corps de Raymond. Bien honte...

En 1994, cinq ans après, j'ai voulu reconstituer la fin de son voyage. Aristote pensait qu'il n'était possible d'évaluer la vie d'un homme qu'après sa mort. Sans doute avait-il compris lui aussi que le sens du voyage ne se découvre pleinement qu'une fois achevé, dans la distance un peu douloureuse du souvenir.

Il y a à Nanterre, dans la Maison même, un commissariat de police. Trace anachronique du passé carcéral. Reste de penchant discret, mais profond, pour la chaussure à clous. La fiche de Monsieur Mont-

375

joie mentionnait ce commissariat. Après « DCD 9/10/89. Devant la MDN », il y avait une note « Commissariat PP, MDN », c'est-à-dire : Commissariat Préfecture de police, Maison de Nanterre. D'une manière ou d'une autre, le commissariat était donc intervenu dans le constat de décès. Il devait donc y rester une trace administrative quelconque. J'y suis allé.

Le commissariat, c'était deux petites pièces, un comptoir en bois, beaucoup de poussière, des mégots par terre. Et dans un coin, une canette de bière vide et défoncée, qui s'ennuyait... Deux policiers en civil. Et qui devaient sûrement beaucoup regarder la télévision : jeans, chemises ouvertes, pistolets gros calibres. Armes de connaisseurs. Des hommes...

Qu'il se trouve un volontaire pour venir les voir les étonnait grandement. Un Blanc en plus, et sobre. J'étais une sorte de petit miracle à moi tout seul. Ils n'en revenaient pas. Et ne comprenaient pas grand-chose à ma requête. Un mort, vous dites ? Il y a cinq ans ? Et devant la Maison ? Vous êtes sûr ? Et qu'est-ce que vous voulez savoir ? Et c'est pour quoi faire ? Je recommençais. J'expliquais bien lentement. C'était laborieux.

Ils ne me regardaient pas. Perplexes, ils se cherchaient des yeux, se fouillaient du regard, espérant trouver chez l'autre une consigne, une ligne, un ordre. Tempête sous deux crânes...

« C'est que les archives ne sont plus ici. Ah, non ! Vous pensez... Où c'est qu'on les mettrait ? Faudrait écrire au commissaire... Y a que lui. Que lui, vous comprenez ? Faut lui écrire.

— Et il est là quand, le commissaire ?

— Ah, mais ça... Y fait ce qu'il veut le commissaire. Y va.... Y vient... C'est lui le chef, alors... On va pas lui demander, hein ? Faut écrire. »

J'ai écrit. La réponse ? J'attends toujours. Avec Raymond, on a tout le temps.

Aux urgences de l'hôpital non plus, il n'y avait rien. La main courante des gardes du 9 octobre 1989 est muette. Celle du 10 aussi. Raymond n'est donc même pas passé par les urgences. Il devait donc être bien mort quand on l'a trouvé. Raide. Le décès a dû être prononcé *in situ* et le corps immédiatement transporté à la morgue de l'hôpital.

Une morgue dépare toujours un établissement de soins. C'est comme un genre de moquerie. Un pied de nez au progrès de la médecine. Un lupus. Pour tout dire, un embarras. Cela se remarque à la géographie : la morgue est toujours loin de tout. Bien à l'écart et jamais indiquée. Une morgue, ça n'existe presque pas. C'est déjà un peu de l'autre côté de la vie.

J'ai dû demander. Et redemander. Personne n'y avait jamais été. Finalement j'ai su : elle se trouvait sur le chemin de ronde qui fait le tour de la Maison. Dans la tour, m'a-t-on dit. Effectivement, donnant sur un parking, à moitié intégrée au reste des bâtiments, il y avait bien une tour. Genre médiévale, mais hermétique. Une porte avant. Une porte après. Au milieu des buissons. J'ai pris la porte d'après. Je me suis trompé : laboratoire de bactériologie. Une dame m'a renseigné. Si, si, vous verrez. Une porte bleue, derrière les buissons. Il y a une sonnette...

De fait, mais il faut le savoir, derrière les buissons, se cache une petite porte, celle de la morgue. Une petite porte peinte en bleu. Bleu ciel... Humour ? Daltonisme ?

J'ai sonné à la petite porte bleu ciel de la morgue. J'ai attendu. J'entendais que ça remuait à l'intérieur. Chuintements. Glissements furtifs. Hésitations. La porte s'est ouverte finalement sur une surprise paléolithique : un hominien en blouse blanche, les yeux frileusement blottis près du nez, une arcade sourcilière digne du Muséum, et le front inexistant, mangé par la ligne des cheveux hirsutes. Une sensibilité cet homme, certainement... Derrière lui, un escalier en colimaçon s'enfonçait, inquiétant, dans des profondeurs baignées de lumière verte. C'était presque trop beau.

Je lui ai raconté ma petite histoire. Ma quête, Raymond, tout cela... Il fronçait, l'homme-singe, des sourcils épais comme des moustaches. J'articulais bien distinctement... Rien. Pas un frémissement. Rien. C'en était gênant... Lorsque apparut tout à coup, de derrière la porte où il se cachait, prudent, manière de voir venir, le comparse de la brute. Son chef ? Son gardien ? Yéti & Co. ? Hadès frères ? Folie-à-deux ?

Péremptoire, le sournois : Y avait pas d'archives. Y avait pas de main courante. Y avait pas de frigo. Y avait pas de défunt. Y avait que l'état civil de l'établissement... Que je connaissais déjà... Salut ! Et la porte, sur l'enfer, s'est refermée.

Restait le cimetière. Le cimetière de la Maison de Nanterre. Le nôtre, rien qu'à nous, rien que pour nous. Caveau de famille... Le cimetière non plus, personne ne connaissait. Ce n'est pas loin pourtant. Un kilomètre à peine. Il faut sortir de la Maison et prendre à droite. Puis encore à droite et passer le pont. Puis, il faut tourner à gauche et enfin — attention ! — c'est tout de suite à droite. C'est indiqué. Une simple pancarte attachée à un poteau avec un bout de vieux fil électrique : « cimetière ». Succinct... C'est au bout de la rue. Une rue qui s'appelle d'ailleurs : « avenue du Cimetière ». Ah, la nature fait bien les choses...

Cette avenue n'en est pas une et ne l'a jamais été. C'est un chemin tout au plus, passé, d'un seul coup de bulldozer, des betteraves au bitume. Et tout étonné de se retrouver dans la zone industrielle du Petit Nanterre, bordé d'usines et d'entrepôts. Pas sordide, au contraire : du moderne aseptisé.

A droite, une fabrique de tuyaux. On longe ainsi, avant le cimetière, des piles et des piles de tuyaux. Des minces, précieux et raffinés. Des gros, ivres de béance. Les tuyaux quand c'est en service, ça n'a rien de bien intéressant, mais comme ça, tout nus en quelque sorte, c'est autre chose... Colonnes de vide, débouchant sur rien. Du néant mis en forme. Métaphysiques constructions...

Après les tuyaux, le cimetière. Un petit bâtiment en garde l'entrée. Un bureau, la porte ouverte. Un préposé assis, pléthorique, le teint violet, le nez turgescent, une bouteille de pastis sans alcool à portée de main. Un carnet de mots fléchés entre ses bras posés, inertes et tatoués, sur la table en bois. Un absorbé, cet homme. Je suis debout devant lui, mais il n'enregistre pas immédiatement ma présence. Mirage ? Il ne doit pas voir grand monde. Lorsque son regard lointain, absent, s'ajuste sur moi, il a comme un frisson. Il s'ébroue...

Moi : Bonjour, monsieur. Je cherche Raymond X.

Lui (dans un sursaut) : Il est pas là. J'suis tout seul. Y a personne.

C'était la journée des intellectuels. En soupirant, je crus devoir préciser :

« Il est mort.

— Ah bon ? » fait-il avec un affaissement des épaules, comme affligé.

La quête de Raymond finissait en comique troupier. C'était lamentable.

Il se reprend :

« Ah, ben oui, évidemment... »

Je lui donne la date du décès, lui explique que l'enterrement avait dû avoir lieu quelque deux mois après. Il faut regarder dans le livre... Il ouvre un vieux registre recouvert de toile cirée, une relique. Des lignes tirées bien proprement, à la règle. Des dates. Des noms. On ne trouve rien. Novembre. Décembre. Janvier. Jusqu'à Pâques. Pas de Raymond. On retourne à octobre, des fois que... Pas de Raymond.

Ce coup-ci, c'est fini. Raymond, je ne le verrai plus. Sa maman a dû le reprendre. Il est retourné dans ses choux. Son trou lointain, sa campagne, ses brouillards, ses rosées. Pastoral, il est Raymond. Fleuri peut-être ? Qui sait ?

« Attendez », me dit le préposé, surréaliste. « Attendez ! On va voir avant »... Et le voilà qui se met à tourner les pages de son grand livre. Son bottin des morts. Coûte que coûte, il veut m'aider. Qu'un disparu me plaise, au moins que je ne reparte pas les mains vides. On s'est promenés dans ses colonnes de morts bien rangés. Jusqu'en 1984, on est remontés comme ça, au fil des cadavres et des pages. Des vieux. Des jeunes. Des femmes. Des enfants. Il y avait du choix pourtant. Il y en avait des pensionnaires. Des bataillons... Toute une foule immense de drames qui était couchée là, dans ces pages. Une vie, une ligne. Hop ! Machin, né le tant, décédé le tant. Concision ! Tout est dit, au fond.

Il ne me lâchait plus le tôlier, à exhiber sa marchandise funèbre. Moi, j'étais gêné. J'avais l'impression de faire le difficile. Ce n'est pas gentil de toujours refuser. Devant mes moues, l'autre, brave cœur, se démenait de plus belle. Il voulait m'en refiler un, de mort. N'importe lequel.

« Vous êtes sûr que vous n'en connaissez pas d'autre ? »

Je lui ai demandé la permission de visiter un peu le cimetière. Par politesse. Pour faire honneur.

On était fin mai. Cinq mois que je courais après Raymond. Oh, pas tout le temps. A l'inspiration. Par-ci, par-là. Mais enfin, depuis cinq mois, ce cimetière je le voyais venir. Logique aboutissement. Je le surveillais du coin de l'œil. Je le repoussais. Je le retardais. Sourdement, je m'en méfiais. Je redoutais. J'avais bien raison... Le cimetière de Nanterre, dans son genre, c'est un sommet. Cinq étoiles au Michelin de la désespérance...

A gauche, tout de suite après l'entrée, une cinquantaine de tombes se tiennent à l'écart des autres. C'est le beau quartier, celui des membres du personnel, des riches qui ont de la famille. Fleurs. Pierres. Décorations. Jésus. Sacrés cœurs. Fers forgés. Marbres. Des morts cossus. Des entourés. Des regrettés. Chers disparus...

Parmi eux, Max Fourestier lui-même, qui a donné son nom à l'hôpital. Ancien chef de service de pneumologie à Nanterre. Un croisé de la tuberculose. Il ne pensait qu'à ça, Max. Il avait même bricolé un truc à lui, une invention. Un bronchoscope d'un genre nouveau, breveté, sérieux. Il voulait voir, Max. Saint Thomas de l'alvéole, il cherchait le souffle. *Anima...* Il a demandé à être enterré auprès de ses défunts malades.

Pour la tuberculose, Max datait de la grande époque, celle d'avant les antibiotiques. Il a dû en voir des agonisants, des essoufflés, des étouffés en sueur, des noyés dans leur sang. Des qui s'agrippaient. Des qui ne voulaient pas lâcher... Des partis soulagés et des partis fâchés... Il a voulu finir près d'eux, Max. Pour l'éternité. Chapeau !

Au-delà de ces aristocrates du linceul : le désastre. Dévastation. Désert des déserts. Une oppression...

J'avançais difficilement, comme pris dans la glu. Victime d'une pesanteur devenue folle. Envahi et dépassé d'effroi, comme penché, dans ce vague terrain, au bord du bord du trou du cul de l'univers. Il en était des vertiges, des profondeurs. De bien hallucinantes perspectives. Des grands canyons de navrance et de néant...

D'abord, pas d'herbe. Du sable. Et pourri. Trop meuble, presque mouvant. Les croix ne s'y trompaient pas, qui tanguaient, toutes de traviole. Des croix affaissées, titubantes, se raccrochant les unes aux autres, se cassant la figure. Bourrées, elles aussi, comme leurs propriétaires. Combien de croix ? Je ne sais pas. Le gardien non plus, ne savait pas. On ne sait pas. On ne sait plus. Personne ne sait. Des centaines... Beaucoup...

Ici, ni fioritures, ni anges de pierre, ni fleurs. Rien que des croix plantées, incertaines, dans le sable. Et sur les croix, un nom avec les dates de naissance et de décès inscrites sur une petite plaque métallique, boulonnée sur les bras. Un peu comme dans nos cimetières militaires. Hélas, les métaux ont été mal choisis. La plaque et les boulons font couple électrolytique. Après quelques années, leurs supports rongés, les plaques tombent et, illisibles depuis longtemps déjà, s'enlisent lentement dans le sable. La croix alors perd son mort, devient anonyme, dérive fosse commune... Archéologie.

C'est fini. Vient le temps de l'ultime naufrage. Tout disparaît, englouti jusqu'au dernier signe. Anonymat et généralités dans la nuit des temps. Tout sombre dans les muets abysses de l'indistinct.

Les métaux ne sont pas bons. Depuis des années et des années, on se trompe de métaux. C'est une erreur qui ne doit pas passionner beaucoup de gens...

Les tombes des musulmans tiennent mieux le coup. On leur a bricolé une sorte de petite arche de bois, d'une quinzaine de centimètres de hauteur. La plaque y est vissée. Elle reste beaucoup plus longtemps. Illisible soit, mais présente tout de même.

Côté sobriété, c'est réussi. De l'austère absolu ! Forcément, ils n'ont pas de familles. Vieux pauvres. Clochards. Autant de morts, deux fois morts. Perdus et reperdus. Archidisparus. Du sable, c'est tout. Parfois, tout de même, très rarement, un minuscule remords. Une petite plaque de marbre, style ex-voto, taille carte postale. J'en ai vu une : « Éternels regrets »...

Chez les femmes, les copines de chambrée se sont cotisées, y sont allées de leurs trois francs. Tontine. « Pour Yvette ». « Pour Simone »... Du pathétique. Des orchidées en plastique dans des boules avec de l'eau et des paillettes dorées pour que ça fasse joli, comme une pluie d'or, quand on les bouge. Mais, personne, jamais, ne les bouge... Des rubans aussi, satinés, violets. De pauvres choses qui ne survivent que quelques jours aux enterrements...

Je ne savais plus ce que je cherchais. Je ne cherchais plus rien. Pourtant, je courais presque. D'un coin à l'autre. Une rangée. Une autre. Ici. Là. Je voulais, je devais, être partout. Tout bien voir. Tout serrer dans mes bras. Tout retenir, comme si le temps pressait. Comme si cette vision risquait à tout moment de disparaître. J'errais. J'avais mille ans. Mes jambes étaient lourdes et je peinais dans le sable. Un poids terrible. Un tassement de tout le corps. Une sorte d'apnée, aussi. Et la tête qui me tournait. Ivresse des profondeurs...

J'ai suivi une allée bordée de marronniers. Fin mai, des marrons tout neufs jonchaient déjà le sol. Bizarrerie. Là-bas, au-delà des murs, un printemps dans la force de l'âge. Ici, à l'ombre des croix, un automne pour arbres débiles... ô choses inanimées...

Au bout de l'allée : soulagement. Quatre petits clins d'yeux, comme un sémaphore de vie. Des coquelicots, blottis tout contre le mur du fond. Presque dehors. Mal à l'aise. Timides. En venant, j'en avais vu des dizaines pourtant, sur le chemin, qui s'obstinaient à pousser entre deux pavés, le long de la route, autour des poteaux. Ici, chez les oubliés de la mort, quatre seulement, frileux et bien chétifs. Tremblants dans le vent.

C'est bien courageux, ça résiste à tout pourtant, le coquelicot. Chiens. Gamins. Voitures. Impressionnistes... A tout ! Mais pas au désespoir, faut croire. Pas à l'abîme...

Ils n'étaient pas là pour rien, les coquelicots. Ils montaient à quatre, bravement, une petite garde rouge sur la rangée des enfants morts. Une quinzaine de croix... Il y en avait une, récente, qui me tendait les bras. Je ne pouvais pas la rater. Elle était comme faite exprès pour moi. Moi qui suis un peu d'Ostende, un peu marin, et tout... Un nom ? Un prénom ? Je ne sais... Seulement : Horn. « Horn. Mort-né. » Et une date : un jour de la semaine d'avant. Et pas une fleur sur cette pauvre tombe. Pas un signe. Rien de rien. Abandonnée. Oubliée déjà... Horn... C'est bête, mais on ne peut pas s'en empêcher, je songeais albatros. Cinquantièmes et majesté de la grande houle puissante et bleue.... Albatros ? Même pas poussin... Œuf ! Horn. Mort-né... A Nanterre. Misère...

Je ne pouvais plus partir. Je restais là, abruti, ahuri. Soûl de visions et de fièvres. Mes pieds s'enfonçaient lentement dans le sable. Je devenais croix, moi aussi. J'espérais une grande marée qui jamais ne viendrait, pour nous emporter bien loin... Horn et moi... Bien loin... Tout au bout de la dernière estacade du monde. Pour y jouer à qui pisse le plus loin. Pour y cracher au vent. Pour y cueillir un brin d'éternité...

J'ai dû m'arracher. Pitre ! que je me disais. Vieux clown ! Cornichon ! Saligaud ! Artichaut !.. Je suis parti tout de même finalement. Plus pauvre encore... Et m'étouffait cette noire question qui m'emplissait de partout comme une vague d'encre : Y a-t-il une vie avant la mort ?

Mon portrait en 1960
James Ensor (1888).

ANNEXES

ANNEXE I

Le Centre d'accueil
et de soins hospitaliers de Nanterre [1]

« Je ne sais quel touriste écrivait que, sans l'uniforme du gardien-chef, on croirait, en arrivant à Nanterre, arriver dans un grand hôtel de bains de mer. » Voilà ce que disait un conférencier dans sa contribution sur la « Maison de répression de Nanterre », présentée au Congrès international d'Anvers, du 9 octobre 1890, relatif aux problèmes créés par les établissements pénitenciers [2].

La prison de Saint-Denis, construite sous le premier Empire en application du décret impérial du 5 juillet 1808 sur l'« extirpation » de la mendicité, s'est, au cours du temps, avérée insalubre et trop petite. On décida donc, par un décret du 25 février 1873, de construire un dépôt de mendicité à Nanterre, sur un terrain de 16 hectares. La Maison de répression de Nanterre était née. Elle comportait des quartiers de détention de 228 cellules, plusieurs bâtiments aménagés pour la réclusion en commun de mendiants libérés et d'hospitalisés volontaires sous surveillance, et une infirmerie destinée aux malades et aux infirmes.

La Maison de répression de Nanterre ouvre le 7 juin 1887, et un décret du 13 septembre de la même année confirme son statut de dépôt de mendicité.

Lors de la cérémonie d'inauguration de la Maison, en présence de Félix Faure, président de la République, Louis Lépine, préfet de la Seine, prit

1. Je remercie le docteur Jacques Hassin, responsable de la consultation médicale du Centre d'hébergement et d'assistance aux personnes sans abri du CASH de Nanterre, de m'avoir permis d'utiliser, pour les pages qui suivent, sa thèse de doctorat d'éthique médicale : *L'Émergence de l'abord médico-social des populations sans toit stable*, Université René-Descartes, Paris V, 1996.
2. Cité *in* C. Bernand, *Les vieux vont mourir à Nanterre*, Paris, Le Sagittaire, 1978, p. 14.

la parole : « Le 7 juin 1887, l'antique prison de Saint-Denis vidait ses cabanons. Les démolisseurs attendaient à la porte pendant que s'écoulaient à flots pressés des vagabonds, des mendiants avides de voir le soleil, une cohue de pâles récidivistes qui en avaient perdu le souvenir ; derrière eux suivaient en longues théories des fourgons de mobilier, les voitures d'ambulance où s'entassaient les impotents, les malades, le triste résidu de la chiourme, le *caput mortuum* de la vieille geôle. C'est ici que je conduisis la chaîne, à la Maison de répression de Nanterre, nouvellement bâtie. Certes, ses nouveaux habitants ne perdaient pas au change. Ces vastes bâtiments baignés d'air et de lumière, ces dortoirs spacieux, ces cours ombragées, cette distribution savante sur des kilomètres de parcours, d'air frais ou chaud suivant la saison, ce bien-être assuré selon les lois de l'hygiène, toutes les ressources du génie sanitaire qui sont ainsi prodiguées, tout cela formait un contraste avec la morne demeure qu'ils quittaient [1]. »

On le voit, l'autosatisfaction myope des bureaucrates ne date pas d'hier...

Ce « *caput mortuum* de la vieille geôle », ce sont 400 détenus qui sont transférés de Saint-Denis à Nanterre. En tout, la Maison abrite près de 5 000 vagabonds et indigents, qui se répartissent en trois catégories : des condamnés à des peines de prison légères, des mendiants libérés et des individus surveillés, et des personnes « en hospitalité ». Un rapport de 1898 dénonce cette confusion : « On ne s'aperçut pas immédiatement que ce serait perpétuer dans une certaine mesure l'anomalie existant à Saint-Denis, que de construire un établissement qui serait à la fois une prison, un dépôt de mendicité et un hospice et, par suite, de réunir dans une même enceinte, sinon dans un quartier unique comme à Saint-Denis, trois catégories d'individus ayant aux yeux de la société des situations bien distinctes [2]... » Répression, coercition et volonté d'aide se croisent et se confondent, hier comme aujourd'hui, dans l'ensemble de ce champ, à Nanterre, comme ailleurs. L'extrême de la désocialisation est anomique et sur cet indifférencié, la pensée trébuche... L'« anomalie » règne.

La Maison de répression de Nanterre change assez rapidement de nom (mais non d'objet) et devient la Maison départementale de Nanterre. En 1907, Félix Roussel, président du conseil général de la Seine, décrit : « La Maison de Nanterre... comme une ambulance du champ de bataille de la vie [3]... » Claudiquant entre aide et répression, la Maison, si elle demeure

1. *Bulletin municipal officiel*, 18 juin 1887, cité *in* C. Bernand, *op. cit.*, p. 197.

2. *Liaisons*, revue mensuelle d'information et de relations publiques de la Préfecture de Police, mars 1973, 197, p. 2. Cité *in* C. Bernand, *op. cit.*, p. 196.

3. C. Le Roux, *Le Vagabondage et la mendicité à Paris et dans le département de la Seine*, Paris, 1907, p. 128, cité *in* C. Bernand, *op. cit.*, p. 12.

une prison gérée par la Préfecture de Police, offre aussi une alternative asilaire aux insupportables exigences de la société. Si on est enfermé à Nanterre, si on y souffre, on y vit aussi. On y est protégé du froid et de la faim. On y travaille pour assurer le fonctionnement de l'institution. On y est malade. On y meurt. Entre 1893 et 1898, un bâtiment est aménagé en infirmerie. Des religieuses y prodiguent des soins. Un autre bâtiment abrite des hébergés malades, grabataires ou « incurables ».

L'arrêté du 16 juin 1907 du préfet de la Seine, autorise l'accueil à Nanterre, des personnes bénéficiant d'une décision d'hospitalisation au titre de la loi du 14 juillet 1905 sur l'assistance obligatoire. L'infirmerie va, au cours de ces années, se transformer en véritable hôpital. Il est des salles spécialisées en chirurgie, en pneumologie, en médecine. L'arrêté du 9 avril 1930, donne à l'infirmerie de la Maison de Nanterre, le droit de prodiguer des soins médicaux à la population de sept communes environnantes dépourvues d'hôpitaux (Puteaux, Suresnes, Courbevoie, Nanterre, Colombes, La Garenne-Colombes, Asnières). Le décret du 22 décembre 1967 classe la Maison de Nanterre parmi les services de la Préfecture de Police. Elle est inscrite au budget de la Ville de Paris. Le décret du 8 janvier 1970 transfère les biens, obligations et droits de la Maison de Nanterre à la Ville de Paris. En 1976, par arrêté du préfet de Police, l'ancien service sanitaire de la Maison de Nanterre est rebaptisé « Hôpital de la Maison de Nanterre ».

C'est la loi du 13 janvier 1989 qui introduit une mutation juridique essentielle : la Maison de Nanterre devient établissement public autonome et spécifique de la Ville de Paris et prend le nom de Centre d'accueil et de soins hospitaliers de Nanterre (CASH). Ce dernier est composé de plusieurs entités. Citons l'administration de Nanterre elle-même, qui, dans un dossier de presse de juin 2000, présente l'institution :

Aujourd'hui le Centre d'Accueil et de Soins Hospitaliers de Nanterre accueille « environ 1 500 personnes par jour, mobilisant un peu plus de 1 500 agents dont 1 100 sont affectés à l'hôpital ».

« L'hôpital Max-Fourestier (ainsi appelé depuis 1992) compte 190 lits de médecine, 90 lits de chirurgie, 12 lits de réanimation, un service d'urgence, une section d'hospitalisation de jour et une maternité. Deux secteurs de psychiatrie sont également rattachés au CASH ».

« Le centre d'accueil héberge actuellement entre 600 et 700 personnes relevant de l'aide sociale. Les résidents, essentiellement masculins (90 % d'hommes) sont, pour la moitié d'entre eux, présents dans l'établissement depuis de longues années. Environ 25 % d'entre eux sont des handicapés physiques et/ou mentaux. Le dernier quart est composé de résidents plus jeunes et moins marginaux, pris en charge pour une courte durée. »

Un rapport d'activité du centre d'accueil de 1994, montre que 75 % des hébergés sont de nationalité française, 70 % des entrants ne possèdent pas ou plus de papiers d'identité, et 90 % ne connaissent pas leur situation relative à la sécurité sociale.

Ce chiffre de 600 à 700 personnes hébergées au centre d'accueil, avancé en juin 2000, doit être revu à la baisse. La tendance à la diminution du nombre des hébergés est extrêmement forte. Le centre pouvait accueillir jusqu'à 5 000 personnes en 1978. Ils étaient un peu plus de 1 000, en 1996. Ils n'étaient plus que 400 environ, début 2001.

Les conditions d'hébergement s'améliorent. L'institution se modèle de plus en plus sur les conditions d'hébergement classiques (durée d'hébergement limitée, contrats thérapeutiques, etc.). Nanterre, et c'est tant mieux, se normalise, mais, en un sens, l'asilaire en pâtit...

« Le service d'accueil et d'orientation mis en place en 1993, a pour mission d'évaluer la situation des personnes en vue de leur entrée au Centre d'hébergement et de réinsertion sociale (CHRS, environ 100 places) ou de leur orientation vers une structure extérieure mieux adaptée à leurs besoins. »

« Le Centre d'aide par le travail (CAT) créé en 1992, a pour fonction d'offrir une activité professionnelle adaptée et encadrée aux personnes handicapées. D'une capacité de 35 places, il a une vocation horticole qui l'amène à prendre notamment en charge l'entretien des espaces verts dans les résidences avoisinantes. »

« La maison de retraite d'une capacité initiale de plus de 500 lits, dont près de 100 en section de cure médicale, a perdu depuis peu la qualité juridique d'hospice. Mais les conditions d'hébergement offertes (chambres de trois ou quatre lits) restent insatisfaisantes et peu conformes aux normes de ce type d'établissement. C'est pourquoi un projet de modernisation et d'humanisation a été engagé dès 1993, visant à réduire de moitié la capacité d'accueil en délocalisant des pensionnaires et en réalisant d'importants travaux de rénovation, dont la livraison devrait intervenir en 2003. La maison de retraite accueille en priorité les résidents du centre d'accueil et d'autres personnes âgées démunies. »

Tout cela, en plus, évidemment du Centre d'hébergement et d'assistance aux personnes sans-abri (CHAPSA) qui accueille les SDF amenés soit par les bus de la police (Brigade d'assistance aux personnes sans-abri, BAPSA), soit par ceux de la RATP (Recueil social). Ce centre, créé en 1955, a été totalement reconstruit, dans le cadre d'un projet de rénovation de 67 millions de francs, et inauguré en juin 2000. Il comporte 250 lits répartis en chambrées de quatre à six personnes. En outre, 50 lits sont consacrés aux soins infirmiers, permettant d'offrir à leurs occupants des traitements que leur situation ne permet pas d'assurer en ambulatoire. La capacité totale d'accueil du CHAPSA est donc de 300 lits. La structure, en 1995, a enregistré un peu plus de 79 000 passages.

La consultation médicale du CHAPSA comptabilisait en 1996, près de 18 000 passages (près d'un quart des passages dans le centre), soit environ 55 patients par jour. La consultation dispose de près de 9 000 dossiers médicaux actifs, c'est-à-dire des dossiers de patients dont la dernière consultation remonte à moins de trois ans.

Quant à la présence des patients SDF, dans l'ensemble des services de l'hôpital, les données du Département d'informatique médicale pour l'année 1995, montrent qu'ils représentent 20,1 % des actes du service des urgences, 10,2 % des admissions en chirurgie, et 16,6 % des admissions en médecine.

ANNEXE II

Statistiques : population et pauvreté

Préambule

Si les enquêtes statistiques nationales et internationales parviennent à cerner le nombre de personnes pauvres, en revanche évaluer la population des sans domicile fixe, reste une gageure : les chiffres qui circulent peuvent varier du simple au double. En 2001, l'INSEE, conscient de l'insuffisance des données disponibles, a lancé, pour la première fois, un recensement afin d'évaluer le nombre de personnes sans logement dans l'Hexagone. 350 agents de l'Institut ont reçu une formation spécifique, plus longue que pour un recensement ordinaire. Les résultats de cette enquête ne seront disponibles qu'à la fin 2001, voire au début de 2002.

Les chercheurs de l'Institut national d'études démographiques (INED) expliquent clairement dans leur dernière contribution sur la question (M. Marpsat, J.-M. Firdion, et *al.* : *La Rue et le foyer*. Une recherche sur les sans domicile et les mal-logés dans les années 1990, Paris, INED/PUF, 2000) les raisons de ce flou statistique : « La divergence des chiffres s'explique en premier lieu par des différences de définition qui portent sur deux aspects essentiels : d'une part, qu'appelle-t-on un sans domicile (respectivement un SDF, un sans-abri etc.) ? D'autre part, cherche-t-on à en connaître le nombre à un moment donné, à savoir combien ont connu cette situation sur, par exemple, une année, ou combien sont restés dans cette même situation pendant toute l'année ?

La deuxième raison est, en l'absence de statistiques officielles fiables (c'est-à-dire dont les limitations soient connues et estimées), l'emploi de sources mal adaptées à la question posée, et les erreurs que cet emploi peut engendrer » (p. 184).

Les chiffres présentés dans cette annexe souffrent, par conséquent, des biais évoqués.

1. La pauvreté en France et en Europe

Vivre en dessous du seuil de pauvreté

La dernière étude de l'INSEE (« Revenus et patrimoine des ménages », édition 2000-2001, *Synthèses*, n° 47, mars 2001) estime qu'en 1997, 7,3 % des ménages étaient pauvres au sens monétaire du terme, soit un total de 4,2 millions d'individus. Leur revenu disponible était inférieur au seuil de pauvreté — défini comme la moitié du niveau de vie médian — soit environ 3 500 francs par mois pour une personne seule, 5 250 francs pour un couple, plus 1050 francs par enfant de moins de 14 ans.

Après avoir fortement baissé de 1970 (15,7 % de ménages sous le seuil de pauvreté monétaire) à 1984 (7,1 %), ces résultats stagnent depuis. Et ce, en dépit des améliorations de la conjoncture et du retour à la croissance.

Depuis les années soixante-dix, les ménages de retraités ont été les principaux bénéficiaires de la baisse de la pauvreté : en 1970, un ménage retraité sur quatre était pauvre, en 1997, il n'y en a plus qu'un sur 25. En revanche, les ménages de salariés ou de chômeurs n'ont pas connu de baisse de pauvreté en vingt-sept ans, bien que leur revenu moyen ait progressé. De 1990 à 1997, leur taux de pauvreté s'est même accru. Il faut voir là les conséquences de la dégradation du marché du travail : augmentation du chômage, du temps partiel (surtout non choisi) et des formes précaires d'emploi.

Les allocataires des minima sociaux

Fin 1999, trois millions de foyers recevaient des allocations de solidarité (« Les allocataires des minima sociaux en 1998-1999. Études et Résultats », Direction de la recherche des études de l'évaluation et des statistiques (DREES), ministère de l'Emploi et de la Solidarité, n° 67, juin 2000).

On recense huit prestations : le RMI, l'allocation de parent isolé, l'allocation aux adultes handicapés, l'allocation supplémentaire d'invalidité, l'allocation de solidarité spécifique, l'allocation d'insertion, l'allocation supplémentaire de vieillesse, l'allocation veuvage.

Le RMI est, de loin, la prestation la plus importante, puisqu'il couvre 32 % de l'ensemble des allocataires. Selon les chiffres de la Caisse nationale des allocations familiales (CNAF), au 30 juin 2000, on recensait 1 131 400 Rmistes. 30 à 40 % d'entre eux n'ont jamais conclu de contrat d'insertion.

Le logement

Le Haut Comité pour le logement des défavorisés évalue, en 2000, à 6 millions le nombre de personnes qui seraient en France en situation de précarité et d'insécurité.

550 000 (dont 50 000 enfants) habitent dans des hôtels et 35 000 vivent dans des centres d'hébergement et dans des centres d'accueil.

La santé

Instaurée le 1er janvier 2000, la Couverture maladie universelle (CMU) permettait, en avril 2001, à 1,1 million de personnes d'être affiliées au régime de base de l'assurance maladie. Elle assurait à près de 5 millions d'individus une couverture maladie complémentaire prise en charge à 100 % grâce au système dit du tiers-payant, qui dispense de l'avance de frais. L'une des surprises du dispositif est la jeunesse des bénéficiaires : 42 % d'entre eux ont moins de 20 ans. L'âge moyen est de 27 ans, contre 38 ans pour l'ensemble du régime général.

EN EUROPE

Selon les chiffres publiés en juillet 2000 par Eurostat, l'office statistique européen de la Commission de Bruxelles, un Européen sur six (57 millions de personnes) vit en dessous du seuil de pauvreté. Alors qu'en France, ce seuil est défini comme la moitié du niveau de vie médian, les comparaisons européennes ont retenu 60 % du niveau de vie médian.

Cette proportion reste inférieure à la moyenne européenne au Danemark, en Autriche et aux Pays-Bas (11 à 13 %). Elle demeure plus élevée au Portugal (22 %), en Grèce (21 %) et au Royaume-Uni (19 %).

Les plus touchées par la pauvreté en Europe sont les familles monoparentales lorsque les enfants ont moins de 16 ans (45 % ont un revenu inférieur au seuil de pauvreté) et les jeunes de moins de 30 ans (39 %).

A l'opposé, le taux de pauvreté des couples sans enfant ou qui ont un ou deux jeunes enfants est compris entre 9 et 16 %.

2. Les SDF, une population mal identifiée

EN FRANCE

Le tableau reproduit ci-après et tiré de l'étude de l'INED (*op. cit.*) montre combien les estimations diffèrent d'un observatoire à l'autre. L'une des estimations la plus élevée est celle d'Emmaüs qui évalue à 2 millions le nombre des mal-logés en France et à 400 000 celui des sans-abri.

« En définitive, notent les experts de l'INED, le chiffre le plus couramment cité dans les rapports officiels et les projets de loi est de 200 000 sans-abri. Cette estimation repose sur l'addition de trois chiffres : 45 000 personnes en abri de fortune, 59 000 en centres d'urgence, et 98 000 SDF. Ce dernier résultat est tiré d'une liste communément appelée "liste des SDF" tenue par les préfectures, par laquelle, les gens du voyage, gens du cirque, forains qui habitent en permanence dans des roulottes sont attachés administrativement à une commune de résidence pour leurs droits civiques : scolarisation des enfants, carte électorale, etc. » (INED, *op. cit.*, p. 186).

Cette synthèse qui aboutit au chiffre de 200 000 est à prendre avec prudence car il est certain qu'elle entraîne des doubles comptes, ce que ne manquent pas de souligner les rapporteurs de l'INED.

Paris intra-muros

Combien de SDF dans Paris ? Les chiffres sont tout aussi flous. Une enquête menée par l'INSEE au cours d'une nuit d'hiver 1995 a retenu la statistique de 8 000 individus.

De son côté, l'INED, qui porte son estimation sur une semaine moyenne, évalue à 9 800 le nombre de personnes utilisatrices des services d'hébergement et de distribution de nourriture (y compris soupe et café la nuit) dans Paris intra-muros.

Différentes estimations courantes du nombre de « SDF » en France

ESTIMATION ET TERME UTILISÉ	TITRE DE L'ÉTUDE	DATE DE PUBLI-CATION	DATE DES DONNÉEES TRAITÉES	RÉDACTEUR ET DESTINATAIRE	MÉTHODE
Entre 200 000 et 400 000 personnes en difficulté de logement	Grande pauvreté et précarité économique et social	février 1987		Joseph Wrezinski pour le Conseil économique et social	Extrapolations à partir d'estimations de l'association ATD à Reims
202 000 sans-abri dont 98 000 SDF	Sans-Abri, l'état des lieux	1992	1990	BIPE pour le Groupe SCIC Caisse des dépôts	Chiffrage à partir des données du recensement général de la population et du fichier préfectoral des SDF
250 000 SDF	La Grande Exclusion sociale	Décembre 1993	1993	Christian Chassériau pour le ministère des Affaires sociales	Estimation personnelle
627 000 sans-abri	Laissés-pour-compte : profil des sans-abri en Europe	1993	1993	FEANTSA pour la Commission des Communautés européennes	Estimations provenant de rapports réalisés par les associations françaises
Entre 200 000 et 500 000 sans-logis	Les Sans-Logis	1993 _	1987	Experts nationaux pour le Comité directeur sur la politique sociale du Conseil de l'Europe	

Source : La Rue et le foyer, INED/PUF, Diffusion, 2001.

Les femmes

Dans son étude (« Un avantage sous contrainte : le risque moindre pour les femmes de se retrouver sans-abri », *Population*, revue de l'INED, n° 54), Maryse Marpsat donne un certain nombre de statistiques : il y aurait 17 % de femmes parmi la population de SDF. 1 % d'entre elles dorment dehors la nuit (contre 8 % des hommes). 67 % sont recueillies dans des centres d'hébergement de longue durée (contre 29 % des hommes). Enfin, 37 % sont accompagnées d'enfants (1 % environ chez les hommes).

Les données du Centre d'accueil et de soins hospitaliers de Nanterre

D. Chappey-Manouk, P. Declerck, P. Henry (1988) ont recensé un fichier d'environ 8 600 patients à la consultation du Centre d'hébergement et d'assistance aux personnes sans-abri (CHAPSA).

Les dimensions démographiques de ce fichier étaient les suivantes :

Sexe et âge :

— 91,3 % d'hommes et 8,7 % de femmes.
— 12 % des hommes avaient moins de 30 ans.
— 82,2 % des hommes avaient entre 30 et 60 ans.
— 5,8 % des hommes avaient plus de 60 ans.
— 15,8 % des femmes avaient moins de 30 ans.
— 69,1 % des femmes avaient entre 30 et 60 ans.
— 15, 1 % avaient plus de 60 ans.

Origine géographique de naissance :

— 77 % France.
— 11,5 % Maghreb.
— 5,7 % Union européenne.
— 1,3 % Afrique noire.
— 4,5 % Autres.

En ce qui concerne la France, la répartition géographique des origines était la suivante :

— 43 % Paris et région parisienne.
— 24 % Ouest.
— 17 % Nord.
— 9 % Est.
— 5 % Sud.
— 2 % DOM-TOM.

P. Declerck, P. Duprat, O. Gaslonde, J. Hassin, J.-P. Pichon (1996) ont recensé 7 110 usagers du CHAPSA en 1994, pour un sexe ratio de 8,37 % de femmes et 91,63 % d'hommes. L'âge moyen de la population, de 1987 à 1994, reste stable autour de 42 ans.

J. Hassin (1996) souligne une évolution du rapport entre Français et étrangers au sein de la population fréquentant le CHAPSA entre 1987 et 1995. Ce rapport était, en 1987, de 75,8 % de Français pour 24,2 % d'étrangers. Il était, en 1995, de 66,6 % de Français pour 37,4 % d'étrangers.

Les SDF en provenance des pays de l'Est (Bulgarie, CEI, Hongrie, Pologne, Roumanie, Tchécoslovaquie, Yougoslavie) étaient 34 au CHAPSA, en 1987, et 807 en 1995. Les Polonais étaient 26 en 1987, et 402 en 1995.

En Europe

Il n'existe pas de chiffres officiels européens concernant la population des SDF. Ni à Eurostat, l'office statistique de la Commission de Bruxelles, ni à la FEANTSA (European Federation of National Organisations Working with the Homeless). Selon l'un des responsables de cette organisation, « les décisions prises par l'Union européenne lors du Sommet de Nice de décembre 2000 vont permettre de lancer le chantier statistique mais il faudra au moins un an avant que les premières estimations ne soient disponibles ». La principale difficulté étant de parvenir à harmoniser les données de chaque État membre afin de pouvoir les agréger. A l'heure actuelle, les définitions de ce qui constitue un « sans-abri » restent trop disparates d'un pays à l'autre.

En réalité, il existe, au niveau européen, une confusion certaine entre SDF et « gens du voyage » pour qui des données sont disponibles. Ainsi, selon une estimation de Médecins du Monde international, on compterait de 8 à 12 millions de Roms-Tsiganes dans les 41 pays du Conseil de l'Europe. Ils n'ont ni territoire ni identité religieuse. Pour ceux (combien ?) qui résident au sein de l'Union européenne (UE), une étude de MDM, menée sur 1998 et 1999, montre que leur espérance de vie plafonne à moins de 65 ans, soit vingt ans de moins que celle enregistrée dans l'UE et que la mortalité néonatale est trois à quatre fois supérieure à celle des autochtones.

3. Les évaluations des structures d'aide, d'accueil et d'hébergement

Suit ici un inventaire des chiffres présentés par plusieurs associations, institutions caritatives et professionnels de la santé. Ces statistiques permettent de toucher du doigt la réalité de la vie à la rue.

Distribution de nourriture

Les Restos du Cœur, créés en octobre 1985 par Coluche, annonçaient pour leur première campagne d'hiver 8,5 millions de repas servis. Des chiffres qui, depuis, ont explosé : 60 millions de repas servis en 1998-1999 et 55 millions en 1999-2000.

Le budget des Restos a progressé dans des proportions presque identiques : 39,4 millions de francs en 1986, 409 millions de francs en 1999, et 505 millions en 2000. Deux tiers des dépenses des Restos concernent l'aide alimentaire.

Hébergement et soutien

En 1999, le Secours catholique a accueilli 703 600 personnes ou familles en situation de pauvreté. Il estime que 162 000 d'entre elles sont sans résidence stable. Parmi elles, 70 000 sans domicile vivent en caravane, à l'hôtel ou en squat.

80 % des accueillis sont de nationalité française et 10 % sont originaires du Maghreb. Les deux tiers des étrangers ont un statut en règle, définitif ou provisoire. 30 % attendent une décision sur leur demande de statut. 3 % sont sans papiers.

Le Secours populaire annonçait, la même année, avoir distribué une aide alimentaire à 156 000 familles et à 59 200 personnes isolées.

92 000 personnes ont été reçues dans ses permanences d'accueil, et parmi elles, de plus en plus de jeunes de moins de 25 ans (un quart environ). 25 775 familles et personnes seules ont bénéficié d'une aide dans le domaine du logement et 11 084 familles ont été soignées.

Emmaüs, si l'on prend en compte l'ensemble des modes d'intervention (Communautés, Fondation Abbé-Pierre, Association Emmaüs, Emmaüs Alternatives, SOS Familles), a aidé, en 1999, 51 000 personnes en accueil d'urgence, 272 000 en accueil de nuit et 165 000 en accueil de jour.

L'Association Emmaüs qui est la structure la plus confrontée à l'urgence, annonce pour 2000, 145 000 passages en accueil de jour, 210 000 nuitées en hébergement d'urgence, 55 000 journées d'hébergement en CHRS, 340 000 repas ou colis alimentaires et 43 000 consultations Écoute Santé.

L'Opération Atlas a été lancée par la RATP (en partenariat avec des associations comme l'Armée du Salut et le Secours catholique) en 1992 afin de proposer un hébergement de nuit aux SDF.

Jusqu'en 1997, cet accueil ne fonctionnait que pendant les quatre mois d'hiver. Au cours de la campagne 1992-1993, 3 216 transports et hébergements ont été réalisés. Les chiffres vont vite augmenter : 13 000 en 1993-1994, 21 000 en 1994-1995.

La direction de l'action sociale qui prend en charge le dispositif en 1995, le rend opérationnel 365 jours par an en 1997. Chaque année depuis, de 80 000 à 100 000 transports et hébergements sont assurés (83 000 en 2000).

Depuis 2000, l'existence de l'opération est menacée. Son avenir est suspendu à une décision de l'État qui devrait être prise en 2001.

Soins

Médecins du Monde reçoit 35 000 patients en moyenne par an dans ses permanences. En 1999, cet accueil s'est traduit par 88 204 consultations médicales dont 8 250 consultations dentaires.

Si 59 % des patients sont des hommes, les femmes sont très nettement majoritaires dans les classes d'âge des moins de 25 ans.

70,8 % des patients sont de nationalité étrangère. 70 % ont un domicile précaire. 73 % n'ont aucune couverture maladie.

Médecins du Monde dispose, à Paris, d'une Mission Sans Domicile Fixe depuis 1993. L'équipe de 36 bénévoles et 5 salariés y a accueilli 7 567 personnes en 1999 pendant les trois soirées par semaine d'ouverture du local de l'avenue Parmentier.

Le Samu social de Paris réalise depuis 1997 une étude épidémiologique à partir des données recueillies par l'équipe des permanenciers téléphoniques du 115, le numéro d'urgence pour les sans-abri.

En 1999, 27 456 personnes différentes ont appelé le 115 et ont formulé 338 018 demandes qui ont donné lieu à 295 323 orientations vers des centres d'hébergement d'urgence simple ou pour recevoir des soins infirmiers. Un chiffre en progression par rapport aux deux années précédentes : 21 533 en 1997 et 24 344 appels en 1998.

77,5 % des appels au 115 émanent de SDF et 9,2 % d'hôpitaux. Le solde provient d'associations, de particuliers, de commissariats, de pompiers.

81 % des demandes sont faites le jour, 19 % la nuit. Les statistiques du 115 montrent que les appels sont constants quelle que soit la saison : les SDF ont besoin d'une assistance toute l'année, et pas seulement l'hiver.

La population faisant appel au 115 est à 79 % masculine et à 21 % féminine. 5 % sont des enfants. L'âge moyen est de 35,5 ans. Les jeunes sont de plus en plus nombreux à appeler le 115, mais ils le font proportionnellement moins souvent que les autres classes d'âge : le nombre moyen de demandes est de 6,6 % pour les 18-24 ans et de 28,3 % pour les plus de 70 ans.

Des enquêtes partielles menées auprès d'un échantillon de personnes qui ont appelé le 115 montrent :

— que 83 % sont des personnes seules : célibataires, divorcées, séparées ou veuves. (Échantillon : 7 424 personnes.)

— que 83 % d'entre elles sont à la rue depuis moins d'un an (38 % depuis moins d'une semaine, 54 % depuis moins d'un mois, 8 % depuis 1 mois à 1 an). 7 % sont à la rue depuis un an à moins de deux ans. 10 % sont à la rue depuis au moins deux ans. (Échantillon : 6 312 personnes.)

— que 62 % sont sans ressources, 17 % perçoivent le RMI, 21 % ont un autre type de ressources sociales (retraite, ASSEDIC, pension d'invalidité etc.). (Échantillon : 16 256 personnes.)

— que 44 % n'ont aucune couverture sociale. (Échantillon : 15 768 personnes.)

— que 54 % bénéficient d'un suivi social dans une association, un centre d'hébergement, etc. (Échantillon : 16 311 personnes.)

Globalement, l'Observatoire du Samu social de Paris conclut « que la population ayant appelé le 115 en 1999 a peu évolué par rapport à 1998 dans ses principales caractéristiques (répartition par état civil, âge moyen, temps d'errance, etc.). En revanche, en termes d'effectifs, le nombre de femmes a augmenté de 23 % et le nombre d'enfants avec parents de 50 %. L'augmentation sensible, depuis 1998, du nombre de familles est préoccupante » (« Étude épidémiologique du logiciel du numéro d'urgence pour les sans-abri », Résumé, 1999, p. 8).

ANNEXE III

Épidémiologie médicale
et psychiatrique

Il ne saurait être question de passer en revue, ici, l'état général de la question de la santé physique et mentale des sans-abri. Les études françaises et étrangères sont nombreuses et de qualité variable. Toutes se heurtent à deux difficultés méthodologiques.

La première est celle de la quasi-impossibilité à définir des échantillons comparables entre eux : qu'est-ce qu'un sans-abri ? un clochard ? un SDF ? Définir des critères d'inclusion purement objectifs (tant de nuits passées à la rue pour une période de temps donnée, etc.) conduit à confondre les profils de sujets et à estomper ainsi les spécificités pathologiques de populations différentes. En fait, le procédé consistant à objectiver de la sorte le statut de sans-abri, conduit à passer à côté de la spécificité médico-psychiatrique du syndrome de désocialisation.

La seconde est liée aux limites et aux incertitudes inhérentes à questionner des sujets qui sont, généralement, physiquement et psychiquement épuisés, ivres ou sous l'influence de substances psychotropes, et qui ont tendance à recouvrir les péripéties de leur passé, du voile de l'oubli (réel ou simulé).

Pour ces raisons, les résultats de l'ensemble des études réalisées sont de qualité et d'intérêt très divers. Ils présentent des variations quantitatives considérables et sont extrêmement difficiles à comparer entre eux [1]. C'est peu dire que l'incertitude quantitative règne en ce domaine. Néanmoins, un faisceau de problématiques se dégage de la grande majorité des travaux.

Qualitativement, le constat fait par le Dr Patrick Henry (P. Henry, 1985) et repris depuis (D. Chappey-Manouk et *al.*, 1988 ; P. Declerck et *al.*,

---

1. Le lecteur consultera M. Marpsat, J.-M. Firdion et *al.*, 2000, pour une discussion méthodologique détaillée de ces questions.

1996 ; P. Declerck, P. Henry, 1996 ; J. Hassin, 1996), est toujours valable. Il définit un « décor pathologique » dans lequel baignent en permanence les personnes à la rue. Ce « décor » comporte sept dimensions : l'alcoolo-tabagisme et les toxicomanies, les troubles mentaux, la malnutrition et la dénutrition, l'exposition aux agressions (physiques et climatiques), l'absence d'hygiène, le manque de sommeil, et le retard à la médicalisation.

Du point de vue somatique, examinons les résultats quantitatifs des étude suivantes :

— D. Chappey-Manouk, P. Declerck, P. Henry (1988) ont comptabilisé 46 000 actes médicaux réalisés à la consultation du Centre d'hébergement et d'assistance aux personnes sans-abri (CHAPSA) de Nanterre, pour un fichier d'environ 8 600 patients. De ces 46 000 actes, 36 %[1] concernaient des pathologies et soins cutanés (lésions cutanées 27 %, parasitoses 7 %, dermatoses 2 %), 10 % des prédélirium tremens, 7 % des troubles neurologiques (dont 5 % de crises comitiales), 6 % de la pneumologie et des tuberculoses, 6 % des altérations de l'état général et des œdèmes de position, 5 % de la traumatologie, 5 % de la chirurgie, et 25 % des pathologies autres.

En outre, un interrogatoire mené auprès de 77 patients (67 hommes et 10 femmes) faisait apparaître 25 % d'antécédents gastro-entérologiques divers (amibiases, hépatites virales ou alcooliques, ulcères gastriques, gastrites, hernies hiatales, pancréatites), 22 % d'antécédents tuberculeux, 21 % d'antécédents épileptiques, 14 % d'antécédents pulmonaires divers (abcès du poumon, pleurésies, pneumonies, bronchites chroniques, asbestoses), 14 % d'antécédents infectieux divers (poliomyélites, méningites, paludismes, typhus, diphtéries, infections urinaires), et 13 % d'antécédents cutanés divers (pyodermites, parasitoses, ulcères de jambe). Seuls 31 % des patients ne signalaient aucun antécédent médical.

Cette étude, par l'importance de son échantillon (46 000 actes médicaux) est extrêmement fiable. En revanche, elle date un peu et ne reflète probablement pas l'amélioration de l'état de santé général des sans-abri, constatée subjectivement par l'ensemble des praticiens en France, et liée à la multiplication, ces dernières années, de lieux de soins spécifiques à ces populations. Cela dit, si la médicalisation croissante de la population des sans-abri conduit vraisemblablement à une diminution (statistique) de l'incidence de tableaux gravissimes parce que laissés trop longtemps sans soins, elle influe en revanche probablement peu sur la prévalence[2] des

1. Chiffres arrondis à l'unité.
2. En épidémiologie, l'« incidence » d'une maladie désigne le nombre de cas nouveaux découverts au sein d'une population donnée, au cours d'une période donnée. La « prévalence » désigne le nombre de cas d'une maladie au sein d'une population donnée, au cours d'une période donnée, sans distinction entre les anciens et les nouveaux cas.

diverses pathologies au sein de cette population. C'est-à-dire que les sans-abri ont vraisemblablement tendance à souffrir aussi fréquemment des mêmes pathologies qu'auparavant, mais ces dernières sont aujourd'hui, plus rapidement, et donc mieux, soignées. Et ce sous réserve que se maintienne dans le temps, l'effort collectif déployé dans les divers lieux de soins (Nanterre, Médecins du Monde, Samu social, service des urgences des hôpitaux, etc.)

— P. Declerck, P. Duprat, O. Gaslonde, J. Hassin, J.-P. Pichon (1996) dans une étude menée, elle aussi, auprès des personnes consultant au CHAPSA, ont étudié une cohorte de 276 patients (236 hommes et 40 femmes).

Les antécédents avoués de ces patients étaient les suivants : alcoolo-tabagisme 37 %, traumatologie 15 %, dermatologie 13 %, pathologies infectieuses 13 %, psychiatrie 4 %, autres 18 %.

Les motifs de consultation les plus fréquents étaient les suivants : pathologies infectieuses (infections des voies aériennes, tuberculoses, gastro-entérites, VIH, ORL) 22 %, alcoolisme (alcoolisme, gastrites et œsophagites, polynévrites et artérites, psychoses alcooliques, épilepsies, hépatites non virales et cirrhoses, pancréatites) 15 %, dermatologie (pédiculoses, acarioses, mycoses, ulcères de jambe, dermatoses autres) 15 %, examens et surveillance 15 %, psychiatrie 8 %, traumatologie (fractures, luxations, entorses, plaies diverses et traumatismes superficiels, gelures et hypothermies) 8 %, autres motifs 24 %.

— L'enquête de l'Institut national d'études démographiques sur les sans-abri de février-mars 1995, réalisée sur questionnaire (M. Marpsat, J.-M. Firdion et al., 2000, p. 343) fait apparaître que sur 400 sans-abri (338 hommes et 62 femmes), 19 % déclarent souffrir de troubles psychiques, 10 % de troubles rhumatologiques, 8 % de troubles respiratoires et ORL, 6 % de troubles cardio-vasculaires, 5 % de troubles neurologiques, 4 % de troubles dentaires et 2 % seulement de « la peau ». Ce dernier résultat traduit la problématique de toute étude réalisée sur questionnaire : la fiabilité des réponses dépend de la qualité de perception et de prise de conscience des sujets de l'étude. Et il est vraisemblable qu'une partie des sujets interrogés n'identifie pas une dermatose ou une parasitose comme une pathologie médicale...

— Un mot doit être dit à propos de la tuberculose. Sans dépistage systématique, il est évident que sa prévalence, telle qu'elle apparaît dans les motifs et/ou diagnostics de consultation, est nécessairement inférieure à ce qu'elle est en réalité. Ce dépistage systématique (à Nanterre ou ailleurs) a souvent été discuté. Jusqu'à présent, il a été évité pour des raisons éthiques liées à la fois à l'imposition d'une mesure diagnostique à des sujets qui ne le demandent pas, et à la crainte de stigmatiser encore un peu plus auprès du public, une population qui pourrait éventuellement être perçue comme massivement porteuse du bacille et donc potentiellement contaminante.

Un document de l'Observatoire du Samu social de Paris (*Tuberculose et grande exclusion*, Paris, octobre 1998) passe en revue l'essentiel des données épidémiologiques de la question. Et le bilan dressé est fort inquiétant.

Rappelons que dans une étude déjà citée (D. Chappey-Manouk et *al.*, *op. cit.*), les auteurs avaient noté 22 % d'antécédents tuberculeux avoués dans une cohorte de 77 patients. Quant à P. Declerck et *al.* (1996), les auteurs ont trouvé que 16 % d'une cohorte de 276 patients clochardisés souffraient ou avaient souffert de tuberculose.

D. Kumar et *al.* à Londres, en 1995, ont radiographié 342 SDF : 5,6 % présentaient des images radiologiques évocatrices de tuberculose active [1].

En 1997, à Paris, au foyer de La Mie de Pain, F. Antoun et F. Bonamy ont radiographié 390 sujets. Ces radios ont permis d'identifier « 8 tuberculoses certaines et 6 tuberculoses probables ou très probables ». Soit une prévalence de la tuberculose chez 2,051 % à 3,590 % des sujets radiographiés. En sachant qu'en 1995, on estimait à 17 cas pour 100 000 habitants, l'incidence de la tuberculose en France, la conclusion est que cette cohorte de 390 sujets sans-abri présentait un taux de prévalence de la tuberculose 120 à 211 fois supérieur au taux d'incidence de la moyenne nationale [2].

Du point de vue psychiatrique, le profil type qui émerge de la population des clochards, est celui d'un homme (la population est masculine à environ 90 %) gravement alcoolo-tabagique, isolé d'un point de vue relationnel, et ayant connu une enfance marquée de traumatismes divers.

— D. Chappey-Manouk, P. Declerck, P. Henry (*op. cit.*) font apparaître que sur une cohorte de 77 patients interrogés à la consultation médicale du CHAPSA à Nanterre (67 hommes et 10 femmes, 9 % avaient entre 18 et 30 ans, 50 % avaient entre 30 et 50 ans, 41 % avaient plus de 50 ans, l'âge moyen était de 47 ans), 60 % se disent célibataires, aucun ne se dit marié.

34 % vivaient à la rue depuis une période allant de 1 à 5 ans. 25 % disaient y vivre depuis entre 5 et 10 ans. 14 % disaient être à la rue depuis plus de 10 ans.

1. D. Kumar, K. M. Citron, J. Leese, J. M. Watson, « Tuberculosis among the homeless at a temporary shelter in London, report of a chest ray screening programme », *Journal of Epidemiology and Community Health*, 49 (6) : pp. 629 — 633, déc. 1995. Cité in *Tuberculose et grande exclusion*, Samu social de Paris, Paris, octobre 1998.

2. Cité in *Tuberculose et grande exclusion*, Samu social de Paris, Paris, oct. 1998.

50 % se disaient orphelins d'un ou des deux parents. 33 % disaient ignorer si leurs parents étaient en vie.

64 % disaient ne plus avoir de relations d'aucune sorte avec leur famille.

50 % des femmes affirmaient ne plus avoir de relations sexuelles, contre 76 % des hommes. 55 % de ces derniers ne savaient plus à quand remontait leur dernier rapport. 45 % faisaient remonter cette date à un peu plus de onze ans en moyenne.

Les deux principales raisons évoquées pour expliquer leur passage à la rue étaient la rupture conjugale ou familiale (39 %) et le chômage (29 %).

73 % indiquaient la mendicité comme source unique de revenus.

27 % signalaient un alcoolisme paternel, 11 % parlaient d'un alcoolisme des deux parents.

83 % annonçaient une consommation moyenne journalière de 2,7 litres de vin (ou équivalent). 17 % affirmaient ne pas boire, ce qui, pour la moitié d'entre eux, était infirmé par la présence dans les examens sanguins des marqueurs biologiques révélateurs de surconsommation alcoolique. Les mesures pratiquées à l'éthylomètre permettaient d'estimer le chiffre réel de la consommation d'alcool moyenne journalière, entre 4 et 5 litres de vin (ou équivalent).

30 % des sujets indiquaient qu'ils avaient été hospitalisés en psychiatrie. 10 % disaient avoir été suivis par des psychiatres, sans que ces suivis aient débouché sur une hospitalisation.

— P. Declerck, P. Duprat, O. Gaslonde, J. Hassin, J.-P. Pichon (*op. cit.*) ont étudié 500 dossiers pris au hasard dans l'ensemble de ceux de la consultation médicale du CHAPSA à Nanterre.

Il s'agissait de s'intéresser aux médicaments psychotropes prescrits aux patients ainsi qu'aux indications sémiologiques et/ou diagnostics psychiatriques contenus dans les dossiers. Cette investigation a montré que 50 % des dossiers contenaient soit des diagnostics psychiatriques, soit des observations de sémiologie psychiatrique, et faisaient état de prescriptions de psychotropes.

Les médicaments psychotropes prescrits se répartissaient comme suit (en pourcentage relatif à la totalité de l'échantillon) :

— Carbamates (Equanil) : 20,6 %
— Benzodiazépines : 20,6 %
— Somnifères : 12,4 %
— Anti-épileptiques : 2,8 %
— Neuroleptiques : 1,2 %
— Antidépresseurs : 0,2 %

On remarquera l'importance des prescriptions d'Equanil qui signe la prévalence de syndromes de sevrage alcoolique.

Les chiffres très faibles attachés aux prescriptions d'anti-épileptiques, de neuroleptiques et d'antidépresseurs s'expliquent par la conjonction de deux éléments. D'une part, l'impossibilité d'assurer des suivis réguliers de ces patients, d'autre part, le souci des soignants de ne pas favoriser d'éventuels comportements toxicomaniaques, ni de distribuer aux patients des produits qu'ils seraient susceptibles de revendre ou de se faire voler par des toxicomanes.

231 dossiers (soit 46,2 %) indiquaient par des prescriptions et/ou par des diagnostics ou observations, que ces patients présentaient des pathologies psychiatriques plus graves que celles relevant de simples prescriptions de benzodiazépines et/ou de somnifères.

Quant aux diagnostics ou observations de sémiologie psychiatrique notés dans les dossiers par les médecins, ils se répartissaient comme suit :

— Alcoolisme, ivresse : 21 %
— Crise comitiale : 8,4 %
— Toxicomanies : 5,6 %
— Psychiatrie +++, suivi psychiatrique : 5,4 %
— Agitation, agressivité, violence : 3,8 %
— Angoisse, dépression : 3,2 %
— Délire, état confusionnel : 2,0 %
— Tentative d'autolyse : 0,2 %

Si ces catégories peuvent sembler grossières et/ou conceptuellement insatisfaisantes, c'est qu'elles correspondent à l'immédiateté de notes de consultation rédigées par des médecins généralistes.

Cette étude se fondait, en outre, sur 110 entretiens réalisés avec des patients pris dans la salle d'attente, selon leur bonne volonté. De ces 110 entretiens, seuls 70 étaient exploitables, les autres étant réalisés avec des patients trop ivres ou trop confus pour faire sens. Globalement les résultats de cette partie de l'enquête confirment ceux de celle déjà citée (D. Chappey-Manouk et *al.*, *op. cit.*).

91 % des sujets disaient consommer trop d'alcool et/ou pensaient que l'alcool avait joué un rôle dans leur désocialisation.

Quant aux diagnostics psychiatriques probables portés à la suite de ces entretiens, et dont il faut souligner le caractère ponctuel et incertain :

7 % des sujets semblaient indiscutablement psychotiques.

19 % présentaient des traits de personnalité antisociale.

53 % présentaient des traits de personnalité antisociale et/ou limite sans qu'il soit possible de différencier plus précisément les deux diagnostics.

Par ailleurs, il pesait des doutes de diagnostics de psychose sur onze des sujets classés comme relevant (*a minima*) de troubles de la personnalité (soit 16 % de l'échantillon). Cela porterait l'hypothèse haute de la prévalence de la psychose au sein de cette cohorte de sujets, à 23 %, ce qui est congruent par rapport aux résultats d'autres études comparables.

— S. J. J. Freeman, A. Formo., A. Gopala Alampur, A. F. Sommers (1979) ont fait passer un entretien standardisé à visée diagnostique psychiatrique à une cohorte de 60 hommes d'un foyer d'urgence de Toronto (l'âge moyen était de 52 ans).

72 % de ces sujets étaient alcooliques

35 % présentaient des troubles psychiatriques autres (avec ou sans comorbidité alcoolique).

18 % des sujets ont été diagnostiqués schizophrènes. Un sujet était paranoïaque et un autre souffrait de psychose alcoolique. Trois sujets présentaient un syndrome cérébral organique. Au total, 27 % des sujets souffraient donc d'une forme de psychose.

— F. Drogoul, O. Horaist, E. Koechlin, B. Michel (1995), ont étudié 400 dossiers de patients qui consultaient en psychiatrie à la Mission France de Médecins du Monde à Paris.

55 % de ces patients vivaient de mendicité ou d'aides d'associations caritatives.

42 % étaient considérés comme utilisateurs réguliers de drogues (alcool compris).

25 % environ présentaient des troubles psychotiques.

15 % avaient été diagnostiqués schizophrènes lors du premier entretien.

14 % étaient considérés « états limites », les auteurs précisant que cette dénomination constituait souvent un diagnostic d'attente.

77 % disaient avoir déjà été hospitalisés en psychiatrie.

— V. Kovess et C. Mangin-Lazarus (1997) ont réalisé la meilleure enquête épidémiologique sur la santé mentale des sans-abri parisiens effectuée à ce jour. L'étude portait sur un échantillon représentatif de 838 personnes contactées dans des centres de distribution de repas gratuits et points-soupe, dans des centres d'hébergement d'urgence, et dans des centres d'hébergement de longue durée. Il était demandé aux sujets de répondre à un questionnaire d'entretien, reprenant, entre autres, sous forme de questions les différents symptômes nécessaires à l'établissement d'un diagnostic suivant les différentes classifications de la nosologie psychiatrique (en l'occurrence la CIM 10).

Il est à noter que les critères d'inclusion de l'échantillon définissaient une population plus large que celle des clochards. Cela est démontré tant par certaines données biographiques de l'échantillon (74,40 % des sujets étaient affiliés à la sécurité sociale ou à la carte Paris Santé, 19,70 % possédaient un diplôme supérieur ou égal au baccalauréat), que par la prévalence très basse — par rapport aux clochards — des troubles de l'usage d'alcool (24,90 % sur la vie, et 14,90 % dans les derniers six mois).

Néanmoins, les résultats montrent une prévalence importante de troubles psychiatriques au sein de l'échantillon.

Sur 715 entretiens retenus, la prévalence a été évaluée, à la fois sur toute la vie et sur les derniers six mois précédant l'entretien. Les résultats étaient les suivants :

Troubles psychotiques : 16 % sur la vie, 5,80 % sur les derniers six mois.

Troubles de l'humeur : 41 % sur la vie, 23,70 % sur les derniers six mois.

Troubles de l'usage de substances (alcool compris) : 33,90 % sur la vie, 21,30 % sur les derniers six mois.

Personnalités pathologiques (sur toute la vie par définition) : 57,60 %.

Présence d'un problème psychiatrique hors personnalité pathologique : 57,60 % sur la vie, 29,10 % sur les derniers six mois.

Présence d'un problème psychiatrique en plus d'une personnalité pathologique : 68,30 %.

LETTRE DE JEAN MALAURIE À PATRICK DECLERCK

Une vérité intériorisée

Cher Patrick Declerck,

Voici bientôt huit années que nous nous rencontrons pour nous entretenir de votre grand témoignage, ***Les Naufragés***. Ce livre est né de ma lecture d'un article que vous aviez publié en 1990 dans la revue *Esprit*. Je vous avais écrit aussitôt en souhaitant un « Terre Humaine ».

La fonction maïeutique du directeur de collection est délicate, désintéressée et parfois ingrate ; elle est celle d'un « homme de l'ombre ». Je cherche à déstabiliser l'auteur — gageure en raison de votre expérience de psychanalyste —, afin qu'au fil de l'écriture, il prenne davantage conscience de sa liberté d'être, de sa force créatrice et acquière la distance nécessaire pour juger de sa pensée et de son expression au nom d'un groupe social dont, marginal lui-même, il est le témoin privilégié. Ce dialogue n'a évidemment de sens que dans la mesure où l'auteur le souhaite ; c'est à votre demande, et précisément pour ce livre, que je suis allé vers vous et que nous avons appris, au fil des années, à nous estimer et à tisser une amitié. Ces rencontres ont été aussi diverses qu'une manifestation à Toulon, où je vous avais prié d'intervenir avec moi dans un contexte politique : la lutte contre l'intolérance et la pensée unique ; deux séminaires à l'École des hautes études en sciences sociales où vous avez dialogué avec les membres de mon groupe d'études arctiques ; un débat

413

dans un café autour d'une table ; une promenade le long de la Seine ou le soir dans la rue et jusqu'auprès de mon lit d'hôpital... Nous nous sommes rencontrés à une vingtaine d'occasions significatives si ma mémoire est fidèle, sans compter nos entretiens téléphoniques et vos courriers. Mon vœu a été de vous inviter à vous explorer au plus loin, au meilleur de vous-même, dans votre propre itinéraire et votre propre conscience, cependant que votre témoignage devait être aussi véridique et aigu que votre exceptionnel compagnonnage avec ces hommes et femmes l'autorisait.

Était-ce trop contraignant ? La collection est connotée depuis ses tout premiers titres. Elle se veut d'anthropologie réflexive. Vérité intériorisée, l'auteur s'affirmant au cours de son enquête, dans son tempérament et ses doutes. Aussi le récit connaît-il un balancement constant, plus ou moins réussi, entre les faits relatés et la personnalité de celui qui observe et analyse. Lorsque l'on écrit, il ne faut jamais oublier le lecteur. Penser, c'est faire penser et le lecteur va sans doute s'interroger sur les mots, sur ce qu'il y a entre les mots, sur ce qui n'a pas été dit, sur ce qui aurait pu être dit. Et c'est ici que j'interviens.

Vous vous êtes choisi psychothérapeute des exclus de notre société de profit : dix mille malheureux à Paris d'un système aveugle et sourd d'écrasement. Ce livre douloureux pourrait être reçu comme une philosophie de la déchéance, mais vous l'avez souhaité, aussi, comme un combat intérieur ; bien des questions limites posées par ces « humiliés et offensés » restent toutefois sans réponse et c'est la raison pour laquelle je vous écris.

Principale énigme qui taraudera le lecteur : vous n'avez pas voulu, m'avez-vous souvent confié, faire œuvre scientifique avec ces déchus de l'histoire, à mieux dire avoir une carrière universitaire ; et vous n'êtes inscrit à aucun institut de recherche ; vous n'avez pas non plus voulu faire œuvre caritative. Qui êtes-vous donc Patrick Declerck, s'interrogera le lecteur, pour vous assigner, dans une vie pénible et douloureuse auprès de ces naufragés, cette mission d'enquête si difficile et vous estimer en devoir de parler au nom de ces hommes ? Rappelez-vous Péguy interpellant Daniel Halévy, l'homme des villes, le clerc, et lui interdisant de parler au nom des paysans et des pauvres : La distance est trop grande, vous n'y comprendrez rien, lui dit-il en substance. Leur dignité est cachée. « Vous avez beau faire. Et ils auraient beau faire. Il y a quelque chose. Il y a une paille[1]. » On sent constamment chez vous, au fil des pages, par-delà des rejets qui vous prennent occasionnellement à la gorge, une passion douloureuse, une souffrance pour une humanité ignorée de tous et particulièrement des grands organismes de sciences sociales qui ne l'ont guère perçue, oubliant même de les répertorier dans leurs vastes, pompeux traités et dictionnaires.

Devant ces abominations, vous nous faites découvrir le peuple d'en bas dont vous avez eu la volonté de partager un peu la vie, ceux et celles qui vivent, selon les mots de Simone Weil, « une mort qui s'étire ».

Pourquoi l'homme doit-il aimer l'homme ? On ne cessera de s'interroger avec les frères Karamazov, si c'est vraiment une nécessité d'aider son voisin lorsqu'il est en détresse. Quand commence la compassion et comment apprécier, pour un laïc, cette main tendue ? Pourquoi l'homme aimerait-il son proche, et surtout s'il est en si grand péril et l'esprit de solidarité ne viendrait-il pas de notre héritage chrétien ou républicain, aujourd'hui très lézardé ? En vérité, « nous sommes tous coupables de tout et de tous envers tous et moi plus que tous les autres[2] ». Mais peut-être le lecteur voudra-t-il voir de plus loin, en souhaitant une solution politique. Que répondrez-vous à ces militants d'extrême gauche qui considèrent que la charité, en tout cas l'aide apportée aux plus démunis, donne bonne conscience. Elle jette un voile pudique sur les privilèges. Il ne faut pas avoir d'état d'âme et s'interdire toute sensiblerie lorsque l'on est un militant. Encore et toujours préparer la révolution. Être efficace, c'est œuvrer dans le sens de l'histoire telle que la conçoivent les pères de la révolution prolétarienne et d'un monde meilleur, enfin juste. Pour Lénine, Trotski et Staline, le clochard est un parasite qu'il

1. Charles Péguy, *L'Argent*, Paris, Gallimard, Bibliothèque de la Pléiade, 1992.
2. Fédor Dostoïevski, *Les Frères Karamazov*, 1880.

faut, si besoin par la force, mettre au travail ; le mettre à l'écart, si sa présence ruine la société et décourage le travailleur. Me vient à l'esprit une rue de Leningrad lors de la déroute de 1991. C'était l'hiver 90-91 qui n'en finissait pas ; le spectre du malheur absolu se dressait devant les plus démunis : les vieillards, les infirmes, les orphelins. Les passants, craignant d'être demain la victime de ce chaos, détournaient la tête. Le malheur était à tous les coins de rue. J'étais avec un collègue soviétique de l'Académie des sciences ; devant moi, agenouillée dans la neige, une pauvre femme en bout de vie et qui vendait une chaussure. Pas deux. Une. J'ai déposé dans cette chaussure une somme importante en roubles. « Ami français, va ton chemin, m'a dit mon collègue ; tu fais mal, car tu la corromps. » Mais que répondriez-vous successivement à Melville dans *Bartleby* ; il s'assied à la porte de l'étude, refusant obstinément de travailler, répondant invariablement : « Je préférerais ne pas le faire. » Et à Baudelaire ? Dans son célèbre poème en prose, il frappe le mendiant pour l'obliger à réagir en homme, refusant de le considérer comme une victime « Assommons les pauvres !... Celui-là seul est l'égal d'un autre, qui le prouve, et celui-là seul est digne de la liberté, qui sait la conquérir... Qu'en dis-tu, citoyen Proudhon ?... »

J'ai vécu vos hésitations à poursuivre cette descente aux enfers ; je vous ai côtoyé en vous lisant et en vous relisant ; j'ai souvent songé à ce que Leo Chestov appelait la « vision pénétrante » ; vous aussi très probablement. Nous avons été trop proches l'un de l'autre, pour que je n'aie pu observer que l'homme que j'ai connu n'est plus le même après ces dix années et que l'extrême pauvreté et le malheur, l'écriture aussi qui a vertu d'analyse, ont eu quelque pouvoir et peut-être même un sens. Pour moi également.

Laissons à ces déchus, par-delà ces grands débats idéologiques entre les doctes, cette vertu de nous contraindre, malgré notre superbe, à rentrer en nous. Ces hommes en conditions si extrêmes, nous interpellent silencieusement, tournant vers nous un visage ravagé aux yeux tristes, si tristes et presque morts d'un au-delà qui, pour les croyants, se profile. Ces misérables auraient-ils une vocation singulière, dans l'histoire de l'humanité, à la vie éternelle ? « Le mystérieux sacerdoce de la pauvreté... établi en ce monde pour le racheter de la misère... La tradition immémoriale de la pauvreté, qui vit au jour le jour... Manger dans la main de Dieu, selon la vieille expression populaire [1]. » Peut-être donc faut-il voir le problème, sinon de plus loin, du moins de plus haut. Quelle réponse faites-vous au message chrétien qui a cherché à construire l'Occident depuis 2000 ans dans l'esprit des Béatitudes, amplifié par le message de Saint François et condamnant le riche, auquel le royaume de Dieu serait interdit et prônant la vertu de l'esprit de pauvreté ? J'ai bien dit esprit de pauvreté *Beati pauperes* ! dans la fraternité du Christ en agonie jusqu'à la fin du monde. Ces exclus que sont les clochards n'attendent-ils pas aussi — en tout cas certains d'entre eux —, un message spirituel comme le leur proposent l'Armée du Salut et les compagnons d'Emmaüs avec l'Abbé Pierre ? Leur chute et leur désespoir ont une cause existentielle et c'est à cette cause que certains souhaiteraient peut-être vous voir aussi répondre. Pensée chrétienne mais aussi musulmane et même bouddhiste. Un lecteur en vous lisant pourrait se souvenir des commentaires du père Merton, moine cistercien, et de Suzuki, maître zen, à propos du célèbre « Discours sur l'esprit de pauvreté » de Maître Johannes Eckhart [2]. Ces considérations sur l'esprit évangélique n'habitent sans doute pas les clochards qui cherchent seulement à survivre. Encore que... Et qui sait ?

Je devine les critiques ricanantes pour le cynisme ecclésiastique. Je l'ai assez dénoncé dans mes écrits à propos de jeunes missionnaires mal éclairés, prônant dans l'Arctique canadien à des Inuit très démunis, la renonciation aux biens de ce monde. Difficile de faire saisir le message évangélique à des hommes et femmes, pauvres des pauvres, face à un pouvoir colonial hypocrite et complice, affirmant sa politique de dépossession.

---

1. Georges Bernanos, *Vie de Jésus*, in *La Vocation spirituelle de la France*, Paris, Plon, 1975.
2. Maître Johannes Eckhart, *Sermons 71, 72, 73*, tome 3, Paris, collection Spiritualités vivantes, Albin Michel, 2000.

L'indigène indigent serait-il un vecteur de la compassion permettant une intériorisation du regard ? C'est ce que le méthodisme nous a enseigné. Se souvenir de la célèbre phrase de Jacob Wesley : « Je suis allé en Amérique pour convertir les Indiens mais qui me convertira ? » Elle rappelle la boutade de George Bernard Shaw : « Quand on sait faire quelque chose on le fait ; quand on ne sait pas le faire, on l'enseigne. » Vous et moi, je le sais, ne pouvons oublier les admirables prêtres-ouvriers et les ordres caritatifs œuvrant, avec un désintéressement absolu, auprès du quart monde.

Pardonnez-moi, Patrick Declerck, je ne puis achever ici même cette lettre trop longue. En donnant le bon à tirer, il faut se résoudre à mettre un point final à cette si difficile réflexion. Cette lettre répond à votre attente inquiète et réitérée – et c'est vous qui avez eu l'idée de cette lettre – que je vous soutienne auprès des médias afin de provoquer, peut-être de façon anarchique, le débat nécessaire qui réveille les consciences et je fais de mon mieux. Je souhaiterais tant que la presse conservatrice, socialiste, communiste, écologiste, confessionnelle soutienne votre grande cause et lui donne le retentissement nécessaire afin de peser sur l'administration et ses Bureaux, afin de lui faire adopter d'autres solutions plus humaines et à la hauteur de ce drame. Ce peuple de désespérés, toujours plus jeunes, toujours plus nombreux et nous tendant la main dans nos rues comme déjà lassés de la vie, méritent toute notre attention. Les médias ont ce pouvoir d'action que je me dois de solliciter dans cette lettre, afin de donner à ce livre de « Terre Humaine » comme tous les autres, sa véritable signification : dénoncer mais aussi agir.

Vous avez ce mot terrible et qui est un constat clinique : « Je pense en avoir soulagé plusieurs. Je sais n'en avoir guéri aucun[1]. » Je relisais le livre de Miguel Benasayag[2]. Juste des justes, il a été torturé en 1974 par la junte militaire en Argentine pendant quatre ans et il avait vingt et un ans lorsqu'il a été arrêté. Il s'est efforcé d'aider ses camarades militants qui

1. *Les Naufragés*, p. 12.
2. Miguel Benasayag, *Parcours, engagement et résistance, une vie*, Calmann-Lévy, Paris, 2001.

s'estimaient brisés, déshonorés, indignes de vivre parce qu'ils avaient parlé sous la torture. Par la parole, par l'exemple, tout en éduquant, tout en formant à la culture, aux mathématiques, à la philosophie des paysans illettrés également arrêtés, il s'est efforcé de reconstruire psychologiquement ses camarades et de leur permettre ainsi une fois libres de se reconnaître comme des hommes. Et il y est parvenu.

J'ai connu des clochards inuit dans les années 80-90 détruits par l'humiliation de la déchéance, la drogue, l'alcool ; ils battent leurs femmes, s'autodétruisent ; l'inceste, lors de journées d'orgie, n'est pas rare, hélas ! « We are nobody. » Nous sommes zéro, me confiaient-ils dans un *broken english* et une langue désarticulée, destructurée, des syllabes avalées, alors qu'ils se soûlaient à mort et se roulaient dans la neige sous les yeux de Blancs indifférents, dans les rues de Nome, (Alaska), ville-frontière entre deux cultures.

Alcool, drogue, clochardisation, suicides... Je soumets aux administrations préfectorales et médicales françaises cette solution efficace adoptée de plus en plus par ces peuples premiers face à ce fléau : ne jamais les abandonner. Par la parole, par la fraternité, la communauté dont ces clochards relèvent tente de les réintégrer dans leurs fêtes néo-chamaniques aux carrefours d'un chamanisme ancien avec un christianisme néo-panthéiste et d'idées nouvelles. Le chant, la danse traditionnelle, les sons sont les vecteurs de ces hommes naturellement angoissés et affamés de sacré. Ils les aident à se reconstituer. Les Pentecôtistes, les Jésuites ont du génie dans cette approche. Ce sont là des thérapies ancestrales chez les Africains, les Brésiliens que l'ethnopsychiatre au regard aigu, Roger Bastide a décrites et que ces sociétés adoptent pour réintégrer dans le groupe ceux qu'ils appellent élégamment les « séparés ». En vous lisant, je n'ai pas eu le sentiment que l'administration préfectorale de la Police parisienne, en charge de « Nanterre », sache à quel point la musique et le théâtre ont un pouvoir régénérateur. Nombre de déportés — ceux qui n'étaient pas soutenus par une volonté politique — nous ont pourtant fait savoir alors qu'ils commençaient à renoncer à survivre, systématiquement battus, humiliés par les Nazis cherchant à les détruire physiquement et psychiquement, qu'ils ont instantanément repris force et courage en entendant un compagnon de malheur siffloter *La Madelon* ou un air de Mozart. Ils saisissaient qu'ils n'appartenaient pas à cet univers de brutes.

Je vous soumets ces quelques considérations que le lecteur pourrait avoir en tête. Elles n'ont sans doute pas grand sens dans ce livre sur la misère absolue.

L'on peut en tout cas, si l'on ne croit guère à ces messages invisibles, laisser à ces anonymes de la rue, dormant sur les bancs des gares, des stations de métro ou sous les ponts de la Seine, le très rare pouvoir de nous contraindre à nous interroger sur le cynisme d'une société républicaine prônant depuis deux siècles la justice sociale.

Le temps de l'euthanasie n'est pas loin... Réagir en citoyen ; l'exclusion s'institutionnalise souterrainement dans nos mouroirs et votre livre doit être reçu comme un avertissement.

Jean MALAURIE
Avril 2001

RÉPONSE DE PATRICK DECLERCK
À JEAN MALAURIE

Cher Jean Malaurie,

Votre lettre résume en quelques paragraphes un dialogue qui, au fil de nos rencontres, dure depuis plusieurs années. Vous me faites part d'un certain nombre d'interrogations, dont vous pensez qu'elles seront partagées par le lecteur et auxquelles il vous paraît essentiel à la compréhension de mon propos, que je réponde. Vous ne me demandez rien moins que de clore ce livre par une sorte d'autoportrait psychologique et philosophique.

Cette exigence dépasse la simple interrogation particulière, elle émane, je le sais, de la conception que vous avez tant du projet de Terre Humaine, que de celui de l'anthropologie même. La volonté objectivante des « sciences » sociales vous laisse profondément sceptique. Vous ne concevez d'objectivité véritable en ces domaines, que si celle-ci englobe explicitement les dimensions de l'observateur qui est d'abord un sujet — un humain avec son passé, ses convictions, ses fantasmes, ses affects — immergé dans une relation complexe avec d'autres humains. C'est à l'exploration de cet aspect de l'expérience anthropologique, que vous poussez inlassablement vos auteurs. C'est là l'essence de l'exercice de ce que vous appelez, avec raison, votre maïeutique. C'est là cette gravité existentielle, cette radicalité de l'engagement de l'auteur, qui vous semble essentielle aux ouvrages de votre collection.

Avant de répondre à votre interrogation, votre lettre me conduit à faire deux commentaires.

Le premier, objectif, concerne l'intention de mon livre. Si vous avez raison de rappeler que je n'ai pas souhaité faire de mon travail auprès des clochards, une « œuvre scientifique » au sens étroitement objectivant du terme, il me semblait, en revanche, essentiel, et vous m'y avez par ailleurs encouragé, de dépasser le niveau du simple témoignage par une tentative de conceptualisation anthropologique et psychanalytique de cette effroyable réalité humaine. Que cette tentative soit — ou non — réussie, il ne m'appartient pas finalement d'en juger, simplement, je tiens à souligner ma conviction que seule la pensée permet d'échapper vers le haut au chaos indifférencié de l'expérience et de l'affect. Sans elle, tout témoignage ne serait qu'anecdotique et, au fond, dénué de sens.

Le second, subjectif, a trait à la nature de nos rapports. « Mon vœu, écrivez-vous, a été de vous inviter à vous explorer au plus loin, au meilleur de vous-même... » Je tiens à vous dire, dans l'après-coup de cet échange de lettres, à quel point l'expérience de cette longue relation avec vous a été, pour moi, déterminante. Cette relation a été — est — double. C'est la relation d'un éditeur avec l'un de ses auteurs. C'est surtout une amitié profonde entre deux hommes. Ce n'est pas, ici, de paternité spirituelle qu'il s'agit. Je suis trop vieux pour cela et n'ai pas pour vocation d'être un fils. Non, c'est autre chose. C'est l'ouverture d'un espace expérimental du dire et du jeu du verbe. C'est l'affermissement d'une volonté du signe. C'est, pour l'auteur, l'accession, rendue possible, à sa voix propre. C'est bien en cela que vous êtes, Jean Malaurie, un maître en création comme il est des maîtres zen. Vous remercier est dérisoire. Simplement, je voulais vous le dire.

Un autoportrait, donc. Je ne vous cache pas que l'exercice me semble assez désagréable et ce, principalement, pour trois raisons.

La première est que je pense avoir laissé dans le texte suffisamment de traces de mon identité profonde.

La deuxième est que, la vie et l'âge aidant, j'ai abandonné, il y a quelque années déjà (et à regret, croyez-le bien), l'illusion narcissique et adolescente de me trouver particulièrement intéressant, courageux, brillant, etc. Si ce livre a quelque mérite, il le doit à son sujet et à sa dynamique propre. C'est lui qui est intéressant, pas moi.

La troisième, et c'est la plus grave, est qu'il est un danger à ce que le malaise et les angoissantes interrogations suscitées chez le lecteur par le contenu même du livre, c'est-à-dire par la rencontre avec les clochards et leur inquiétante étrangeté, ne se trouvent être en quelque sorte défensivement évacués et court-circuités, par un déplacement du regard sur ma personne. Ce ne serait alors plus les clochards qui poseraient question, mais plus simplement l'auteur qui serait un peu bizarre. Et si ce n'est que ça...

Les arguments plaidant en faveur d'une explicitation plus poussée de mes positions, ne me convainquent donc pas véritablement. Néanmoins, devant l'insistance des questions que vous soulevez, je vous propose cette lettre, vous laissant juge de l'opportunité de la publier en addendum au livre...

Votre questionnement est triple. Il porte d'une part, sur le sens et la légitimité (professionnelle, éthique, métaphysique) de mon travail auprès des clochards, d'autre part, sur la collusion éventuelle de cette activité avec certains aspects de ma personnalité qui la rendraient possible. Ensuite, vos interrogations s'échappent en quelque sorte vers le haut, pour interroger mes convictions éthiques et métaphysiques.

Concernant la légitimité professionnelle de mon travail, il est facile de répondre. Je suis psychanalyste, c'est-à-dire que j'exerce une version un peu particulière d'un métier du soin. Quoi de plus banal pour un psychanalyste que de s'intéresser à la souffrance humaine et à la psychopathologie ? Que celle-ci soit majorée et concentrée dans une population, comme celle des clochards, ne change rien à l'affaire, bien au contraire. Quoi de plus évident pour un psychanalyste, que de tenter, dans la mesure du possible et de ses faibles moyens, de soulager la souffrance psychique ? Il n'y a là rien de plus à dire. La légitimité de la pratique psychanalytique distincte de la pratique médicale, n'est plus à établir.

Quant à une hypothétique capacité particulière que j'aurais à supporter l'horreur humaine, remettons les choses à leur juste place. Les aides-soignantes, par exemple, sont confrontées au cours de leur vie professionnelle à au moins autant d'atrocités que je n'ai pu l'être au cours de mes années de consultation. Cela pour un salaire dérisoire et sans avoir ni les possibilités sociales et économiques de faire autre chose, ni les gratifications narcissiques qui sont les miennes, et qui permettent dans une certaine mesure de pallier la désespérance quotidienne : prestige professionnel, écriture, conférences, etc.

Au risque de décevoir les besoins transférentiels et fantasmatiques d'éventuels lecteurs en mal de héros éthiques, permettez-moi de dire platement et sans je ne sais quelle fausse modestie de salon de thé, que je n'en suis tout simplement pas un. Le préciser est déjà ridicule en soi. Non pas que je nie l'existence et la grandeur d'authentiques héros éthiques. Au contraire, j'en ai connus : soignants à Nanterre, au Cameroun, au Congo. Simplement, je ne suis pas de ceux-là. Et si je me suis autorisé à dresser le portrait du Père Damien, héros par excellence, c'est bien justement pour souligner l'incommensurable différence entre le radical engagement — que dis-je ? plongeon — existentiel qui fut le sien et le dérisoire relatif de ma position réservée d'observateur/intervenant.

Dans un cas, il s'agit d'un impératif, d'un mouvement profond et inexorable qui saisit le sujet et le dépasse, dans l'autre ce n'est, en définitive, qu'une promenade esthétique (quoique chargée de gravité et de réel souci éthique) dont je pouvais à tout moment me dégager. C'est cette dimension de non-nécessité intime de l'engagement et de l'action, qui renvoie le sujet au luxe d'une sympathie (au sens étymologique de « souffrir avec »), dont il pourrait aussi bien faire l'économie. C'est d'ailleurs mon cas, puisque je ne consulte plus aujourd'hui auprès des clochards.

Ainsi, non seulement il n'y a rien dans ma démarche qui relève d'une hauteur éthique particulière, autre que la plus élémentaire décence *in situ*, mais en outre, je plaide pour que la pensée stratégique du soin apporté aux populations que je décris, s'éloigne le plus possible de ces dimensions de l'extraordinaire et de l'héroïque. Le discours hypertrophié du don de soi et de la charité glorieuse est trop souvent le masque de l'incompétence et du bricolage, quand il n'est pas celui de la perversion. L'encadrement médico-social de la grande désocialisation a tout intérêt à se banaliser et à se penser comme n'importe quelle autre question de santé publique.

Je me situe à cet égard, à l'exact opposé de la pensée de Péguy et de Bernanos qui sacralisent la pauvreté. Cliniquement, l'idée que la pauvreté grandit l'homme est une sottise. Les pages de cet ouvrage le montrent bien : la pauvreté est une abjection qui, loin d'élever l'homme, l'écrase et le nie, en l'enchaînant à l'épuisante et itérative obligation de tenter désespérément de satisfaire, jour après jour, heure après heure, ses besoins les plus élémentaires. La pauvreté abrutit l'homme en le condamnant à n'être plus que l'esclave de l'instant. Philosophiquement, l'idéalisation de la pauvreté n'est, pour moi (à la suite de Nietzsche), qu'un symptôme de plus du ressentiment profond du christianisme vis-à-vis de la vie et du plaisir. Ressentiment dont il n'a pas, par ailleurs, l'exclusivité.

Je constate, en outre, que l'exaltation misérabiliste semble sévir le plus souvent chez les biens nourris ; les pauvres, eux, sont sur le sujet, d'une manière générale, étrangement moins lyriques. A croire que ce qui est édifiant dans la misère, c'est que c'est surtout la misère des autres...

Quant à la « dignité » des pauvres qui émeut tant dans les beaux quartiers et dans une certaine littérature, elle n'est qu'une sorte de satisfecit esthético-moralisateur décerné aux malheureux par les nantis. La « dignité » se porte bien. Elle est le « chic » de la misère et de l'exclusion. Se révolter serait, il est vrai, tellement vulgaire et, ô combien, bruyant...

Vous faites aussi allusion à une position d'extrême gauche : « la charité corrompt les pauvres en achetant leur éventuelle révolte, pratiquons donc la politique du pire ». L'argument (à l'instar de toute paranoïa) est logiquement imparable. Mais, comme toute logique poussée jusqu'à ses conséquences extrêmes, c'est une logique folle parce que inhumaine et contraire à la vie. Ce sont les contradictions, les à-peu-près, les faiblesses, les malgré-tout, les néanmoins, les je-sais-que-je-ne-devrais-pas-mais, qui font toute l'humanité de la vie, sa médiocrité et sa grandeur. Le philosophe-roi est toujours un homme dangereux.

Encore faut-il, par ailleurs, distinguer entre charité comme système et stratégie, et charité comme acte, dans une solidarité ponctuelle entre vivants. Quoi qu'il en soit, pour revenir au livre, ma position n'est pas de me faire, vis-à-vis des clochards, le chantre de la charité. Bien au contraire, je plaide, comme je l'ai écrit plus haut, pour une professionnalisation de l'aide apportée.

Voilà ce qu'il était facile de vous répondre et de clarifier. Mais votre questionnement va plus loin et interroge les particularités de ma personnalité autant que celles de mes positions métaphysiques.

Une anecdote éclaire, je crois, grandement la spécificité de mon rapport à l'existence. J'ai souffert vers trois ou quatre ans, d'une phobie curieuse (qui disparut d'ailleurs spontanément comme le font généralement les phobies infantiles) : j'avais peur de m'envoler. J'étais victime, par grand vent, d'une sorte de vertige ascensionnel. Lorsque je fermais les yeux, j'avais la sensation terrifiante d'être emporté par le vent, comme le sont les papiers ou les sacs en plastique. *Grundlosligkeit* disent les Allemands : absence d'assise, de base, de fondement. Vertige horrible et délicieux à la fois...

Que penser de ce symptôme, sinon que je ne devais pas être bien assuré, ni de la solidité du monde ni de la stabilité de la position que j'y occupais ?

Aujourd'hui, je pense le monde sans Dieu, sans finalité, sans but. Infime agrégat de matière doté, l'instant minuscule de son organisation, d'une sorte de pensée bien imparfaite. Rationalité limitée, îlot fragile, battu par les flots, et le plus souvent submergé par des pulsions tyranniques et désordonnées.

Les passions ? Les pulsions ? Je dirais, pour autant que l'on tienne à adopter cette taxinomie, que des sept péchés capitaux (paresse, gloutonnerie, orgueil, colère, avarice, luxure, envie), tous se disputent à peu près également ma nature profonde. Sauf l'avarice. Cette dernière m'est, jusqu'à présent, demeurée étrangère. Encore n'est-ce point là vertu, mais paresse : l'avarice nécessitant en effet de maintenir un état d'hypervigilance qui dépasse de loin mes capacités énergétiques.

Quelle importance, me demanderez-vous peut-être... Quelle importance ? puisque si Dieu n'existe pas, tout est permis. Justement puisque Dieu n'existe pas, il me semble au contraire que rien n'est permis. Car il n'est pas de pardon possible, pas de retour en arrière, pas de deuxième chance, pas de rédemption. Rien ne s'efface et le mal reste le mal de toute éternité. Je parle du mal, du vrai. Non des peccadilles sexuelles qui obsèdent aveuglément les religieux de tous bords, comme si, au regard de l'immensité du monde, les pauvres soulagements de nos malheureux organes revêtaient une importance quelconque... Non, le vrai mal : le mépris de la vie, de la pureté, de la sensibilité, de la grandeur, de la beauté.

Dieu. Si j'éprouve jusqu'à la moelle de mon être, le déchirement constant d'être un organisme capable à la fois d'entretenir l'idée d'infini et de concevoir l'inéluctabilité de sa propre mort, si je frémis devant l'atroce et fragile beauté du monde, si je suis, en un mot, profondément pénétré de l'émotion religieuse, de ce sentiment océanique dont parlait à Freud, Romain Rolland, je suis, en revanche, parfaitement fermé à l'idée de l'existence d'un Dieu quelconque. Non pas seulement le Dieu des chrétiens. Jésus, trop éthéré, trop dénué d'humour, trop asexué, il est vrai, m'agace instinctivement. Mais au-delà de cette antipathie, l'idée même de Dieu m'apparaît non seulement irrecevable, mais profondément inintelligible et quelque peu grotesque. Et avec elle, le spectacle effarant de toutes les religions. Sortes de compulsions collectives à composer indéfiniment un numéro de téléphone qui ne répond jamais...

Certes, intellectuellement, je sais bien que le phénomène religieux est plus digne, plus complexe, plus sérieux que cela, mais c'est ici, mon sentiment que je vous donne, mon réflexe foncier.

Je vous fais grâce des arguments bien connus relatifs aux difficultés liées à la coexistence d'un Dieu tout-puissant avec le mal dans la création, ce que la théologie appelle « théodicée ». Arguments bien connus, mais en attendant, logiquement imparables... A moins, bien entendu, de faire l'hypothèse d'un Dieu maladroit, incompétent, ou méchant, ou encore de penser avec Épicure, que les dieux vivent tout simplement sans se soucier de nous le moins du monde. Mais pourquoi alors s'encombrer de ces constructions vides d'intérêt ?

Dieu existerait-il d'ailleurs, que notre existence n'en serait encore que plus odieuse. Elle en serait alors réduite à celle d'une sorte de rat de laboratoire. Nous ne serions plus que les cobayes d'une expérience éthico-métaphysique de l'esprit divin. Les jouets, la distraction momentanée, d'un Dieu qui tout seul, s'ennuierait. Nos souffrances seraient pour rire. Toute dignité deviendrait impossible. Non vraiment, Bakounine a raison : « Même si Dieu existait, il faudrait s'en débarrasser. »

Ce monde sans Dieu est insoluble. Un exemple. Il y a quelques mois, j'ai recueilli un chat perdu. Il était assez mal en point et, laissé à lui-même, serait probablement mort assez rapidement. Je le soignai. Il se remit. Il se remit même si bien, que quelques jours plus tard, il tua un oiseau avec cette cruauté lente, délibérée, qui nous horrifie tant et qui n'est qu'instinct de félin. Ainsi, en prolongeant la vie du chat, j'abrégeai celle de l'oiseau en le condamnant à mourir dans d'épouvantables souffrances. Le monde est sans issue. Il n'est pas d'alternative entre le bien et le mal. Il n'est que l'implacable obligation de bricoler sans fin entre différents maux incommensurables.

De même, la vie ne me semble pas hésiter entre échec et réussite, mais entre échec comme ci et échec comme ça. « Le monde est une branlade pérenne », ricanait Montaigne. Ainsi, en venant au monde, sommes-nous condamnés à danser un instant sur le pont du *Titanic*. Au moins, jusqu'à un certain point, pouvons-nous choisir la musique...

Les trois grandes religions monothéistes — indépendamment de leur criante incapacité historique et collective à en tirer la moindre application sérieuse — affirment que la solution à la condition humaine se trouve dans l'amour : amour de Dieu d'abord, des hommes ensuite, parce qu'ils sont les créatures de Dieu. Je ne parviens pas, pour ma part, à croire véritablement plus à l'amour que je ne parviens à croire en

Dieu. L'amour est une émotion, un sentiment. Comme tel, il est labile, incertain, ambivalent, trouble et généralement impossible à maintenir longtemps. Je me méfie de ses extravagances et de son hystérie, tout comme je me méfie des pulsions. Me semble, en revanche, plus fiable l'intelligence des philosophes grecs. Volonté d'intelligence de la nature des choses, de l'ordre du monde. Volonté de logos et sage méfiance de l'outrance. Je me console un peu — oh, rien qu'un peu — à la lecture des philosophes. Je suis grec. Je me veux grec, passionnément.

Et puis, il y a la joie. Et cette asymptote, comme l'a bien vu Spinoza, où intelligence des choses et joie ne font qu'un. *Amor intellectus Dei*. L'amour intellectuel de Dieu, la contemplation joyeuse, réconciliée et sans désir, de l'agencement du monde. L'amour de Dieu, sans Dieu, par-delà l'espoir, tant pis, tant mieux, avec rien au ciel, que les étoiles muettes. L'extase, le ravissement du monde. Le grand *Ja sagen* nietzschéen à la vie telle qu'elle est, dans tout son drame, sa grandeur, et sa beauté.

Pourtant, la nature n'est, en définitive, elle aussi, qu'une illusion et n'offre à nos rêveries romantiques qu'un havre bien précaire et tout superficiel. La nature est une horreur, une boucherie sans fin, et la vie des animaux, une longue terreur.

Comme j'aimerais pourtant qu'Empédocle eût raison et que le cosmos connaisse des cycles infinis de contraction et d'expansion, que l'histoire cosmique soit une lente respiration de big-bangs à répétitions. Que l'histoire ne finisse jamais, que les combinaisons de la matière soient sans fin. Hélas, les données actuelles de la cosmologie ne semblent pas confirmer cette hypothèse. Il m'est affreux de poser mon regard sur toutes choses en sachant qu'elles sont vouées à l'irrémédiable destruction. Chaque brin d'herbe, chaque fleur, oiseau, poisson, insecte, mammifère, nuage, goutte d'eau, tout cela, nous le savons, périra. C'est l'anticréation qui est vraie. Notre soleil va mourir et toute souffrance, tout projet, tout effort sont vains. On me dira en souriant que tout cela est dans un futur lointain, que l'on estime à environ cinq milliards d'années. J'avoue, sans rire et sans pose, être de plus en plus incapable de comprendre ce que le temps change à l'affaire.

En avançant dans le cours de la vie, il est ainsi des croyances, des attitudes, des évidences apparemment partagées par tout un chacun, qui m'apparaissent comme de plus en plus problématiques et qui, lentement, s'éloignent de moi, les unes après les autres. Ainsi de l'espoir, ainsi du respect pour les croyances religieuses, ainsi du sérieux de l'existence. Ainsi aussi de la supposée différence entre hommes et bêtes. Non pas que je nie cette différence, simplement, elle m'apparaît de plus en plus relative et mineure en regard de l'immense continuum du vivant. Les hindouistes qui portent un voile devant la bouche pour ne pas risquer d'avaler quelque moucheron par inadvertance, me semblent éminemment respectables. Plus je vieillis, plus la vie sous toutes ses formes me semble infiniment rare et précieuse. Je ne tue pas les insectes qui fréquentent mon logement. S'ils me dérangent, je les éconduis. J'ai honte de n'avoir pas (encore ?) le courage d'être végétarien.

Il y a quelque jours, au bord de la mer, j'ai trouvé, surnageant avec difficulté dans le ressac et trop faible pour se tenir debout sur le sable, un huîtrier pie. Petit oiseau marin noir et blanc au long bec rouge. Les ailes écartées pour mieux se maintenir à la surface, il s'épuisait en se noyant lentement. Je me suis avancé dans l'eau pour le prendre. Il s'est laissé faire avec une sorte de soulagement. Je l'ai maintenu contre mon ventre pour le réchauffer. Il tenait tout entier dans ma main. Je l'ai porté chez un vétérinaire. L'affaire prit un peu plus d'une heure. Une heure, durant laquelle cet animal sauvage et moi vécurent dans une sorte de communion. Nous nous regardions. Son petit œil noir clignait de temps en temps. Il était au-delà de la peur et s'abandonnait à moi. De temps en temps, ses forces le lâchaient, il fermait alors les yeux, et appuyait la tête contre ma peau. Je le remis aux soignants. Il mourut quelques minutes plus tard. Une radiographie révéla la présence de trois plombs de chasse. Deux dans la poitrine et un dans le bec...

Quelle grande chose, quelle merveille, quel mystère, qu'un animal sauvage au bord de la mort s'en remette sans crainte à l'homme, dans l'extraordinaire moment d'une relation entre espèces, une fraternité dernière entre les vivants. L'homme, me suis-je dit en songeant à Heidegger, est vraiment le berger de l'être. Hélas, le berger est le plus souvent méchant, imbécile et fou.

J'entends d'ici les ricanements : sensiblerie, gâtisme, etc. Comme s'il était possible d'être trop sensible à la souffrance des vivants...

Cela dit, cette sensibilité chez moi, s'accroît indubitablement. Sensibilité à l'émotion esthétique, musicale, douloureuse empathie vis-à-vis du vivant sous toutes ses formes. Cela, à mesure que se développe parallèlement mon dégoût de l'humanité. Bardamu, mon frère...

L'homme, à la différence de l'animal, n'est pas innocent et me révulse chaque jour un peu plus. Je ne suis pas le seul. Platon constatait l'« existence, dépourvue de sagesse, de la tourbe humaine tout entière ». Nietzsche a décrit le ressentiment de la « bête de troupeau démocratique ». Et je partage sans réserve les vues de Freud qui écrivait au pasteur Pfister : « Je ne me casse pas beaucoup la tête au sujet du bien et du mal, mais en moyenne, je n'ai découvert que fort peu de "bien" chez les hommes. D'après ce que j'en sais, ils ne sont pour la plupart que de la racaille, qu'ils se réclament de l'éthique, de telle ou de telle doctrine ou d'aucune. » Il est ainsi, un courant d'antihumanisme freudien qui se trouve être, aujourd'hui, souvent refoulé.

L'humanité est une tentative ratée de l'expérience de la vie, une sorte d'aberration darwinienne. Le dernier des termites est infiniment plus adapté à son monde, que nous le sommes au nôtre. Suffisamment intelligent et habile pour être épouvantablement dangereux, mais essentiellement dénué de maîtrise pulsionnelle, l'homme me semble voué à un échec inéluctable.

Paradoxalement, soubresaut de ce que Schopenhauer appelait le vouloir-vivre, j'ai la joie, l'honneur, d'avoir une fille. S'il serait indécent de m'étendre sur les sentiments qui nous lient, je peux cependant résumer les choses en avouant que sans elle, sans le désir de lui transmettre quelque chose de ce que j'ai vécu et pensé, je n'aurais jamais eu le courage de terminer

433

ce livre. C'est pour elle que j'écris. Non-sens, contradiction, entêtement organique : c'est toute la gloire de la vie.

Pour autant, la réflexion psychanalytique sur le fonctionnement humain général ne me laisse pas d'autre issue que de refuser de croire que l'humanité parviendra à suffisamment de maîtrise, d'harmonie, et de coopération, pour éviter qu'éclatent, à terme, des conflits nucléaires ou que la planète finisse de se noyer dans l'imbécile gâchis de la pollution, alors que l'évidence clinique montre que la plupart des hommes sont incapables d'intégrer l'élémentaire représentation qu'ils s'autodétruisent par les abus d'alcool, de tabac, de nourriture et de sexe. Les grands problèmes de santé publique sont des souffrances que l'humanité s'inflige par désinvolture, par stupidité, par incapacité à contrôler ses pulsions : cancers liés à l'alcoolotabagisme, bon nombre de troubles cardiovasculaires, obésité, traumatologie liée aux accidents de la route, la plupart des sidas. Sans parler de la pauvreté et de la famine, dont la cause foncière est la cupidité générale. Non, décidément, je n'aime pas l'homme.

Dans ces conditions, me direz-vous, pourquoi le soigner ? Je répondrais que si l'humanité en général à tendance à m'insupporter, j'ai, en revanche, le plus souvent plaisir à la fréquentation de l'homme singulier, de l'individu, du sujet. Lui m'intéresse, car il est à la fois meilleur et pire qu'on ne peut le supposer.

Pour ma part, la psychanalyse me permet d'être un soignant particulier, à une distance qui me convient. Le paradoxe de la position de l'analyste est que ce dernier est d'autant plus efficace, qu'il souhaite l'être moins, et que, s'il doit pouvoir se soucier profondément de son patient, il lui faut aussi pouvoir en être non moins l'observateur détaché, l'entomologiste attentif. Entomologie, voilà, pour moi, le maître mot. N'y voyez là, aucun mépris particulier de l'autre. Entomologiste, je veux l'être au moins autant à l'égard de moi-même. Il convient mieux à mon tempérament, d'être plus observateur que soignant. Je ferais peut-être un bon vétérinaire. Je serais à coup sûr un mauvais médecin : je m'ennuierais trop.

Si j'ai plaisir à côtoyer la grande psychopathologie, c'est parce que le malade mental est toujours, en définitive, une sorte de protestataire qui, d'une manière ou d'une autre, s'érige contre l'ordre du monde. Par là même, il se détruit. Il y a quelque chose de Don Quichotte en lui. Cela me semble être toujours plus intéressant que la banale normalité. Et puis indéniablement, il est une satisfaction un peu louche à fréquenter les extrêmes de l'expérience humaine : les clochards, les fous, les criminels... C'est le même plaisir que l'on peut éprouver à retourner les pierres plates et voir alors grouiller sous leur lisse apparence, des formes de vie cachées et un peu immondes. Je ne crois pas à la fausse quiétude de la normalité. J'ai plaisir à en débusquer les faux-semblants. Il y a indubitablement là chez moi, comme peut-être chez tout analyste, une part de sadisme.

On aurait tort en revanche d'idéaliser la folie. La psychopathologie est, par essence, toujours une aliénation du sujet, un obstacle à sa vie, une manière d'amputation. En ce sens, le psychanalyste est un modeste artisan de la liberté. C'est là la vraie grandeur de mon métier.

On devinera aisément au vu de ce qui précède que je ne crois nullement à l'intérêt des mouvements, idéologies et solutions collectives, et que je n'éprouve vis-à-vis de la société en général, que mépris désabusé. Je suis profondément, viscéralement, anarchiste et cosmopolite. Toute sensibilité nationale ou patriotique m'est étrangère. Né Belge dans une famille en partie anglaise, parti vivre en Afrique, aux États-Unis et au Canada, finalement naturalisé Français, élevé dans la pratique de trois langues, je me sens apatride et citoyen du monde. Dans ces temps de retour insidieux des nationalismes, je revendique cette non-appartenance. Ma nationalité ne m'est rien de plus qu'un mot sur un papier. Je ne veux concéder à l'État et aux règles de la vie sociale, que le minimum.

Je ne me sens fondamentalement tenu à rien d'autre qu'aux plaisirs de la *vita contemplativa* et, encore une fois, je rejoins Nietzsche : « Ce n'est qu'en tant que phénomène esthétique que l'existence et le monde, éternellement, se justifient. »

Et pourtant, je sais que cette position est, sinon fausse, tout au moins incomplète et que, tout aussi bien, il serait possible de soutenir le contraire, en réaffirmant l'irréductible exigence de la solidarité éthique avec les autres hommes, l'inexorable et angoissante légitimité de leurs besoins, de leurs plaintes. Mais c'est là, l'aporie fondamentale. Ou bien, ou bien... Ou bien Nietzsche. Ou bien saint François. Tous deux ont raison. Tous deux ont tort. Nier l'un relève de la mauvaise foi. Maintenir les deux est impossible. Écartèlement.

Entre deux mauvaises fois, je choisis celle de la distance et de la hauteur. C'est celle qui m'arrange. Car elle seule préserve ma sensibilité de la menace d'un envahissement par l'affect ou par l'Autre et son irréductible ipséité. Ce serait alors, pour moi, le naufrage de toute pensée possible.

Ainsi, le mépris que je cultive vis-à-vis des hommes et donc, nécessairement, de moi-même, est le parti pris méthodologique d'une préférable méfiance. « *Caute* », « prudence », était la devise de Spinoza. Il faut apprendre à reconnaître ce qui, pour soi, est poison.

Mais il est une distinction entre dire, être et faire. Et l'aspiration à la rigueur d'une pensée roide, n'exclut en rien le bricolage, ni bien ni mal, un peu médiocre, de la vie, la banale humanité des travaux et des jours, qui est celle de tout un chacun. En ce sens, bêtement, platement, sommes-nous tous, avant tout, par-dessus tout, comme tout le monde. Ni ange ni bête, certes, la chute est connue, simplement tout au moins peut-on s'entêter à vouloir rêver d'autre chose... Pour autant, après avoir tant écrit contre la pitié, Nietzsche fut-il jamais aussi grand que lorsqu'en sanglotant, il se jeta au cou d'un cheval battu ?

Néanmoins, je me retrouve pleinement dans Sénèque, qui avoue sobrement dans sa septième lettre à Lucilius : « Veux-tu toute ma pensée ? Je m'en reviens plus cupide, plus ambitieux, plus voluptueux, que dis-je ? Plus cruel, moins humain, pour être allé parmi les hommes. » Il est nécessaire, pour se préserver de la corruption de la maladie humaine, de demeurer à une certaine distance, à une certaine hauteur des autres, comme de soi-même.

Il faut lutter pour s'élever. Et refuser les distractions du monde, son bavardage incessant, ses séductions insidieuses. Chants des sirènes qui conduisent à la perte, à l'éparpillement, à l'abandon de ce qu'il y a d'essentiel et de meilleur en soi. Le monde conspire à détourner le sujet de lui-même, à lui voler l'unicité de son être, à ce qu'il brade l'aventure de sa vie contre quelques pièces de monnaie de singe que sont les honneurs, la réputation, les oripeaux de la réussite professionnelle, sociale, économique... « *The mass of men lead lives of quiet desperation* », constatait tristement Thoreau. Rien n'est plus désespérant que de mourir avant d'avoir vécu et c'est là, le lot commun.

Suis-je pour autant solitaire, misanthrope, triste ? Aucunement. Si j'ai naturellement tendance à rester quelque peu sceptique devant les bruyants débordements de l'amour, je cultive et chéris, en revanche les joies plus sûres — et peut-être, comme le pensait Aristote, plus profondes — des amitiés au long cours. Poignée de proches, hommes et femmes, qui sont ma vraie patrie et sans qui je ne serais rien

Quant au soupçon de tristesse, oserais-je avouer que dans la vie quotidienne je suis assez enjoué ? Je ris vite et souvent, généralement de ces choses un peu louches que pudiquement l'on nomme « rabelaisiennes ». Et si les histoires dites « drôles » me lassent presque toujours, je suis, en revanche, facilement hilare devant l'irruption comique des affres du corporel dans la trame policée de nos efforts de distinction. J'aime Aristophane, Falstaff, Swift, Breughel, Jordaens, Laurel et Hardy, le délire pictural de James Ensor... Tout comme Freud, je suis un pessimiste joyeux.

Il fut un très grand marin français : Bernard Moitessier. Par-delà une certaine folie, c'était un véritable mystique de la mer. Son histoire est connue : alors qu'il était en tête de la première course autour du monde en solitaire et sans escale, il lui apparut absurde de rentrer. Il fit, en le lançant sur le pont d'un cargo à l'aide d'une catapulte, parvenir ce message : « Je continue sans escale vers les îles du Pacifique parce que je suis heureux en mer, et peut-être aussi pour sauver mon âme. » Quelle grandeur !

Pour ma part, petitement, bouchonnant en mer du Nord chaque fois que je le peux, entre ciel et brouillard, avec de temps en temps la joie d'un dauphin, la visite grave d'un phoque, l'honneur d'un oiseau qui vient un moment se reposer dans le cockpit, la grâce d'un quart de nuit traversé d'une étoile filante, la prière — lorsque la visibilité le permet — du relevé au sextant de la position grâce à la grande horloge du ciel... Pour ma part, je ne suis vraiment heureux qu'en mer. Je travaille à pouvoir m'y installer. A vivre enfin à bonne distance de la terre et de ses désordres.

Après ? Vieillissant, révolté caduque, anarchiste un peu sénile, stoïcien amateur, philosophe du dimanche comme d'autres sont peintres, j'espère avoir alors le courage d'éviter les dernières humiliations de la sénescence, ce grand âge dont Schopenhauer disait qu'il était un état que l'on pourrait résumer ainsi : « Aujourd'hui est mauvais et chaque jour sera plus mauvais — jusqu'à ce que le pire arrive », en me donnant la mort simplement, tranquillement. Reconnaissant d'avoir vécu. Et concluant avec Bach, cet ami intime, ce fidèle compagnon des bons et des mauvais jours : « *Der Abschied ist gemacht, Welt, gute Nacht !* » (BWV 82). Nous verrons bien...

Voilà, cher Jean Malaurie, ce que j'avais à partager avec vous. Me relire ne fait qu'accroître mes réserves quant à l'intérêt d'une publication. Enfin, je vous laisse juge...

De toute manière, ne voyez dans tout cela, que les tentatives fragmentaires et contradictoires d'un homme qui, refusant les béquilles de l'illusion, s'efforce de penser sa vie, avec pour horizon l'angoissante interrogation de Tolstoï : « Que devons-nous faire ? Comment devons-nous vivre ? » Un homme qui tente — généralement en vain — d'être un peu moins mauvais, un peu moins médiocre, un peu moins bête, qu'il a naturellement tendance à être,

Avec mon amitié.

Patrick DECLERCK.

BIBLIOGRAPHIE

— Anderson N., *Le Hobo, sociologie du sans-abri*, Paris, Nathan, 1993.

— Asander H., « A field investigation of homeless men in Stockholm », in *Acta Psychiatrica Scandinavica*, Supplementum 281, vol. 61, Munksgaard Copenhagen, 1980.

— Beaune J.-C., *Le Vagabond et la machine*, Seyssel, Champ Vallon, 1983.

— Bentham J., *Le Panoptique*, Paris, Belfond, 1977.

— Bernand C., *Les vieux vont mourir à Nanterre*, Paris, Le Sagittaire, 1978.

— Borg S., « Homeless men : a clinical study with special reference to alcohol abuse », in *Acta Psychiatrica, Scandinavica*, Supplementum 276, Munksgaard Copenhagen, 1978.

— Botbol M., « Santé mentale et grande exclusion : Rapport du groupe de travail de l'Association française de psychiatrie et de la Société française de santé publique », in *Psychiatrie française*, vol. XXIX, supplément au 2/98, juillet 1998.

— Bourdieu P., *La Misère du monde*, Paris, Seuil, 1993.

— Brigou D., *Soupes de nuit*, Paris, Belfond, 1988.

— Chappey-Manouk D., Declerck P., Henry P., *Alcoolisme et désocialisation au CASH de Nanterre*, mémoire du diplôme universitaire d'alcoologie, Université Pierre-et-Marie-Curie, Faculté de médecine, Paris, 1988.

— Collectif, « Épidémiologie psychiatrique et exclusion. Actes du congrès annuel du groupe français d'épidémiologie psychiatrique », in *La Revue française de psychiatrie et de psychologie médicale*, n° 9, juin 1997.

— Corrigan E. M., Anderson S. C., « Homeless alcoholic women on skid row », in *American Journal of Drug and Alcohol Abuse*, vol. 10, n° 4, 1984.

— Craig S., Schwarz C., *Down and out, Orwell's Paris and London revisited*, London, Penguin Books, 1984.

— Dambuyant-Wargny G., Ballouard C., *Étiologie de la rupture*, Observatoire du Samu Social de Paris, Paris, décembre 1998.

— Davies W. H., *The Autobiography of a Super-Tramp*, Oxford, Oxford University Press, 1980.

— Declerck P., « Quatre clochards ou le fantôme de la liberté », in *Contradictions*, n° 8, hiver 1983/84.

— Declerck P., « La vie pour rien : ethnographie des clochards de Paris », in *Les Temps Modernes*, n° 478, mai 1986.

— Declerck P., « Le dernier jour de l'humanité », in *Esprit*, n° 12, décembre 1988.

— Declerck P., « Apragmatisme et clochardisation », in *Synapse*, juin 1990.

— Declerck P., « La maison, le clochard et l'utérus », in *Pauvres et Mal-logés*, D. Ferrand-Bechmann éd., Paris, L'Harmattan, 1990.

— Declerck P., « De l'ambiguïté de la pitié », in *Ingérences*, n° 1, juin 1993.

— Declerck P., Duprat P., Gaslonde O., Hassin J., Pichon J.-P., *L'État médico-social et psychopathologique des personnes SDF*, Réseau national de santé publique, février 1996.

— Declerck P., Henry P., « Pathologie de la rue », in *La Revue du Praticien*, tome 46, n° 15, octobre 1996.

— Declerck P., « A la rencontre des sujets vides », in *Souffrance psychique, contexte social et exclusion*. Actes du colloque de Lyon-Bron, ORSPERE, Lyon, octobre 1997.

— Declerck P., « Voyage en Terre Malaurie », in *Testimonianze e studi in onore di Jean Malaurie, Il Polo*, Rivista trimestrale dell'Istituto Geografico Polare « Silvio Zavatti », vol. 25/26, mars-juin 1999.

— Descombey J.-P., *Alcoolique, mon frère, toi*, Toulouse, Privat, 1985.

— Devereux G., *De l'angoisse à la méthode*, Paris, Flammarion, 1980.

— Devereux G., *Essais d'ethnopsychiatrie générale*, Paris, Gallimard, 1970.

— Douglas M., *De la souillure*, Paris, Maspero, 1971.

— Drogoul F., « Psychiatrie de la précarité et de la misère », in *La Revue du Praticien*, tome 46, n° 15, octobre 1996.

— Drogoul F., Horaist O., Koechlin E., Michel B., *Les Consultations psychiatriques de la Mission France à Paris*, Paris, Médecins du Monde, 1995.

— Durou B., Rimailho A., *Les « Vagueux » dans la société industrielle*, Toulouse, Privat, 1970.

440

— Englebert O., *Le Père Damien, apôtre des lépreux*, Paris, Albin Michel, 1963.

— European commission, *Living conditions in Europe : Statistical pocketbook*, Bruxelles, Communauté européenne, 1999.

— Ferenczi S., « Confusion de langue entre les adultes et l'enfant », in *Psychanalyse 4, Œuvres complètes*, Paris, Payot, 1982.

— Forrest A., *La Révolution française et les pauvres*, Paris, Perrin, 1986.

— Foucault M., *Histoire de la folie à l'âge classique*, Paris, Gallimard, 1972.

— Foucault M., *Surveiller et punir*, Paris, Gallimard, 1975.

— Freeman S. J. J., Formo A., Gopala Alampur A., Sommers A. F., « Psychiatric disorder in a skid-row mission population », in *Comprehensive Psychiatry*, vol. 20, n° 5, septembre/octobre 1979.

— Freud S., *Au-delà du principe de plaisir*, in *Essais de psychanalyse*, Paris, Payot, 1985.

— Freud S., *Inhibition, symptôme et angoisse*, Paris, PUF, 1951.

— Freud S., *Névrose, psychose et perversion*, Paris, PUF, 1973.

— Gaboriau P., *Clochard*, Paris, Julliard, 1993.

— Geremek B., *La Potence ou la pitié, l'Europe et les pauvres du Moyen Age à nos jours*, Paris, Gallimard, 1987.

— Green A., « Analité primaire dans la relation anale », in *La Névrose obsessionnelle* (collectif), monographie de la *Revue française de psychanalyse*, Paris, PUF, 1993.

— Hassin J., *L'Émergence de l'abord médico-social des populations sans toit stable*, thèse de doctorat, Université René-Descartes, Paris V, décembre 1996.

— Heidegger M., *Essais et conférences*, Paris, Gallimard, 1958.

— Henry P., *Création de la première consultation médicale réservée aux vagabonds parisiens*, thèse de doctorat de médecine, UER Xavier-Bichat, Université de Paris VII, 1985.

— Henry P., *La Vie pour rien*, Paris, Laffont, 1997.

— Hollos I., *Mes adieux à la maison jaune*, Paris, Éditions du Coq-Héron, 1986.

— INSEE (collectif), *Données sociales : la société française*, Paris, INSEE, 1999.

— Kant E., *Critique de la raison pure*, Paris, PUF, 1944.

— Kant E., *Fondements de la métaphysique des mœurs*, Paris, Delagrave, 1975.

— Kovess V., Mangin-Lazarus C., « La santé mentale des sans-abri à Paris : résultats d'une enquête épidémiologique », in *La Revue française de psychiatrie et de psychologie médicale*, n° 9, juin 1997.

— Kraepelin E., *Introduction à la psychiatrie clinique*, Paris, Navarin, 1984.

— Laé J.-F., Murard N., *L'Argent des pauvres*, Paris, Seuil, 1985.

— Laforgue R., *Psychopathologie de l'échec*, Paris, Payot, 1950.

— Lamb H. R. ed., *The homeless mentally ill : a task force report of the American Psychiatric Association*, Washington D.C., American Psychiatric Association, 1984.

— Lesch O., Musalek H., Walter H., Dietzel M., « Le pronostic de l'alcoolisme chronique », in *Alcoologie*, tome 14, n° 1, 1992.

— Le Roux Y., Lederman D., *Le Cachalot, mémoires d'un SDF*, Paris, Ramsay, 1998.

— Lévi-Strauss C., *Tristes Tropiques*, Paris, Terre Humaine, Plon, 1955.

— Lewis O., *La Vida, une famille portoricaine dans une culture de pauvreté*, Paris, Gallimard, 1981.

— London J., *Le Peuple de l'abîme*, Paris, UGF, 1975.

— Malka R., Fouquet P., Vachonfrance G., *Alcoologie*, Paris, Masson, 1983.

— Marpsat M., Firdion J.-M., et *al.*, *La Rue et le foyer, une recherche sur les sans-domicile et les mal-logés dans les années 1990*, Paris, INED/PUF, 2000.

— Maupassant G. de, « Le vagabond », in *Le Horla*, Paris, Albin Michel, 1984.

— Melville H., « Bartleby », in *Billy Budd, sailor and other stories*, London, Penguin Books, 1967.

— Mendelson J., Mello N., *The diagnosis and treatment of alcoholism*, New York, Mc Graw Hill, 1985.

— Migot A., Maisondieu J., « Le clochard alcoolique et sa mère », in *Société médico-psychologique*, séance du 16 décembre 1985.

— Mijolla A. de, Shentoub S. A., *Pour une psychanalyse de l'alcoolisme*, Paris, Payot, 1973.

— Milano S., *La Pauvreté absolue*, Paris, Hachette, 1988.

— Minard M. (collectif), *Exclusion et psychiatrie*, Ramonville Saint-Agne, Erès, 1999.

— Observatoire national de la pauvreté et de l'exclusion sociale, *Rapport 2000*, Paris, La Documentation française, 2000.

— Observatoire du Samu Social de Paris, *De la grande précarité à la grande exclusion, étude épidémiologique*, Paris, mai 2000.

— Observatoire du Samu Social de Paris, *Étude dépression et grande exclusion*, document de travail, Paris, mars 1999.

— Observatoire du Samu Social de Paris, *Les Conduites addictives des personnes à la rue*, document de travail, Paris, 1998.

— Observatoire du Samu Social de Paris, *Tuberculose et grande exclusion*, document de travail, Paris, octobre 1998.

— Ogien R., *Théories ordinaires de la pauvreté*, Paris, PUF, 1983.

— Orwell G., *Down and out in Paris and London*, London, Penguin Books, 1940.

— Panoff M., Panoff F., *L'Ethnologue et son ombre*, Paris, Payot, 1968.

— Paugam S., *La Disqualification sociale, essai sur la nouvelle pauvreté*, Paris, PUF, 1991.

— Paugam S., *La Société française et ses pauvres*, Paris, PUF, 1993.

— Peju S., *Scènes de la grande pauvreté*, Paris, Seuil, 1985.

— Porquet J.-L., *La Débine*, Paris, Flammarion, 1987.

— Pouchelle B., *L'Étoile et le vagabond*, Paris, Denoël, 1989.

— Prolongeau H., « Le cachalot s'est échoué », in *Le Nouvel Observateur*, 3/9 février 2000.

— Prolongeau H., *Sans Domicile Fixe*, Paris, Hachette, 1993.

— Reynaud M., Parquet P.-J. (collectif), *Les Personnes en difficulté avec l'alcool*, rapport de mission établi à la demande de la Direction générale de la Santé et de la Direction des hôpitaux, Paris, CFES, 1999.

— Rosenberg B., *Masochisme mortifère et masochisme gardien de la vie*, Paris, PUF, 1991.

— Sartre J.-P., *L'Être et le néant*, Paris, Gallimard, 1943.

— Schteingart-Gitnacht A., « Le problème économique de l'analité », in *Bulletin de la Société Psychanalytique de Paris*, n° 47, janvier 1998.

— Simmel G., *Les Pauvres*, Paris, PUF, 1998.

— Szwec G., *Les Galériens volontaires*, Paris, PUF, 1998.

— Toth J., *The mole people, life in the tunnels beneath New York City*, Chicago, Chicago Review Press, 1993.

— Vexliard A., *Le Clochard*, Paris, Desclée de Brouwer, 1957.

— Vexliard A., *Introduction à la sociologie du vagabondage*, Paris, Marcel Rivière, 1956.

— Wilkinson T., *Down and out*, Londres, Quartet Books, 1981.

— Winnicott D. W., *Jeu et réalité*, Paris, Gallimard, 1975.

— Winnicott D. W., « La crainte de l'effondrement », in « Figures du vide », *Nouvelle Revue de psychanalyse*, n° 11, printemps 1975.

REMERCIEMENTS

Au-delà, bien évidemment, du Professeur Jean Malaurie, de la collection Terre Humaine et des Éditions Plon, je voudrais remercier les personnes et les institutions qui, de diverses manières et sans nécessairement partager les positions exprimées ici, ont rendu ce travail possible :

Le docteur Patrick Henry, fondateur en 1984, à Nanterre, de la première consultation somatique destinée aux sans-abri en France.

Le Centre d'Accueil et de Soins Hospitaliers de Nanterre et son ancien directeur Antoine de Tovar, le docteur Djénane Chappey-Manouk, Michèle Duffar, Odile Gaslonde et le docteur Jacques Hassin.

La Direction générale de la Santé, Jean-Daniel Mesinger, et le docteur Laurent Meyer.

L'École des Hautes Études en Sciences Sociales, Gérard Althabe, Carmen Bernand, le regretté Georges Devereux et Jean-François Gossiaux.

Emmaüs, l'Abbé Pierre, Laurent Desmars, et Hervé Le Ru.

Le Laboratoire d'anthropologie sociale du Collège de France, Nicole Belmont, Michel Izard, et Charles-Henry Pradelles de Latour.

La Maison des Sciences de l'Homme, ses anciens directeurs, le regretté Fernand Braudel et Clemens Heller.

Médecins du Monde et son ancien président le docteur Bernard Kouchner.

Le ministère des Affaires sociales et Serge Milano.

La RATP et Pierre Faucheux.

Le Samu Social de Paris et son président le docteur Xavier Emmanuelli.

La Société Psychanalytique de Paris, Anne Bruno, le docteur Paul Israël, le docteur Michel Neyraut, et le docteur Michel Renard.

Les proches qui m'ont entouré et encouragé, écoutant *ad nauseam* le récit de mes combats avec l'écriture : mes amis, Jacques Fardeau, Bernard Hengchen, le docteur Claude Orsel, le docteur Pierre Pouwels et le docteur

Douglas Shenson. John mon frère, qui est bien plus qu'un frère, Micheline, ma mère, Roger, mon père qui aujourd'hui n'est plus, et, *last but not least*, ma femme Marie-Béatrice dont la patience vis-à-vis de moi semble être sans limites.

INDEX DES NOMS DE PERSONNES

INDEX DES LIEUX ET DES INSTITUTIONS

INDEX THÉMATIQUE

TABLE DES MATIÈRES

ANNEXES

TERRE HUMAINE

Terre Humaine a créé dans les sciences sociales et la littérature, depuis cinquante ans, un courant novateur dont on n'a pas fini de mesurer la fécondité. Traquant la vie, cette collection de regards croisés a, d'abord, renouvelé la littérature de voyage et construit, livre après livre, une anthropologie à part entière, toute interprétation ne s'élaborant que sur une expérience vécue et même un engagement, une anthropologie réflexive, narrative. L'exploration de l'univers n'a pas de fin. Le spectacle de la vie reste une découverte, et les théories concernant les sociétés humaines s'avèrent, les unes après les autres, toutes aussi fragiles. L'homme est un inconnu pour lui-même.

Les auteurs les plus célèbres (Zola, Lévi-Strauss, Ramuz, Segalen, Balandier, Duvignaud, Hélias, Lacarrière, Thesiger, Ripellino, Lucas) rejoignent, avec un air de famille, ouvriers, paysans, marins les plus anonymes — certains parfois même illettrés (témoignages en direct d'autochtones) — pour faire prendre conscience au lecteur, non seulement de la complexité des civilisations et des sociétés, mais de sa propre intelligence des problèmes. Elle est stimulée par une totale indépendance des auteurs.

Dans une vivante interdisciplinarité, dans un brassage de milieux et de classes, à niveau international, Terre Humaine propose, ses lecteurs disposent.

Toujours d'avant-garde avec ses 80 ouvrages parus et tous disponibles dont 45 édités dans Terre Humaine/Poche, cette collection pionnière saluée par toute la presse et l'opinion — et qui comporte de nombreux best-sellers traduits dans le monde entier — se veut, dans un combat résolu en faveur des minorités, un appel à la liberté de pensée.

OUVRAGES PARUS DANS LA COLLECTION TERRE HUMAINE
(1955 → 2001)

Tous les ouvrages sont disponibles en édition brochée. Seule, la première édition est reliée.

* Ouvrages augmentés d'un dossier de Débats et Critiques

☐ Ouvrages parus également en Terre Humaine/Poche (Pocket : n°s 3000 et suivants)

Jean Malaurie. * ☐ – Les Derniers Rois de Thulé. *Avec les Esquimaux Polaires, face à leur destin.* 1955. Cinquième édition 1989.

Claude Lévi-Strauss. ☐ — Tristes Tropiques, 1955.

Victor Segalen. * ☐ — Les Immémoriaux. 1956. Deuxième édition 1983.

Georges Balandier. * ☐ — Afrique ambiguë. 1957. Troisième édition 1989.

Don C. Talayesva. * ☐ — Soleil Hopi. *L'autobiographie d'un Indien Hopi.* Préface : C. Lévi-Strauss. 1959. Deuxième édition 1983.

Francis Huxley. * ☐ — Aimables Sauvages. *Chronique des Indiens Urubu de la forêt amazonienne.* 1960. Troisième édition 1990.

René Dumont. — Terres vivantes. *Voyages d'un agronome autour du monde.* 1961. Deuxième édition 1982.

Margaret Mead. ☐ — Mœurs et sexualité en Océanie. I) *Trois sociétés primitives de Nouvelle-Guinée.* II) *Adolescence à Samoa.* 1963.

Mahmout Makal. * ☐ — Un village anatolien. *Récit d'un instituteur paysan. 1963. Troisième édition 1985.*

Georges Condominas. — L'Exotique est quotidien. *Sar Luk, Vietnam central* 1966. Deuxième édition 1977.

Robert Jaulin. ☐ — La Mort Sara. *L'ordre de la vie ou la pensée de la mort au Tchad.* 1967. Deuxième édition 1982.

Jacques Soustelle. * ☐ — Les Quatre Soleils. *Souvenirs et réflexions d'un ethnologue au Mexique.* 1967. Troisième édition 1991.

Theodora Kroeber. * ☐ — Ishi. *Testament du dernier Indien sauvage de l'Amérique du Nord.* 1968. Deuxième édition 1987.

Ettore Biocca. ☐ — Yanoama. *Récit d'une jeune femme brésilienne enlevée par les Indiens.* 1968. Deuxième édition 1980.

Mary F. Smith et Baba Giwa. * — Baba de Karo. *L'autobiographie d'une musulmane haoussa du Nigeria.* 1969. Deuxième édition 1983.

Richard Lancaster. ☐ — Piegan. *Chronique de la mort lente. La réserve indienne des Pieds-Noirs.* 1970.

William H. Hinton. ☐ — Fanshen. *La Révolution communiste dans un village chinois.* 1971.

Ronald Blythe. — Mémoires d'un village anglais. *Akenfield (Suffolk).* 1972. Deuxième édition 1980.

James Agee et Walker Evans. * — Louons maintenant les grands hommes. *Trois familles de métayers en 1936 en Alabama.* 1972. Deuxième édition 1983.

Pierre Clastres. * ☐ — Chronique des Indiens Guayaki. *Ce que savent les Aché, chasseurs nomades du Paraguay.* 1972. Deuxième édition 1985.

Selim Abou. * — Liban déraciné. *Autobiographies de quatre Argentins d'origine libanaise.* 1972. Troisième édition 1987.

Francis A. J. Ianni. — Des affaires de famille. La Mafia à New York. *Liens de parenté et contrôle social dans le crime organisé.* 1973.

Gaston Roupnel. ☐ — Histoire de la campagne française. Postfaces : G. Bachelard, E. Le Roy Ladurie, P. Chaunu, P. Adam, J. Malaurie. 1974. Deuxième édition 1989.

Tewfik El Hakim. * ☐ — Un substitut de campagne en Égypte. *Journal d'un substitut de procureur égyptien.* 1974. Troisième édition 1983.

Bruce Jackson. * — Leurs prisons. *Autobiographies de prisonniers et d'ex-détenus américains.* Préface : M. Foucault, 1975. Deuxième édition 1990.

Pierre Jakez Hélias. * ☐ — Le Cheval d'orgueil. *Mémoires d'un Breton du pays bigouden.* 1975. Troisième édition 1985.

Per Jakez Hélias. — Marh al orh. *Envorennou eur Bigouter.* 1986. (Édition en langue bretonne.)

Jacques Lacarrière. * ☐ — L'Été grec. *Une Grèce quotidienne de quatre mille ans.* 1976. Deuxième édition 1986.

Adélaïde Blasquez. ☐ — Gaston Lucas, serrurier. *Chronique de l'anti-héros.* 1976.

Tahca Ushte et Richard Erdoes. * ☐ — De mémoire indienne. *La vie d'un Sioux, voyant et guérisseur.* 1977. Deuxième édition 1985.

Luis Gonzalez. * — Les Barrières de la solitude. *Histoire universelle de San José de Gracia, village mexicain.* 1977. Deuxième édition 1983.

Jean Recher. * ☐ — Le Grand Métier. *Journal d'un capitaine de pêche de Fécamp.* 1977. Deuxième édition 1983.

Wilfred Thesiger. * ☐ — Le Désert des Déserts. *Avec les Bédouins, derniers nomades de l'Arabie du Sud.* 1978. Deuxième édition 1983.

Joseph Erlich. * ☐ — La Flamme du Shabbath. *Le Shabbath, moment d'éternité, dans une famille juive polonaise.* 1978.

C.F. Ramuz. ☐ — La pensée remonte les fleuves. *Essais et réflexions.* Préface de Jean Malaurie. 1979.

Antoine Sylvère. ☐ — Toinou. *Le cri d'un enfant auvergnat. Pays d'Ambert.* Préface : P.J. Hélias. 1980.

Eduardo Galeano ☐ — Les Veines ouvertes de l'Amérique latine. *Une contre-histoire.* 1981.

Éric de Rosny. * ☐ — Les Yeux de ma chèvre. *Sur les pas des maîtres de la nuit en pays Douala (Cameroun).* 1981. Deuxième édition 1984.

Amicale d'Oranienburg-Sachsenhausen. * ☐ — Sachso. *Au cœur du système concentrationnaire nazi.* 1982. Deuxième édition 1990.

Pierre Gourou. — Terres de bonne espérance. *Le monde tropical.* 1982.

Wilfred Thesiger. * ☐ — Les Arabes des marais. *Tigre et Euphrate.* 1983. Deuxième édition 1991.

Margit Gari. * ☐ — Le Vinaigre et le Fiel. *La vie d'une paysanne hongroise.* 1983. Deuxième édition 1989.

Alexander Alland Jr. — La Danse de l'araignée. *Un ethnologue américain chez les Abron (Côte-d'Ivoire).* 1984.

Bruce Jackson et Diane Christian. * □ — Le Quartier de la Mort. *Expier au Texas.* 1985.

René Dumont. * □ — Pour l'Afrique, j'accuse. *Le journal d'un agronome au Sahel en voie de destruction.* Postfaces : M. Rocard, J. Malaurie. 1986. Deuxième édition 1989.

Émile Zola. □ — Carnets d'enquêtes. *Une ethnographie inédite de la France.* Introduction : J. Malaurie. Avant-propos : H. Mitterand. 1987.

Colin Turnbull. □ — Les Iks. *Survivre par la cruauté. Nord-Ouganda,* Postfaces : J. Towles, C. Turnbull, J. Malaurie. 1987.

Bernard Alexandre. □ — Le Horsain. *Vivre et survivre en pays de Caux.* 1988. Deuxième édition 1989.

Andreas Labba. □ — Anta. *Mémoires d'un Lapon.* 1989.

Michel Ragon. □ — L'Accent de ma mère. *Une mémoire vendéenne.* 1989.

François Leprieur. — Quand Rome condamne. *Dominicains et prêtres-ouvriers.* 1989.

Robert F. Murphy. □ — Vivre à corps perdu. *Le témoignage et le combat d'un anthropologue paralysé.* Postfaces de Michel Gillibert et André-Dominique Nenna. 1990.

Pierre Jakez Hélias. □ — Le Quêteur de mémoire. *Quarante ans de recherche sur les mythes et la civilisation bretonne.* 1990.

Jean Duvignaud. — Chebika *suivi de* Retour à Chebika. 1990. *Changements dans un village du Sud tunisien.* 1990.

Laurence Caillet. □ — La Maison Yamazaki. *La vie exemplaire d'une paysanne japonaise devenue chef d'une entreprise de haute coiffure.* 1991.

Augustin Viseux. □ — Mineur de fond. *Fosses de Lens. Soixante ans de combat et de solidarité.* Postface de Jean Malaurie. 1991.

Mark Zborowski et Elizabeth Herzog. * — Olam. *Dans le shtetl d'Europe centrale, avant la Shoah.* Préface d'Abraham J. Heschel. 1992.

Ivan Stoliaroff. □ — Un village russe. *Récit d'un paysan de la région de Voronej. 1880-1906.* Préface de Basile Kerblay. Postface de Jean Malaurie. 1992.

Angelo Maria Ripellino. □ — Praga magica. *Voyage initiatique à Prague.* 1993.

Philippe Descola. □ — Les Lances du crépuscule. *Relations jivaros. Haute-Amazonie.* 1994.

Jean et Huguette Bézian. — Les Grandes Heures des moulins occitans. *Paroles de meuniers.* 1994.

Viramma, Jean-Luc et Josiane Racine. □ — Une vie paria. *Le rire des asservis. Pays tamoul, Inde du Sud.* 1995.

Dominique Fernandez. □ Photographies de Ferrante Ferranti. — La Perle et le Croissant. *L'Europe baroque de Naples à Saint-Pétersbourg.* 1995.

Claude Lucas. □ — Suerte. *L'exclusion volontaire.* Préface du Père Arnaud. Postface de Jean Malaurie. 1996.

Kenn Harper. □ — Minik, l'Esquimau déraciné. *« Rendez-moi le corps de mon père. »* Préface de Jean Malaurie. 1997.

Hillel Seidman. — Du fond de l'abîme. *Journal du ghetto de Varsovie.* Commenté et annoté par Nathan Weinstock et Georges Bensoussan. 1998.

Jean Malaurie. ☐ — Hummocks 1, Relief de mémoire. *Nord-Groenland, Arctique central canadien.* Hummocks 2, Relief de mémoire. *Alaska, Tchoukotka sibérienne.* 1999.

Roger Bastide. ☐ — Le Candomblé de Bahia (Brésil) - *Rite Nagô.* 2000.

Jean Cuisenier. — Mémoire des Carpathes, *La Roumanie millénaire : un regard intérieur.* 2000.

Pierre Miquel. — Les Poilus, *La France sacrifiée.* 2000.

Anne-Marie Marchetti. — Perpétuités, *Le temps infini des longues peines.* 2001.

Patrick Declerck. — Les Naufragés, *Avec les clochards de Paris.* 2001.

TERRE HUMAINE ☐ — *COURANTS DE PENSÉE*

N° 1 : **Henri Mitterand.** — Images d'enquêtes d'Émile Zola. *De la Goutte-d'Or à l'Affaire Dreyfus.* Préface de Jean Malaurie. 1987. Deuxième édition 1997.

N° 2 : **Jacques Lacarrière.** — Chemins d'écriture. Postface de Jean Malaurie. 1988. Deuxième édition 1991.

N° 3 : **René Dumont.** — Mes combats. 1989.

N° 4 : **Michel Ragon.** — La Voie libertaire. Postface de Jean Malaurie. 1991.

N° 5 : **Jean Duvignaud.** — Pandémonium du présent. *Idées sages, idées folles* 1999.

ALBUMS **TERRE HUMAINE**

N° 1 : **Wilfred Thesiger.** — Visions d'un nomade. Plon. Paris 1987.

N° 2 : **Jean Malaurie.** ☐ — Ultima Thulé. *De la découverte à l'invasion.* Plon/ Bordas. Paris 1990. 2ᵉ édition (revue et augmentée). Paris. Le Chêne. 2000.

Cet ouvrage a été composé par
Nord Compo (Villeneuve-d'Ascq)
et imprimé sur presse Cameron
par **Bussière** à Saint-Amand-Montrond (Cher)
pour le compte des Éditions Plon

Achevé d'imprimer en février 2007.

N° d'édition : 13406. — N° d'impression : 070510/4.
Dépôt légal : septembre 2001.

Imprimé en France